JN133885

偶発性
ヘゲモニー
普遍性

ジュディス・バトラー

エルネスト・ラクラウ

スラヴォイ・ジジェク

新しい対抗政治への対話

竹村和子＋村山敏勝 訳

青土社

偶発性・ヘゲモニー・普遍性　目次

偶発性・ヘゲモニー・普遍性　新しい対抗政治への対話

序文

わたしたち三人は、わたしたちの思想に共通する軌道を打ち出すと同時に、互いに相異なる知的関与を生産的に披露する書物を作るにはどうすればよいかについて、ここ数年のあいだ話し合ってきた。まずその手順として始めたことは、三人それぞれの問題意識を列挙することであり、それは本書の冒頭に置いている。ご覧いただけるように、そこには、これまでのいくつかの対話や、公表されたいくつかの批評や対談、またスラヴォイ・ジジェクとエルネスト・ラクラウの場合は一九八五年にさかのぼる共同研究――その年はシャンタル・ムフとエルネスト・ラクラウ共著の『ヘゲモニーと社会主義の戦略』（邦題『ポスト・マルクス主義と政治』）が出版された年だった――の要諦があらわれている。実際『ヘゲモニーと社会主義の戦略』はこの対話集の背景をなすもので、その理由は、この本がアントニオ・グラムシのヘゲモニー概念に新しい方向づけをおこなったためだけではなく、マルクス主義のなかのポスト構造主義的転回を示すものだったからだ。つまり、反‐全体主義的なラディカルな民主主義のプロジェクトを公式化するにあたって、必須の事柄である言語の問題を取り上げたものであるからだ。

『ヘゲモニーと社会主義の戦略』のなかで展開されている議論は、本書のなかで、相異なる理論のレンズをとおして再考されており、またその本に対する反論も、本書の以下の章で暗黙のうちに取り上げられている。その本で展開されている議論の一つは、次のようなものだ。すなわち、新しい社会運動はしばしばアイデンティティの主張に依拠しているが、「アイデンティティ」そのものは完全に構築されることはない。事実、自己同一化《アイデンティフィケーション》はアイデンティティに還元できないがゆえに、アイデンティティと自己同一化とのあいだにある非共約性やギャップを考察することが重要になる。しかしこう言ったからといって、アイデンティティが完全に決定されないことが、現下の社会運動の空洞化につながるというのではなく、それとは逆に、この不完全性こそがヘゲモニーのプロジェクトには不可欠なものであるということだ。実際、社会運動が終わりのない民主主義の政治を分節化するものになりえるのは、ひとえに、アイデンティティの中心にこの否定性を想定するときであり、この否定性を操作可能な状態にしている場合のみである。

このアイデンティティの失敗や否定性やギャップや不完全性を理解するための理論カテゴリーは、その初期の著作で述べられているように、「敵対性」のカテゴリーだった。そののちラクラウは、ひきつづき自らをグラムシの伝統のなかに位置づけながらも、「転位」というカテゴリーを彫琢し、デリダやラカンからヴィトゲンシュタインに至る知的拡がりのなかから自らの批判方法をさまざまに引き出してきた。ジジェクはこの問題に取り組むに当たって、ラカン理論をきわめてはっきりと用い、とくに《現実界》の概念に依拠しているが、他方でヘーゲルも活用して、デリダの枠組みを避けるための理由づけとしている。バトラーの場合は、ヘーゲルをべつのやり方で活用したと言えるかもしれない。彼女はヘーゲルの著作における否定の可能性を強調し、またフーコーや、デリダの一部を使いつつ、主体が言説によって構築されるときに現実化されないままで残るものについて考察している。

「主体」の問題に関して、わたしたちのあいだには重要な意見の相違があり、その相違が起こるのは、アイデンティティの主張が最終的で完全な決定をみないのはなぜか、その条件をなすものは何かということを、わたしたちの各々が説明しようとするときである。しかし確かなことは、わたしたちはみな、この「できない」ということを民主主義の論争の条件として価値づけていることである。わたしたちが異なる点は、主体をいかにとらえるかであり、それを基盤的、デカルト的なものとみるか、またそれを性的差異によって構造化されているとみるか、あるいは、いかなる方法によって性的差異の定義が保証されるかといった点である。さらに意見が一致していないのは、あらゆるアイデンティティ構築の構造的で必然の特質として、アイデンティティの失敗を理解すべきかどうかという点であり、またその構造や必然性をいかに説明するかという点である。バトラーは、主体構築を歴史的に可変的なものと説明する派（フーコー派）にくみしており、ジジェクはラカンの議論に根拠をおいて、アイデンティティの基盤にある否定性について主張し、ラクラウは厳密にはラカン派ではないが、ラカンの《現実界》といくつかの点で重なり合うアプローチをしている。

『ヘゲモニーと社会主義の戦略』への反論――むしろ、構造主義やポスト構造主義による政治理論への介入に対する反論――の一つは、これが普遍概念を説明できておらず、また普遍の基盤的な地位を疑問に付すことによって、普遍の力を浸食しているというものだ。しかしわたしたち三人は、普遍は静態的な前提でも、先験的《アプリオリ》な与件でもなく、むしろ確定的な出現様式には収斂しえないプロセスであり条件であると理解すべきだと主張している。どこに強調点を置くかという点では、ときに意見が異なるが、わたしたちはそれぞれに普遍を説明しようとしており、たとえばそれは、あらゆる政治の分節化の否定的条件を「普遍的な」ものとみなす想定（ジジェク）であったり、論争のプロセスが普遍の諸形式を決定し、それらが生産的で究極的には非還元的な衝突をなしているという想定（ラクラウ）であったり、普遍のなかで否認されたものが普遍の再形成の過程で普遍に再編入されるさいの、翻訳プロセスを想定するもの（バトラー）であったりする。

この道程でわたしたちは、イデオロギー的に相異なった普遍の配置を検討しているが、そろって警鐘をならしているのは、この問題に対する実体的で手続き的なアプローチに対してである。だからわたしたちはハーバーマス的な試み――発話行為の前提としてあらかじめ設定されている普遍とか、「男」の合理的特質に属すると言われている普遍とか、可知的で予想可能な決定と同等とされている普遍の実体的概念とか、政治領域は合理的な行為者によって構成されるとみなす手続き的な形式を、発見したり、呼び起こそうとする試み――とは一線を画している（すでに内的には、一線を画してきた）。

以下の対話で重要なことは、ヘゲモニーに対する戦略的な問題提起である。すなわち、政治領域がいかに構築されているか、政治領域の可能性やその分節化の条件を探求するアプローチから、どんな可能性が出現するかということに対する戦略的な問題提起である。代表／表象という事柄の政治的媒介性や関係性を完全に払拭した「普遍的な階級」という公準から、社会的連接を政治的に構成する「ヘゲモニー的な」普遍性へと、マルクス主義理論が移動しているのを看破したラクラウの業績は意義深い。したがって彼のアプローチのポスト構造主義的なところは、全体主義に対する批判と協定するものであり、とくに彼が分節化し動員している社会関係のすべてで「ある」ような「認識をおこなう」先駆的主体という比喩と協定している。ラクラウは、ヘーゲルを閉じた形而上学に結びつけているが、ジジェクはヘーゲルを、《現実界》に対峙する自己参照的な理論家と理解しており、バトラーはヘーゲルを使って、社会性を説明するときの形式主義の必然的な限界を考察している。ラクラウは、表象問題に関する論理的・言語的アプローチのなかの反‐全体主義的なところを明らかにしたが、それは差異の非還元性を主張するものである。ジジェクは、言語や文化の「ポストモダンな」分析からグローバル資本を除外することができないことに注意を向け、権力の猥雑な裏面をひきつづき暴いている。バトラーは、性的差異の理論に対する最近の性の政治の側からの挑戦を考察しつつ、新しい社会運動がいかにヘゲモニーの問題を再分節化するのかという問いを発し、対抗‐帝国主義的な翻訳概念を提示している。

わたしたちは三人とも、民主主義のラディカルな形式にコミットしており、その形式は、政治の分節化がおこなわれるときの表象過程や、政治的動員が起こるときの自己同一化――とその必然的な失敗――の問題や、否定性の生産力を強調する理論の枠組みに出現する未来性の問題を理解しようと試みるものである。わたしたちは左翼知識人という場所について意識して熟考しているわけではないが、おそらく本書がある種の場所づけとして作動させているのは、政治領域に――敵対的に――属する批判的な検討様式として、哲学を作り替える（再生させる）というものである。

この対話集のなかで、わたしたちは他の二人の発言から多くの引用をおこなったが、それぞれの引用箇所には、その末尾に発言者の名前と本書の頁数を記載している。

本書の大部分は一九九九年の春と夏に書かれ、本書の調整は、ヴァーソ社の編集者のジェイン・ヒンドルとセバスチャン・バッジェンがおこなってくれた。わたしたちを本書執筆の軌道にのせておいてくれたことに、ここで感謝したい。またジュディス・バトラーは、原稿を整えるという必要不可欠の手伝いをしてくれたスチュアート・マレィにも謝意を表する。

J・B、　E・L、　S・Z　一九九九年九月

問題提起

以下は、各著者が他の二人に投げかけた問いである。本書の対話は、これらの問いをもとにおこなわれる。

ジュディス・バトラーからの問い

1　わたしがさらに精密に知りたいのは、主体構築に関するラカン派の見解が、ヘゲモニーの概念と両立できるかどうかという点である。不完全な主体——つまり切断線を引かれた主体——の概念は、呼びかけのある種の不完全さを保証しているようにみえるが、その理由は、あらゆる主体構築の条件や構造として、その切断線を措定しているからなのか。それともヘゲモニーが要請する主体形成が不完全になる理由は、政治的特徴であって構造的な静態ではない排除をつうじて、まさに〈過程にある主体〉が構築されるからなのか。言葉を換えれば、主体形成の不完全さは、記号表現《シニフィアン》をめぐって争われる民主主義のプロセスには結びつかないのか。ラカン派の言う切断線に歴史を無視して依拠した場合、ヘゲモニーが提示する戦略的な問題と折り合いをつけることができるのか。あるいはそれは、あらゆる主体形成に対して疑似‐超越(論)的な制限を設けること——つまり政治への無関心——として立ち現れるのか。

2　現在の政治的生のための実現可能な行為体《エイジェンシー》の理論は、どのようなものか。「決定」に関するデリダ派の概念は、政治的な行為体が求めるさまざまな交渉を、じゅうぶんに説明できるのか。「決定」は倫理的で、実存的なカテゴリーなのか。もしもそうなら、それは政治の領域とどのように関係することができるのか。

3　社会的、政治的なプロセスを記述したり、主体形成を記述する「論理《ロジック》」の位置はどのようなものなのか。つねにアポリアになる論理は、ヘゲモニーのプロジェクトに逆らう立場を作りあげるのか（この質問は、質問1を補足するものである）。そのような論理は、社会実践のなかで具体化しうるのか。論理と社会実践の関係はどのようなものなのか。

4　精神分析的な意味での自己同一化《アイデンティフィケーション》と政治的な自己同一化の形態のあいだには、どのような関係があるのか。精神分析は政治理論になりえるのか。もしもなりえるなら、それはどんな精神分析なのか。

5　「形而上学の同一性《アイデンティティ》論理」について、まるでその論理が一つしかないように語ることは、可能だろうか。

6　主体位置をパフォーマティヴに引き受けるとは、どういうことなのか。それは単純なことなのか。

7　もしも性的差異がデッドロックとなって、すべての議論がそこに収斂してしまうなら、フェミニズムがデッドエンドというのはどういう意味なのか。もしも性的差異がラカン派の言う「現実的《リアル》な」ものならば、性的差異はヘゲモニーの闘争のなかには存在できないということなのか。性的差異は、ヘゲモニーのあらゆる闘争を超越していると見せかけている制限であり、だからこそ「前-」とか非歴史性という場所に固定されているのか。

8　普遍主義と歴史主義に批評理論を二分する近年のやり方は、さまざまな微妙な立場を区別しないでおく、不十分で配慮のない弁証法のひとつなのか。これは脱構築やラカン派を蘇らせて、そこにカントを位置づけなおすことに関わるものなのか。ヘゲモニーについて思考するためにラカンを非正統的に利用する試みを妨げるような、ラカン派のドクサがやはりあるのか。

8a　わたしたちの政治的配置を記述するのにヘゲモニーは有効なカテゴリーだと、依然として皆考えているのだろうか。これは、適切な出発点を示しているのか。

9　ヘーゲルをさらに深く読むことによって、形式と内容とのあいだの、つまり疑似‐超越（論）的な主張と、それを真実と言うために呼び出される歴史的実例とのあいだの、カント流の対立を再考することはできないだろうか。

10　批判理論の批判的権威はどこにあるのか。わたしたちの主張は、すべからく自己循環的《オートクリティーク》な批判になるのか。なぜそれがレトリックの次元の事柄のように見えるのか。

エルネスト・ラクラウからの問い

1　現在、普遍性は、現代世界で急激に増大している社会的行為者の複数性に対立するとする議論が多い。しかし、普遍対個別の関係を問うときには、どちらの極にも多義性がある。たとえば文化多元主義は、「普遍」への権利を否定する個別主義の論理に回収できるのだろうか。そして「多元主義」——一人の社会行為者にもさまざまな主体としての立場があるという考え——は、直接「文化多元主義」に吸収できるだろうか。後者は、統一性のある文化的／社会的共同体を引き合いに出すが、それら共同体は国際社会のなかでの国家という共同体とは重ならないというのに。逆に普遍主義というものがあるとしたら、それはほんとうに、基盤主義ないし本質主義的な立場と結びつくしかないのだろうか。

2　現代社会で加速している断片化の結果の一つとして、共同体主義の価値観——われわれが扱うのはつねにどこか特定の共同体でしかないという意味で、つねに文脈化されている——は、どの文脈とも離れて正当性を認められる権利（たとえば民族や文化的マイノリティの自己決定権）の言説によって補完されている。これら二つの運動――普遍的権利の主張と、共同体の特殊性の主張――は、最終的に両立できるのだろうか。それができないとした場合、この両立不可能性は、われわれの生きる社会に公共空間を作り上げるために必要なさまざまな交渉と複数の言語ゲームの領野を開く、肯定的なものなのだろうか。

3　古典的な解放の理論の公準では、解放される社会的行為体は究極的には均質だった――たとえばマルクス主義では、プロレタリアートが全世界の解放の担い手となるには、それが純粋な人間の本質の表現となったために、こだわるべき個別の関心を持たないということが条件だった。同じように、古典的民主政治では――ジャコバン主義がいちばんわかりやすい例だろう――人民の意思の統一が、あらゆる民主主義的変革の前提条件であることがある。これとは対照的に今日では、社会の要求が多様であることから始まる（複数形の）解放が語られ、民主主義の実践は、複数の社会行為者の同意へと向かう交渉であるとされる。こうした論の変化と、社会的行為体の観念は、両立できるだろうか。

4　ヘゲモニー論はいっぽうで、「普遍」は不可能にして必然的である――その結果つねに、根絶しえない個別性の残余がなければならない――と前提し、そのいっぽうで、権力と解放との関係は排除の関係ではなく、逆に相互の――矛盾してはいても――絡み合いであるという前提にも立つ。このように捉えられたヘゲモニー関係は、政治的結びつきの本質を構成するのだろうか。もしそうなら、その内的な緊張から初めて可能になる戦略的ゲームとはどのようなものだろうか。

5　差異のカテゴリーは、どのようなかたちにせよ、この三十年間のもっとも重要なさまざまの理論の根っこにある。ドゥルーズ＝ガタリのノマド的アイデンティティ、フーコーの権力のミクロな生、デリダの差延、ラカンのシニフィアンの理論は、それぞれ本質を構成する「差異」の性質を論じている。これらは互いに両立できないものなのか、もしそうだとしたら、両立不可能性はどこに生じるのか。政治分析のためのそれぞれの生産性をどのようにしたら測れるのか。

6 超越性の問題は、ながいあいだ現代思想につきまとってきた。たとえば、エディプスないし去勢コンプレックスのような精神分析のカテゴリーは、どのような地位にあるのだろうか。それらは歴史的産物なのか、それともありとあらゆる社会のアプリオリな条件なのか。根源的歴史主義も、堂々たる超越主義も、満足のゆく答えにはならないという感じは広まっており、二つの極端の落とし穴を避けるような解決――たとえば擬似超越主義――が要求されてきている。しかしこの「擬似」の地位は、ここまで十分には考えられてこなかった。この領域での理論的前進の前提条件とはなんで、歴史分析におけるその結果とはどのようなものだろうか。

スラヴォイ・ジジェクからの問い

1 《現実界》と歴史性 ラカンのいう《現実界》は、究極の基本原理であり、象徴化のプロセスを揺るぎなく指すことばなのか。それともこれは、まったく実質を欠いた内的限界、挫折の地点であって、これによってこそ現実とその象徴化のあいだの裂け目そのものが保たれ、歴史化‐象徴化の偶発的なプロセスが作動するのか。

2 欠如と反復 反復の動きは、なんらかの原初的欠如に基づくのか。それとも、根本に原初的欠如があるという考えそのもののなかに、反復のプロセスを形而上学の同一性論理へと書きこみ直すことが、かならず含まれているのだろうか。

3 (脱)同一化の社会的論理 脱同一化は、既存の秩序をかならず覆すのだろうか。それともある種の様式の脱同一化、自分の象徴的同一性に対して「距離をとる」というかたちの脱同一化は、社会生活に着実に入りこむことと一体なのだろうか。さまざまに異なる脱同一化の様式とはどんなものなのか。

4　**主体、主体化、主体の位置**　「主体」はたんに主体化の、つまりイデオロギーの呼びかけの、なんらかの「固定した主体の位置」をパフォーマティヴに想定するプロセスの結果にすぎないのか。それともラカンの「切断線を引かれた主体」の考えは、伝統的な同一性の論理／実体主義の形而上学に対して、それとは違うありかたをもたらすものなのか。

5　**性的差異の地位**　性的差異はたんに、「男」と「女」という二つの主体の位置を表しており、個人は反復というパフォーマンスによってその位置を手に入れ、身に帯びるようになるのか。それとも性的差異はラカンのいう意味での「現実的なもの」――つまり行き止まり――であり、それを固定した主体の位置に翻訳しようという試みはけっしてうまくいかないのか。

6　**ファルスのシニフィアン**　ラカンにおけるファルスは「ファルス＝ロゴス中心主義的」なのか――つまり、ファルスは一種の超越論的な参照点として、セクシュアリティという領域の構造を作り上げている中心のシニフィアンなのか。それとも、ラカンにとってファルスというシニフィアンは、主体の欠如を「補綴する」代補であるという事実によって、なにかが変わるのか。

7　**《普遍》と歴史主義**　現在、「歴史化せよ！」というジェイムソン流のことばにしたがえば、それで十分なのだろうか。偽りの普遍性に対する歴史主義的批判の限界とはなにか。《普遍》という矛盾にみちた観念を、不可能でありかつ必然的なものとして保持することのほうが、理論的にも政治的にも、より生産的なのではないか。

8　**ヘーゲル**　ヘーゲルとは要するに最高の形而上学者であり、つまり時間性‐偶発性‐有限性というポスト形而上学的組み合わせを持ち出そうとすることは、定義上すでに反ヘーゲル的なのか。それともヘーゲルに対するまさにポスト形而上的な敵意は、それ自身の理論的限界をしめしているのか。つまりむしろ、「汎論理主義」説にぴったりとは合わない「もう一人のヘーゲル」を明るみに出すことに力を注ぐべきなのだろうか。

9 **ラカンと脱構築** ラカンを脱構築の流れに属すと考えるのは理論的に正しいのだろうか。それとも、ラカンを脱構築の教義から区別する特徴が山のようにある（コギトとしての主体の観念をなおも保持していること、など）という事実は、両者の共約不可能性をしめしているのだろうか。

10 **政治的問題** 自らの認知を求めての（民族、セクシュアリティ、ライフスタイルなどを主とした）闘争の複数性という「ポストモダン」な考えを、受け入れるべきだろうか。それとも、最近また浮上している右翼風ポピュリズムを見れば、「ポストモダン」なラディカルな政治の座標軸を考え直し、「政治経済学批判」の伝統を蘇らせないわけにいかないのだろうか。これらの問題は、ヘゲモニーと全体性の観念にどのように影響するだろうか。

普遍なるものの再演　形式主義の限界とヘゲモニー

ジュディス・バトラー1

ここ数年間エルネスト・ラクラウとスラヴォイ・ジジェクとわたしのあいだで、ポスト構造主義、ヘゲモニーの政治プロジェクト、精神分析の地位をめぐって、何度か対話がなされてきた。わたしたちは三人とも、左翼の政治プロジェクトの理論的な境域に身を置いて仕事をしており、マルクス主義を、批判的な視座を備えた社会理論や社会運動とみなして、さまざまな度合いで継続的に、密接にマルクス主義に関係してきた。わたしたちの仕事によって、進歩主義的な社会理論の主要概念のいくつかには、新しい多様な説明が加えられることになった。わたしたち三人の共通の関心事は、主体の地位や形成、すなわち民主主義を思考するにあたって、主体理論がどのような意味をもつか、ヘゲモニー理論のなかで「普遍」をどのように分節化するかということであった。わたしの印象では、わたしたち三人の相違点は、そのもっとも大きな部分が、ヘゲモニーを考察するさいの主体理論に対するアプローチの相違であり、政治形成を、その個別的な文化表現や社会表現に関連させて「論理的に」つまり「構造的に」分析するさいの、分析の地位に関するものである。

エルネスト・ラクラウとシャンタル・ムフが『ヘゲモニーと社会主義の戦略』(一九八五年、邦題『ポスト・マルクス主義と政治』)(1)で打ち立てたヘゲモニーの観点をわたしなりに解釈すると、民主主義の政治体は排除によって構築されており、そのように排除されたものが、その不在に依拠して成り立っている政治体につねに回帰して、それに憑依するというものである。この憑依が政治的に有効になるのは、ひとえに、排除されたものの回帰によって民主主義そのものの基本的な前提が拡大され、分節化しなおされる場合である。ラクラウとジジェクが後載の論文で主張することは、いかなる民主主義の政治体の形成も――つまりそのような政治体の内部でなされるいかなる個別的な主体位置の形成も――必然的に不完全なものであるということだ。しかしそれがどのように不完全なのかについては、異なって理解されている。わたしは、主体位置の「不完全さ」を次のように理解した。つまり（一）主体位置は、それが代表／表象《リプリゼント》している人々を十全に記述することができない。（二）あらゆる主体は差異にもとづいて構成されており、また主体の「構成的外部」として生産されているものは、完全な内部とか、内在的なものになることはできない。この最後の点が、アルチュセールの影響を受けたラクラウ／ムフの理論と、それよりもヘーゲル的な主体理論――すなわちあらゆる外在的な関係は内在的な関係に（少なくとも理念的には）変換しうるという理論――とのあいだの、基本的な相違だと思われる。

　あるいはまた、主体の「不完全さ」を説明するのに、ラカン派の精神分析に依拠して、それか「必然」だと述べる別様の解釈もある。ジジェクが指摘してきたことは――ラクラウも部分的に賛同してきたが――ラカンの「《現実界》」はこの「不完全さ」をべつの名称で述べたものにすぎず、あらゆる主体は、その社会的・歴史的条件に関係なく、不決定性という、同一の先行要件に服しているということである。主体は「切断線」を引かれることで成立するものであるゆえに、主体が主体としてみずからを経験するためには、その前-史は必然的にあらかじめ排除《フォアクローズ》されなければならない。この基盤的で画定的な限界が、主体がトラウマを背負って出現するときの諸条件から、主体を必然的に、不可逆的に、切り離すものとなる。

　わたしがジジェクとラクラウの両者を批判してきたのは、主体構築に対するラカン派の見解が、ヘゲモニーの概念と最終的に両立できるかどうかを、さらに精密に知りたいと思っているからである。不完全な主体――つまり切断線を引かれた主体――の概念は、呼びかけのある種の不完全さを保証しているようにみえているとわたしは思う。呼びかけの不完全さとは、「あなたはわたしをこの名前で呼ぶが、どのようにわたしを言語で把捉しようとしても、わたしなるものは、その意味の範囲から擦り抜けていく」というものである。他者への呼びかけがいつも擦り抜けられてしまうのは、切断線を、すべての主体構築の条件や構造として措定しているからなのか。それともヘゲモニーが要請する主体形成の不完全さは、政治的特徴であって構造的な静態や基盤ではない排除をつうじて、まさに〈過程にある主体〉が構築されるからなのか。もしもこの区別が誤っているならば、構造的で基盤的な構成上の排除を、ヘゲモニーをめぐる運動の政治的特徴である排除につなげて思考するには、どうすればよいのか。換言すれば、主体形成の不完全さは、記号表現《シニフィアン》をめぐって争われる民主主義の抗争とは結びついていないのか。ラカン派の言う切断線に、歴史を無視して依拠した場合、ヘゲモニーが提示する戦略的な問題と折り合いをつけることができるのか。あるいはそのように歴史を無視することは、あらゆる可能な主体形成や戦略に対する疑似‐超越（論）的な制約として、したがってそれが条件づけていると言われている政治領域に対する根本的な無関心として、立ち現れるのか。

もしも主体がつねに同じ場所でその限界に直面するなら、主体は、自分がそこにいると思っている歴史のまったき外部にいることになる。つまり主体や、その限界や、その分節可能性に対して、歴史は存在しないということになる。さらにまた、もしもあらゆる歴史的な闘争はすべての基盤にある限界（その地位は構造的なもの）をずらそうとして、かならず失敗する無益な試みでしかないと考えるなら、歴史的領域と構造的領域を区別する考えにくみして、その結果、抵抗を考えるさいに歴史的領域を排除することになりはしないか。

主体を基盤づけている限界を構造的なものと解釈した場合、いま述べたような疑問がわき上がってくるが、これらの疑問は、抵抗の可能な形態を考えるさいには、重要な事柄となる。もしもヘゲモニーが歴史的分節化の可能性を示すものであり、またその可能性は所与の政治地平の内部にあるならば、次のようなことが重要になる。つまり、その領域は歴史的に修正可能で、変形可能なのかどうか、言葉を換えれば、その領域は構造的にはまったく同じ限界や排除によって、その全一性を保証されているものなのかどうかということである。もしも支配の条件も、抵抗の条件も、分節可能な領域のなかに限られているなら、正義や平等や普遍性を分節化しうる場を拡げる可能性は、この領域を時の流れのなかで変化しうるものと捉えるかどうかによって、ある面、決定されるだろう。わたしはヘゲモニーを、以下のように理解している。ヘゲモニーの規範的で楽観的な場面は、まさに、リベラリズムの主要概念のなかにある民主主義の可能性を押し拡げる可能性のなかに存在するのであり、それらの概念をさらに包括的で、さらに動的で、さらに具体的なものにするものである。もしも、政治的分節化を可能にする領域は構造によってすでに規定されているという理論に固執して、このような変化の可能性をまえもって排除するなら、ヘゲモニーの政治プロジェクトを存続させるためには、歴史と構造の関係をここでもう一度考えなおす必要がある。ラクラウとジジェクとわたしとでは、譲り合えない点も多々あるが、ラディカルな民主主義のプロジェクトを模索している点と、グラムシのヘゲモニー概念に継続的な政治の可能性を見ている点では、一致しているつもりである。ヘゲモニーという概念が強調しているのは、二つの圏域が政治的事柄の支配をめぐって張り合っているという視点で、政治領域の権力作用をみることではない。そうではなくて、社会関係の日常的な理解を形成するために、いかに権力が作用しているか、また内密で暗黙の権力関係に人が同意する（それを再生産する）道筋をうまく整えていくために、いかに権力が作用しているかをみることである。権力は安定したものでも、静態的なものでもなく、日常生活のなかのさまざまな接合点で再形成されている。それは常識に対するわたしたちの漠たる感覚を構築しており、広く流布している文化のエピステーメとして秘匿されている。さらに言えば、社会変容が起こるのは、大義のために多数の人が結集することによってだけではなく、まさに日々の社会関係が分節化しなおされ、変則的で攪乱的な実践によって新しい概念の地平が切り拓かれることによってである。

パフォーマティヴィティの理論は、この点でヘゲモニーの理論とそう遠いものではない。どちらも社会が作られるのは——そして新しい社会の可能性が出現するのは——さまざまな社会行動のレベルで、権力と協力的な関係をもつ場面だということを強調している。

以上のような問題を、二つの異なった方向で考えていこう。まず第一の方向は、ヘーゲルの枠組みのなかで、構成上の排除の問題を考えることである。そのさいに焦点をあてるのは、『精神現象学』のなかで述べられている「恐怖」であり、また普遍の前提事項と「恐怖」との関係である。第二の方向は、ラクラウによって練り上げられた普遍の概念を押し進めて、それが文化翻訳の次元でどのように再演されうるかを示していくことである。後続のわたしの論考のなかでさらに明確にしたいことは、精神分析、社会理論、ヘゲモニーのプロジェクトの三者の関係をわたしがどう理解しているかである。政治的な自己同一化の限界を考察するために精神分析を利用することについては、わたし自身批判的ではあるが、次回のわたしの論考では、心的かつ社会的な次元の解放を試みるプロジェクトを理解するうえで、精神分析が中心的役割を果たすことを明らかにしたい。

わたしが普遍に焦点をあてる理由は、近年の社会理論のなかで、この話題が最大の争点のひとつとなっているからである。事実多くの人々は、構築至上主義《コンストラクティヴィズム》やポスト構造主義の普遍の説明では、政治的な代表／表象領域のすべての市民＝主体に共通する事柄を、実体的にも手続き的にもうまく説明することができないのではないかという懸念を表明している。いまだに政治理論家のなかには、あらゆる人間にまで拡大することができる人間の妥当な政治的特質は何か（欲望、発話、熟慮、依存）を模索し、あるべき政治秩序に対する規範的な見方を、その普遍的な記述に基づいて決めようとする人々がいる。セイラ・ベンハビブが示してきたことは、ロールズもハーバーマスも――各々べつべつのやり方ではあるが――人間の本性という問題に触れずに普遍を説明しようとしていること、また彼らは普遍化しうる特質を実体的に説明しようとしており、社会的、政治的プログラムの規範性を主張するための正当化の基準として普遍化の可能性を持ち出す手続き的な方式にくみしているということである。(2) 手続き的な方式は、人間とは何かについての実体的な主張をおこなうものではないが、しかしそれでもやはり、ある種の合理化能力に暗に依拠しており、また普遍化の可能性を内在的に有する理由を、人間の合理化能力に帰して説明している。「わたし」が理性的であるとき、わたしは個人を超えた合理に参与しているというカントの推定を推し進めると、わたしが理性的であることの前提には、わたしの主張を普遍化しうる可能性があるということになる。したがって手続き的な方式の前提には、そのような合理性を第一義におく見方があり、またそこには、政治領域でなされる人間の行動の、一見して非合理的な特質と思われるものに対する懐疑の念がある。

　普遍にかかわる事柄が批判的に見られるようになったのは、普遍の教義が植民地主義や帝国主義に益するように使われてきたことが、左翼の言説によって着目されはじめたからだろう。もちろん左翼の懸念とは、普遍的と呼ばれるものが、じつは支配文化の偏狭な特性でしかなく、「普遍化可能性」は帝国の拡大と不即不離の関係にあるということである。手続き主義的な見方は、この問題を扱うのを避けて、自分たちは人間の本性を実体的に主張しようとしているのではないと言い張っているが、むしろ合理性のみに頼ってそういう主張をおこなうこと自体が、その主張と矛盾するものである。手続き的な解決が実現可能かどうかは、ある部分、その形式主義的主張をどこに置いているかによる。すなわち、政治主張を裁定するための、純粋に形式的な方式を確立できているかどうかによる。ここで、カントの形式主義に対するヘーゲルの批判を再考することが重要になってくる。その大きな理由は、そのような形式主義はそれが意図しているほどに実際に形式的なものかどうかについて、ヘーゲルが疑問を投げかけたからである。

ヘーゲルは、『エンチュクロペディー』（一八三〇年）[3]第一部の「小論理学」のなかで、普遍を定式化しなおし、それを彼の形式主義批判に結びつけた。ヘーゲルは「予備的概念」と名づけた箇所（一九〜八三段落）で、普遍を抽象的思考と同一とみなす考え方を出してきて、そのおりに普遍概念そのものを、いく通りかに見直していった。まず彼は、思考の所産、形式、性質をまとめて「普遍的」と述べ、「抽象的」と同義とみなした。そののちこの定義を分解し、一つずつ見直していって、「活動としての思考は活動的な普遍であり」、行動や、その所産や、「生みだされるものは、まさに普遍的なものである」と述べた（二〇段落）。彼はここで普遍に三つの名前を与え、それらはただ一つのものだと述べつつも、多様にあらわれると主張した。この見直しに付け加えて、さらに彼は、代名詞の「わたし」をとおして作用する主語《サブジェクト》／主体もまた、普遍的なものであり、それゆえ「わたし」はまさに普遍のもう一つの名称であり、その個別的な現れであると述べた。

この段階では、一連の見直しがこの最後の点に帰着していくのかどうか、あるいはこの最後に示された定義がまたべつの定義につながっていくのかどうかについては、明らかではない。むしろ次に続く段落のなかで、ヘーゲルが、カントの見解を彼自身の言葉で明確に説明しなおしはじめたことで、彼がカントの声のなかにいることが明らかになってくる。ヘーゲルはこのように語る。「わたしはすべてのわたしの表象――またわたしの感覚、欲望、行動など――に『伴って出現する』という、ぎこちない表現をカントは用いる。『わたし』はそれ自体で、それのみで、普遍であり、そして共有性《コミュナリティ》は普遍のもう一つの形態――ただし外的な形態――である」（二〇段落目）。「外的な形態」という言葉でヘーゲルが何を意味したのかを考えてみることは、重要だと思われる。なぜなら、そののちヘーゲルは「内的な」形態を引き合いにだすが、内的なものこそ、カントがまさに等閑視したものと思われるからだ。「内的な形態」の意味は、次のように語られる。

> 抽象的に考えれば、「わたし」は、「わたし」そのものとの純粋な関係であり、そのなかで、抽象が表象や感覚からつくられる。つまり、性質や才能や経験といったあらゆる個別的事柄からだけでなく、あらゆる状態からもつくられる。この点で「わたし」は、完全に抽象的な普遍の存在、すなわち抽象的な自由の存在なのである。（二〇段落）

普遍の「内的形態」がいかなるものであろうと、それが普遍の具体的な形態と関係したものでもあることは間違いない。ここでヘーゲルは、普遍の抽象性が要求する人格の二分化に、はっきりと反論しはじめる。「『わたし』は主体として思考している。そして、わたしはあらゆる感覚や概念や状況等のなかに同時に存在しているために、思考はあらゆるところに存在し、あらゆる決定のなかに〔それらの〕カテゴリーとして浸透している」（二〇段落、括弧内はバトラーの付記）。そうなると、「わたし」を普遍として位置づけるためには、個別的で現実に生きているものを、自己の定義から排除することが必要になってくる。こうして抽象的な形態になった普遍は、人が他人と分かち持っている性質、しかし「普遍」という語によって要求される抽象レベルには達していない性質から、各人を切り離していくことになる。

したがって普遍的なものは、あらゆる人に属してはいるが、あらゆる人に属するあらゆる事柄ではない。事実、もしも概念作用や、意識の状態や、感情や、いま存在している個別的なものすべてが、あらゆる人間に当てはまることになれば、普遍の名のもとでは適さない普遍的な特質までも認めてしまうことになる。ゆえに普遍に要求される抽象性は、普遍それ自体が二重化されている状況を作りだす。つまりそれは、まず抽象であり、次には具体なのである。

以上のことをヘーゲルは、経験的で道徳的な判断にからめて追及し、普遍性を思考の特徴とみなす個々の場面で、いかに思考が定義上、それが認識しようとつとめる世界から切り離されているかを示した。思考は、モノを認識するために——つまり、モノとの関係でいかに行動すべきかを認識するために——思考が必要としている法則を、思考自身の内部に有していると考えられている。モノそのものは、認識に関する事柄とは直接の関係がないので、思考は抽象的なだけでなく、自己言及的なものとなる。自由が思考の普遍性によって保証されているかぎり、自由は、あらゆる外的な力を超えたもの、それらとは敵対するものと定義される。ヘーゲルはここでふたたび、カントの立場のなかに身を置いているが、だが以下のように説明する過程で、そこからの旅立ちを告げている。

思考はただちに自由を呼びおこす。その理由は、思考が普遍なるものがおこなう活動であり、したがって自己への抽象的な関係性であり、存在-内-存在であるからだ。存在-内-存在とは、主体性という見地からみれば決定不能だが、同時に内容という見地からみれば、物質〔それ自体〕のなかに、

その決定性のなかに、存在しているものである。(二三段落、括弧内はバトラー付記)

つづけてヘーゲルは、思考という行為に特有の抽象的な自由の概念を、ある種の傲慢——補っていえば、「謙虚」とか「控えめ」とは逆の、支配への意志——に結びつける。「その内容に関して」、彼は次のように語る。

思考は、物質にどっぷりと浸かっているかぎり〔in die *Sache* vertieft ist〕……真正なものである。またその形式については、思考が主体の個別的なあり方や行動ではなく、思考そのものによってのみ成り立つものであるかぎり、意識は抽象的な「わたし」として、つまり個々の特質や状況といったあらゆる個別性〔Partikularität〕から自由なものとして、それ自身を行為することができ、また、すべての個人に同一の普遍的な事柄のみをおこなうことができる。(二三段落)

この「普遍的活動」が何によって成り立っているかについては、ヘーゲルは明言していない。しかしそれが「主体の行為」ではなく、そのようなものと対極的なものだということは、はっきりと述べている。彼の言う普遍的活動が、本当に活動的かどうかは曖昧である。なぜならそれは、事実や「物質にどっぷりと浸かっている」からだ。彼によれば、「自分がこの種の行動に値すると思うときは、まさに、自分の個別的な見解や信念を手放し〔fahrenzulassen〕、物質〔それ自体〕が自分に力をふるうのを許す〔in sich walten zu lassen〕ときである」(二三段落)。

したがってヘーゲルは、抽象的普遍という定式化に反対して、その定式は独我論的で、人間の基本的な社会性を否定するものだと述べる。「なぜなら、それこそが自由なるものであり、自分自身に依拠し、自分自身の決定者でありつつも、他者とともにくつろぐこと、それこそが自由なるものであるからだ。……〔抽象的な意味での〕自由は、わたし自身でない他者などわたしには存在しないような場所でのみ、可能である」（二四段落、追記2）。ヘーゲルの見解では、これこそまさに「形式的な」自由である。自由が具体的になるためには、思考は「物質にどっぷりと浸かっていなければならない」。つづいてヘーゲルは、対象に何のはたらきかけもせず、それが示す内在的な特質の痕跡を追うだけの論理実証主義の形式には、警鐘を鳴らしていく。ヘーゲルの結論は、思考する自己は、それが認識しようとするものと基本的に関係しているということだけではない。彼の結論は、「具体的なもの」を生みだし排除することこそ、形式を捏造するさいの不可欠な要因だとわかったとき、形式的な自己は、その「形式性」を失うということだ。逆に言えば、具体的なものは、それ自体において「所有」されることはない。具体的なものを認識の対象として人間の精神に与えていくという認識行為を否認しようとしても、また無駄なことである。

カントの形式主義に対するヘーゲルの短い批判は、ヘーゲルの哲学を形式主義的な図式とみなしうるかどうか――ジジェクがよくやること――や、普遍を理論的な形式主義の次元で理解しうるかどうか――ジジェクもラクラウもわたしもそれに近いことをやろうとしている――を考えるさいに、多くの有益な観点を与えてくれる。まず第一に、形式主義は、どこにもない場所から発生する方法論ではなく、具体的な状況にさまざまに適用され、個別的な実例をつうじて例証される方法論だと考えることは重要である。逆に言えば、形式主義はそもそも抽象化の産物であり、この抽象化は具体からの切断を要求するものではあるが、その切断の軌跡や残滓は、まさにその抽象化の作用のなかに残されていく。換言すれば、抽象が厳密に抽象的になりえるには、それ自身を抽象にするために排除せざるをえなかったものの幾分かを提示しなければならない。

ヘーゲルによれば、カントの場合と同様に主体的とみなされている思考カテゴリーは、客体的なものを生産し、したがって「客体的なものとは永遠に正反対なものとなる〔den bleibenden Gegensatz am Objektiven haben〕」（二五段落）。ゆえに抽象は、それから身を引き離そうとしている具体によって、まさに汚染されている。第二に、抽象的な特徴が具体的実例によって例証されるということの前提には、抽象と具体の区別が存在する。つまりそこで前提とされていることは、この二項対立によって規定される認識領域が生産されているということである。もしも抽象それ自体が、具体からの切断や具体の否定によって生み出されるなら、そして具体はつねに抽象を汚染するものとして抽象に固着しているので、厳密に抽象でありつづけるためにはその形式が失敗していることを露呈せざるをえないのなら、抽象はそもそも具体に依存していることになり、抽象は具体的な他者で「ある」ということになる。ただし具体が抽象的な形式の例証として、後次的に出現することによって、その事実はつねに無視されるけれども。

『大論理学』[4]のなかでヘーゲルは、泳ぎ方を学ぶためにまず水に入るまえに必要な事柄を学ばなければならないと考えている人物を、例として挙げている。その人物は、単に水に入って、泳いでいる途中で水の掻き方を実践するだけでは、泳ぎ方を学ぶことはできないと思っている人である。ヘーゲルは暗にカント的な思考を、実際に泳ぐまえに泳ぎ方を知ろうとするこの人物になぞらえて、自己を掌握している認識モデルと、活動そのものに身を委ねるモデル――それが認識しようとしている世界に身を委ねる認識の形式――とを対比させている。ヘーゲルは「支配」の哲学者と呼ばれることが多いが、ここでもわかるように――またヘーゲルの「不安」に関するジャン＝リュック・ナンシーの犀利な著作で述べられているように――世界に対する自我の忘我的な位置は、認識の支配を解体するものだと言えるだろう[5]。「自己を失う」

とか「自己を委ねる」という表現に固執することによって、ヘーゲルは認識主体が、すでに与えられている世界に既製のカテゴリーを押しつける者でないことを、まさに確認しているのである。まずカテゴリーが作動しなければ世界を知ることはできないが、同様にカテゴリーは、それが知ろうとする世界によって形成されてもいる。またヘーゲルは、「普遍」に関する彼自身の定義を執拗に何度も書き換えているが、それによって彼は、世界を利用可能にするためのカテゴリーは、それらのカテゴリーが流通する世界と出会うことによって、継続的に作り直されるべきであることを明らかにしている。認識していく過程で世界に出会うとき、わたしたちは、前と同じものにとどまってはいない。またわたしたちの認識を助けるカテゴリーも、同じものにとどまってはいない。認識主体も世界も、認識するという行為によって解体され、再編されていく。

ヘーゲルは、『精神現象学』[6]の「理性」の章で、普遍は、主体の認識《コグニティヴ》能力の特質ではなく、相互的な再認識《レコグニッション》＝承認の問題に関連したものであることを明らかにしている。さらに言えば、承認は習慣つまり「人倫性」(Sittlichkeit) に依存しており、「個が普遍的な《実体》のなかで、現在の生存形式を得るのは、そのような活動によってだけではなく、活動の内容によってでもある。個がおこなっている事柄は、ひたすら熟練的なことであり、慣習的な実践である」(三五一段落)。承認は、それがなされている慣習的な実践からかけ離れたものにはなりえず、したがって承認を条件づけている形式は、どのようなものであれ、十分なものではない。また同様に、ヘーゲルが「普遍的な《実体》」と呼ぶものが、そもそも慣習的な実践によって条件づけられているかぎり、個は、その慣習を実例化し、慣習を再生産するものである。ヘーゲルの言葉をつかえば、「個はその個別的な仕事のなかで、すでに普遍的な仕事を無意識におこなっているのである……」(同)。

この見方が示唆していることは、普遍を文化の規範を超越するものと位置づけるあらゆる試みは、不可能だと思われるということである。ヘーゲルはたしかに、習慣的な慣習や倫理的な基準や国家を、単一な統一体として理解してはいるが、だからといって、文化を横断する普遍性や、文化的に異種混淆した国家から出現するような普遍性が、文化そのものを超越することにはならない。実際ヘーゲルの普遍の概念が、交雑的《ハイブリッド》な文化や揺れ動く国境という状況において当てはまるのなら、その普遍概念は、文化翻訳という仕事をつうじて練り上げられるものにならなければならない。しかし、くだんの文化と文化のあいだに境界を設定して、あたかもある文化の普遍概念がべつの文化の普遍概念に翻訳できるかのように考えてはいけない。文化は、境界によって限られているものではない。むしろ文化間の交流は、それらのあいだに同一性《アイデンティティ》を構築していく。(7) だからもしも普遍を、このように文化翻訳という構築的な行為として再考しはじめることができれば――それこそ、わたしがこれ以降の議論のなかで説明していきたいことだが――言語的、認識的な共通性があらかじめ存在しているという前提とか、あらゆる文化の地平は究極的に融解するという目的論的な想定は、普遍性を主張するさいの道筋とはならないだろう。

形式主義に対するこの種の批判は、普遍を政治的な次元で考えるときに、どのような示唆を与えるのだろうか。ヘーゲルの著作では、哲学の語彙の主要用語は何度も繰り返され、それらは語られるたびに、たいていの場合べつの意味を帯びたり、それまでとは逆の意味を帯びてくることに、注意を向ける必要があるだろう。これはとくに「普遍」や「行為」という言葉だけではなく、「意識」とか「自己意識」についても言えることである。『精神現象学』の「絶対的な自由と死の恐怖」の章は、行為に対するこれまでの考え方に依拠しつつ、国家への恐怖が存在している状況で個人がどのように行為するかが考察されている。フランス革命を引きながら、ヘーゲルは個人を、次のような行為――(a)対象に対する行為や、(b)

自分自身の活動の固有性を省察する行為――をおこなうことはできない者とみなしている。これはそのまえの「主と従」の章で、ヘーゲルが論じた議論の中核となっている行為概念である。国家への恐怖が存在しているときには、どのような個人的な活動もありえない。なぜならどのような個人も、自分の署名を帯びた対象を外在化できないからだ。意識は自己表現を媒介する能力を失ってしまっており、「意識はいかなるものも解き放てず、それらを意識に対峙する自由な対象にすることはできない」（五八八段落）。

それ自身を「普遍」とか「絶対的な自由」と呼ぶ体制のもとで個人は活動し、生きているのだが、個人は自分のことを、絶対的な自由にかかわる普遍的な活動のなかにいるとは思えない。事実、個人がこの絶対的なシステムのなかで居場所を見つけられないこと（キェルケゴールのヘーゲル批判を先触れしているようなヘーゲル自身の《恐怖》批判）が、この種の普遍概念の限界を露呈させており、それゆえ絶対性に対する主張を裏切ってもいる。ヘーゲルの見方では、行為するためには、人は個人化されなければならない。普遍的な自由は、個人を介さずに行為することはできない。普遍的自由がなしえる唯一のことは、その怒り――破壊への怒り――を吐き出すことである。だから絶対的な恐怖のもとでは、実際の自己意識は普遍的自由とは対立的なものとなり、普遍は制限されたものであることが暴かれる。つまり普遍は間違った普遍だということがわかってくる。このような条件のもとでは、自己意識や個人には居場所がなく、また自己表現を媒介できる基準に合うような行動をとることもできないので、そこに現れる「行動」はすべて、徹底的に形が崩れたもの、形を崩すものとなる。ヘーゲルにとって、出現しうる唯一の行動は、反‐行動なのであり、それ自体が破壊であり、無から生みだされる無である。したがって彼の見方では、普遍的な自由がなす唯一の活動や行動は、死なのである（三六〇段落）。

個人は無効にされ、したがって死んだ状態になっているだけでなく、この死には文字通りの意味と、比喩的な意味の両方が与えられている。個人が《恐怖の領域》のもとで「絶対的な自由」のためにたやすく殺されてしまうことについての歴史的資料は、枚挙にいとまがない。さらに言えば、たとえそこから生還する人がいたとしても、そのような人々は、規範的な「個人」ではない。承認されず、また行為によって自己を外在化させる能力も奪われているために、そのような個人は無となり、その唯一の行為は、自分を無効にした世界を無効にすることである。「いったいこれはどんな種類の自由なのか」と問えば、おそらくヘーゲルは、それは「絶対的に自由な自我という空ろな地点」であり、「あらゆる死のもっとも冷酷で、もっとも卑小なもの」であり、「キャベツの頭を切り落とすとか、水を一口飲む」ほどの意味しかないものと答えるだろう（五九〇段落）。

ヘーゲルは、ある党派がみずからを普遍とみなし、総体的意志を代表していると主張するときに何が起こるかを、はっきりと示している。そこでは総体的な意志は、それを構成している個人の意志に取ってかわり、事実、個人の意志を犠牲にして存在しているものである。その結果、政府によって公的に代表されている「意志」は、その代表機能から排除された個々の「意志」に憑きまとわれることになる。ゆえに政府は、代表領域から排除された個々の意志の残滓を消し去ることによって、それ自身の普遍性を主張しつづけなければならないという強迫観念的な仕組みを、その根底にもつものとなる。公的に代表も承認もされない意志をもつ人々は、「非現実的な純粋意志」となり（五九一段落）、その意志は、それと認識されないゆえにたえず憶測され、邪推される。したがって強迫観念の発作らしきもののなかで、普遍は、それ自身の土台が激しく分裂していく姿をみせ、またその分裂を演じてもいる。絶対的な自由は、抹殺こそみずからの仕事と理解し、自己に固着する他者性のすべての痕跡を消し去る（抹殺する）抽象的な自己意識となる。

この段階のヘーゲルの説明では、抹殺行為をおこなう擬人化された普遍は、「主と従」の章の主人と似たものである。抹殺は普遍の目的となり、知覚的存在として比喩化されたこの「普遍」は、死の恐怖を感じると述べられる。「死の恐怖は、それ自身の否定的な本質を悟ったものである」（五九二段落）。普遍はそれ自身を否定的なものとみなし、したがって、それ自身と思っていたものとは対立的なものとみなすが、それだけではなく、一方の端からもう一方の端へと一直線に移行して、みずからが移行そのもの――すなわち、その本質的な活動が否定であると同時に、それ自身、否定に従属しているもの――であることを知りはじめる。

当初の普遍の意味は、あらゆる人間にそれを同一化できるというものだったが、普遍がその圏域のすべての人間に適用されるのを拒んだ結果、その自己同一性を失うことになる。それは公的な普遍と幻影的な普遍のあいだに亀裂を起こしはじめるだけではなく、意志の分裂やこの種の普遍に内在する不連続を反映している階層制度のなかで、バラバラになっていく。所有するものもなく、総体的意志――普遍――によって代表されることもまったくない人たちは、そういった状況下では、承認されうる人間のレベルには達しないのである。総体的意志の外部にいる「人間」は、その意志によって抹消されるのに甘んじなければならない。だがそれは、そこから意味を引き出しうる抹消ではない。その抹消は、虚無である。ヘーゲルの言葉で言えば、「その否定は、意味のない死であり、肯定的な内実を何も持たない否定性に対して感じる、まったき恐怖……」なのである（五九四段落）。

ヘーゲルは、普遍を形式として捉えたときに虚無に帰着する様子を、鮮やかに描写している。普遍がすべての個を包摂することができないかぎり――逆に言えば、普遍が個に対する根本的な敵意から作られているかぎり――普遍は、その基盤である敵意そのものでありつづけ、またその敵意をつねにかき立てるものでもある。普遍が普遍たりえるのは、唯一、それが個別的で、具体的で、個人的なものによって汚染されていないかぎりにおいてである。したがってそれが要求しているのは、個人の不断の無意味な消滅であり、それは《恐怖の帝国》によって劇的に示されるものである。ヘーゲルにとってこの抽象的な普遍は、このような消滅を要求し、このような否定を演じているのみならず、このような消滅がなければ無になってしまうほど、この種の消滅に根本的に依存してもいる。このように直接性が消滅しなければ、普遍そのものが消滅すると言うこともできるだろう。だがどちらにしたところで、普遍は、ヘーゲル曰く、それ自身がまさに消滅で「ある」ことを意味する消滅がなければ、無なのである。抽象的な普遍が作動するためには、個人の生の儚さは必要不可欠だと理解してはじめて、普遍そのものが、そのような生のすべてを包摂しうる概念として、消滅するのである。「こうした直接性の消滅が、普遍的意志そのものの成立を告げている」(五九四段落)。

ヘーゲルは、すべてを包摂する真実なる普遍に向かって論を組み立てているように見えるが、そうではない。むしろ彼が提示しているのは、それ自身の基盤である否定と切り離すことができない普遍なのだ。普遍という語が有する全方位的な範域は、個を排除することで成り立っているが、まさにそのことのために、綻びが生じてくる。どのような方法であれ、排除された個を普遍のなかに引き入れてくるときには、かならずその個をまず否定しなければならない。そして普遍はそれが包摂しようとするものを破壊することなく作用することができないことが、この否定によってふたたび確認されることになる。さらに言えば、個を普遍に同化させようとすれば、かならずそこには痕跡が——つまり同化しえない残余が——のこり、それが亡霊のように立ち現れて、普遍をそれに取り憑かせることになる。

ここまでのわたしの読みが前提にしていることは、ヘーゲルの概念を彼の著作から離れて読むことはできないということである。換言すれば、概念は著作のなかで戦略的に反復されて練り上げられていくので、「普遍理論」を彼の著作から切り離して、それだけを別個の単純な命題にすることはできない。普遍は時の流れのなかで改訂を経験するばかりでなく、この継続的な改訂と解体は、普遍とは何「である」かには不可欠なものである。この「である」という繋辞の命題的意味は、推論的意味に置き換えられなければならない。

このように時間の経過のなかで考察される普遍の概念は、政治の領域とは無縁のように見えるかもしれない。しかし静態的な普遍概念――すなわち挑戦に耳を貸さない概念、それ自身の構造が排除しているものには応答しない概念――を持ちつづけることの、政治的リスクを考えてみてほしい。

したがってここで、ヘーゲルの手続きに関して予備的な結論に達することができるだろう。それは、(一) 普遍は、意味の重要な増殖と逆転を経験する名称であり、その構築の途中のいかなる「瞬間」にも収斂させることはできないこと、(二) 普遍は、それと対立する個別的事柄の痕跡につねに悩まされ、それは (a) 普遍の幻影化という普遍の二重性と (b) 普遍への個別的事柄の固着、という形態をとり、そうして形式主義的な普遍の主張が必然的に不純なものであることが暴かれること、(三) 普遍と、それを分節化する文化との関係は克服することができないこと、つまりどのように文化を超越した普遍概念も、それが超越しようとしている文化規範によって幻影化され、汚染されていること、(四) 文化を交流関係や翻訳作業にかかわるものとして理解させているのがまさに普遍概念なので、どのような普遍概念も、単一の「文化」という概念のなかには収まりきらないこと、である。ヘーゲル的と呼んでもいいような観点――しかしヘーゲル自身は使ったことがない観点――から見て、個別的で実体的な「文化」と考えられているものこそ、他者性の定義との関連から言って、まさに本質的にそれ自身の他者だとみなすべきだろう[8]。

わたしがここで言っているのは、他の文化に優先して、また敵対して、自文化を定義することではない。というのも、そのように定式化することこそが、「文化」を全体的総和とみなす考え方を温存させるからだ。そうではなくて、わたしがここで考えようとしているのは、翻訳の定義の問題にかかわる文化の概念であり、普遍の問題が文化を横断する翻訳の問題になってきていることに大きく関係していることである。

この時点までのわたしの議論で、わたしがラクラウやジジェクと異なることがはっきりとおわかりいただけたと思う。おそらく彼らとわたしの明らかな相違点の一つは、わたしのヘーゲルへのアプローチは、ヘーゲルの著作のなかで意味がいかに生成されていくかに関する、わたしの一連の文学的で修辞的な想定に基づくものであるということだ。したがってわたしは、ヘーゲルを形式的な次元で解釈して、彼をカント的な形式主義に融和させる試み――ジジェクがよくやること――には反対する。[9] ヘーゲルの著作を形式的な図式主義に矮小化しようとする試みは、ヘーゲル自身がそれらの形式主義のすべてに向けた批判に晒されることになるだろうし、それらの形式主義がつまずいた同じ過ちに晒されることになるだろう。

ジジェクは、「ヘーゲルの『本質論理』について」という読解のなかで、[10] モノはどんなもので「あれ」、それに固有の属性を与えている外的条件によって――すなわちモノを出現させている歴史的条件によって――決定されているという、ヘーゲルの逆説について考察した。「対象をその構成成分に解体してしまったからには、その多数の成分を統合して、それ独自の自己同一性を作りだすような固有性を、それらのなかに見つけ出そうとしても無駄である」(一四八頁)。また対象の内部にその特徴的な性質を見い出そうとする試みも、モノは外的な環境によって条件づけられているという、今まで述べてきたような認識によって覆される。ジジェクによれば、そこで起こっている事柄は、「純粋に象徴的で同語反復的な身ぶりが……もともと外的条件であったものを、モノの条件＝成分として定位していく」(同)ことである。換言すれば、モノの外的条件は、モノの内的で内在的な特徴とみなされていく。しかも、外的で恣意的な条件が、モノの内在的で必然的な特徴になったとたん、そのモノはまた、定義というパフォーマティヴな行為によって、基盤が与えられ、統一化される。これこそジジェクが、「同語反復的な『モノそれ自体への回帰』」（同）とみなしたものである。この種の「定位」はたしかに一種の奇術であるが、それは基盤をつくりだすための必然的な奇術であり、ジジェクにとって、これがすべての自我の普遍的特徴を示す形式である。

　ジジェクはさらに説明をつづけて、このヘーゲル的な瞬間と、ラクラウが「クッションの綴じ目《ポワン・ド・キャピトン》」と呼んだもののあいだには、類似性があると述べている。「クッションの綴じ目」において、恣意的記号は、その意味内容の本質のように見えているだけではなく、その記号のもとにモノを組織的に作っていくのである。ジジェクは彼独自のユーモアと誇張表現をつかって、このラカン的な考え方を的確に例証するものとして、スピルバーグ監督の映画『ジョーズ』に出てくる人食い鮫を挙げている。その鮫は、「自由に浮遊する気まぐれな恐怖〔バトラー注　たとえば政府や大企業の介入、移民、政治的不安定さといった、本質的に社会的な恐怖〕の……共通の『受け皿』となっている」（一四九頁）。「クッションの綴じ目」つまり「受け皿」は、統御しきれない一連の社会的意味に「錨を下ろし」、それを「物象化し」、「そういった社会的意味についてのさらなる探究を阻む」ものである（同）。

　この説明でわたしの関心をひく事柄は、ジジェクがうまく語っているパフォーマティヴな行為の、形式的で転移可能な性格である。外的条件を内在的なものに見せている同語反復的な位置づけ行為は、クッションの綴じ目と同様のものなのか。大衆文化を、その例のまえに存在して、いわばすでに真実とみなされているような形式の例として、使うことができるのか。カントに対立するヘーゲルの立場は、第一に、わたしたちはそのような構造が何であるかを言うことはできないということであり、次にはそれらの構造をそれらの例に適用することはできないということである。なぜならそれらを「適用」する例において、それらはそれら以外のものになってしまうからである。理論上の形式と、それを実例に技術的に適用することとの関連は、ここでは明らかだ。理論は例に適用され、理論と例との関係は、ヘーゲルの言葉を使えば、「外的」なものである。理論はその自己充足性に基づいて説明され、次にそれが記述される場所か移動するが、それはひとえに、すでに完成されている真実を例証するという教育的な目的のためだけである。

わたしがここで反対しているのは、理論を技術的に説明することや、その対象を外部に留めおくような形式と技術の関係だが、それよりもさらにわたしが問題にしていることは、わたしたちが恣意性の瞬間をどう読むか、また残余の問題にどうアプローチするかに関する事柄である。ジジェクは、例を超越する自己構築的な機能のはたらきを示すために、さまざまな文脈で使用することができる道具を提示した。いくつかの恐怖や不安が起こり、名称は、そういった恐怖や不安に遡及的に、恣意的に付着していく。そして突然、それら多くの恐怖や不安がただ一つのものとなり、心を掻き乱すすべての原因や基盤としてはたらくようになる。最初は社会不安の無秩序な場所として登場していたものが、ある種のパフォーマティヴな作用によって、同一の原因をもつ秩序立った世界に変容するのだ。おそらくここには、そのような定式化をおこなおうとする巨大な分析力が存在しており、その偉業によって、空高く舞う華々しい社会批評家としての、ジジェクの不動の名声が説明されていくのだろう。

しかし、このパフォーマティヴな作用がなされる場所と時間は何なのか。それはあらゆる場所やあらゆる時に起こりうるのか。それは人間の文化や言語や名称が有する、不変の性質なのか。それとも、あくまで近代の唯名論の力が及ぶ範囲に限定されているものなのか。いかなる文脈・あらゆる文脈から、いかなる対象・あらゆる対象へも移動できる手段として、それは、まさにそれ自身が出現する条件を否認する理論的な物《フェティッシュ》神としてはたらいているのではないだろうか。

ジジェクが明らかにしていることは、対象を形成し、画定し、そうして対象を原因としてはたらかせるこの同語反復的な身ぶりが、つねに非常に漠としたものであるということだ。名称が抑え込もうとしている偶発性は、まさにものが融解する恐ろしき幻影となって回帰する。ジジェクの見方では、この偶発性と、偶発を必然にすることとの関係は、一方が他方に容易に転換できるがゆえに、弁証法的なものである。さらに言えば、彼曰く、この行為はカントとヘーゲルの両方のなかに見いだしうるものである。ヘーゲルにとっては、「これはまさに『わたし（:i）に点を打つ』という主体の自由な行為であり、遡及的に必然を設定していくものである」（一五〇頁）。ジジェクはさらに続けて、「この同じ同語反復的な身ぶりは、すでにカントの純粋理性の分析のなかでなされており、対象を表象するさいに多様な知覚を統合することは、多様に感得される現象的な知覚の下に、Xを未知の基層として定位すること〔である〕」（同）。こうしてXは定位されるが、それは内容のない空虚なものであり、「純粋に形式的な変換行為」であり、統一を措定するもの、またジジェクが、ヘーゲルの著作にもカントの著作にも例証されているとみなしている象徴化の行為を構築しているものである。

この象徴化の行為が起こるときに必要なのは、ある種の言語的な定位機能であり、それは、それが使用している名称（シニフィアン）をとおして、遡及的に対象（シニフィエ）に必然を付与するものである。こう考えることもできるだろう――象徴化の行為が破綻するのは、その行為が生産している統一を維持することが不可能なことを、その行為自体が知ったとき、つまり、その行為が抑え込み、統合化しようとしている多くの社会的な力が、名称の見かけの馴化作用を壊していくときであると。しかし興味深いことにジジェクは、この象徴化行為が社会を破壊する側面は考慮せずに、そのかわりに、この定位行為が生産する「余剰」の方に焦点を当てている。意味つまり実体は、定位という形式的な行為によって、生産されると同時に壊されるとみなされている。名称がもたらす同一性は空虚なものとなり、その空虚を見抜くことが、この名称化のプロセスの自然化作用を批判する位置を生みだすというのである。王様は服を着ていない。ゆえにわたしたちは、一連の社会不安を引き起こす「原因」を「ユダヤ人」といった民族的マリノリティに求める偏見や恐怖《フォビア》の論法から、いずれ解放されていくのである。ジジェクにとって批判的瞬間が出現するときこそ、この構造の崩壊を目の当たりにするときであり、そのとき、名称をつうじて単一なものに帰せられていた実体的で因果的な力が、じつは恣意的に帰せられたものにすぎないことが露呈するのである。

またこのようなことが起こるとき、支配に対立する地点を見いだしたように思うが、それと同時に、その対立地点こそ、支配がなされるときの手段なのであり、対立することによって、それと知らずに支配力を強化していたことも知るのである。支配はその「《他者》」として現れたとき、もっとも効果的な力を発揮する。この弁証法が崩れたとき、わたしたちは新しい視野を得るが、その理由は、支配と対立をはっきりと区別するこの図式こそ、支配がそれに対立するものを手段として利用しているということを、隠蔽しているからなのである。

これらの例、またそれ以外の多数の例のなかでジジェクが示しているのは、必然や偶発や対立が日常生活のなかで考察されるときの方法を、もう一度考察してみるという批判的な視点である。しかしそこから、どこへ行けばいいのか。アポリア――さらには、言語的なパフォーマティヴィティのレベルでの構成上のアポリア――を解説することが、ヘゲモニーに対抗するプロジェクトに役に立つというのか。実体も対立も偽物であったことを形式的な側面から暴いてみせたところで、それがヘゲモニーのプロジェクトとどんな関係があるというのか。もしもヘゲモニーによって使用されているトリックのいくつかがそこで提示され、偶発性に逆らって社会を秩序づけるやり方が提示されれば、それはたしかに洞察的なものではある。だがもしも、不変の構造からいかにして新しいべつのものが生まれるかを見つけ出せないなら、わたしたちが身につけている自然な態度を覆すことで社会や政治の新しい分節化を見つけ出そうとしている試みに、寄与することはできないだろう。

さらに言えば、ジジェクの論では、パフォーマティヴィティを構造的に説明する場合と、文化的に説明する場合に違いが設けられており、それが言語の定位機能であると理解されている。ジジェクの論が示しているのは、この定位機能がいかに、必然的な基盤や因果関係という見せかけを作りだすかということであり、これはまさに、わたしが『ジェンダー・トラブル』[11]などの著作で示したジェンダー・パフォーマティヴィティの説明と同じものである。そういった著作でわたしが示唆したことは、ジェンダーのパフォーマンスは、それ以前に実体があるという幻想――ジェンダー化された自己の核があるという幻想――を作りだすものであり、したがって実際はジェンダーのパフォーマティヴな儀式の結果であるのに、それ以前に存在していた実体の必然的な発露とか、因果的な結果とみなされてしまうということである。しかしジジェクは、言語による定位の構造的な性質だけを取り出して、文化は、この構造的な真実の単なる例証にすぎないとみなした。しかしわたしはパフォーマティヴィティを、文化の儀式であり、文化規範の反復であって、意味の構造面と社会面を最終的に切り離すことが不可能な、身体のハビトゥスだと考えなおさないといけないと切に思っている。

アントニオ・グラムシによって定義され、シャンタル・ムフとエルネスト・ラクラウによって練り上げられた「ヘゲモニー」という概念は、政治形態を新しく分節化しなおす可能性を含んでいたことは念頭に置く必要があるだろう。他方ジジェクがわたしたちに示していることは、換喩的に転義される不変のアポリアの構造が、政治内部のパフォーマティヴィティのすべてを悩ましているということである。一般化された定式と、それを例証する実例とのあいだに共約性がないことは、ジジェクが言う逆転が起こる文脈は、つねにその構造の外部にしか存在しないということである。ヘゲモニーの概念は、同意についても批判的に捉えているが、ジジェクもこれにくみしているようだ。彼は、いかに権力が人々に自分たちを拘束するものに同意するよう求めているか、また、自由や抵抗を感じること自体が、いかに支配の偽装された道具になりうるかを示している。だがそのような弁証法的な逆転や袋小路から抜け出して、何か新しいものに移っていくにはどうすればよいかということについては、それほど明らかにされていないとわたしには思われる。社会領域の分析が、時代や場所にかかわらず機能する倒置やアポリアや逆転の枠内でなされるなら、新しいものなどどうして生まれることができようか。こういった逆転は、構造的には同一の反復以外のものを、生みだすことができるのか。

しかしラクラウの最近の仕事は、社会的領域を政治的に新しく分節化することにかかわるような、ヘゲモニーのべつの側面を見ていくことである。[12]だが他所で述べたように、ラクラウのなかに見られるラカン的命題——つまり《現実界》を、すべての主体形成の限界点とみなす考え方——は、彼がおこなっている社会や政治の分析と両立しえるのかどうかについては、疑問に思う。主体のつねなる不完全さを、《現実界》が指し示している限界として理解して、自己表象がつまずき失敗する地点と捉えるのか、それとも社会的カテゴリーは人の流動性や複雑さを把捉できないとみるのか(ドニーズ・ライリィの最近の著作参照[13])、とのあいだには、むろん大きな違いがある。しかしいずれにしろ、こういった事柄は、本書でのわたしの主な関心事ではない。ラクラウはヘゲモニーを、政治的に新しいものを社会のなかでどう位置づけるかを模索していく動的な概念だと述べた。しかし個別と普遍の問題に関する彼の姿勢には、わたしは若干の異議がある。だからここで、この問題に関して彼が最近試みた定式化のいくつかをとりあげ、もう一度、普遍とヘゲモニーの関係を考察して、この議論を締めくくりたい。

ラクラウは、彼が編集した『政治的アイデンティティの形成』[14]のなかで、二〇世紀末のアイデンティティの政治化にひそむ「二重の運動」に注意を向ける。

偉大な歴史的主役《アクター》とか、社会全体にとって意味ある決定がかつてなされた公的領域の中心といったものは、両方とも姿を消した。そしてそれと同時に、個別主義的なアイデンティティの増殖に向かう広範囲の社会的な生が政治化されることになった。（四頁）

「古典的な枠組みには納まりきらない複数の新しい主体が出現する」（同）ことの挑戦的意味について、ラクラウはさらに考察して、つまりそれは、こういった個別主義がおこなう挑戦であり、啓蒙主義の図式《シェマ》——政治の前提条件には、本来、主体の普遍性の主張があるとみなす図式——への挑戦なのだと述べる。[15]

また『（複数の）解放』（一九九六年）[16]のなかでは、現在の政治は個別主義を必要としているという点から、普遍について粘り強く論じている。この本でラクラウが試みようとしているのは、その一〇年前に出版した『ヘゲモニーと社会主義の戦略』の中心概念だった等価性の連鎖から、普遍の概念を切り離すことである。『（複数の）解放』でラクラウが述べているのは、どのような個々のアイデンティティも、自己決定をなすにあたってけっして完全ではないことである。個々のアイデンティティは、ジェンダーや人種や民族といった特定の内容に関連したものだと理解されている。これらのアイデンティティのすべてに共通すると言われている構造的特徴は、その構築がつねに不完全であるということだ。個々のアイデンティティは、開かれた差異化システムのなかで相対的な位置を占めているがゆえに、アイデンティティとなる。言い換えれば、アイデンティティは無数の他のアイデンティティからの差異によって、構築されている。この差異は、排除そして／または敵対関係とラクラウが捉えているプロセスのなかで、特定化されていく。ここでラクラウが参考にしたのはヘーゲルではなくソシュールなので、アイデンティティを措定する（そしてつねにその措定に限定をつける）差異は、二項対立的な性質をもつものではなく、統合性を欠いた作動領域に属しているものである。これは、「統合化」という比喩でヘーゲル哲学を捉えることに反駁するときには都合がよいだろうし、ラクラウはここでソシュールをポスト構造主義的に読み替えていると述べることもできるだろう。[17]しかし統合性の地位に関するこの種の論争は、たしかに重要なものではあるが、わたしたちを別の方向に導いていく。というのも、思うにいずれの場合も、すべての個々のアイデンティティが出現する差異の領域は無限であるべきだという了解のなかにいるように思えるからだ。さらに言えば、個々のアイデンティティの「不完全さ」は、そのような差異化のなかでアイデンティティが出現することの直接の結果となっている。つまり個々のアイデンティティが出現するときには、いつも他者の排除が想定され、その排除が実行に移されて、この構成上の排除や敵対関係が、すべてのアイデンティティの構築に共通する平等な条件だと考えられているのである。

ここで興味深いことは、差異化にもとづいて定義されるこの無限の領域が、ラクラウの普遍の理論化のなかでどのような役割を果たしているかということである。等価性の連鎖が政治的カテゴリーとして機能するとき、個々のアイデンティティは、それが必然的に不完全に決定されるという状況を、他のアイデンティティと共有していることを認めなければならない。それらのアイデンティティは、そもそも、それらが出現するさいの一連の差異であり、この一連の差異が、政治的な社会領域の構造的特徴となっている。もしも個々のアイデンティティが、他のアイデンティティと同じ構造をもっていることを認めずに、それ自身の状況を普遍化しようとすれば、他のアイデンティティと同盟をつくることはできないし、普遍そのものの意味や場所をまちがって定めてしまうことになる。個別を普遍化することは、特殊な文脈をグローバルな状況に昇格させようとすることであり、局所的な意味を拡大して、帝国を作りあげようとすることである。ラクラウによれば、普遍が見いだされる場所は、「空虚だが、消し去ることができない場所」（五八頁）として存在している。それは、いずれ見いだされ、分節化されていく推定的、先験的《アプリオリ》な条件ではなく、また、共通の内容で統合できるすべての個別を完全に列挙しうるという理念的なものでもない。皮肉なことにそれは、普遍を約束している共有の内容など一つもないという、その不在なのである。

> もしも普遍の場所が空虚な場所であり、どのような内容をもってしても、それを埋めうる先験的な理由などないのであれば、またもしもその場所を埋めようとする力が、その力がとなえる具体的な政治と、その空虚な場所を埋めうる政治能力のあいだで、構造上の分裂を抱えるものならば、どんな社会の政治言語といえども、それを制度化するプロセスは多少なりとも不安定化され、切り崩されてきており、またいずれそういった政治言語は、ばらばらに崩壊していくだろう。（六〇頁）

したがって、ラクラウはあらゆる政治化作用には共通の条件があると言うが、それはけっして内容にかかわる条件ではない。むしろその条件は、どのような具体的な内容も十分にアイデンティティを構築することはできないという条件、すなわち必然的な失敗の条件であって、それは普遍につねに付随しているというだけでなく、普遍そのものの「空虚だが、消し去ることができない場所」なのである。ある種の緊張はかならず政治形成のなかに生じるが、しかしその緊張も、その場所を埋めようとして、結局それが叶わないことを知る。しかしその場所を埋めることができないということは、普遍を未来において約束するものであり、この地位は、あらゆる政治的な分節化の無限で無条件の特徴を示すものとなる。

政治の組織化にとって、その場所を埋める可能性を理念として措定しなければならないのと同様に、それが不可能だということも、同様に必定のこととなる。この失敗を政治の「目的」として直接、追求することはできないので、それは価値――それなしでは政治が作動することができない普遍という価値――を生産することになる。ゆえにこの失敗を、複数の政治運動が連帯するときの構造上の起点として用立てるためには、政治の目的は変わらなければならないと思われる。あらゆる条件に合致するものは、

> 等価性の連鎖のなかでは……ただ一つ、共同体の純粋で抽象的で存在しない十全さのみである。それを直接に表象／代表する形態はなく、差異化された条件を等価につなげることで、それを表現するしかない。……等価性の連鎖は開かれていなければならない。それを閉じてしまうことは、個別性のなかに特定しうるもう一つの差異の結果でしかなく、そうなるとわたしたちは、不在としての共同体の十全性に出会うことはなくなる。（五七頁）

リンダ・ゼレーリはラクラウの普遍概念を次のように説明している。「この種の普遍は《一つ》ではない。それは、個人がそれに参与していく先在的なもの（つまり本質とか形式）ではなく、むしろ、政治行

動の壊れやすく、移ろいやすく、つねに不完全な試みなのである。それは現存を入れる容器ではなく、不在の置き場所である」[18]。ゼレーリがうまく示してみせたことは、（ジジェクには失礼ながら）ラクラウの政治理論のなかのアイデンティティの「不完全さ」は、ラカン派の《現実界》に収斂させることはできないということであり、また普遍は、主体の言語的条件や心的条件に基盤を置いているものではないということである。さらに言えば、普遍は、個別を超越する規定的な理念とか、ユートピア的な公準として見出されるものではなく、つねに「政治的に分節化される差異の関係」（一五頁）となるものだ。普遍の個別への「寄生的な固着」とラクラウが名づけた事柄を強調して、ゼレーリは、普遍は個別的なものの連鎖のなかにのみ見出されると主張する。

ゼレーリは自論のなかで、革命後のフランスにおけるフランス・フェミニズムについて検証したジョーン・ウォレス・スコットの最近の仕事を引用している。スコットはラクラウの立場を暗に公式化しなおしているが、ゼレーリの説明によれば、スコットは『性的差異』を、普遍に含まれる条件として受け入れると同時に、拒絶することがいかに必要であったか」（一六頁）を歴史的に辿っていった。『提示できるのは逆説のみ』のなかで、スコットは、一八世紀、一九世紀のフランスのフェミニストたちは、性的差異を基盤に権利を主張しなければならなかったが、また同時に、自分たちの主張が普遍的な公民権の付与へと論理的に拡大されなければならないと述べる必要もあった。スコット以前にも、性的差異と普遍性を調停するために多くの戦術や逆説が試みられたが、そういった位置のほとんどは、その問題を公式化するときの矛盾を克服することはできなかった。性的差異に沿って議論することは、個別主義に沿って議論することである。だがそれはまた——あらゆる人間性の基盤に性的差異があると認めた場合——普遍に直接訴えることにもなる。ゼレーリによれば、スコットが示した公式は、ラクラウの公式を逆転させたが、同時に補完するものでもあった。ラクラウが示したことは、個別的主張のそれぞれがもつ構造的な不完全さは、ある一つの普遍に関連したものであるということだが、スコットが示してみせたことは、個別的主張から普遍的主張を分離することは不可能だということである。この議論にわたしが唯一付け加えることがあるとすれば、それは、スコットが強調したのは、個別と普遍がときおり決定不能なかたちで一致することであり、まさに「性的差異」という同じ語が、ある政治の文脈では個別を意味し、べつの政治の文脈では普遍を意味しうるということである。彼女の仕事は、次のような疑問を投げかけていくのではないか。つまり、ある主張が個別なのか普遍なのかを、わたしたちはいつもはっきりと区別できるのかどうか、また主張の意味が政治的文脈によって左右されるゆえに、その主張が個別なのか普遍なのかが定まらないのなら、いったいそこでは何が起こっているのか、ということである。

以上のようなことを前提に、次の二つの問いを発したい。一つは、ヘーゲルや個別と普遍の関係にもう一度立ち戻るものであり、もう一つは、以前に少し触れた文化翻訳の問題へとわたしたちを先へ進めるものである。まず最初の問いは、個別間の関係のなかにこそ普遍が見いだされ、かつ普遍が個別間の関係と切り離せないということは、いったいどういうことなのか、二番目の問いは、もしも普遍的なものが政治的生をうごかす作動概念になるなら、ラクラウやゼレーリが論じたような個別間の関係は、文化翻訳の一つになるべきなのか、である。

最初の問いに答えるためには、アイデンティティの構造的な不完全さという地位について考えてみなければならない。この不完全さを保証している構造レベルは何なのか。ラクラウの議論が依拠しているのは、ソシュールの言語モデルであり、フーコーの初期の著作『知の考古学』におけるその応用である[19]。これこそ、わたしやジジェクの思考に影響を与えてきたものである。あらゆるアイデンティティは差異化の関係領域で措定されることは明らかだが、もしもそういった差異化の関係が前‐社会的なものならば、つまり、そういった差異化が社会を条件づけ構造化しているとはいえ、社会とはまったくべつの構造レベルの差異化ならば、わたしたちは普遍的なものを、もう一つのべつの圏域に置いたことになる。つまりあらゆる言語に当てはまる構造上の特徴とみなしたことになる。これは普遍を、発話行為の構造上の前提とみなすことと は、大きく異なるものなのか——どちらのプロジェクトも、言語のある種の特質を普遍的に説明しようとしているものであるのだが。

そのようなアプローチは、形式レベルの言語分析を、文化や社会レベルの言語の文法分析や意味分析から分離するものであり、ひいては、言語について述べることは、言語使用者のすべてについて述べることになってしまい、また言語の個別的な社会的・政治的形態を、言語そのものについての一般的で、文脈とは無関係の真実の、単なる例として取り扱うことになる。さらに言えば、もしも普遍を「空虚な」場所、すなわち個々の文脈によって「埋められる」ものと見なして、つぎに政治的意味を、この空虚な場所を埋めるときの内容と考えるならば、政治を言語の外側に置くことになり、それによって、ラクラウが信奉している政治的パフォーマティヴィティの概念を解体することになってしまうだろう。先行したものではあるが、後続の出来事のなかでその内容を充塡されるのを待っている空虚な「場所」が普遍であると、なぜ考えなければならないのか。普遍が空虚なのは、普遍が立ち現れるときの内容を、普遍があらかじめ否認したり抑圧したりしているからなのか。否認されたものの痕跡は、出現する形式的な構造のどこに見いだされるのか。

普遍が主張されるのは、つねに所与の文法のなかであり、認識可能な場所でなされる一連の文化慣習をつうじてである。実際、主張は、それが主張であると認識されないかぎり、主張ではない。しかし何が主張として認識され、何が認識されないかを組織化しているものは何なのか。普遍を主張するに当たっては、それを立証する修辞があり、またそのような主張を承認するさいに呼び起こされる一連の規範がある。さらに言えば、何が普遍の主張であるべきなのか、それを誰がおこなうのか、普遍はどのような形式を取るべきかについて、国際レベルの文化的コンセンサスがあるわけではない。したがって主張がはたらいてコンセンサスを強要し、そうして主張が、それが言表している普遍をパフォーマティヴに行為するためには、多様な修辞的・文化的文脈のなかに、それを次々に翻訳しなければならず、そういった文脈のなかで、普遍の意味や威力が形成されていくのである。重要なことは、普遍のどんな主張も、文化規範から離れてなされるわけではなく、また互いに競い合う多数の規範が国際的な場を構成しているかぎり、どんな普遍の主張も、同時に文化翻訳を必要とするということである。翻訳がなければ、普遍の概念は、それがそもそも横断していると主張する言語的境界を、横断することはできない。あるいはこう言えるかもしれない。翻訳なしに境界を横断しうる普遍の主張があるとすれば、それが取りうる唯一の道は、植民地主義的で拡張主義的な論法であると。

アカデミズムのなかで最近、英米型のフェミニズムが盛り返してきているが、女の条件や権利について普遍的な主張をすることが重要だとふたたび述べようとする(オキン、ヌスバウム)さいに、局所的な文化の規範を考慮しなかったり、また文化翻訳の労も取らなかったりしている。この動きは、局所的な文化が国際的なフェミニズムに対して提示している問題をまるで無視するものであり、それ自身の規範の偏狭性を理解してもいない。またそれは、局所的な第二世界、第三世界の文化を抹消し、破壊することによって、形式的な礼儀規範を押しつけようとする合衆国の植民地主義の意図に、フェミニズムが完全に共謀していることに気づいていない。むろん翻訳それ自体も、もしもそれが、支配的な価値観を従属的な位置にいる人々の言語に移し替える道具になるならば、植民地主義的な拡張主義の論理に完全に共謀することにもなり、従属的な位置にいる人々が、そのような価値観を知り理解することが自分たちの「解放」のしるしと考えてしまうというリスクを冒すことになる。

しかしこれは植民地主義を狭く捉えた見方であり、被植民者が主体になりえるのは、唯一、認識可能なヨーロッパ中心主義の規範にしたがってのことだと考える見方である。ガヤトリ・チャクラヴォルティ・スピヴァックによれば、「普遍主義」は「国際主義」と同様に、権利を有する主体を中心化する政治となり、それゆえ、グローバルな資本の力やその搾取の差別化形態を守って、従属的な人々を理論化しようとする試みには晒さないようにする。スピヴァックの言葉を使えば、ヨーロッパ中心的な主体カテゴリーでは分節化しえない貧困の生活形態を、さらに思考する必要がある。彼女の見方では、政治的な自己表象の物語は、それ自身、ある種の支配的な左翼主義を構成しており、かならずしもヘゲモニー的な抵抗の場所を提供するものではない。「フランスの知識人が〔おもにドゥルーズやフーコーを示唆している〕、スピヴァックはこう言っている。「サバルタンは語ることができるか」[20] という論文のなかで、ヨーロッパの《他者》という、名前の与えられていない主体に宿っている力や欲望を想像することは不可能である」(一八〇頁)。従属的な位置にいるヨーロッパの他者を排除することは、ヨーロッパの認識体制を生産するにはもっとも重要なことなので、その結果、「サバルタンは語ることはできなくなる」。こう主張するからといって、スピヴァックは、サバルタンは自分の欲望を表現していないとか、政治的連帯をつくらないとか、文化的・政治的に意味のあることをなし遂げないと言っているのではない。そうではなくて、行為体《エイジェンシー》についての支配的な概念のなかでは、サバルタンという行為体は読み取られないままであるということだ。問題は、暴力的な体制を拡張して、サバルタンをその一員に組み入れることではない。むしろサバルタンはすでにそこに組み込まれている。サバルタンを抹殺するという暴力は、まさにサバルタンを組み入れることによっておこなわれる。そこサバルタンの場所には、「他者」などというものはいない。均質化することができず、もしも均質化したとしても、それは認識の暴力の結果にすぎないような一群の人々がいるだけである。第一世界の知識人は、サバルタンを「表象」することを避けて通れないが、表象が翻訳を必要とする存在にかかわるときには、翻訳はつねに占有のリスクをともなうので、たやすくおこなわれることではない。スピヴァックはその論文のなかで、第一世界の知識人に対して、自己限定的な実践としての文化翻訳を勧め、かつそれを自分でも実行している。

「部族の美化」も、植民地主義の「理性」の道具たる透明性の計略も拒否しつつ、スピヴァックは文化翻訳を、政治的な責任《リスポンシビリティ》／応答性の理論かつ実践として提示している。(21) 彼女はマハスウェータ・デヴィに言及して、デヴィのフェミニスト的小説を、サバルタンが語っているものとして翻訳する。だがここで、わたしたちは「語る」とは何かを知っていると思ってはいけない。なぜなら、これらの物語のなかで明らかになっている事柄は、デヴィの著作が手持ちの言説を統合してできたものではなく、言説のあいだに「暴力的な往環」をおこなっているものであり、それによって共同体のすべての手持ちの言説の鋭い刃先が示されているものであるからだ。この種の排除を流動化させていくためにはどう読めばよいかを知らずに――つまりこの翻訳者の目的は、この著作をアングロ-ヨーロッパの読者が読める媒体《エイジェンシー》形式に変えていくことだということを前もって考えずに――ヘゲモニーのために読むことなどできないのではないか。この意味でポストコロニアルな翻訳者の仕事は、言説の非収束性を浮き彫りにすることであり、それによって語りの亀裂をとおして、認識の基盤にある暴力を知ることだと言えるだろう。

翻訳は対抗-植民地主義の可能性をもちえるが、その理由は、翻訳によって、支配的な言語が扱っているものの限界が暴露されるからでもある。支配的な言葉は、それが従属的な文化の言語（イディオムや言説や制度的規範）に翻訳されたときに、その翻訳の現場で、かならずしも元のものと同じものにとどまってはいない。事実、支配的な言葉がもっている比喩の力は、それが従属的な文脈のなかで模倣され、再配備されるとき、変容することができる。ゆえに植民地の文脈でシニフィアンの分裂が起こると指摘したホミ・バーバが述べているように、（ヘーゲルの言い方を使えば）主人が自分の先行性と独自性の主張を失うのは、ひとえに模倣する偽物《ダブル》が、それを真似るときである。模倣は、最初の言葉を置き換えるという結果を生む。実際、模倣は、その言葉自体が、一次的で真正な意味をもつという主張を減じさせる置換の連なり以外の何ものでもないことを暴いていくものだ。むろん汚染されない翻訳などというものは一つもなく、始源を模倣によって置換すればかならず、言葉は流用されて、それが推定している真正さからそれを引き離していく。

普遍の言表化が文化的な配置のなかでなされるならば、翻訳のリスクを想定しない普遍の概念は、どのようなものであれ機能しないことになる。それのみならず、普遍を主張すること自体、文化の文法のなかで多様な脚色を被っているので、いかなる普遍の主張も、その形式的な特徴と文化的な特徴を分離することは不可能なことになる。普遍の形式も内容も、激しく争われるものであり、その闘争の舞台の外側で分節化されるものではない。フーコーの系譜学の用語を使えば、普遍は「出現」であり、「非‐場所」であり、「相争う者が共通の空間に属していない純粋な距離」だと言えるかもしれない。「だから誰もその出現に責任を負っていないし、誰もそれを誇りに思わない。なぜならそれはいつも隙間で起こるものだから」[22]。普遍が「競争の場」だと述べることは、アカデミズムでは自明のことになっているが、その競争の意味と可能性を考察することは、いまだに自明なことになってはいない。

ラクラウやジジェクはよく承知しており、エティエンヌ・バリバールは明瞭に述べていることであるが、一つには、普遍がこれまで使われてきた理由は、文明化された「人《マン》」という植民地主義的で人種差別的な考えを拡張するためであり、人間の領域からある種の人々を排除するためであり、誤った疑わしいカテゴリーとして普遍を生産するためであった。この種の普遍概念を批判しはじめるとき、ある種の人々――とくにハーバーマス派の人々――は、べつの種類の普遍概念、つまり真にすべてを包括する普遍概念を、想定しているように思われる。しかしラクラウが説得的に論じてきたように、どのような普遍概念もすべてを包括するものではなく、もしもあらゆる内容を組み込むことができるならば、そのような普遍は時間の概念を閉ざすだけでなく、普遍そのものの政治上の有効性を損なうものとなる。普遍は終わりのないヘゲモニー闘争に属するものである。[23]

しかしそうなると、公民権を与えられていない集団が普遍を主張し、自分たちもその普遍の範囲に正当に入れられるべきだと主張しようとするときに、何が起こるだろうか。この種の主張は、もっと広い、もっと根本的な普遍の概念を想定しているのか。それともその主張はパフォーマティヴなもので、ジジェクの言葉を使えば、その出現の条件として必然的に過去に遡及していく普遍概念を生産するものなのか。新しい普遍は、あたかもはじめからずっと真実であったかのように出現するのか。この最後の公式は、普遍が先験的《アプリオリ》な概念として存在していると言っているのではなく、すでに措定されたことの結果として、つねにそうであったという姿を現在見せていると言っているにすぎない。だがここで注意しなければならないことは、新しい普遍形態を措定したとしても、すべての人にとって有効な普遍を生産しているわけではなく、国家の主権を越えて争われる文化闘争や、集団の権利を拡張しようとするときの適切な範囲というものの多くは、そのような主張のパフォーマティヴな効果が一様なものでないことをはっきりと示している。

ある用語によって慣習的に排除されてきた人々が普遍を主張するとき、しばしばある種のパフォーマティヴな矛盾を生産することになる。しかしこの矛盾は、ヘーゲル流に言えば自己抹消ではなく、その概念自体の幻影的な二重化を明らかにするものである。さらにそれは、普遍を主張する正当な場所がどこにあるのかについての相矛盾する推測を促すものである。それを語りうるのは誰か。またそれはいかに語らなければならないか。こういった問いの答えがわからないということは、普遍の問題がいまだに解決していないということである。他所で論じたように[24]、普遍がいまだに分節化されていないと主張することは、この「いまだに」ということが普遍そのものの理解には適切であると主張することである。つまり普遍によっていまだに「現実化されていない」ものは、普遍を本質的に構成しているものである。普遍に関する現存の公式への挑戦が、それによって保護されていない人々から——つまり、「誰」という場所を占める資格を持っておらず、現存の普遍は自分たちを包含すべきだと要求している人々から——発せられるとき、普遍は、いわばそれが「非 - 場所」であることを、それが根本的には時間的な様態であることを告げている。ここで問題になっているのは、それが出現している文化的な位置をある意味では超越するような普遍の規範がもつ、排除の機能である。そういった規範は、現存の文化慣習を判断するときの超越論的で形式的な基準のようにしばしば見えてはいるが、じつは抽象化のプロセスをつうじて、ポスト慣習的な原理として現れはじめる文化慣習に他ならない。したがって課題は、普遍の形式的な概念を、その「内容」によって汚染されている痕跡へと引き戻していくことであり、また、形式／内容の区別がイデオロギーの目くらましになっているので、そのような区別を避けることであり、さらには、規範の意味や範囲に関して争っている闘争がどんな文化的な形式をとっているかを考察することである。

普遍に保護されて語る権利は持たないけれども、普遍的権利を主張し、しかも闘争の個別性を温存したままで語ろうとするときには、無意味とか不可能として片づけられるような方法で語らなければならない。「人間としてのレズビアンやゲイの権利」とか、さらには「人間としての女の権利」という言葉が聞かれるときには、普遍的なものと個別的なものが統合されないで、しかし分かれてもいず、奇妙に隣合っている様子に出会うことになる。名詞が形容詞的に作用し、それらはアイデンティティであり、文法的な「実体」ではあるが、同時に、互いの意味を限定づけ合う行為のなかに存在しているものでもある。しかしかつての「人間」の定義のなかには、レズビアンやゲイや女は容易には含まれていなかったことは確かだし、現在の流動化は、人間の範囲が慣習的に限定されていたこと——すなわちその言葉が国際法の普遍範囲に限界を設けていたこと——を明らかにしようとするものである。しかしこのような普遍の慣習的規範に排除的な性格があるからといって、その言葉にこれからも頼っていくのをやめなければならないというわけではない。むしろそれが意味していることは、慣習的な意味が非慣習的（すなわち濫喩的）になるような状況に、まさに入っていくことである。つまりこのことは、普遍のさらなる真実の基準に、先験的《アプリオリ》に頼っていくことではない。そうではなくてこれがまさに示唆していることは、普遍の慣習的で排除的な規範は、倒錯的に反復されることによって、以前の普遍が限定的で排除的な性格をもっていたことを浮き彫りにすると同時に、一連の新しい要求を起動させるような、非慣習的な普遍をあらたに公式化することである。

このことは、ポール・ギルロイによって示唆的に示された。彼は『黒い大西洋』[25]のなかで、「普遍」を含む近代の重要な用語を徹底的に否定する現代のさまざまな形態の懐疑主義に異議を申し立てている。しかしギルロイはまた、ハーバーマスからは距離を置いて、ハーバーマスは、「近代のプロジェクト」に奴隷制が中心的位置を占めることを十分に説明できていないと指摘する。ギルロイが言うには、ハーバーマスの失敗は、ヘーゲルよりもカント（！）を好んだことに帰着する。「ハーバーマスはヘーゲルには向かわなかった。彼は奴隷制こそ近代化の力であり、その理由は、それによって主人と奴隷の双方に、最初は自己意識、次には幻滅をもたらし、真実と善と美には共通の起源はないという不幸な認識を両者に与えたと主張した」（五〇頁）。ギルロイは、近代の用語は、こういった用語から排除されてきた人々によって、まさにラディカルに再流用されうるという考えを受け入れている。

近代の主たる用語は、革新的な再使用――「誤使用」と呼ぶ人もいる――を被るものである。なぜならまさにそういった用語は、それが使われるためには、その権威をまえもって奪われている人々によって、それが語られなければならないからである。しかもそこで出現するのは、排除的な普遍でも、排除的な個別でもないと思われる政治的主張である。むしろそこでは、普遍の文化的公式にはつきものの個別的な利害が明らかにされ、そもそもいかなる普遍も、それが出現し、それが流通する個別的な文脈によって汚染されていないということはない。したがって解放のためには普遍的な権威が与えられていなければならないと主張する奴隷の蜂起は、少なくとも二重のリスクを背負う言説を借りてこなければならない。なぜなら、解放された奴隷が自由になるのは、公民の原則が用意している主体化《サブジェクション》／隷属化の新しい様態においてであり、(26)そこでは、その原則自体が、それによって可能になった解放の主張によって、まさに概念的に分裂させられるからである。そのような事例においては、普遍が汚染されていることを示す人々によって普遍が行使されるので、何が起こるかを前もって予測する道はない。しかし普遍を新しい形式主義に純化していくことも、普遍を分裂させ幻影化する状況を生みだす弁証法を、ただ反復しているにすぎない。

すでに確定されている言説に「頼る」ことは、また同時に、「新しい主張をおこなう」行為であり、かならずしも古い論理を拡張したり、権利の主張者を既存の体制に同化させるような機構に参入していくことではない。すでに確立されている言説が確定的なものでありつづけるには、絶え間なく再確定化される必要があるので、それは、それが必要とする反復のなかでリスクを背負うことになる。さらに言えば、前の言説が反復されるのは、まさにそれが言っていないことを指し示す発話行為をつうじてである。言説は、それが効果を生む現在の瞬間において「機能している」のであり、その言説を維持することは、そもそも、その現在の事例に依存しているのである。したがって反復的な発話行為は、政治の内部で普遍の範囲を規定していた排他的支配力を有する確定的言説を、過去から奪い取る可能性——ただしいつもそうなるとは限らない——を与えるものである。この政治的なパフォーマティヴィティの形態は、それ自身の主張を遡及的に絶対化することはなく、むしろ想定的な権威から、それを更新する機構へと、正統性をずらしていく一連の文化規範を復唱し、再演するものである。そのような移動は、言説における正統化の移動をさらに曖昧にする——そしてさらなる再公式化へと開いていく——ものである。事実そのような主張は、すでにわたしたちが所有していた見識へとわたしたちを引き戻すのではない。むしろわたしたちの非‐知の感覚がいかに深いものであるか、またわたしたちが政治原理の規範を主張するときには、非‐知の感覚がいかに深いものでなければならないかを示すような、一連の問いを投げかけるものである。つまり、権利とは何なのか、普遍とはいかなるものであるべきか、「人間」であるとはいかなるものかをどう理解すればよいのか、という問いである。大事なことは——ラクラウもジジェクもわたしも同意していることのはずだが——こういった問いに答えることではなく、そういった問いを開いておくこと、つまりそういった問いかけをつねにおこない、民主主義についてわかっていないことが、民主主義の未来に対していかなることであるべきかを示すような政治言説を喚起することである。その種の普遍は、文化の言語の外部で語られるものではなく、たとえ普遍を分節化したとしても、それは、適切な言語を手に入れたことにはならない。それが意味している事柄はただ一つ、普遍の名称を語るとき、わたしたちはわたしたちの言語から逃れられないこと、たとえその言語の境界を押し広げることができる――押し広げなければならない――としても、ということである。

註

(1) Ernesto Laclau and Chantal Mouffe, *Hegemony and Socialist Strategy: Towards a Radical Democractic Politics*, London and New York: Verso 1985.

(2) Seyla Benhabib, *Critique, Norm, and Utopia: A Study of the Foundations of Critical Theory*, New York : Columbia University Press, 1986, pp.279-354.

(3) G. W. F. Hegel, *The Encyclopaedia Logic: PartI of the Encyclopaedia of Philosophical Sciences* with the Zusätze, trans. T. F. Geraets, W. A. Suchting and H. S. Harris, Indianapolis, IN: Hackett, 1991.

(4) G. W. F. Hegel, *Hegel's Science of Logic*, trans. A.V. Miller, New York: Humanities Press, 1976.

(5) Jean-Luc Nancy, *L'Inquiétude du négatif*, Paris: Hachette, 1997参照。

(6) G. W. F. Hegel, *Hegel's Phenomenology of Spirit*, trans. A.V. Miller, Oxford: Oxford University Press, 1977.

(7) Homi Bhabha, *The Location of Culture*, New York: Routledge, 1996参照。

(8) 定義については、Johannes Fabian, *Time and the Other: How Anthropology Makes its Object*, New York : Columbia University Press, 1983参照。

(9) Slavoj Žižek, *Tarrying with the Negative: Kant, Hegel, and the Critique of Ideology*, Durham, NC : Duke University Press, 1993.

（10） 同前。

（11） Judith Butler, *Gender Trouble: Feminism and the Subversion of Identity*, New York: Routledge 1990参照。

（12） エルネスト・ラクラウとジュディス・バトラーの往復書簡、Ernesto Laclau and Judith Butler, "Uses of Equality," *Diacritics* 27.1（Spring 1997）参照。

（13） Denise Riley, *The Words of Selves: Identification, Solidarity, Irony*, Stanford, CA: Stanford University Press, 2000.

（14） Ernesto Laclau, ed. *The Making of Political Identities*, London and New York: Verso, 1994.

（15） ジョーン・W・スコットは、*Only Paradoxes to Offer: French Feminists and the Rights of Man*（Cambridge, MA: Harvard University Press, 1996）において、いかにフランス革命時のフェミニストの主張が、不可避的に二重化されなければならなかったか、また女の権利を求める特定の主張と、女の人格を求める普遍的な主張が、内的にかならずしも協和しないものであったかを論じている。事実、ほとんどのマイノリティの権利闘争は、個別主義と普遍主義の戦略を同時に使い、啓蒙主義の普遍概念には曖昧な関係を保っているように思われる。個別と普遍の主張が逆説的に符合することに関する力強い論述として、ほかにPaul Gilroy, *The Black Atlantic: Modernity and Double Consciousness*, Cambridge, MA: Harvard University Press, 1993がある。

（16） Ernesto Laclau, *Emancipation(s)*, London and New York: Verso, 1996.

（17） Judith Butler, *Subjects of Desire: Hegelian Reflections in Twentieth-Century France* [1987], New York: Columbia University Press, 1999に新しく付した序文を参照。

（18） Linda M.G. Zerilli, "The Universalism Which is Not One," *Diacritics*28.2（Summer 1998）: 15. とくにナオミ・ショアに対する適切な批判を参照。

（19） Michel Foucault, *The Archaeology of Knowledge & The Discourse on Language*, trans. Alan Sheridan,

New York: Pantheon Books, 1972.

(20) Gayatri Chakravorty Spivak, "Can the Subaltern Speak?" in *Marxism and the Interpretation of Culture*, ed. Cary Nelson and Lawrence Grossberg, Urbana : University of Illinois Press, 1988.

(21) Gayatri Chakravorty Spivak, "A Translator's Preface" and "Afterword" to Mahasweta Devi, "Imaginary Maps" in *The Spivak Reader*, ed. Donna Landry and Gerald MacLean, New York: Routledge, 1996, p.275.

(22) Michel Foucault, "Nietzsche, Genealogy, History," in *Language, Counter-memory, Practice*, ed. Donald F. Bouchard, Ithaca, NY: Cornell University Press, 1977, p.150.

(23) Etiénne Balibar, "Ambiguous Universality," *Differences* 7.1 (Spring 1995).

(24) Judith Butler, *Excitable Speech: A Politics of the Performative*, New York: Routledge, 1997 参照。

(25) Paul Gilroy, *The Black Atlantic*.

(26) Saidiya Hartman, *Scenes of Subjections*, New York: Oxford University Press, 1988.

アイデンティティとヘゲモニー

エルネスト・ラクラウ1

I　ヘゲモニー――名にはなにがあるのか？

まず最初に、ジュディス・バトラーの問い8aを取り上げることにしよう。「わたしたちの政治的配置を記述するのにヘゲモニーは有効なカテゴリーだと、依然として皆考えているのだろうか。これは、適切な出発点を示しているのか」。わたしの答えは間違いなくイエス、ただつけ加えたいのは「ヘゲモニー」はただの有用なカテゴリーにはとどまらないということだ。ヘゲモニーは、政治的関係が実際に形づくられる地平そのものを規定するのである。しかしこのように断言するためには、いったいヘゲモニーの論理のなにが独特なのか、検討してみなければならない。試みに、ヘゲモニー論が、古典的な政治理論の基本的枠組みにどのような概念の移動をもたらすのかを考えてみよう。

まずマルクスの一文、おそらくヘゲモニーのゼロ地点といえる文を引用してみる。

プロレタリアートは突然やってきた産業の発展の結果、ようやくドイツで生成し始めている。なぜなら、自然に生まれ出た貧困ではなくて人為的に作られた貧困が、社会の重圧によって機械的に押しつぶされた大衆ではなくて社会の根源的な解体、とりわけ中間身分の解体から出現する大衆が、プロレタリアートを形成するからである。……プロレタリアートがこれまでの世界秩序の解体を告知したとしても、それはただ自分自身のあり方の秘密を表明しているにすぎない。なぜなら、プロレタリアートはこの世界秩序の事実上の解体であるからである。プロレタリアートが私有財産の否定を要求したとしても、それはただ、社会がプロレタリアートの原理にしたものを、すなわちプロレタリアートが手を貸すまでもなくすでに社会の否定的帰結としてプロレタリアートのうちに具現されているものを、社会の原理にまで高めているにすぎない。……哲学がプロレタリアートのうちにその物質的武器を見いだすように、プロレタリアートは哲学のうちにその精神的武器を見いだす。そして思想の稲妻がこの素朴な国民の土壌のなかまで底ぶかくはしったとき、はじめてドイツ人の人間への解放が成就されるであろう。(1)

さてこの文を、同じエッセイのべつの場所と比べてみよう。

部分的な、たんに政治的な革命は何にもとづいておこなわれるのか? それは、市民社会の一部分が自分を解放して一般的な支配に到達すること、ある特定の階級がその個別の地位から社会一般の解放を引き受けることにもとづいている。……一国民の革命と市民社会のある個別の階級の解放とが一致するためには、つまり一つの階層が全社会の状態であると考えられるためには、社会のいっさいの欠陥がある一つの階級に集中されていなければならず、またある個別の階層が、この領域からの解放が一般の自己解放であると思われるほどに、全社会の札つきの犯罪として認められなければならない。ある一つの階層がすぐれて解放の階層であるためには、べつの階層が逆に公然たる抑圧の階層になら

なければならない。(2)

二つの文を比べてみると、いくつか際立った違いがあることがわかる。最初の例では、解放は「社会の根源的な解体」の結果だが、二番目の例では、解放は、市民社会のある一部分が「一般的な支配」を達成することの帰結である。つまり、前者ではあらゆる個別性が溶け去るが、後者では、個別性をくぐることこそあらゆる普遍的な効果が出現するための条件なのだ。最初の文がどのような社会学的－終末論的仮説の上に立っているか、これはもうおなじみだろう。資本主義発展の論理によって、中産階級と農民はプロレタリア化し、ついには均質のプロレタリアート大衆が人口の大部分を占めるようになって、ブルジョワジーとの最後の決戦を迎えるのだ。こうしてプロレタリアートが共同体の普遍性を体現するものになるのだから、国家は、独立した審級としてはまったく存在理由がなくなってしまい、国家／市民社会の区別がじつは意味を持たない共同体が出現するとともに、国家は当然消えうせてゆくだろう。ところが二番目の文では、このような所与の、媒介のない普遍性は想定されていない。まったく反対に、いつまでも個別的であり続けるなにかが、そのさまざまな個別の目的を、共同体の普遍的な解放という目的に一致させるべく、権利を主張しなければならないのである。しかも最初の例では、市民社会という実体が、普遍性をそれ自身においてそれ自身のために実現している以上、権力など表面的なものにすぎなかったが、二番目の例では、潜在的に普遍性へと向かう効果はどんなものであれ、対立するセクターと敵対し、排除しなければ成立しない――とすると、権力と政治的介入が、あらゆる普遍的な解放のアイデンティティのなかに含まれていることになる。第三に、最初の文での解放は、媒介のない十全性、あるがままのそれ自身になるために、外部のものはいっさい必要としない本質の回復へと到達する。ところが二番目の文では、解放の言説を作り上げるために二つの媒介が必要となる。まず、新しく立ち上がってきた支配的セクターの個別の関心が、社会全体の解放の言説へと変化しなければならない。ついで、この変化のそもそもの条件には、抑圧的な政体が存在していることがある。だからこの場合、解放、つまり共同体全体に向けた普遍的な言説の可能性そのものが、あらゆる個別性がなくなることなどではなく、異なる個別性のあいだの矛盾に満ちた相互作用の上に立っている。

　もちろんマルクスにとって、十全でなんの媒介もいらない調和だけが真の解放となる。でなければ残る選択肢は、階級社会と矛盾しない、部分的あるいはみせかけの普遍性でしかない。しかし十全な解放と普遍性が達成されるためには、資本主義下では階級構造が単純化するという彼の基本仮説が立証されねばならない。個別性の領域が無制限に拡大していく以上、資本の論理はそんな方向には進まない、と言えばもう十分な反証になるだろう（すでに見たように、この個別性は普遍化が生み出す複数性とは両立する）。解放と普遍化のモデルがこれしかないなら、二つの結論が導かれる。まず第一に、政治的な調停は、衰えていくどころか、社会の普遍性と解放のための条件になるだろう。しかしこの調停は、社会に生きる歴史的に限定された行為者の行為から生まれるのだから、ヘーゲルのいう普遍的階級のような、他と切り離された混じりけのない領域に帰するのではない。調停は、部分的で実践的な普遍性なのだ。しかし第二に、支配‐被支配関係が存在するのはまさに、限定された歴史的行為者が自分の「部分的な」解放を、社会全体の解放と同じものとしてしめすことができる限りにおいてである。この「全体論的《ホーリズム》」次元は、その表象を引き受ける個別性に回収できない以上、その次元がありうるというだけで、イデオロギー表象の領域が直接支配装置に対して自律性をもっていることになる。マルクスのことばを借りれば、観念が物質的な力になるのだ。支配が政治的従属をともなうとしても、それはあらゆる支配を不安定にする普遍化の過程を通じてのみ達成されるだろう。こうして、解放政治における「ヘゲモニー的」転回を可能にする政治的理論的次元がすべて揃う。

グラムシの「ヘゲモニー的」介入が、マルクスとヘーゲルの政治思想をどのように理論的にずらしているかから考えてみよう。ノルベルト・ボッビオが、グラムシの市民社会論についての古典的論文でいうように「グラムシにおける市民社会は、〔下部〕構造ではなく、上部構造の契機に属している」[3]。グラムシ自身のことばでは、

とりあえずできることは、二つの主要な上部構造の「レベル」を決定することである。一つはいわゆる「市民社会」、ふつう「私的」と呼ばれる有機体の集合であり、もう一つは「政治的社会」ないし「国家」である。この二つのレベルのうちいっぽうは、支配的集団が社会全体に行使する「ヘゲモニー」の機能に対応し、もういっぽうは、「国家」や「司法制度」が行使する「直接支配」や命令の機能に対応している[4]。

市民社会のヘゲモニーの典型例としてグラムシがあげるのは、中世における教会である。

マルクスもグラムシも、ヘーゲルに抗って市民社会を国家の上に置くが、しかしマルクスがヘーゲルを転倒させて上部構造を〔下部〕構造に従属させているのに対して、グラムシではこの転倒は完全に上部構造のなかで起こっている。グラムシの市民社会の概念ははっきりとヘーゲルからきているので、問題はさらにややこしくなるが、それでも市民社会は上部構造であるとみなしてよい。ボッビオによればそうしてよいのは、グラムシがヘーゲルのいう「諸欲求のシステム」ではなく、初歩的な組織形

態（法人や警察）をともなう市民社会のいま一つの契機について語っているとしたらである。つまり、市民社会を支配（権力）としての国家と対置させ、特権化しているときですら、グラムシは組織——意思の介入によって成立するもの——を強調している。ボッビオはこの強調を重視する。彼が言うように、『獄中ノート』には三つの二項対立がある——経済的契機／倫理‐政治的契機、必然／自由、客体／主体——いずれも後の項のほうが一義的で支配的な役割をはたす。構造／上部構造の二項対立は、グラムシが経済決定論を論駁し、党に結晶化される政治的次元を特権化するときの足場である。いっぽう上部構造内での制度／イデオロギーの対立から、下層の階級はまず市民社会レベルで闘争に勝たなくてはならないという彼の考えが導かれる。こうしてグラムシは、ヘゲモニーというカテゴリーを中心に置くことになる。

グラムシが大枠では、支配形態としての国家を市民社会と対立させているのはまちがいない。しかし次のような文はどう考えればよいのだろう。「しかし『国家』がただの政府装置ではなく、『ヘゲモニー』あるいは市民社会の『私的な』装置であるとも見ないのなら、いったいどういう意味になるのか」[5]。「政治における誤りは、《国家》（その核心をなす意味は、絶対権力＋ヘゲモニー）が実際のところ何であるか、捉え損ねたことの結果として起こる」[6]。また彼が「《国家》が特定の時代の言語と文化において自らをしめす二つの形態、つまり市民社会と政治的社会」[7]について触れている、「国家崇拝」の分析をここに付け加えてもよいだろう。こうしてテクスト上にみられる（おそらく現実の）ためらいを、もっと広い文脈におかなければならない。「集合意思」はどのくらい国家に属し、どのくらい市民社会に属すのか。どのくらい前政治的な領域に属し、どのくらい政治的な領域に属すのか。グラムシにおいて倫理的‐政治的なものとは、必然の意識として捉えられた自由の契機である、というボッビオの説を考えてみよう。この回収は——グラムシがそうしているのであろうとなかろうと——性急にすぎる。自由は必然の意識であるというのはヘーゲル＝スピノザ的考えであり、物質的状況の下で偶発的に、あるいは道具として作用する現実の歴史の主体をあからさまに排除している。ヘーゲルの場合、ここには自己決定としての自由という観念があり、主体／客体の区別が廃棄されて、自らに対して外的なものをいっさい持たずなにものに対しても道具的には作用しない、必然的かつ全体的な決定が前提とされている。さて、グラムシ的な主体がその物質的状況に対して偶発的な関係にあるとしたら、二つの結論が必然的に導かれる。

1　必然的なある決定を押しつけてくる客観性は、もはや問題にならない。社会的行為者の偶発的な介入が、そうした構造的客観性のある部分を決定しているからだ。せいぜいあるのは、社会の流動性を部分的に落ち着かせるだろう「歴史的ブロック」というつかのまの客観性だが、その意識がわれわれの主体を――政治的であれ他のかたちであれ――呑みつくすような「必然」はどこにもない。

2　同じように、「能動的な歴史の主体」の側にも、究極の偶発性を見るしかない。ただそこで問題が生ずる。どこで、どのようにして主体は構築されるのか。主体がおこなうとされる行動と、この介入の偶発的性質とを両立させるような主体の構築の、位置と論理とはどのようなものか。ボッビオが指摘しているように、この運動は次のことを前提とする。a・党（ふつうの社会学的意味ではなく、上部構造の構造に対する優位をこう呼ぶという意味で）という契機が能動的に作られ、一義的なものとなる。b・ヘゲモニーの契機の一義性（これは制度に対するイデオロギーの優位と同じことである）。

こうして結びついた二つの一義性によって、「能動的な歴史の主体」が構築される場としていくつかの可能性が排除される。第一に、ヘゲモニーに普遍化の効果があるなら、この構築の場とは、ヘーゲル的な意味でまったくの個別性の範囲に属する「諸欲求のシステム」ではありえない。しかし第二に、それは普遍的階級――倫理的‐政治的な領域としての国家――の範囲にも属さない。こうした普遍化効果が社会を照らせば、それらの効果が唯一の領野だけに追いやられることなどないからだ。第三に同じ理由から、市民社会は真に他と切り離された審級とは考えられない。その機能は、国家の役割の前触れでもあり延長でもあるからだ。国家は、制度的な領土をはるかに越える機能の名ないし本質なのである。

　領土国家と市民社会を対置するグラムシが曖昧なのは、おそらくグラムシの思想よりも社会の現実そのものに理由がある。社会の倫理的‐政治的契機として定義される国家が、ただの地図の上での一審級でないとしても、しかし国家と公共領域を単純に同一視することもできないだろう。私的組織の場とみなされる市民社会が、それ自体倫理的‐政治的効果の在り処だとすれば、公共的審級としての国家との関係はあやふやになる。最後に、「構造」のレベルは、私的な組織の原理がそもそも他の「レベル」からくるヘゲモニー効果に汚染されているなら、単純にそのようなレベルではない。こうして残るのは、地図上のではなく論理を基盤とした社会性が明らかになる地平である。この論理とは「党」と「ヘゲモニー」の論理であり、この二つは、ともに地図上に位置するどの制度にも還元できず非弁証法的な意味作用を前提するという意味で、究極的には同じものである。グラムシの用語法のぐらつきは、論理と地形図とのこの不可能な重なりあいを映し出し――そして同時に覆い隠している。この不可能な重なりあいの最後の例として、グラムシは興味深いことに制度装置よりイデオロギーを優先させる。この優位は、彼がヘゲモニー達成にあたって制度組織に与えている重要性の前で、飛び去ってしまいはしないだろうか。いや、それは見かけだけだ。ヘゲモニーの普遍化効果が、社会のある個別のセクターからあたりを照らすとしても、そのセクター自体の利益は当然共同的《コーポラティヴ》なものになるだろうから、ただその利益をめぐって個別性を組織することには向かわない。個別の社会セクターがヘゲモニーを得るのは、自分の目的を共同体の普遍的な目的の実現であるようにみせることによってであるとすると、この同一化は支配制度をただ延命させるわけではない。逆に、支配制度が拡張するには、普遍と個別がこうして首尾よく分節化されること（つまりヘゲモニーの勝利）が前提になる。経済（構造）がまず制度レベル（政治、諸制度）を決定し、観念という認識世界（上部構造）が後からくるというモデルでは、こううまくはいかない。社会が倫理的‐政治的空間として語られ、この空間が偶発的な分節化を前提としているなら、当然知的な（＝イデオロギー的な）機能が、社会的結びつきを作り上げるにあたっていちばんの中心となる。

ここまでくると、ヘーゲルとマルクスに対するグラムシのさまざまなずらしが、はっきりと見えてくる。グラムシは、ヘーゲルに抗いマルクスにならって、社会分析の中心点を国家から市民社会へと移す――「普遍的階級」はどれも後者から生じるのであり、ヘーゲルの国家とは違って市民社会の上に構成された分離された領域から生じるのではない。しかし彼はマルクスに抗いヘーゲルにならって、この普遍の契機を政治的な契機として捉え、社会とその本質の和解とは考えない。しかしグラムシにとって、社会が達成できる唯一の普遍性とはヘゲモニーの普遍性――個別性に汚染された普遍性である。つまり彼は、倫理的‐政治的効果の範囲を、市民社会に属するさまざまな組織の多様性にまで拡大して、ヘーゲル的な国家の分離性を突き崩すが、そのいっぽうでこの拡大にともなって、市民社会がかなりの程度政治的な空間として作り出される。すでに見た、グラムシのテクストにおける国家と市民社会の境界線をめぐるためらいが、これで説明できる。また、彼はなぜヘーゲルの市民社会分析における「集団化」の契機を強調しなければならなかったかも、これでおわかりだろう。ヘゲモニー装置は、公私の区別を乗り越えて築かれなければならないのだ。

議論の流れをまとめてみよう。最初にみたマルクスの二つのテクストは、どちらも普遍的な人間の解放について語っているが、その扱いかたは根本から違っている。最初の例では、普遍性とは社会とその本質の直接の和解を意味する——普遍性は、いっさい媒介を必要とせずに表現されるのである。第二の例では普遍的解放は、それがある個別の社会セクターの目的と一時的に一体化することによってのみ達成される——ここにあるのは偶発的な普遍性であり、政治的媒介と表象関係を構造的に必要としているのだ。この第二の解放の視点を深め、近代政治の全域に一般化したことこそ、グラムシのなしとげたことの本質である。すでに見たように、その結果は「ヘゲモニー」というカテゴリーを中心とする理論的枠組みを精錬することだった。さてこれから、これが政治分析の道具として一般化されたことの歴史的状況と、その構造的次元を問うてみなくてはいけない。

グラムシが書いていた時代には、成熟した資本主義が、社会構造の均質化を増す方向には進まず、逆に社会と制度の複雑さが増していく方向にあることがすでにはっきりしていた。「資本主義の組織化」という考えは、第一次大戦前後にすでに主張されており、一九三〇年代の恐慌によって、この傾向はさらに強められた。この新たな歴史的状況においてはっきりしたのは、「普遍的階級」は入念な政治的構築の結果として生まれてくるのであり、どんな下部構造からであれ、自動的かつ必然的に出てくるものではないだろうということだった。

グラムシの理論的転回の特殊性は、今世紀初めからマルクス主義が練り上げてきた新たな政治的‐知的選択肢のシステムのなかに置いてみれば、さらにはっきりするだろう。グラムシが呼びかけた問題に少なくともある程度は気づいていた思想家として、ソレルとトロツキーをとりあげてみよう。資本主義発展の主潮流は、マルクス主義が予見したような方向には進まず、逆に市民社会における「普遍的階級」の出現からはほど遠い社会的複雑さを生み出していることを、ソレルはわかっていた。ソレルによれば、だからこそプロレタリア意思の純粋性は、人工的な手段によって保持されなければならないのだった。ゼネラル・ストライキ神話のいちばんの機能は、労働者階級の独立したアイデンティティを守ることだった。社会の複雑さが増すなかで、グラムシは政治的媒介の契機を拡大すべきだという主張に向かったが、ソレルは政治の完全な拒絶へと向かった。マルクスでもそうだが、ソレルにとって真の解放とは、完全に和解した社会のことだった。しかしマルクスにとって、解放は資本主義発展という客観的な法則の結果であるはずだったが、ソレルにとってはそれは意思の自立的な介入の結果たるべきだった。そしてこの意思はプロレタリアのアイデンティティを強化していくものだったから、ヘゲモニー的分節化は、どのようなものであれ原理的に排除されていた。

　似たことがトロツキーの場合にもみられる。彼の思索は、全世界の解放と、それをおこないうる行為者との関係が不安定であると認識するところから始まっている。ロシアのブルジョワジーは民主主義革命を実行するには弱すぎ、民主主義の使命はプロレタリアートの指導でおこなわれなければならない――彼のいう「永久革命」とはこのことだ。しかしグラムシでは、このヘゲモニーの移動によって複雑な集合意思が作られるのに対して、トロツキーではこの移動はたんに労働者階級が自分の階級革命をおこなう戦略的機会にすぎなかった。ヘゲモニーの使命は、ヘゲモニーを求める行為者のアイデンティティを変化させない。この方法は、レーニンの「階級連帯」を超えるものではない。

　まさにこの二点に――グラムシがソレルやトロツキーと袂を分かつ点に――ヘゲモニーの理論を拡大し根源的なものにする可能性がある。ソレルとは異なって、解放闘争は分節化と政治的媒介を必要とする。トロツキーとは異なって、民主主義の使命のある階級からべつな階級への移行は、使命の性質ばかりか行為者のアイデンティティをも変える（彼らはただの「階級」の代表ではなくなる）。政治的次元は、あらゆる社会的アイデンティティを構成する必須のものとなり、国家／市民社会を分ける境界線はさらにあやふやになる。まさにこのあやふやさが、現代社会においてグラムシの時代よりいっそう強まっているといえるだろう。経済のグローバル化、国民国家の機能と力の縮小、国際的な擬似国家組織の増加――すべてが、ヘゲモニーの論理で考察できるはずの意思決定のプロセスの複雑さを指しているが、その土台は明らかに公的／私的という単純な区別ではない。一つだけ付け加えるべきは、グラムシがまだ、主体と制度が比較的安定していた世界で思索していたことだ――つまり彼のカテゴリーの多くは、現在の状況に適応させるには、新たに規定され、根本から見直されないといけない。

このような精錬をラディカルに進めるには、周到な作業が必要になる。ヘゲモニー作用に関わる具体的な行為者を社会学的に記述し説明する仕事から、ここに関わる論理の形式的な分析へと向かうことだ(8)。アイデンティティを複雑に表現された集合的意思としてみなせば、もうそれを階級や民族集団といった単一の用語によって指し示してもほとんど得るところはない。それらはせいぜい、一時的な固定化のための名にすぎないだろう。ほんとうに重要な作業は、それらの構成と解体の論理を、さらにそれらが相互に関係する空間の形式的な決定を理解することだ。この章の残りの部分は、この形式的決定の問題にあてよう。

政治的解放についてのマルクスのテクストに戻って、そのさまざまな契機の論理構造を考えてみよう。まず第一に、個別の集団の目的と、全共同体の解放という目的とは一体化している。この一体化はどのようにして可能なのか。ここにあるのは、疎外の、共同体が真の目的を捨ててその一部分の目的を支持するというプロセスなのだろうか。それともこれは、社会の多数派を自分の御旗のもとに結集させようという、共同体によるデマゴーグ操作なのか。どちらでもない。一体化が起こるのは、この個別のセクターこそ、「一般的犯罪」とみなされるような生活状況の転落を引き受けるものだからだ。さて、この「札つきの犯罪」が一般的なものだとしても、個別のセクターないし複数のセクターの連帯——「民衆」全体ではなく——のみが犯罪を引っくり返せるのだとすれば、「民衆」という軸があっても、権力の配分は本質的に不均衡でしかないということになるだろう。マルクスからの最初の引用では、内容の普遍性と形式的な普遍性はプロレタリアートの身体においてぴったり重なり合っていたが、いっぽう政治的解放なるものにおいては、内容の個別主義と、それが全社会を照らしだすことからくる形式的な普遍化とのあいだに、亀裂がある。すでに見たようにこの亀裂は、犯罪の普遍性が、それを倒しうる力の個別性と結びついたことから生まれる。こうしてヘゲモニー関係の第一の次元が見えてくる。ヘゲモニーを構成するのは権力の不均衡である。ホッブズなどの理論との違いを見るのは容易だろう。ホッブズの自然状態では、権力は各個人に均等に配分され、それぞれが勝手な目的に向かうために、社会は成立しえない。全権をリヴァイアサンに委譲する契約は、敵対する複数の意思の相互作用をまったく排除しているのだから、本質的に非政治的な行為なのである。全体的な権力はそもそも権力ではない。この逆に、もともと権力の配分が不均衡だとすれば、全権力を君主の手に委ねるのではなく、まさにこの不均衡から社会秩序を保つ可能性が生まれる。しかしこの場合、あるセクターが支配を主張できるかどうかは、その個別の目的を、共同体の現実の機能と両立するものとして提示できるかどうかによる——これこそ、ヘゲモニー作用に内在するものである。

しかしこれだけでは十分でない。政治的解放をおこなう勢力のヘゲモニーが一般的に受け入れられるかは、それが抑圧的な政体を倒せるかどうかによるのだとすると、そうした勢力が支援を得られるのは、厳密に相手を倒すときだけということになる。「国家革命」と市民社会における個別の階級の「解放」との

「偶発的一致」はありえなくなってしまうのだ。それではなにがこの偶発的一致をもたらすのか。答えは、「個別の階層が、この領域からの解放が一般の自己解放であると思われるほどに、全社会の札つきの犯罪として認められなければならない」というマルクスの主張にあると思う。こうなるためにはいくつかずらしが必要だが、どれもが普遍性と個別性の関係の複雑さを増すものである。まず第一に、存在論的にいって支配システムはつねに個別のものだが、それが「社会全体の札つきの犯罪」としてみられるなら、今度はそれ自身の個別性は、なにかそれと違った通約しえないものの象徴としてみられることになる。それは、社会が自らと一致し、十全性に達するのを妨げているものなのだ。いうまでもなくこの十全性に符合する概念は存在しないし、そうである以上それを妨害する普遍的なものに符合する概念もないが、どの概念にも符合しない不可能なものは、それでも名前を持つことができる。それは抑圧を現におこなっている政体の個別性から名前を借りる――こうしてその個別性は部分的に普遍化される。第二に、もし一般的な犯罪があるなら、一般的な犠牲者がいるはずだ。しかし社会は、個別的な集団と要求からなる複数性である。だからなんらかの全地球的解放の主体があるとしたら、それは要求の複数性という等価性を通してのみ政治的に構築される。結果的に、これらの個別性にも亀裂が入る。彼らの等価性によって、彼らはただ彼ら自身であるだけではなく、普遍化効果の領域を構成する――ルソーのいう一般意思と正確に同じではなく、その実践的で偶発的な変型である。最後に、この不可能なもの、「札つきの犯罪」の被害者である社会の十全性、解放が達そうとするものとはなにか。明らかにそれにはどんなかたちの直接の表現もなく、先の二つの例のように、個別的なものをくぐり抜けて初めて表象のレベルに加わることができる。この個別性はいまの場合、抑圧的な政体を覆し、政治的解放の道を開くことができるセクターの目的によって与えられる――この過程では、目的の個別性がたんなる個別性には終わっていないとだけつけ加えよう。この個別性は、それが表象することになる等価性の鎖に侵食されているのである。こうしてヘゲモニー関係の第二の次元が見えてくる。普遍／個別の二分法が廃棄されたときにのみヘゲモニーがある。普遍性は、なんらかの個別性に実体化される――そしてそれを覆す――ときにのみ存在するが、逆に個別性は、普遍化効果の場とならない限り政治的にはけっしてならない。

この第二の次元には、新しい問題が現れる。普遍と個別が互いに拒否しあい、にもかかわらず互いを必要とするなら、ヘゲモニー関係には不可能性の表象が内在している。社会の十全性とそれに相関する完全な「犯罪」は、個別の目的と一般的な目的とが「偶発的に一致」することになるなら、必然的なものである。しかし個別的なものをくぐり抜けることが必要なのは、普遍性が直接には表象できないから――それに符合する概念がないからだ。ということはこの必然的なものは、にもかかわらず不可能なものでもある。不可能というのは、必然であるがゆえに表象のレベルに入ってきても、つねに歪んだ表象にしかならないという意味だ――表象の手段は、構造的に不十分なものになるだろう[9]。表象の手段がなにかはすでにわかっている。個別のものが個別のまま、普遍を表象する機能を帯びるのである。これがヘゲモニー関係の根本にある。

個別のアイデンティティが、自分自身でないなにかを表象することになる関係の存在論的可能性とはなんだろうか。どんな概念も符合しないもの（それとは言えるがなになにとは言えないもの）にも名がある、とはすでに言った――この意味で、普遍性の表象の機能とは、名の秩序と、概念的に把握されるものの秩序との亀裂を広げるところにある、と考えられよう。なにかしら、『声と現象』のデリダがフッサールについて述べたのと比較できる状況、「意味」と「知」とが重なり合わない状況である。この構造的亀裂の結果、次のことが言える。（1）ある個別のセクターが表象する等価性の連鎖がさらに伸び、その目的がグローバルな解放の名になるにつれ、その名ともともとの個別の意味とのつながりは緩くなり、名は空虚な記号表現《シニフィアン》の地位にいっそう近づく。[10]（2）普遍と個別とのこの偶発的一致が、最終的には――表象の手段が構造的に不十分なために――不可能なのだから、個別性の残余を消し去ることはできない。自らを名づけるプロセスは、どんなアプリオリな概念的枠組みにも押さえつけられていないから、実際に名指されるものを――偶発的なヘゲモニーによる分節化に応じて――遡及的に決定する。つまり、マルクスの政治的解放から全体的解放への移行は、けっしてやってこない。こうしてヘゲモニー関係の第三の次元が現れる。必要なのは空虚へと向かうシニフィアンが作られることであり、これは普遍と個別の通約不可能性を保ったままで、後者が前者の代表＝表象を引き受けられるようにする。

　最後に、これまでの結論から当然のことだが、「代表＝表象」はヘゲモニー関係の構造の本質をなす。あらゆる代表＝表象が取り除けるというのは、全体的解放という考えにともなう幻想である。しかし共同体の普遍性が、なんらかの個別性を媒介としなければ達成不可能であるなら、表象関係は本質的になる。すでに述べた名と概念との弁証法と同じものが、表象の結びつきにも内在しているのがわかるはずだ。表象が全体的なら――表象の契機が、それが表象しているものに対して完全に透明なら――「概念」は「名」に対していつまでも優位にあるだろう（ソシュール風にいえば、記号内容《シニフィエ》はシニフィアンの秩序を完全に自分に従属させるだろう）。しかしこの場合、ヘゲモニーは一切存在しない。その必須用件である、空虚へと向かうシニフィアンが作り出されないからだ。ヘゲモニーが存在するためには、ある集団の部分的な目的が、それらを超えた普遍性の名として働かなければならない――こうしてヘゲモニー的結びつきが提喩のかたちで構成される。しかし名（シニフィアン）が概念（シニフィエ）にぴったりと張り付いていると、両者の関係にいっさいずれは起こらず、ヘゲモニー的な再分節化もありえない。完全に解放された透明な社会、それを構成する部分のあいだの比喩的動きがすべて取り除かれた社会は、ヘゲモニー関係の（そして後で見るように、あらゆる民主主義政治の）終わりを告げるだろう。こうして「ヘゲモニー」の第四の次元が現れる。ヘゲモニーが拡大する地平とは、表象関係を、社会秩序を構成する条件として一般化する地平である。グローバル化した現代社会において、なぜヘゲモニー的な政治形態が広がっているか、これで説明できる。権力構造の脱中心化が進むにつれ、中心性が成立するには、そこを占める行為者が構造的に重層決定されていなければならなくなる――彼らはつねにその個別のアイデンティティ以上のなにかを表象するのである。

結論として、二点指摘しておきたい。まず第一に、個別性と普遍性、実体的内容と存在論的次元とのこの複雑な弁証法が、現実社会の構造を作っている限り、それは社会的行為者のアイデンティティの構造をも作っている。後で論じるが、これこそ主体の起源となる構造の内側の欠如である。つまり、ただわれわれの主体的立場がこの構造のなかにあるばかりか、こうした構造上の亀裂を埋める試みとして主体が存在する。だからこそ同一性《アイデンティティ》があるだけでなく、同一化《アイデンティフィケーション》があるのだ。しかし同一化が必要とされるなら、あらゆるアイデンティティの中心には根本的に曖昧さが残るだろう。この方向で、ジジェクが提起した脱同一化の問題を考えてみたい。

歴史主義に関する問いについては、わたしの見かたは完全にジジェクと一致する。根源的な歴史主義というのは、最初から負けがわかりきった企てではないだろうか。普遍的なものがあらゆる個別のアイデンティティの構築にどのように入りこんでくるかは、それでは認識できまい。理論的にみれば、個別性という概念そのものが全体性を前提としている（全体的な分離ですら、分離が実体どうしの関係の一種だという事実を逃れられない――モナドは、その非相互作用の条件として「すでに築き上げられた調和」を必要とするのだ）。そして政治的にいえば、個別の行為者集団――たとえば民族的、国家的、性的マイノリティ――の権利は、普遍的な権利としてのみかたちとなる。どんな行為者も直接には「全体性」を語る権利を持たないが、いっぽう全体性を引き合いに出すことがヘゲモニー的‐言説的作用に不可欠の要素であるとすると、普遍性に訴えかけることはけっして避けられない。普遍的なものとは空虚な場、個別のものによってしか満たされないが、その空虚さによって社会関係の構造化／脱構造化における決定的な一連の効果を生み出すような無である。この意味で、普遍性とは不可能かつ必然的なものである。ジジェクの近著は、普遍的なものを問うわたしの方法をきわめて正確に描き出している。史上初の普遍性の概念――デカルトのコギトでは、普遍的なものは個別性に無関心な、実定的で中性的な内容である――と第二のそれ――マルクス主義では、普遍的なものは個別のアイデンティティの歪んだ表現である――に触れた後で、彼は付け加える。

しかし第三の概念があり、これはエルネスト・ラクラウが詳細に掘り下げている。《普遍》は空虚だが、しかしまさに空虚でありながら、つねにすでに満たされている。つまりその代役を演ずるなんらかの偶発的で個別の内容がそのヘゲモニーを握っている――どの《普遍》も、さまざまな個別の内容がヘゲモニーを求めて争う戦場なのだ。……この第三の型と第一の型を区別することによって、内容がなく中立的で、だからこそあらゆる種が共有できる効果的な《普遍》が可能になる。……《普遍》のあらゆる実定的な内容は、ヘゲモニー闘争の偶発的結果であり――《普遍》はそれ自体において絶対に空虚なものである。(11)

しかしここまできたら、あるものがその不可能性を通じて、なおかつ、表象関係の普遍化――すでに見たように、ヘゲモニー的連関が生じうるための条件である――にみられるさまざまな効果をどのように作り出すか、その特有の論理をもっと詳しく見てみる必要がある。このような連関の存在論的構造とはどのようなものか。この問題に向かうのに、われわれの設問表でなんども出てくる二人の思想家を考えてみよう。ヘーゲルとラカンである。

二 ヘーゲル

まず、わたしのヘーゲル解釈に対するジジェクの異議から考えてみよう。ヘゲモニー関係を明らかなものにする役割をはたすには、ヘーゲル弁証法のどこに限界があるのか、これではっきりすると思うからだ。ジジェクはこう主張する。

ラクラウの定式化に唯一付け加えるべきは、彼の反ヘーゲルの展開が、おそらくあまりにも急なことだ。

ここで論じているのは、ヘーゲル的な意味の「否定」ではない。後者が具体的なものの明らかな実定性から出てきて、つねに決まった内容のあいだを「循環する」のに対して、われわれのいう否定性は、あらゆる規定の構成が失敗するところにあるからだ。(『(複数の)解放』一四頁)

しかし、悪名高い「ヘーゲルの否定」が、まさにあらゆる個別の形成には、《普遍》と《個別》との亀裂があるという事実に向かうものだとしたらどうだろうか――あるいはヘーゲル風にいって、個別の形成はその「普遍的な」観念にけっして一致しない――そして、この亀裂こそが弁証法の解体をも

たらすとしたらどうだろうか。(12)

ジジェクは国家を例にあげている。実体的な現実の国家が不完全とはいえこの観念に近いというのではなく、理性的全体性という国家の観念そのものは現実にはなりえないという意味である。「ヘーゲルの論点は、《国家》の観念にぴったりと合った国家が不可能であるということではない――それは可能である。あいにくそれはもはや国家ではなく、宗教共同体なのだ」。(13)

ジジェクに二点言っておきたい。まず、ヘーゲルにおいて個別の形成がけっしてそれ自身の観念に一致しないのは、観念そのものが内的に引き裂かれており、それ自身の弁証法の解体をもたらすからだと言うとき、ジジェクは完全に正しい。この点は疑いようがないだろう。しかし第二に、この解体の弁証法的パターンは、必然的な移行からなるパターンでなければならない。この例では、それは国家とその観念との不一致から生じる宗教共同体であって、他のなにものでもない。重要な問題はこうだ。《絶対精神》にはそれ自身の実定的な内容がなく、それはただあらゆる弁証法的移行の連続、普遍的なものと個別的なものとの最終的な重なりを築くことの不可能性の連続にすぎないことを完全に受け入れるとして、ではこれらの移行は偶発的なのか必然的なのか。もし後者なら、ヘーゲルの全企て（彼が実際にやったことではなく）を汎論理主義と捉えることは避けがたい。

こう見るための証拠は山ほどある。二、三点だけ強調してみよう。

1　カント後のもっとも観念主義的なシステムを描いたヘーゲルは、前提をいっさい持たない哲学を希求している。つまり即自的なものの非理性的な――そして最終的には矛盾する――契機は、消去されなければばならない。さらに《理性》がそれ自身の基盤になるなら、ヘーゲルにおけるカテゴリーの列挙は、アリストテレスやカントとは異なり、カタログではない――諸カテゴリーは、秩序をもって互いから自らを演繹しなければならない。ということは、あらゆる決定は論理的な決定になるということだ。なにかが非理性的であっても、それはそうしたものとして《理性》のシステムに回収されなければならない。

2　もしシステムがどんな前提にも依拠していないのだとすると、それが適用される方法と内容は、互いに外的なものではありえない。

このためヘーゲルの方法論は、『大論理学』の最後にようやく現れる。《絶対精神》の「形式」は方法だといわれるが、それは最後の結論でしか目に見えるものにならない。「《概念》は思考それ自体である……それはそれ自身の決定と法を自己決定する全体性であり、それらの決定や法はすでに持っていたものでも、自らの内部に見出すものでもなく、自らに与えるものなのである」（『エンチュクロペディー』19A）[14]

3　すべての決定のシステムとしての《絶対精神》は、閉じた全体性である。そこを超えて進むことはできない。一つのカテゴリーから次へという弁証法の運動は、あらゆる偶発性を排除する（クルークに対する彼の有名な批判からわかるように、ヘーゲルがこの点でいつも一貫しているわけではないが）。ヘーゲルの汎論理主義が近代合理主義の最高点であるという結論を避けるのは難しい。こうしてみると、なぜヘゲモニー関係を弁証法的移行に吸収できないかがわかる。ヘゲモニー的結びつきを概念として把握するための前提条件の一つ――《個別》と《普遍》の通約不可能性――は弁証法の論理のなかにもあるが、もう一つの条件――両者の結びつきの偶発性――はそこにはない。

しかしここで話はお終いではない。ジジェクのヘーゲル解釈をすぐには投げ捨てられない理由は二つある。第一に、彼がヘーゲルのテクストから引き出しているものにはほとんど異論がない。第二に、彼がヘーゲルのテクストに、テクストそのもののまったくの外にある考察を投影しているのだとも思わない。たしかに彼の考察はテクストにあてはまる。わたしのほうが矛盾しているわけだが、これはどう考えればよいのか。ヘーゲルの知的企図が汎論理学的であるという点については譲歩する気はない。しかし言っていることとやっていることが違うときもある。近代合理主義の最高点に立つヘーゲルは、《理性》に、かつてそれが求めたことのなかった役割を要求した。《理性》自身の論理的移行のなかで、それまで哲学の伝統が現実的なもののなかに見ていた存在論的区別の全体性を考え直すことである。ここから二重の運動に道が開かれる。もし《理性》が差異の全領域のヘゲモニーを握るとしたら、逆にこの領域が《理性》を汚染することも避けられない。だから多くの弁証法的移行は、まがいものの論理的移行である。一九世紀以降のヘーゲル批判は、彼の演繹の多くが明白に受け入れられるのは、議論に違法な経験的想定をこっそり押しこんでいるせいだ、と主張するかたちになっている（たとえばトレンドレンブルク）。シェリングのヘーゲル批判もこの線に沿ったものだった。彼が示そうとしたのは、『大論理学』の多くのあやふやな演繹をさておいても、前提なき哲学の企ては根底からひびが入っているということだった。哲学は、論理法則と概念（先天的な観念）への合理的な態度、生のない客観性である「存在」から始まる形而上学的実在主義の教義、そしてすでに構造の定まった媒体である言語を受け入れない限り、始まることすらできないからである。[15] こうした見かたを批判したシェリングは、《哲学》は前提なしではありえず、人間存在こそ概念に優先する出発点であると論じる。フォイエルバッハ、キェルケゴール、エンゲルス――みなシェリングの講義に出ていた――は彼の根本的なヘーゲル批判を受け入れ、それぞれ「存在」を「理性」の上において独特の方法を発展させた。ある意味で、プラトンに始まる形而上学の伝統の完結をヘーゲルが代表しているということは認めなければならない。シェリングの「実証哲学」は新たな始まりであり、現代思想の全体がそこに包みこまれている。

さて弁証法から離れるにあたって、わたしはシェリングの道はとらないと念を押しておこう。「現実の社会的構築」に対してわたしのように「言説」から捉えようとすれば、存在と意識をきっぱり区別することはできなくなる。しかしだからといって、概念的に必然な移行のシステムのみが、曖昧な経験性に唯一代わるものだと思っているわけではない。純粋に思弁的な弁証法の前に立ちはだかる困難は、わたしの見るところ、弁証法的移行における日常言語の役割である。ヘーゲル『大論理学』から、この問題に彼が取り組んでいる部分を丸ごと引用しよう。

> 哲学には、画像による思考の世界のために作られた日常生活の言語から、たとえばある概念の決定にあたって近似しているように見えるといった表現を選択する権利がある。日常生活の言語から選んだ語が、日常生活においても、哲学が用いるのと同じ概念と結びついているとき、それを論証することに問題はまったくない。日常生活には概念がなく、画像による思考と一般的な観念しかないので、そうでなければ一般的な観念であるもののなかに概念を認識することは哲学そのものだからである。したがって、哲学的決定に用いられる表現の使用において、画像による思考が、その確定した意味のなんらかの漠とした観念をあらかじめもっていれば、それで十分なはずである。それはこうした表現において、画像による思考の色合いが、それに対応する概念により密接に関係しているものと認識される場合であろう。(16)

この部分は決定的に重要である。問題になっているのは、弁証法的移行における「画像による思考」の役割だからだ。画像による思考と結びつくイメージが、イメージとはまったくべつに構成される存在に無造作に与えられる名であるなら、その名はまったく恣意的な、論理的な関連を持たないものだろう。もし逆に移行が、移行に名がつく前にその名の直感的な意味から引き出される真実らしさによってなりたつのだとしたら、この場合移行は論理的なものではありえない。弁証法の論理の前提として、形式と内容は分離できず、実際に名づけられた内容は、概念の論理的運動全体のかけがえのない部分である。しかしその論理的運動に先立って存在する言語から名が意味を得るのだとすれば、運動そのものが論理的演繹とは言いがたいものになる。この運動は、名がメタファーとして理性の連鎖にできた隙間を埋めるという、比喩的な運動になるのだ。だから画像のイメージは、ヘーゲルが言うのとは違い、《哲学》がまったき明るみに出す決定のあやふやで不正確な変奏などではなく、むしろあやふやさと不正確さそのものが哲学の議論を構成しているのである。弁証法の論理は、一般化されたレトリックの地平であるという結論を出さなければならない。ヘーゲルのテクストの豊かさは、概念を前提なき出発点から厳密に引き出そうとする試み——どのページでもこの原則は破られている——ではなく、移行を支配する暗黙のレトリックにこそある。だからこそ、ジジェクの提言の多くには信任状が与えられるのだと思う。しかし汎論理主義はまだここにあり、レトリックによるずらしの効果を限定づける拘束衣として働いていることを忘れてはならない。

バトラーの問い9に対するわたしの反応もここから説明できるだろう。これまで述べた理由から、ヘーゲルの視点では、形式と内容とはきっぱりとは区別できない——両者は互いに媒介しあっているのだ。しかしヘゲモニー的移行をレトリックによるずらしと捉えるわたしのような視点では、内容から独立した形式を把握することは方法として不可能である（論理的な理由があるわけではないが）。擬似超越性をめぐる問いはそれ自身の問題を生み出すが、これについては後で戻ろう。バトラーに言いたいのは、形式／内容の対立は、擬似超越性と具体例との対立ではないということだ。具体例は内容ではない。内容とは概念に欠かせない部分であり、なにかが具体例になるとしたら、それはもとの内容になにも付け加えず、無数の他の例と置き換えられるものでしかないだろう。「ユダヤ人は国家を衰退させる張本人である」とか「共産主義者は大衆の利益を守っている」「女性は家父長社会で搾取されている」とかというとき、どの文も主語と述語の一致の一例であり、これらの例の意味的内容によって文法規則が変わることはない。もちろん言説の操作によって、ある個別の言説において具体例のようにみえるものが、なんらかのかたちで概念の内容を決定することがありうるが、これを証明するには個別の言説例を研究しなければならないだろう。

結論。ヘーゲルの弁証法は、ヘゲモニー的結びつきの論理を規定する存在論的道具としては、部分的にしか頼りにならない。政治の偶発的次元は、ヘーゲルの型式のなかでは考えられない。しかしヘーゲルからラカンに移ると、まったく違ったシナリオが得られる。

III　ラカン

まず最初に、「正統派ラカンの教義」と「ヘゲモニーについて考えるための異端的なラカン盗用」を、バトラーのようにきっぱり対立させるつもりはないと言っておきたい。理論の盗用は、「盗用された」思想家とどのくらい同一化しているかによって程度が変わってくるとはいえ、どんなものでもある程度は正統である。しかし正統的教義ということばが、原典へのこだわりとか、新たな文脈にあわせてもとのカテゴリーを「発展させる」のではなくそれらを機械的に反復することを指すなら、価値のある知的介入はすべて「異端」であるのも明らかだ。

だから異端のゲームに身を投じよう。ジュディス・バトラーの本質的なこだわりは、ラカンの「切断線を引かれた主体」が、ヘゲモニーの論理が必要とする戦略的運動に、構造的な限界を設けるのか設けないのか、である。ラカン的な政治理論が実り豊かなものになるかどうか疑う彼女の懐疑心の核は、整然と述べられている。「ラカン派の言う切断線に歴史を無視して依拠した場合、ヘゲモニーが提示する戦略的な問題と折り合いをつけることができるのか。あるいはそれは、あらゆる主体形成に対して疑似‐超越（論）的な制限を設けること――つまり政治への無関心――として立ち現れるのか」（問い1）。さて、バトラーの問いに対するわたしの答えは、ある程度ジジェクが言ってくれている。彼はラカンの《現実界》についてこう言う。「〔象徴界の〕まったく実質を欠いた内的限界、挫折の地点であって、これによってこそ現実とその象徴化のあいだの裂け目そのものが保たれ、歴史化‐象徴化の偶発的なプロセスが作動する」（問い1）。

　注意深く見てみよう。（1）「あらゆる主体形成に対しての制限」であり（2）「政治へ無関心な」制限であるという擬似超越（論）的なカテゴリーを作り上げると、なにが問題になるのだろう。わたしから見ると、ここには二つの相反する要求がある。「制限」というと、擬似超越（論）的制限の結果、なんらかの政治的アイデンティティが排除されるようにみえるからだ。しかし、もし後者の結果が政治への無関心であれば、制限はまったく制限ではないというのが明白な結論だろう――そして当然、そのような無関心を乗り越える唯一の方法は、最初の要求が突き崩そうとしていたような、一種の実定的な超越論的基盤しかないだろう。この袋小路を乗り越えるには、べつな問いを立ててみればよい。この切断線は、十全な表象が究極には不可能であることをしめす機能をはたすのか、つまり表象されうるものの限界なのか。それとも表象関係を（もちろん失敗した表象として）あらゆる制限を超えて拡大するものなのか。もし後者なら、これが開くのは、実定的な超越論的カテゴリーのシステムを土台とするのでも、それ自身の可能性の条件を知らずに生きている「具体性」に頼るのでもない、もっと根源的な歴史主義への道だろう。すでに見たように、ヘゲモニー成立のためには表象関係は一般化されねばならない。しかしそのとき、表象のプロセスそのものが、遡及的に表象される存在を作り出す。表象されるものに対する表象の不透明性、記号内容《シニフィエ》に対する記号表現《シニフィアン》の解消できない自律性は、社会的なものの構造を根底から作っているヘゲモニーの条件であり、シニフィアンをあらかじめ定まった運動に服させるような超越論的シニフィエに付随する現象としての表現ではない。シニフィエに対するシニフィアンの「解放」――これこそヘゲモニーの前提条件だ――こそ、ラカンの切断線が表現しようとしているものである。コインの裏側、偶発的に課された限界あるいは部分的な固定――これらがなければこの世界は精神病の世界になるだろう――こそ、「クッションの綴じ目《ポワン・ド・キャピトン》」がもたらすものである[17]。

表象されえないものの表象は、ヘゲモニーが構築される際にパラドックスを生み出す――すでに使ったことばで述べれば、ここで扱っているのは不可能であると同時に必然的なものなのだ。この領野は、「現実的なもの」は象徴化に抵抗するというラカンの考えからさほど遠くない。しかしここでバトラーは反論する。「現実的なものが象徴化に抵抗すると主張することは、結局一種の抵抗として現実的なものを象徴化することである。前者の主張（現実的なものは象徴化に抵抗する）は、後者の主張（「現実的なものは象徴化に抵抗する」はそれ自体象徴化である）が真であるのでなければ真ではないが、後者が真なら前者は必然的に偽である[18]」。

バトラーの議論は、ラッセルのパラドックスにのっとっている（「それ自身の要素ではないような全ての集合を要素とする集合は、はたしてそれ自身を要素として含むのか」云々）が、彼女の論の立てかたを見ていると自然に思い出されるのは、カントの「モノ自体」へのよくある観念主義的批判である（「カテゴリーが現象にしか適用されないなら、モノがわたしの感覚の外的な原因であり、だから存在しているとはとうてい言えない」）。バトラーの主張がこの型のものだとすると、彼女は完全な表象可能性、思考の思考自身に対する透明性を唱えていることになり、この場合表象不可能性といっても、根源的にはたんに人がそれに気づいていないということとしか考えられない。しかし本質的に気づきえないもの（つまり思考によって媒介されることが可能性としてすらないもの）の存在の可能性を認めれば、表象可能性と現実性との結びつきは絶たれることになるだろう。ヘーゲルは『エンチュクロペディー』でこう言っている。

> ただこの内容――個別なもの――が自立的ではなく、なにか他のものから引き出されていると認めた場合のみ、その有限性と不真理が明るみに出される。……真理とされうる唯一の内容とは、他のなにものにも媒介されておらず、他のものによって限界をもうけられていないものである。いいかえれば、それは自己自身によって媒介され、媒介と自己自身への直接的関係が一致しているようなものである。……抽象的思惟（「反省的」形而上学が用いる科学的形式）と抽象的直感（直接知が用いる形式）は同じ一つのものなのである。(19)

しかしバトラーは、おそらく完全な表象可能性を唱えてはいないのだろう――表象の領域における「表象しえないもの」の止揚が、そうでなければどこに行き着くかは不明だが。たぶん彼女が指摘しようとしているのは、厳密な意味での矛盾ではなくパラドックスであり、だとするとここで言われているのは思考のアポリアであって、われわれはラッセルのディレンマに戻ってくることになる。問題はこうだ。論理的には答えられないアポリアをめぐって組織された言説空間を前にしたとき、いったいなにができるのだろう。いくつかあるが、とくに強調したい点が一つあり、これは後で言うことと深くかかわっている。アポリアを作り上げている複数のカテゴリーのあいだに、比喩的（修辞的）な運動を引き起こすことはできるのだ。例として、ポール・ド・マンが「パスカルの説得のアレゴリー」で分析した「ゼロ」の役割を考えてみよう[20]。パスカルは彼の微分の原理に対する反論にあっていた。数を欠いた単位（つまり1）から数ができているとしても——空間と数の均質性が仮定される限り——延長されない部分からなる延長など考えられない、という反論だった。パスカルの返答は二段階からなっている。まず彼は、数の位階と空間の位階を切り離そうとした。1には複数性がありえず、したがって厳密にいって数でないとしても、なおかつ1は数の位階に属している。他のすべての数は、1の加算を繰り返すことによって、最初の「1」を含む単位から作られているからである。しかしいっぽうでは、数、時間、運動という三者が相同的であるとしたら、「瞬間」「静止」と同等のものが数の位階にもなければならない。パスカルはそれを「ゼロ」に見いだす。「1」とは異なり、ゼロは数の位階に対して根本的に異質であり、しかも数の位階がそもそも存在するために決定的な存在である。ド・マンのことばでは「ゼロがなければ1もないが、ゼロはつねになにかの『1』、つまりなんらかのかたちをとって現れる。その名はゼロを指す比喩である。ゼロは本当のところは名がなく、名づけようもないが、つねに一つのなにかと呼ばれる」[21]。こうして状況は次のようなものである。（1）システムの全体性は、そのシステムの中で表象しうるものにとって根本的に異質ななにかに頼って作られる。（2）このなにかは、いずれにせよシステムが存在するためにはどうにかして表象されねばならない。（3）しかしこれは、システムの内部では表象されえないものの表象になる——いや、それ以上である。これは、表象されえないなにかを表象することの根源的な不可能性の表象になるだろう——

そしてこの表象は、比喩的な置き換えによってしか成立しない。

バトラーの議論が見失っているのはこの点である。《現実界》の表象が、完全に象徴界の外にあるなにかの表象なら、表象できないものを表象できないものとして表象すれば、表象はすべてを含むことになるだろう。たとえばヘーゲルはこのやりかたで、「偶発的なもの」を彼の論理学に組み入れている。しかし表象されているのが、表象プロセスの内的な限界であるとすれば、内部性と外部性との関係はひっくり返る。《現実界》は、《象徴界》が十全性を達成することができないという事態そのものを指す名なのである。この意味で《現実界》は、《象徴界》の挫折の遡及的な効果である。その名は、空虚な場と、その場をド・マンのいう名がなく名づけえぬものをあえて名づけることで埋めようとする試みと、その両方を指すだろう。システムのなかでこの名の存在は、裂け目を縫い合わせる比喩形象となる。ブルース・フィンクは、ラカンには「二つの違った現実的なものの秩序」があるといっている。「(1)文字の前の現実、つまり象徴化に先立つ、最終的な分析では仮定にすぎない現実(R_1)。(2)文字の後の現実、象徴秩序そのものの要素間の関係から生ずる不可能性と袋小路によって定まる現実(R_2)。後者はつまり象徴界によって生産される(22)」。

ヘゲモニーの作用には、その両方があることがこうしてわかる。意味作用を覆す《現実的なもの》の存在と、比喩的な置き換えによる《現実的なもの》の表象と。S|s関係で上下を分かつ切断線は、シニフィアンの優位性の前提条件であり、これなしではヘゲモニー的置き換えは考えられない。しかしここで強調したいのは、二つの面が同時に存在していることで、これがヘゲモニー論理の働きを理解するには決定的に重要である。第一の面は、ソシュールが仮定した、シニフィアンの秩序とシニフィエの秩序との同一構造を突き崩す。このような同一構造性は、言語は形式であって実質ではないというソシュール言語学の

基本原理と矛盾することは、最初からわかっていた。シニフィアンの秩序とシニフィエの秩序とに完全な同一性があるなら、純粋に形式的なかたちで両者を区別することは不可能だし、あとはシニフィアンとシニフィエの区別を必然的に破壊する（そして記号というカテゴリーを溶解させる）ような厳密な形式主義を守るか、でなければ実質（音と意味）を――自己矛盾を承知で――言語分析にねじこむか、という道しかなくなる。イェルムスレウとコペンハーゲン学派が決定的な前進をなしとげたのはこの地点だった。彼らは同一性の原理を捨て、シニフィアンとシニフィエ二つの秩序の差異を、純粋に形式的に築き上げた。この変化は精神分析からみても決定的である。無意識の探求はこうして、究極の意味を求めることと無関係になったのだから。ラカンのいうように、精神分析は意味ではなく真理にかかわる。フィンクから例を一つだけあげよう。フロイトの「ネズミ男」は「ことばの架け橋」によって「ネズミコンプレックス」を作り上げる。その一部は意味のある連想――たとえばネズミは梅毒などの病気を伝染させるからネズミ＝ペニス――によっているが、なかには意味のまったくない、完全にことばの上の連想もある。「月賦（raten）ということばに導かれて、ネズミ（rat）は金貨と等値になる。賭博師（spielratte）ということばがあり、ネズミ男の父親は賭け事の借金があったので、ネズミコンプレックスに巻きこまれる」[23]。こうした真理と意味の剝離は、ヘゲモニー分析にとって重要である。合理主義的な政治の概念はわれわれをシニフィエに縛りつけるが、真理と意味とが分離すれば、シニフィエへの依存は振り切れるからだ。大事なのは、ヘゲモニーのプロセスを考えるにあたって、あらかじめ構成されたヘゲモニー勢力が構造のなかの空虚な場所をたんに埋めるのだとはみないことだろう[24]。空虚なシニフィアンはヘゲモニー的縫合をおこなう個別性に汚染されているが、汚染のプロセスは相互的である。汚染はどちらの方向にも働くのだ。こうして導かれるシニフィアンの自動化作用は、ある種のシンボルの政治的な有効性を理解する上で決定的なものである。一つ例をあげよう。この自動化作用を頭におかなければ、ここ十年の旧ユーゴスラヴィアでの民族差別の噴出はとうてい理解できまい。

しかし続いて強調したい第二の点は、ある程度第一の点とは反対の方向に向かうものである。ラカン派においては、いわゆる「シニフィアンの物質性」を強調する傾向の議論がある。さてこの「物質性」が、意味作用の透明なプロセス（前に述べた相同性）を破壊する切断性のことなら、この説に異論の余地はない。しかし重要なのは、この意味での「物質性」と、音素の実質とを取り違えないことである。そうすると、また分析に実質を招き入れて、すでに述べたソシュールの一貫性のない立場に逆戻りしてしまうからだ。[25] 近年論じられるようなシニフィアンの優位性を主張するとしたら、シニフィアン、シニフィエ、記号のすべてをシニフィアンと考えるべきという但し書きがいる。[26]「ネズミコンプレックス」の例に戻ろう。「ネズミ」と「ペニス」の連想はシニフィエをくぐり抜けており、いっぽう「月賦」の連想はまったくことばだけで連結されているが、これはまったく二次的な区別でしかない。どちらの場合も意味作用のずらしは、それぞれの（概念あるいは音の）要素がシニフィアンとして機能するような構造的位置のシステムによって決定されている――つまり要素の価値は、それが書きこまれているシニフィアンの全システムを参照することによってのみ生まれる。この点が政治分析にとって重要なのは、合理主義がヘゲモニー理論を「馴らそう」とするときの主張が、ヘゲモニーとはシニフィエのレベルの残余であって、さもなければなにも意味しえない際限のない流動性にしょうがなく下ろす錨である、というものだからだ。しかし問題はじつはこのようなものではない。たしかに、特権的な言説要素は錨の役割をはたすことがある――クッションの綴じ目《ポワン・ド・キャピトン》や「主人のシニフィアン」などがそうだ――が、この錨の機能は、変化する言説のどの過程においても執拗に残る実体概念の究極の残余にあるのではない。一例をあげよう。ある政治的文脈

――たとえば南アフリカ――では、「黒人」は言説の場全体を組織する《主人のシニフィアン》となるが、だからといって「黒人」という、あらゆる言説表現から独立した究極のシニフィエがあるわけではない。むしろ「黒人」は純粋なシニフィアンとして機能する。その意味作用の機能は、意味作用の連鎖のなかの位置で決まる――位置は「意味のある」連想（たとえば「ネズミ」と「ペニス」）で決まることもあれば、フロイトのいう意味での言語的掛け橋で決まることもある。こうした位置すべてがまとまり、ある程度固定することによって、「ヘゲモニー形成」がおこなわれる。「シニフィアンの物質性」とは、音素の実質などではなく、どんな言語要素も――音であれ概念であれ――直接にはシニフィエを指し示しえないという意味だとわかるだろう。こうして価値は意味作用に優先し、ラカンのいうシニフィアンの下での絶えざるシニフィエの横すべりが起こる。

　ラカン理論とヘゲモニーによる政治分析の手法との交換をなりたたせ、実り多いものにする究極の点は、どちらの場合も、あらゆる種類の非固定性、比喩的な転移などが、原初的欠如をめぐって組織されていることである。そしてこの欠如は、あらゆる表象のプロセスに余計な義務――定まった実体的内容を表象するばかりか、表象可能性の原理そのものもまた表象しなければならない――を課すので、この二重の仕事はどうやっても縫合を完成させることができないのだが、それゆえに、ラディカルな歴史主義の土台である無限の置き換えの連続へと開かれている。ジジェクの問題提起で取り上げられている例は、この点を説明するのにぴったりだろう。反復が原初的欠如によって可能／不可能になるなら、どんな実体的な内容も、表象可能性を表象するという存在論的機能を一人占めにすることはできない（以前書いたことだが、[27] ホッブズにおける秩序創出の機能は、いかなる具体的な社会秩序にも特権を与えはしない――それはプラトンとは違って良い社会の性質ではなく、存在論的次元であって、個別の実在の政体とその結びつきは本来偶発的である）。だから「反復のプロセスを形而上学の同一性論理へと書きこみ直す」ことはありえない。同じ理由から「切断線を引かれた主体」は、呼びかけの過程によって「個人」が完全に主体の位置に縛りつけられるのを妨げ、決定不能性の領域を開く。たとえばバトラーのパロディ的パフォーマンスもこうして可能になるものだ。同じことは性的差異の地位についてもいえる。ジジェクが説得力豊かにいうように、性的差異は個別の性的役割ではなく現実／不可能な核に結びついており、これは比喩的なずらし／具体化を通してのみ表象の領域に入ってくる[28]（ヘゲモニー論でいえば、これと厳密に相同形をなすのが、象徴秩序が完結するのを妨げる現実の核としての「敵対性」だろう。くりかえせば、敵対性とは客観的な関係ではなく、あらゆる客観性の限界がしめされる点である。性的関係は存在しないというラカンの主張には、なにがしかこれと比較できるものがある）。最後に付け加えておきたいが、ラカンの「ファルス」の概念に、かならずしもファルス＝ロゴス中心主義の意味合いはないという点については、わたしはジジェクに全面的に賛成する。欲望のシニフィアンである「ファルス」は、後期ラカンの教えでは大部分「対象a」に置き換えられており、このため表象領域の構造化への効果の全射程が、より明晰に考察できるようになっている。

この節の締めくくりとして、政治と精神分析との関係についてのバトラーの問いかけに触れてみたい。これだけは言っておきたいが、真の差異をもたらす理論的介入は、それが最初に定式化された領域にとどまることはありえない。そうした介入は、知の運動のそれまでの場であった存在論的地平の構造を、なんらかのかたちでかならず組み変えるのだ。アルチュセールが好んだ例をいくつかあげれば、プラトン哲学の背後にはギリシャの数学があり、一七世紀合理主義の背後にはガリレオによる自然の数学化があり、カント主義の背後にはニュートンの物理学があるといえる。同じように、われわれはいまだフロイトの世紀に生きているといえるし、現代哲学の革新的で実り豊かな部分の多くは、かなりの程度フロイトによる無意識の発見に対処しようとする試みだと言っていいと思う。しかしこの変貌は、哲学的考察にとって、新たに開拓された地域の取りこみというより、新たな超越論的地平を開くものと見たほうがよい。この地平では、客観性の領域全体が見直され、思考可能なもののあいだの関係が、存在論的レベルで大きく広がるのである。たとえば、あるものが不可能であり同時に必然的だというのはどういうことか。そのようなものは、表象の領域全体の構造再編にどのような効果をもたらすのか。こうしてみるとラカン理論は、フロイトの発見に萌芽としてあったものの根源化であり発展であるといってよい。しかしこの角度から考えれば、精神分析に仲間がいないわけではない。むしろ精神分析は、現代思想全体を包む大きな変貌の中枢なのだ。この観点から先に進もう。

Ⅳ　客観性とレトリック

ジジェクはこれまで、ポスト構造主義をおもに脱構築と同じとみなして、ラカンは完全にその領域の外にいるというイメージを強くくりかえしてきた。二つの伝統の激突の中心は、彼によれば、ラカンがなおもコギトを信じていることである。この説はどの程度確かなのだろう。彼の新著[29]——すばらしい本だ——でジジェクは、「亡霊が西洋のアカデミズムにとりついている」が、これはとりもなおさず「デカルト的主体の亡霊」であると主張している[30]。しかし、こうしてデカルト主義宣言で華々しく幕を開けた本に次のような文が出てくると、戸惑わざるをえない。「もちろんポイントは、近代思想を支配してきた意味でのコギト（自己に対して透明な考える主体）に回帰することではなく、その忘れられた過剰な裏面、透明な《自己》という心休まるイメージとはほど遠いコギトの知られざる核を明るみに出すことだ[31]」。さて、これはデカルト主義者になる方法としてはもっとも変わったものだと認めるべきだろう。これではまるで、形相の理論を拒否してまっとうなプラトン主義者をなのるとか、カント主義者であると公に宣言して、ただしカテゴリーが悟性の超越論的条件であることは認めないというささやかな条件をつけるといったものである。ジジェクのいう裏面にデカルト本人が直面したら、彼は自分の知的企ては完全に破綻したと考えたことだろう。そしてわたしにも、ジジェクが望むようなかたちで精神分析をヘーゲルやデカルトのような哲学者に関係づければ、彼らの理論的企ての核を骨抜きにしないではすまされないことは明らかに思える。

だから二〇世紀思想のサーガとして、違った見取り図を描いてみよう。二〇世紀は、直接性、「モノ自体」に直接触れる可能性をめぐる三つの幻想をもって始まった。三つの幻想とは指示対象、現象、記号であり、それぞれ分析哲学、現象学、構造主義という三つの伝統の出発点となった。これ以降、三つの伝統の歴史は驚くほど似通っている。ある段階で直接性の幻想は解体し、それにかわって言説の媒介性こそが一義的で決定的であるというかたちの思考が現れるのである。分析哲学ではヴィトゲンシュタイン『哲学探究』、現象学ではハイデッガーの現存在分析、構造主義では記号のポスト構造主義的批判において起こったのがこれだった(マルクス主義ではグラムシがそうだったといえよう)。この歴史の枠組みでは、言語記号の透明性への批判のもっとも重要な契機は、ラカンの「言語主義」に、すでに触れたシニフィアンの一義性という彼の考えにあったことは明らかだろう。つまりラカンはポスト構造主義者であるばかりか、ポスト構造主義の理論的地平の出現における二つの決定的契機のうちの一つなのだ。もう一つはもちろん脱構築であり、これは決定不能な擬似下部構造の領域を拡大して、[32] 結果的にラカンの「象徴秩序のよじれ」[33]の領域をも拡大した——いくつかの点で、ラカン主義のどこよりも徹底したやりかたで。「現代思想」と呼びうる思想の出現を決定づける切断としてわたしが提出している構図は、ジジェクのものとはまったく違っており、われわれ二人の知的忠誠の部分的なずれはこのせいと言ってよい。とはいえ、ジジェクが彼の知的戦闘の前線で用いる基準をそっくり否定するつもりはない。この基準は正当なものなのだが、ただわたしは、そこからジジェクがやるように顕著な戦線は作り上げないのだ。ジジェクの戦線は――ラカン理論において――不可能であると同時に必然的なものの必要性を主張することでできあがっている。その可能性をその必然性から導き出すこと――ジジェクのことばでいえば、その裏面、猥褻な面を認めないこと――は、近代の透明性の原理の内的な限界といっていいだろう。逆の動き、それが不可能だからと必然性を拒否する動きは、ポストモダニティとポスト構造主義の汚点である（かなりこじつけのまとめではある。たとえばデリダはこんな主張をしそうにない）。さて両方の面――必然性と不可能性――を主張しなければいけないということについては、反論するつもりはない。これこそわたしのヘゲモニー論理の要だからだ。「主権」「表象」「利害」といった古典的政治理論のカテゴリーは、ただたんに拒否されるのではなく、ヘゲモニー表現の論理の前提であり、ただし最終的にはけっして達成されえないものとみなされるのである。わたしはグラムシの徒であって、ボードリヤールの徒ではない。

必然性と不可能性というこの二重の条件によって、三つの試みが可能になる。（1）二つの次元がそれぞれ互いを転倒させる際の論理を理解すること。（2）この相互転覆の政治的生産性を見る――こうしてこそ、二つの極のどちらかいっぽうだけをとることで達成されるレベルを超えた社会の働きを理解することができる。（3）この決定不能の論理の系譜、この論理がわれわれの政治と哲学の伝統の中心的テクストをいかにすでに転倒しているか、を跡づける。つねに開かれた間テクスト性こそ、ヘゲモニーの論理が作用する究極の決定不能な地平である。しかしジジェクの言説には、また違った知的戦略がある。彼は必然性の契機を特権化し、それに基づいてラカンを啓蒙の合理主義的伝統のなかに位置づけ、ラカンが真に属している二〇世紀の知的革命の伝統と彼の結びつきを弱めるのだ。しかし不可能性の契機は、実際にラカンのテクストにおいて働いている——ジジェクがそれを否定することはありえまい——ので、彼はいわば近代の伝統をラカン化していると言える。とりわけ華々しいのはヘーゲルの場合で[34]、これは正当な読みとは思えない。ここにあるのは——わたしの考えでは——必然性／不可能性の関係からくる論理を考察するのではなく、この二項対立のいっぽうだけを恣意的に特権化し、もういっぽうの効果が本来持っていたはずの特権を大きく奪うという決断である。ジジェクの言説にこれは少なからぬ影響を及ぼしている——この点は後でみよう。政治についてのジジェクお気に入りのジョークをわたしも使わせてもらうと、わたしがいわば知的重婚者で、その曖昧さをうまく使って戦略的可能性を最大限に引き出しているのに対して、ジジェクは理論的には正妻（ラカン理論）にまことに忠実ながら、実践ではけっして世間に認めぬ愛人（脱構築）にあらゆる譲歩をしている——これが彼の裏面、猥褻な面なのだ。

この結論を頭において、社会的知に関するもっと一般的な問題に移ることができる。まず超越論的なものの地位を考えてみよう。超越論的次元は避けえないものだが、超越性は、ことばの十全な意味では不可能である（だからこそ擬似超越性について語ることができるのだ）と論じたい[35]。なぜ不可能なのか。まず十全な超越性をいうには、経験的なものとのあいだにはっきりした分割線がなければならないが、それは無理である。どんなものにもそれを超越する可能性の条件がある（これは避けられない超越論的地平である）が、この地平は決定しえない下部構造——反復、補完性、再認識——からできているので、ある決定の経験的契機は、その超越論的地平の複雑な内部性／外部性関係のなかにある。「差異」というカテゴリーは、現代思想において膨張しきったインフレ状態にあるが、その用法で一つとりわけ有益なものがあると思う。ある構造に対して完全に異質でありながら、なおもその構造を閉じるものとして差異を見るという考えのことだ。「形而上学の同一性論理」が単一なのか複数なのかというバトラーの問いかけに対するわたしの答えは、だから次のようなものになる。この論理にはさまざまな種類があるが、意味のいちばんの核はどれでも同じであって、それは差異の構成力を否定し、構造がそれ自体の内的な手段で閉じることができるという主張なのである。

社会的論理とその社会実践との関係についてのバトラーの問いに移ろう。まず第一に、社会的論理とはなにか。もちろんここで言っているのは、形式論理学でも一般的な弁証法の論理でもなく、「親族関係の論理」「市場の論理」といった表現が暗に含んでいる考えかたである。これらは事物の純化されたシステムであり、ある組み合わせや置き換えを可能にし、それ以外のものを排除する「文法」ないし規則の束であるといえよう。とするとこれはわたしたちの著作のなかで、これまで「言説」と呼んできたものであり[36]、ラカン理論でいう「象徴界」と大まかに一致する。もし象徴界が社会的生のすべてであるとしたら、社会の論理と社会実践とは完全に重なり合うだろう。しかし誰もが知るように、社会実践には、制度化されたパフォーマンスによる象徴界の実体化以上のものがある。われわれの分析では敵対性の契機があり、これは——すでに述べたように——社会の客観性の一部ではなく、社会が自らを構成するにあたっての（象徴界の）客観性の限界である。われわれの敵対性の分析はラカン理論から直接きているわけではないが、かなりの程度ラカンの《現実界》、象徴化に抗う究極の核という考えと重なっている——ジジェクは、『ヘゲモニーと社会主義の戦略』の出版直後、一九八五年の書評で早くもそれを見抜いていた[37]。

しかし《現実界》による《象徴界》の転覆は、手に入る唯一の原料によってしか起こらない。象徴空間を形づくるさまざまに変わる構造的な位置がそれである。構造的位置（あるいは区別）のシステムは、あらゆる言語構造がそうであるように、二つの特性しか持たない。組み合わせと置き換えの関係であり、これは言語学的にいえば統辞的関係と範列的関係である。これはもっと広い社会分析の用語では、すでにみた差異（差異による制度化）の論理と、等価性の論理（置き換えを通して社会空間を二項対立化することで、敵対性を作り出す）との区別に対応する。

社会実践の純粋に言語的な面から、バトラーが関心を持つそのパフォーマティヴな次元に移ると、なにが起こるのか。この移動のとき、われわれは厳密にいって言語の外にいるわけではない。というのも――すでに述べたように――言語が形式であって実質ではないなら、あるときはことばをあるときは行動を論じていても、差異性の原理が厳密に維持されている限り、両者を統一する文法の外には出ていないことになるからだ。しかしパフォーマンスの次元は、純粋に論理主義的な言語観では闇に隠れてしまうような、行動の意味深い側面をあらわにしてくれる。つまり、制度化されたパフォーマンスによって規則を厳密に実体化することは、最終的には不可能である。規則を適用すればすでにそこには規則自体の転覆がある。デリダの反復の概念を考えてみよう。なにかが反復可能になるためには、それは自分自身と違っていなくてはならない。規則の適用についてのヴィトゲンシュタインの概念はどうか。最初の規則を適用するには第二の規則を知らねばならず、第二の規則を適用するためには第三の規則を知らねばならず、第三の……。ここから導かれる唯一可能な結論は、適用のレベルはすでに規則自体に内在しており、たえず規則をずらしているというものだ。部分的不連続性を通じて作用する連続性という考えかたの重要性は、ヘゲモニー論においても明らかだろう。

しかしこうして考えると、社会理論に対するおそらくバトラーのもっとも独創的な貢献といえるもの、彼女の「パロディ的パフォーマンス」の概念がはっきりと見えてくる。バトラーはこの概念をごく決まった例にしか適用しておらず、それを普遍化しようとはしていないが、楽天的に彼女のテクストを読ませてもらうと、これを十分に一般化すれば、社会的生の構造化についてなにか重要なことがわかってくるのではないか。わたしの議論はこうだ。パロディ的パフォーマンスが、実際におこなわれる行動とそこで演じられ制定される規則とのあいだに距離を作り出すことなら、そして規則の適用のレベルが規則そのものに内在しているなら、パロディはあらゆる社会行動の本質を構成している。もちろん「パロディ」ということばには軽い遊びの響きがあるが、それは本質的なことではない。たとえばフランス革命がある意味でギリシアやローマの物語を演じていたように、普遍的な次元に属する悲劇的なパロディもある。制度化された実践の組み合わせの地平のなかで固定された意味が、その文字通りの意味を転覆させるような新たなかたちで用いられずらされる限り、いかなる政治行動――ストライキ、選挙演説、被抑圧集団の権利の主張――にも事実としてパロディの要素がある。ずらしを決定するのはずらされるものが命ずる必然的な論理ではないという意味で、この運動は比喩的であり、ずらしによって構成される存在がもともとのずらしの外になんら文字通りの意味を持たないという意味で、この運動は濫喩的である。わたしがパロディというより、修辞的空間として組織された社会という言いかたが好きなのはこのためである――パロディということばの軽い響きからくる誤解を避けられるし、パロディといってしまうと、社会的アイデンティティの構造を規定する比喩性を不当に制限してしまうからだ。

こうして象徴秩序を転覆させる比喩的運動の空間こそ、《主体》が立ち現れる空間だと論じよう。『現代革命についての考察』[38]でわたしは、《主体》とは構造の決定不能性と決断のあいだの距離のことだと考えた。比喩的ずれから現れるものが、ずらされるものによってあらかじめ告げられているとすれば――そしてずらしの論理を支配するのがアプリオリに特定可能な規範だとすれば――比喩的次元は社会の構造を規定するものではありえない（それはたんに――古代のレトリックのように――逐語的なもの言いで簡単に置き換えられる表現の飾りにすぎないだろう）。その逆に、比喩的運動が本質的に濫喩的であるとすれば、それは構造を規定するものであり、決断は、それ自身に対して外的な基礎づけの原理をいっさい認めなくてすむ。デリダはキェルケゴールの次のことばを引用している。「決断のときは狂気のときだ」。デリダが言いそうにないことをつけ加えると、これこそ主体化に先立つ主体のときである。

この点が決定的に重要なのは、あらゆる政治的な――そして最終的には社会的な――分析の基礎となる区別が、ここにしめされているからである。決断をこのように捉えるなら、あらゆる決断は内的に引き裂かれている。それはいっぽうではこの決断（正確な実体的内容）であるが、またいっぽうではたまたまある一つの決断（これは構造的に開かれたものを閉じるという存在論的機能だけを持つ）でしかない。決定的なのは、実体的内容は存在論的機能からは導き出されず、前者は後者のつかのまの実体化でしかないことだ。社会の十全性は不可能であり、次々と現れる偶発的な内容が濫喩的ずらしによって詐称していくしかないものである。これこそがヘゲモニーの意味するところだ。そしてこれはまた、どのようなかたちであれ社会に存在する自由の源泉でもある。社会の「十全性」が「真の」実体的なかたちに――プラトンの言うような良き社会に――達したら、こうした自由はありえず、比喩的運動の代わりにあるのは、完全な、そのものずばりの逐語性だろう[39]。

ここで《倫理》について一言いっておこう。わたしは次のような質問をあちこちで受けてきた。もしヘゲモニーに、根源的に偶発的な領野でなされる決断が含まれるのなら、あれかこれかを決める足場とはなんなのか。たとえばジジェクはこのように言う。「ラクラウのヘゲモニーの概念は、どんな社会身体であれ一つにまとめるイデオロギー的『セメント』の普遍的メカニズムを説明している。これはファシズムから社会民主主義まで、あらゆる可能な社会政治的秩序を分析できる考えである[40]。にもかかわらずラクラウは、『ラディカル民主主義《デモクラシー》』というはっきりとした政治的立場を唱えるのである」。これは正当な反論ではないと思う。ここでの足場は記述的なものと規範的なものの厳格な区別であり、そのもとはカントの純粋理性と実践理性の区別にある。しかしこの区別は崩さなければならない。事実と価値とをきっぱりと分けることなどできはしない。価値に向かう実践的活動は、「事実」として言説的に構築される問題や制度や抵抗等々にぶつかることになるだろう――しかし事実というものは、こうした活動のなかからしか事実性をもって現れ出ないのである。ヘゲモニー論はこの意味で、世界で起こっていることの中立的な記述などではなく、この記述が存在しうるということ自体がそもそも、どのようなものであれ「事実」をありうる事実として理解する際の枠組みをなす規範的要素なのである。

これだけいえば、あと残る問題は、右の二つの次元が互いに完全に切り離されたものでないとして、実際にどのように分節化されるかである。個々の自由な発展が全体の自由な発展のための条件になる社会という、マルクスの仮定を考えてみよう。これは倫理的仮定だろうか、それとも記述的陳述だろうか。明らかに両方である。これは、《歴史》の最終的で必然的な運動の記述でもあれば、われわれに同一化を求める目標でもあるのだから。もし自由を自己決定と考えるなら、自由と必然の区別そのものが崩れ去る。二つの面はあまりにも近しいので、べつべつに分節化することなどおよそできない。だから古典的マルクス主義を、いっさい倫理的なコミットを濾過しさった純粋な記述的科学とするのは誤りである。マルクス主義にないのは分離した倫理論である。それが認識する客観的過程にはすでに規範の次元があるからだ。後に歴史発展の必然性の法則への信頼が揺らいだときに、社会主義の倫理的な基盤が必要であると感じられるようになり、ベルンシュタインとオーストリア・マルクス主義のようにカント的二元論への回帰が起こったのである。

それではヘゲモニーはどうか。ヘゲモニー論は、倫理的なものの契機は共同体の普遍性の契機であり、そこではいかなる個別主義も超えて普遍的なものが自ら語ることを、完全に認めている。しかしいっぽうでは、社会はまったくの個別性からなりたっており、この意味であらゆる普遍性は、なにか完全にはそれと通約しえないものに具体化されなりればならない。これは決定的に重要な点だが、社会の十全性が空虚なシンボルとして姿を現す不可避の倫理的契機から、なんらかの個別の規範的秩序へと向かうとき、論理的な移行はありえない。個別の規範秩序に対する倫理的な心的備給はあっても、それ自体としてそれ自体のために倫理的な規範秩序は存在しないのだ。だから現代論理学の真の問題は、記述と規範をどう分節化するかという古臭い議論ではなく、倫理的なもの（社会の十全性が不可能にして必然的なものとして現れる狂気の契機）と、つかのまながらその普遍性――あの捉えがたい十全性――を具体化する実体的な原料となる記述／規範の複合体とがどう関係しているか、というより根本的な問題である。この意味でヘゲモニーは倫理的なものと規範的なものとの不安定な関係の名であり、失敗によってこそ権威を得るこの心的備給のはてしないプロセスに呼びかける方法である。備給される対象は本質的に倫理的である。いや、それのみが倫理的であると言ってもいい（エマニュエル・レヴィナスは、倫理と道徳とを区別したとき、この倫理と規範の区別の方向にある程度進んだのではないかと思う。しかし彼は、倫理になんらかの内容を与えるという誘惑に抵抗できず、彼自身がたしかにやった画期的前進のラディカルさを薄めてしまった）。もとの問いに戻ると、「ヘゲモニー」とは、ありとあらゆる知覚可能性の地平において、倫理的なものと規範的なもの（後者は記述的なものも含む）との通約不可能性を受け入れるという、本質的に倫理的な決断の上に立つ理論であるといいたい。この通約不可能性こそ、さまざまな言説のあいだの不均衡のもとであり、備給の契機のもとである。この契機は、事物の性質が決定するのではなく、したがっていまあるものとあるべきもの（存在論と倫理）との関係を語る語彙を再定義することができるのだ。あらゆる記述が可能になるのは、記述の条件であるとともにあらゆる純粋な記述を完全に不可能にする十全性が（不在を通して）存在しているからだとすれば、その意味で存在論はまったく倫理的である。しかしこのように考えて、議論の語彙を規範／記述の区別から、倫理の秩序と規範の秩序との通約不可能性の場に移したとしても、この通約不可能性とどのように交渉するかについては、いまのところほとんどなにも語っていない。だから政治の話を始めよう。

V 政治と普遍性の交渉

もし倫理的なものの契機がラディカルな心的備給の契機でもあるとすれば（備給を受けるものの実体としての性質には、他ではないそれこそが備給の受け手であることをあらかじめ定めるものはなにもないという意味で）、二つの重要な結論が導かれる。第一に、決断において、すでにある規範的枠組みによって定まっていない面のみが、本来の意味で倫理的である。第二に、あらゆる規範秩序は、いちばん最初の倫理的できごとが堆積した形式以外のなにものでもない。決断の条件を普遍化する二つの正反対の考えかたをわたしが両方否定するのはなぜか、ここから説明できるだろう。第一の考えかたは、倫理的契機になんらかの規範的内容を再度持ちこみ、どれほど小さなものであろうとその内容に決断を従属させるという普遍主義的倫理（ロールズ、ハーバーマスなど）の変奏である。第二の考えかたは純粋な決断主義であり、決断こそが本来の専制的決定であって、それにはアプリオリな限界がないのだから、まったく限界などないという考えである。それではアプリオリでない限界とはなんだろうか。答えは、ある社会の規範的枠組みを構成している実践の堆積が織りなすもの、である。この枠組みは、深く揺さぶられ再編されねばならないことはあっても、基盤が完全に再建されねばならないほどに消え去ることはない。社会秩序にリュクルゴス（古代スパルタの国制を定めたとされる立法家）の居場所はないのだ。

こうしてみると考えねばならない面が他にある。まず第一に、ラディカルな倫理的備給はある面では純粋な決断にみえるが、ある面では集合的に受け入れられねばならない。この見かたでは、備給はなにかそれ自身にとっては外的なものを書きこむための表面として——分節化の原理として働く。一つだけ例をあげよう。千年紀末の終わりを唱えた説教師アントニオ・コンセルヘイロは、一九世紀末にブラジルの農村部で十年以上放浪を続けたが、たいした数の信者は得られなかった。帝国が倒れて共和国が始まり、それとともに行政と経済が大きく変わると——さまざまなかたちで農村の伝統的生活は根底から揺さぶられた——すべてが変わった。ある日コンセルヘイロがやってきた村では、人々が収税人に反乱を起こし、後に彼の預言の公式となる文句を発していた。「共和国は反キリスト」である。これ以後彼のことばは、あらゆる農村の不満を書きこむ紙面となり、数年後に政府を倒す大衆蜂起の出発点となったのだ。右に述べた二つの次元の分節化がここにある。（1）《善》と《悪》のシニフィアンから帝国／共和国の対立のシニフィアンへの移し替えは、この二組のカテゴリーに内在するものによってあらかじめ決まってはいなかった——それは偶発的な等式であり、その意味でラディカルな決断だった。それは、民衆の苦境を語る唯一使える言説だったから、受け入れられたのである。（2）しかしこの言説が農村民衆の揺らぐことない信念と衝突したとしたら、なんら効果はなかっただろう。わたしが「決断主義」から距離をとるのはこの点である。決断する主体は、部分的にしか主体でない。彼はまた、堆積した実践が描きこまれる背景でもあり、この実践こそが選択肢の地平に限界をもうけるかたちで規範的枠組みを作り上げている。しかしこの背景が決断の契機を汚染して残存するとして、決断もまた背景を転倒させることで持続していくといえよう。つまり共同体の規範となる背景の構築（これは政治的な作用であって、けっしてたんなる倫理的作用ではない）は、規範による倫理の制限と、倫理による規範の転覆によって起こる。これまたヘゲモニーを語るもう一つの言いかたではないだろうか。

だから書きこみとは、なんら先立つ合理性に基づかない心的備給のことである。それは構造を規定する。しかしこの逆の動きがあり、つねにすでに規範的個別性に汚染された備給もまた、最初から作用しているといえないだろうか。というのも心的に備給されなければならないものは、現実に歴史的な影響力をもつためには、備給の対象を転覆させることになるのだが、と同時にこの転覆が起こるためには備給の対象が必要でもあるからだ。この点を説明するために一つ歴史的な例をあげよう。歴史意思は「ゼネスト」神話を通じて構成されるとソレルは考えた[41]。この神話は、倫理的原理のあらゆる性質を備えている。正しく神話として機能するためには、これはあらゆる個別の規定を欠いたもの——空虚なシニフィアンにならなくてはならない。しかし空虚になるためには、神話は空虚さそれ自体を意味しなくてはいけない。身体が、服を着ないことによってのみ裸体をしめすことができるようなものだ[42]。わたしが、工場で労働条件の改善を求めているとか、賃上げストライキをやっているとか、なにか個別の目的を唱えて活動しているとしよう。こうした要求には個別の目標があり、それらが達成されれば運動は終わるように思える。しかしべつな見かたもあるだろう。要求が求めているのは、じつは具体的に特定された目標ではない。具体的な目標は、それらを超越したなにかを（部分的に）達成するための偶発的な機会にすぎないのである。このなにかとは、不可能な対象としての社会の十全性であり、これは——まさしくその不可能性によって——完全に倫理的なものになる。次々と起こるできごとの連鎖が、初めからその個別性とは切り離されているものだとみるなら、この連鎖にも倫理の次元は持続する。わたしがある行動を生き、その行動が自らを超えた不可能な十全性を体現したときにだけ、そこへの心的備給は倫理的な備給になる。しかし、備給の物質性が備給の行為によっては吸収されつくさないときにだけ――実体的なものと存在論的なものとの距離、備給すること（倫理）と備給の場（規範的秩序）との距離がけっして埋められないときにだけ――ヘゲモニーと政治が（そして倫理も、と言いたいが）あるのだ。(43)

さて、おもな結論を確認しよう。

1　共同体の倫理的実質――その全体化ないし普遍化の契機――は、不可能にして同時に必然的なものを表象する。不可能という以上、それはどんな規範的秩序とも通約されえない。必然的という以上、それは表象の領域に入らなければならない。表象の領域は、倫理的な実質がなんらかの規範秩序において心的に備給されたときにのみ、可能になる。

2　備給されるものと備給を受けとる社会規範とのあいだには、なんら内的な関連がないので、備給は決断というカテゴリーに拠っている。決断は、それ自体の外部にあるアプリオリな原理にいっさい基づかない分節化行為である。

3　この決断によって構築される主体は純粋な主体ではなく、つねに堆積された実践の部分的結果である。決断はけっして無から生ずることはなく、すでに存在する社会規範のなかで、倫理的備給の不可能な対象をずらす（新たな名をつける）。

4　あらゆる決断は内的に引き裂かれている。状況が根底から揺らいだときに求められるそれは、一つの決断にすぎない。しかしそれはまたこの決断、この個別の実体的内容でもある。これが秩序づけることと秩序の、変えることと変化の、存在論的なものと実体的なものの区別である――これらの対立は、それぞれ前者の項を後者に備給することによって偶発的にのみ分節化される。この備給はヘゲモニーと呼ばれる作用の礎であり、そこにはすでに見たように倫理の要素がある。社会的生の事実と、それらの事実の基盤である規範秩序を記述することは、ヘゲモニー論の方法と矛盾しない。異なる方法とは、最初から倫理性を固定した規範の核と同一視したり、あるいは完全な決断主義を想定してそれのみを倫理とみなしたりするやりかたである。

5　するとこうした問いが現れる。「もし決断が偶発的なら、他ではないこの選択肢を選ぶ根拠はなにか?」。意味のない問いである。決断が、共同体の秩序の文脈のなかでの偶発的なずらしであるとすれば、それはその秩序のなかで生きる人々に真実らしく見えることだろうが、いかなる秩序からも離れた純粋な心を持つ何者かにとってはそうではあるまい。とはいえこの規範的／記述的秩序のラディカルな文脈化は、倫理的契機がもたらすラディカルな脱文脈化によってのみ可能になったのである。

　さてここで、わたしの分析に付随する結論を一つ述べておこう。この対話の第二ラウンドで論じたい点について、決定的に重要なことだからだ。倫理的契機が本質的に、共同体における空虚なシンボルの提示に結びついているなら、倫理的な生が可能になるためには、共同体がたえずそうしたシンボルを作り出さなくてはいけない。もし共同体がなによりも民主的であるなら、規範的秩序の個別性と倫理的契機の普遍性との分節化を、たえず開かれた、最終的には決断し得ないものにしておくことができるかに、すべてがかかっている。どのような種類のものであれ、普遍性を個別性に完全に吸収してしまえば、行き着く先は全体主義か、まったく個別的なさまざまのアイデンティティが跋扈することによる共同体の内部崩壊だろう（全体主義の夢は、よくこうして原子論的な分派主義のかたちをとる。両者の密かな絆は、宗教的あるいは民族的な原理主義がしばしば、文化の多様性を主張するというやりかたで擁護されることからわかる）。自らの基盤の偶発性をたえずしめす社会だけが、民主的な社会である――われわれの言いかたでは、倫理的な契機と規範的な秩序との亀裂をたえず開いたものにしておく社会である。

二〇世紀の終わりにわれわれが相対している最大の政治的問題とはこれだろう。われわれの社会において、普遍的なものはどうなっていく運命なのか。全地球的な人間の解放という夢が急激にしぼんでいく世界において、個別主義の跳梁――それと相関した権威主義的統一――が、唯一の選択肢なのか。それとも、今日の社会を織りなす複雑な差異の多様性に見合うような、新たな解放のプロジェクトに乗り出すことが考えられるだろうか。本書の次の担当個所では、こうした問題を中心に扱おう。

註

（1） Karl Marx, 'Contribution to the Critique of Hegel's Philosophy of Law. Introduction', in Karl Marx and Frederick Engels, *Collected Works*, vol.3, London : Lawrence & Wishart 1975, pp. 186-7. ［マルクス「ヘーゲル法哲学批判」花田圭介訳『マルクス・エンゲルス全集1』大月書店、一九五九年、四二七～二八頁］

（2） Ibid, pp. 184-5.

（3） Norberto Bobbio, 'Gramsci and the concept of civil society', in Chantal Mouffe, ed., *Gramsci and Marxist Theory*, London : Routledge 1979, p. 30.

（4） Antonio Gramsci, *Selections from the Prison Notebooks*, ed.and trans. Quintin Hoare and Geoffrey Nowell Smith, London : Lawrence & Wishart 1971, p.12.

（5） Ibid., p.261.

（6） Ibid., p.239.

（7） Ibid., p.268.
（8） 形式分析と抽象化は、具体的な歴史研究にとって本質的なものである――知的実践と呼ぶに値するものは、当然対象を理論的に構築しなければならないばかりか、社会現実そのものが、それ自身の機能原理を組織する抽象化を生み出すからである。たとえばマルクスは、商品生産の形式的かつ抽象的な法則が、資本主義社会の現実の具体的な働きの核にあることをしめした。同じように、「等価性の論理」「差異の論理」「空虚なシニフィアンの生産」といったカテゴリーで政治領域の構造化を説明しようとするとき、われわれが築こうとしている理論的地平では、抽象はたんに分析の道具ではなく、アイデンティティや政治的分節化のもとになるような現実の抽象である。もちろんこれは、社会科学の方法論によく見られるようなある種の経験主義、具体的なものの分析と、まったくの事実やジャーナリズム的記述とを混同するような経験主義とは違う。この誤解のとくに露骨な例（他にもいろいろあるが）は Anna Marie Smith, *Laclau and Moufe. The Radical Democratic Imaginary*, London and New York : Routledge 1998.
（9） Ernest Laclau, 'Power and Representation' *Emancipation*(s), London and New York: Verso 1996, pp.84-104.
（10） わたしの'Why Do Empty Signifiers Matter to Pilitics?' in Ibid., pp. 34-46.
（11） Slavoy Žižek, *The Ticklish Subject : The Absent Centre of Political Ontology*, London and New York : Verso 1999, pp.100-101.
（12） Ibid., pp.176-7.
（13） Ibid., pp.177.傍点原典。
（14） Alan White, *Absolute Knowledge : Hegel and the Problem of Metaphysics*, Athens, OH and London : Ohio University Press 1983, pp.51.
（15） この問題の背後にはもちろん、ヘーゲルの哲学を形而上学的-神学的教義とみなすべきか、それとも超越論的存在論とみなすべきかという問題がある。この点についてはWhiteおよびKaus Hartmann, 'Hegel: A Non-Metaphysical View', in Alastair MacIntyre, ed., *Hegel. A Collection of Critical Essays*, Garden City, Anchor 1972.

(16) *Hegel's Science of Logic*, trans. by A.V. Miller, Atlantic Highlands, NJ: Humanities Press International Inc 1993, p.708.

(17) この問題のさまざまな次元を明晰に、厳密に議論したものとしてはYannis Stavrakakis, *Lacan and the Political*, London: Routledge 1999.

(18) Judith Butler, *Bodies That Matter*, New York: Routledge 1993, p.207.

(19) *The Logic of Hegel*, trans. from *The Encyclopedia of the Philosophical Sciences* by W. Wallace, Oxford: Clarendon Press 1892, p.137.

(20) Paul de Man, 'Pascal's Allegory of Persuasion', in *Aesthetic Ideology*, Minneapolis and London: University of Minnesota Press 1996, pp.51-69.

(21) Ibid. p.59.

(22) Bruce Fink, *The Lacanian Subject*, Princeton, NJ: Princeton University Press 1995, p. 27.

(23) Ibid. p.22.

(24) この傾向はグラムシに強く見られる。

(25) この問題についてラカンの立場も曖昧で揺れ動いていることはいっておこう。

(26) この点はジョイソン・グリノスが、未出版論文'Of Signifiers, Signifieds and Remainders of Particularity: from Signifying Dissemination to Real Fixity'、一九九八年二月二五日エセックス大学Ideology and Discourse Analysis seminar発表で鋭くついている。

(27) Ernest Laclau, 'Subject of Politics. Politics of the Subject', in *Emancipation(s)*, pp.47-65を参照。

(28) Žižek, *The Ticklish Subject*, ch.6.

(29) *The Ticklish Subject.*

(30) Ibid. p.1.

(31) Ibid. p.2

(32) デリダの「下部構造」のシステム化についてはRodolphe Gasche, *The Tain of the Mirror. Derrida and the Philosophy of Reflection*, Cambridge, MA and London : Harvard University Press 1986, Part Two.

(33) Fink, *The Lacanian Subject*, pp.30-31.

(34) 正確を期そう。ヘーゲルのテクストについてのジジェクの仕事は、つねに洞察に満ち、考察に値する。すでに述べたように、わたしが彼に賛成できないのは、彼が自分の発見をヘーゲルの知的営為を形づくる唯一の論理であるとみなし、ヘーゲルにはなおも汎論理主義が強くあってそれがジジェクの指摘するようなレトリックの動きを制限していることを認識していないときである。

(35) Gasche, *The Tain of the Mirror* 参照。

(36) *A Companion to Contemporary Political Philosophy* ed. by Robert A. Goodin and Philip Pettit, Oxford : basil Blackwell, 1993, pp.431-7のErnest Laclau, 'Discourse'の項。

(37) Slavoy Žižek, 'La société n'existe pas', *L'Ane, magazine du Champ Freudien* : 17 (Winter 1986) : 33.

(38) Ernest Laclau, *New Reflections on the Revolution of Our Time*, London and New York : Verso 1990, pp. 60-68.

(39) 「パロディ的パフォーマンス」がヘゲモニー論にとって大きな力となりうることは十分承知しているが、だからこそ、バトラーの問いかけのいくつかには困惑を感じずにはいられない。彼女は問う。「性的差異がラカン派の言う『現実的《リアル》な』ものならば、性的差異はヘゲモニーの闘争のなかには存在できないということなのか」。わたしの議論は逆である。性的差異が現実であって象徴ではないからこそ、それがどの象徴的立場のアポリア形式にもかならずしも結びついていないからこそ、バトラーが主張するような歴史主義的な変化への道が開かれ、ヘゲモニーのゲームが可能になるのだ。同じことはバトラーの他の問いにもいえる。「つねにアポリアになる論理は、ヘゲモニーのプロジェクトに逆らう立場を作りあげるのか」。そもそもアポリアがなければ、ヘゲモニーは不可能だろう。ヘゲモニー的変化に敵対する必然性の論理が、まったく無敵のままであたりを圧するだろうから。ここにあるのは、最初からくりかえし指摘してきた、必然性と不可能性の互いに転覆しあう関係である。

(40) Žižek, *The Ticklish Subject*, p.174.

(41) ソレルについてのこの議論は他にあちこちで発表してきた。とくに'The Death and Resurrection of the Theory of Ideology', *Journal of Poitical Ideologies* 1.3 (1996) : 201-20およびカリフォルニア大学デイヴィス校で一九九八年四月二三〜二五日におこなわれた「文化と物質性」会議での発表'The Politics of Rhetoric'を参照。

(42) 美術史ではしばしば、ヌード（古代彫刻のように衣服は考えずに表象された身体）と裸体（中世後期やルネサンス初期の北方絵画のように、衣服の不在がはっきり見えている場合）とがこのように区別される。

(43) ソレルについてしたのと同じ議論が、神話言説における表象可能性／不可能性についてもできるだろう。わたしの'On the Names of God', in Sue Golding ed., *The Eight Technologies of Otherness*, London : Routledge 1997, pp.253-64.

階級闘争か、ポストモダニズムか？　ええ、いただきます！

スラヴォイ・ジジェク1

グローバル市場世界の実現、強大な金融コングロマリットの切れ目ない支配……こうした全てが、議論の余地ない現実であり、本質的にマルクスの分析の正しさを証明している。問題はこうだ。こうした全てにふさわしく立ち向かえる政治とはどこにあるのだろうか。どのような種類の政治が、資本の要求に対してほんとうに異物なのだろうか――これこそが現代の問題である。

（アラン・バデュウ）

マルクス兄弟の有名なジョークから始めよう。「紅茶にしますか、コーヒーにしますか」というお決まりの質問に、グルーチョ・マルクスは答える。「ええ、いただきます！」――選ぶことを拒否するのだ。このエッセイの基本的考えは、今日の批評理論が押しつけてくる虚偽の二者択一には、まさにこうして答えるべきだということである。二者択一とは、「階級闘争」（階級間の敵意や商品生産といった時代遅れの問題系）と「ポストモダニズム」（多様なアイデンティティの散乱、ラディカルな偶発性、闘争からけっして消えることのない遊戯的な複数性からなる新世界）とのそれである。ともかく二兎を追うことはできる――だがどうやって？。

まず始めに、この作業について他の二人とわたしはごく近いところにいると念を押しておきたい。ジュディス・バトラーとエルネスト・ラクラウ、どちらの著作でも、その中心にある概念（あるいは中心にある同じ概念の二つの面）にわたしは賛同するし、すばらしく生産的なものだとも思う。ジュディス・バトラーでは、欲望の根源的な再帰性(1)の概念と、（その後展開されたものだが、前の概念に付随する）「受苦の愛情」、つまり避けられないと同時に受け入れられもしない――作用するためには抑圧されなければならない――トラウマ的固着の概念。ラクラウではいうまでもなく、象徴的／構造的差異の論理とはまったく異なる敵対性の概念と、それに付随して、必然的にして不可能な普遍性という空虚な場を満たそうとしておこなわれるヘゲモニー闘争の概念。どちらの場合も問題は、不可能にして同時に必然的な、否認されてはいるが避けられないもの（普遍性、「受苦の愛情」）だ。それでは、わたしと彼らはどこが違うのか。これをはっきりさせるのは一見するより難しい。それぞれの立場を比べて直接定義しようとすると、どういうものかポイントがずれてしまう[2]。わたしは最近出した本で、われわれの違いをたどって「認識の地図」を作る作業をもっと細かくやっている[3]ので、繰り返しを避けるために、このエッセイでは焦点を絞り、前の本の補遺にしたいと思う。とりあげるのは、普遍性、歴史性、《現実界》である。

前置きをもう一つ。バトラーおよびラクラウとの対話でわたしが実際に反論しているのは、彼ら自身の立場ではなく、それらを水で薄めた、つまり本人たちも賛成しないような大衆版の議論である、という指摘はされそうである。こうした場合については前もって罪を認め、二点、念を押しておこう。まず――たぶん自分で気づいているよりはるかに――わたしの彼らとの対話は、共通の前提によっている。ということはわたしの批判はむしろ、境界線をはっきり引いてわたし自身の立場を明らかにしようとする必死の試みということになろう。そしてわたしの望み――三人全員の望みだと確信するが――は、ナルシスト然と自分の点を稼ぐことではなく、古臭い言いかたをあえてすれば、問われている《モノ自体》、つまり現代におけるラディカルな政治思想の（不）可能性と取り組むことなのである。

I

ラクラウのヘゲモニー概念から始めよう。普遍性と歴史的偶発性、そして不可能な《現実界》の限界の関係について、模範型となってくれる概念だからだ。つねに頭に置いておくべきは、ここで扱っている概念の特異性を、しばしばそれに言及する人々が無視する（あるいはグラムシ以前からある漠然とした一般性に引きずり下ろす）ことだろう。ヘゲモニー概念の核心は、社会内差異（社会空間の内部の諸要素）と、社会そのものを非 - 社会（カオス、完全な頽廃、あらゆる社会的絆の崩壊）から隔てる限界との、偶発的な結びつきにある——つまり、社会的なものの限界、その外部にある非社会的なものとの境界線は、（ある特定の差異がその場所に置かれて）社会空間のなかでの諸要素間の差異としてみえてこない限り、表現されないのである。いいかえると根源的な敵対性は、制度内部にある特定の差異を通じて、歪んだかたちでしか表象されない。[4] だからラクラウの論点は、外的差異はつねにすでに内的でもあること、しかも両者の結びつきは絶対に偶発的なものであるということだ。それはヘゲモニーに向かう政治闘争の結果であって、差別化される行為体の社会存在そのものに刻みこまれているわけではない。

マルクス主義の歴史において、ヘゲモニーを規定する緊張をもっともよく表しているのは、革命のラディカルな等価性の論理（「われわれ」対「彼ら」、「革新」対「反動」、「自由」対「圧制」、「社会」対「頽廃」）と、その逆の「修正主義」的姿勢とのあいだの揺れだろう。後者は、革新的な目標を水で薄め、これを妥協によってしだいに解決されていくはずの特定の社会問題としかみなさない。前者は、全世界の社会変革という普遍的な課題の実現に向かうために、さまざまな偶発的集団（労働者から植民地化された小作農まで）に頼らなくてはならなかった（左翼サンディカリズムからファシズムへというソレルの変節も参照）。もっと一般的にいうと、社会とは各部分があるべき場所を占める「身体」であるとみなすような、まったく集団的、協調的な視点がいっぽうにあり、もういっぽうに、社会と反社会的力を敵対させるラディカルな革命的視点（「人民は、人民の敵と人民の友人とに真っ二つにわかれる」）がある。そしてラクラウが強調するように、この二つの極端な視点は、結局は一致してしまう。純粋に集団的な視点では、社会《身体》

という有機体に対立する力は、まったくの外部性（たとえばユダヤ人の陰謀）へとはじき出され、こうして社会身体とその外にある頽廃の力は根源的に敵対していると確認される。いっぽうラディカルな革命実践は、マルクスのプロレタリアートからポル・ポトの農民にいたるまで、普遍性を体現するある個別の要素（階級）に依存しなければならない。この行き止まりの唯一の解決策は、これをそのとおり受け入れること――不可能な全体性を表す個別の要素のあいだの、終わることなき闘争こそ、われわれの運命であることを受け入れることだ。

ヘゲモニーが、ある個別の社会セクターによって、それとは通約不可能なはずの不可能な全体性が表象されるという意味なら、ヘゲモニーの論理が自由に作用できるようにするためには、比喩形象が次々と置き換えられていく空間を完全に目に見えるものにしておけば十分ということになる。社会の十全性が達成不可能なものだとしたら、そこに辿りつこうとする試みは挫折するしかないが、この不可能な対象を探し求めていくうちに、さまざまな部分的問題を解決することはできるだろう(5)。

しかし、ここにはいくつかの問題が出てきそうである。この解決法には、不可能な「十全性」への無限の接近を一種の「統制理念」としたカントの論理がないだろうか。「失敗するのはわかっている、でも求め続けなくちゃいけないんだ」という諦念／シニシズムの態度が、ここにはないだろうか――自分が向かっている全世界的な「目標」は不可能であり、最終的に努力は潰えることを知っていながら、部分的な問題を解決するための活力を与えてくれるかけがえのない魔法の呪文として、この全世界的「亡霊」の必要性を認める行為者の態度が。しかも（同じ問題のべつな面にすぎないが）この選択肢――「社会の十全性」

を達成することと、「さまざまな部分的問題」を解決することとの選択――は、あまりに限られてはいないか。「第三の道」が、ともかくここではリスク社会の理論家がいうのとは違う意味で、存在しないだろうか。「民主主義発明」のときに起こったように、社会の根本的な構造原理そのものが変わることはないのか。封建君主制から資本主義民主主義への移行は、「社会の不可能な十全性」には達さなかったとしても、「さまざまな部分的問題を解決する」より多くのことを、たしかになしとげたのではないか。

さてありそうな反論は、まさにかつては権力の「通常の」機能に対する障害物とみられていたもの（権力の「空虚な場」、この場と実際に権力を行使する者とのあいだのずれ、権力の最終的な決定不能性）が、いまやその肯定的な条件になることこそ、まさに「民主主義発明」の生んだラディカルな断絶である、というものだろう。かつては脅威と感じられたもの（権力の場を占めようとする多数の主体‐行為者どうしの闘争）は、権力が正当に行使されるための条件になっているのだ。「民主主義発明」の驚くべき性質は――ヘーゲル流に言えば――権力の偶発性、場の権力とそこを占める権力者とのずれが、もはや「即自」であるばかりか「対自」になり、あからさまにそうしたものとして認められ、権力の構造自体に反映されているという事実である。[6] ということは――名高いデリダのことばで言うと――権力の行使が不可能であるという状況こそが、その可能性の条件になる。コミュニケーションが究極的にはありえないからこそわれわれが喋り続ける（もし言いたいことを直接言えたら、みんなすぐに喋るのをやめて永遠に沈黙してしまうだろう）のと同じように、合法的な民主主義権力がそこにあることを唯一保証するのは、権力の行使の究極的な不確かさとあやふやさなのである。

とはいえ、まずつけ加えなければいけないが、ここで論じているのは一つではなく複数の切断である。近代の歴史そのもののなかで、「第一の近代」（「民主主義発明」、フランス革命、人民主権や民主主義や人権といった概念の導入……）という切断と、ベック、ギデンズその他が「第二の近代」と呼ぶ現代の切断（社会の完全な再帰化[7]）とを区別すべきだろう。しかも「第一の近代」においてすでに、「全体主義」を導きかねない「人民の民主主義」（《民衆は一つ》、《一般意思》）と、国家を市民社会の「夜警」にまで縮小する個人の自由というリベラルな思想とが、内的にぶつかりあっているという性質がないだろうか。

だから問題はふたたび、われわれが相手にしているのが民主主義社会の諸形象であること、これらの形象がある種へーゲルのいう「具体的普遍性」を形づくっていることだ——つまり問題にされるのは、たんに《民主主義》という種のさまざまな下位区分ではなく、《民主主義》という普遍的な観念に影響を与えている一連の切断なのである。こうした下位区分（初期ロックのリベラル民主主義、「全体主義的」民主主義……）は、ある意味で政治的《民主主義》という普遍的考えそのもののなかの緊張を説明している（「措定」している、あるいはそれによって生み出されている）。しかもこの緊張は、たんに《民主主義》概念の内部の／内在的なものではなく、《民主主義》と《他者》との関係のありかたに規定されている。《他者》とは、政治的《他者》——さまざまな装いをとった非《民主主義》——ばかりでなく、なによりまず政治的民主主義が定義上「非政治的」として排除するもの、古典的自由主義における私生活や経済などのことである。《政治》と《非政治》とのあいだに明快な境界線を引き、「超政治的」な領域（経済、私的親密さ、芸術……）を仮定するという身ぶりそのものが、なににもまして政治的な身ぶりであるというおなじみの議論はまったく正しいが、同時に反対のほうを向いてみたいという気にも駆られる。なににもまして政治的な身ぶりとは、純粋なかたちで、それこそ《政治》と《非政治》を分け、《政治》からある領域を除外する身ぶりのことだとしたら、どうなるだろうか。

II

それでは、マルクス主義的本質主義から「ポストモダン」な認識へといたるラクラウの物語を細かくみてみよう。前者では、プロレタリアートは普遍的な階級であり、革命の使命はその社会存在に刻みこまれているから「客観的な」科学的分析によって見つけることができるが、後者では、社会的行為者とその「任務」との結びつきは、偶発的かつ比喩的（隠喩‐換喩的）である。この偶発性をひとたび認識すれば、行為者の社会的立場と、政治闘争におけるその任務のあいだに、直接的で「自然な」相関関係などないことを受け入れるしかない。つまり発展の規範モデルというものは存在せず、そこから例外を測る――一九〇〇年頃のロシアではブルジョワジーの政治的主体性があまりに弱かったので、労働者階級が自分でブルジョワ民主主義革命をなしとげなければならなかった、とか――こともできない。[8] さて、これに対してはまず次のようにいえる。プロレタリアートを唯一の「歴史の主体」とみなし、経済的階級闘争を特権化する「本質主義的」マルクス主義から、ポストモダンな闘争の不可避の複数性への変化という、ポストモダン左翼のお決まりの物語は、たしかに現実の歴史の動きを描いている。しかしこの物語の語り手はどうしたって、心の奥の諦念を見て見ぬふりをしている。彼らは資本主義を「街で唯一のゲーム」として受け入れ、現存する資本主義リベラル政体を乗り越えようとするどんな現実の試みも拒絶しているのだ。[9] ウェンディ・ブラウンは、この点を明快に説明している。「現代アメリカにおけるアイデンティティの政治は、ある意味資本主義を再び自然とみなすことによって達成されている」[10]。とすると問うべき決定的な問いはこうである。

資本主義批判が閉ざされているのは、どの程度まで、たんに「社会主義という選択肢の喪失」や世界秩序におけるあからさまな「リベラリズムの勝利」のせいだけでなく、最近の対抗政治の形態のゆえでもあるのだろうか。マルクス主義による社会全体の批判や全体変革のヴィジョンと比べてみた場合、アイデンティティの政治は、自分たちの要求をぶつける相手である既存の社会そのものが内在する規範を、どの程度必要としているのだろうか。その規範は、資本主義を批判から守るばかりか、階級を目に見えずことばでは語れないものにし続けておく——たまにではなく、その規範内ではつねに——のではないか。多文化主義のマントラ、「人種、階級、ジェンダー、セクシュアリティ」において、階級はかならず名前があがるのに、めったに理論化されず詳細に扱われることもないのはなぜか、ここでその理由にぶつかっているのではないか。[11]

階級が「名前があがるがめったに理論化されない」存在に貶められていることには、はっきりとした説明ができる。若き日のルカーチが定式化した「西洋マルクス主義」が残した遺産の一つは、資本主義という階級‐商品構造が、経済という特定の「領域」に限定された現象ではなく、政治から宗教、芸術まで、社会全体を重層決定する絶対的な構造原理であるという考えだろう。資本主義のこのグローバルの次元は、現代の多文化主義的革新政治では棚上げにされている。この種の政治の「反資本主義」は、今日の資本主義がいかに性差別／人種差別を生み出しているか、といったレベルのものでしかない。マルクスの言うように、生産‐分配‐消費という系列において「生産」という語は二重の意味を持つ。これは系の一項目であると同時に、系全体の構造を作り出す原理でもあるのだ。系の一項目としての生産において、構造原理としての生産は、マルクスがまったくヘーゲル的なことばで言うように「自分自身に対立する決定性に出会う[12]」。同じことが、ポストモダンの階級-ジェンダー-人種……の政治系でも起こる。個別の複数の闘争という系の一項目である階級において、社会全体を構造づける原理としての階級は「自分自身に対立する決定性に出会う[13]」のである。ポストモダン政治が結果的に、一種の「経済の政治化」を進めているとして、この政治化は、スーパーマーケットが商品の陳列という領域でやっているのと同じようなものではないだろうか。スーパーマーケットは、目に見える領域から現実の生産過程（野菜や果物が移民労働者によって収穫され、パック詰めされ、遺伝子その他の操作が生産と陳列でおこなわれる）をはじき出し、いわばその代用品として、擬似生産（フード・コートで隅々まで見られる調理、客の目の前で絞られるフルーツジュース、等々）を演じてみせる。[14]だから正統的左翼は、ポストモダン政治活動家に向けて、かつてユダヤ人を困惑させたフロイトの問いと同じかたちで問うことになるだろう。「実際に経済を政治化しなくちゃいけないときに、なんで経済を政治化しなくちゃいけないなんて言うんだね？[15]」

さて――ポストモダン政治に「資本主義内部の支配／被支配の問題からの理論的撤退[16]」があるとしたら、それはここに、階級分析の棚上げにあり、これはイデオロギー的転移の典型例といってよい。階級的敵対性が否認され、その構造的中心としての役割が棚上げにされるいっぽうで、「社会的差異をしめす他の指標が法外な重みを帯びる。実際のところそれらは、あからさまに政治化された社会的記号に帰するだろう苦痛はもちろん、資本主義が生み出す苦痛の重荷まで担っているようだ[17]」。言いかえればこの転移は、ポストモダンのアイデンティティ政治が、性差別、人種差別その他の恐怖を唱えるときのなんとなしの「過剰さ」を説明することができる。この「過剰」は、こうした「……差別」が階級闘争の過剰投資を引き受けており、その階級闘争がどの程度のものかはまるで認識されていないところから生ずるのである。[18]

もちろんポストモダニストは、わたしが階級闘争を「本質化」して捉えていると答えるだろう。現代社会では、複数の個別の政治闘争（経済、人権、エコロジー、人種差別、性的差別、宗教……）があるのであって、他のすべての鍵となる「真の」闘争などないのだ、と。ふつうラクラウの最初の主著『マルクス主義理論における政治とイデオロギー』からシャンタル・ムフとの共著になる古典的名著『ヘゲモニーと社会主義の戦略』への軌跡は、「本質主義の最後のなごり」[19]をじょじょに振り払っていったものとされている。最初の本では――古典的マルクス主義の伝統にしたがって――経済（生産と経済法則の関係）が、それ以外の偶発的なヘゲモニー闘争に対して一種の「存在論的な錨点」の役をはたしている（つまりグラムシのいうように、ヘゲモニー闘争とは最終的には二つの階級の争いであり、その他一連の「歴史的使命」――国家解放、文化闘争など――をどちらの階級が占有し、ヘゲモニーを握るかという問題である）。経済的「下部構造」のなかにヘゲモニーの「上部構造」を客観的に基礎づけるという、古典マルクス主義の下部－上部構造の問題系をラクラウがきっぱり拒絶するのは、二冊目になってからである。経済はつねにすでにそれ自体「政治的」、つまり政治闘争の、権力と抵抗の言説の場（の一つ）であり、「消しえないディレンマとアポリアに満ちた、前存在論的な決断不可能性に浸された領域」[20]なのだった。

ラクラウとムフのヘゲモニー論では、明らかに民主主義へと向かう政治闘争が特権的な扱いをうけている。彼らは、近代政治史の決定的瞬間とは「民主主義の発明」であり、他のあらゆる闘争は、最終的には民主主義発明の原理を他の領域、つまり人種（なぜ他の人種も平等じゃいけないんだ？）、性、宗教、経済……などに「応用」したものだ、というクロード・ルフォールの理論を受け入れているのだ。しかしだとしたら、個別の闘争を論じているときもつねに、一見系のなかの一要素として機能しているようにみえるが、じつは系全体の地平を決定しているような闘争があるのではないか。これも、ヘゲモニー概念の生む結果の一つではないのか。ラディカルな多元的民主主義とは「多元的民主主義とそれが生み出す自由と平等を目指しての闘争が、社会のあらゆる圏域に拡大され、深められていくべきであるという見通し[21]」のことだと考えるなら、それを経済といういま一つの土壌にたんに拡大すればそれでいいのか。「マルクス主義が政治理論を分析する道具として価値があるとしたらそれは、リベラルの言説では暗に『非政治的』とされる——つまり自然なものとみなされた——社会関係に、すでに自由の問題が含まれているという主張にこそあるのではないか[22]」とブラウンがことばを強めるとき、反論はじつに容易に予想できる。いわく、ポストモダン政治は、経済を脱自然化／再政治化する必要をもちろん認めるし、そもそもポストモダンの論点とはまさに、マルクスが「脱構築せずに」残した他の領域（性関係、言語……）を脱自然化／再政治化すべきだということなのだ……。ポストモダン政治の明らかな功績は、それまで「非政治的」とか「私的」と思われていた領域を「再政治化」していることにある。しかし、ここで資本主義は再政治化されていないという事実は変わらない。というのも、ポストモダン政治が作用している「政治的なもの」の概念と形式は、経済の「脱政治化」にもとづいているからである。政治的主体化の複数性というポストモダン・ゲームでは、いくつか問わない質問があるのがゲームの決まりである（資本主義をどう倒すのか、政治的民主主義そして／あるいは民主主義国家の本質的限界とはなにか……）。さて、ラクラウの反論はここでもはっきり予測できるだろう。彼にとって《政治》とは特定の社会領域ではなく、《社会》を基礎づける偶発的な決定のまとまりのことである。わたしの答えはこうだ。ポストモダンにおける新たに多様な政治的主体の出現は、真の政治的行為という根源のレベルに達することがけっしてない。

　ここでヘーゲルの「具体的普遍」の教えを「ラディカル民主主義《デモクラシー》」に適用してみたくなる。ラクラウのヘゲモニー概念は実際、ヘーゲルの「具体的普遍」の概念に近い。ヘーゲルでは、特定の差異が類そのものの本質となる差異と重なり合う。ラクラウのヘゲモニーでは、社会とその外部との境界、非‐社会（社会的絆の解体）との敵対的な亀裂は、社会構造の内側の差異に移し変えられる。しかし、ヘーゲルの悪名高い普遍と個別の「調停」をラクラウは拒絶して、空虚／不可能な「普遍」と、そのヘゲモニーを握る個別の偶発的内容のあいだには永遠の亀裂がある、と言っているのではないか。[23] ヘーゲルをもっと注意深くみると――ある類の個々の種はどれも普遍的類に「一致」はしないのだから――この概念にぴったりと一致する種についに辿りついたときには、普遍的概念そのものがべつな概念に変化するのである。現存している国家の歴史的なかたちはどれも《国家》の概念には一致しない。《国家》（「客観精神」、歴史）から《宗教》（「絶対精神」）という弁証法的移行が必然なのも、《国家》の概念にぴったり合う現存の国家は、宗教共同体しかないというのが実情だからだ――厳密にいえば、それはもはや国家ではない。ここにあるのは、歴史性としての「具体的普遍」の正しく弁証法的なパラドックスである。類とその類に属する種との関係において、種のうち一つはつねに類の普遍的性質そのものを否定する要素になる。国が違えばサッカーも違う。そしてアメリカにはサッカーがない。なぜなら「ベースボールが彼らのサッカー」だからだ。近代人は朝の祈りを捧げない、なぜなら新聞を読むことが彼らの朝の祈りだからだ、というヘーゲルの有名なことばと同じ理屈である。社会主義の解体において、作家その他の文化サークルが政党として行動したのもこれと似ている。おそらく映画史における最高の例は、西部劇とスペースオペラの関係だろう。実質のある西部劇はもはや存在しない。なぜならスペースオペラがそれに取って代わったからだ。スペースオペラは現代の西部劇なのである。そこで西部劇の分類にあたっては、ふつうの種の区分を補足して、スペースオペラという、現時点で西部劇の代わりとなる非西部劇を入れなくてはいけない。ここで決定的なのは、異なる類の交錯、二つの普遍の部分的重なりあいである。西部劇とスペースオペラは、たんに二つの異なるジャンルなのではない。二つは交錯している――ある時代には、スペースオペラは西部劇に属する下位区分になる（あるいは西部劇がスペースオペラに「止揚」される）……。同じように、「女」は人類の一種になり、ハイデッガーの現存在分析は現象学の一種になり、それに先立つ普遍性を止揚する。そして「ラディカル民主主義」に戻れば、同じように、経済の領域を政治化するような真に「ラディカル」な「ラディカル民主主義」は、厳密にいってもはや「（政治的）民主主義」ではないだろう[24]（もちろんだからといって《社会》の「不可能な十全性」が現実になるわけではない。ただ、不可能性の限界がべつなレベルに移動するだけだ）。そして《政治》それ自体、根源的に偶発的なヘゲモニー闘争もまた、その観念自体が引き裂かれ／切断線を引かれているのではないか。《政治》が作用するのが、その根源的に偶発的な性質を「抑圧」し、最小限に「自然化」される限りにおいてだとしたらどうなるのか。本質主義への誘惑は避けられないものではないのか。「観念のレベルの」《政治》、その偶発性を完全に裏づけるような政治的行為者を論じることはけっしてできないとしたら——そしてこの行き止まりを「戦略的本質主義」のような考えかたで抜け出ようとしても、失敗するのが定めだとしたら？

わたしの結論は、ラクラウの敵対性の概念で働いている不可能性の二重性を強調することである。「根源的敵対性」とは、《社会》の十全性を正しく表象／記号化するのは不可能であることを意味するだけではない。いっそう根源的なレベルで、《社会》が十全な存在を実現するのを阻む敵対性／否定性そのものを正しく表象／記号化することも、また不可能である。つまりイデオロギー幻想は、たんに《社会》の不可能な十全性を夢見る幻想なのではない。《社会》が不可能なばかりか、この不可能性そのものがイデオロギーの領域では歪められて表象‐実体化されるしかない——これこそイデオロギー幻想（たとえばユダヤ人陰謀説）の役割である。[25]この不可能性そのものが実体的な要素によって表象されると、内在的な不可能性は外在的な障害物へと変化させられる。「イデオロギー」とは畢竟、《社会》が十全になることを阻む絶対的な否定性など存在しないという保証の別名である。じつは社会生活の裏で糸を引いているのは、《他者》のふりをした現実の存在、たとえば反ユダヤ主義の目に映るユダヤ人だと請けあってみせるのである。要するにイデオロギーの基本作用とは、経験世界における障害物を未来永劫変わらぬ状況（女性や黒人は本来劣った存在である……）へと変化させる脱歴史化の身ぶりであるとともに、それとは逆に、ある領域のアプリオリな閉止／不可能性を、経験世界における障害物へと移動させることでもある。革命がうまくいけば、敵対関係のない、自らに対して透明な社会がやってくるという考えを否定するとき、ラクラウはこのパラドックスをよくわかっている。しかし、ポスト革命《社会》が十全なものになるという考えを拒絶するのが正しくとも、グローバルな社会変革の試みはすべて否認しなければならないという結論は正当化できないし、解決できるのは部分的な問題と限ったわけではない。「現前の形而上学」批判から反ユートピア的「修正主義」改革政治へという跳躍は、誤った短絡なのである。

III

ラクラウの不可能／必然的な普遍件という概念もそうだが、バトラーによる普遍性の肉づけも、そのへんの歴史主義者に比べてはるかに洗練されている。こうした歴史主義者は、どの普遍性も、じつはひそかにある個別の内容を特権化し、他のものを抑圧し除外しているのだから偽りであるとして拒絶する。バトラーは普遍性が不可避であることをよくわかっていて、彼女の論では――もちろん、普遍性がはっきりと歴史的にかたちをとった場合は、そこに一連の包摂／排除があるのだが――普遍性は、こうした包摂／排除を疑問視する空間を開くと同時に支えてもいる。包摂／排除の限界点をめぐる「再交渉」は、終わることなく続いていくイデオロギー的‐政治的ヘゲモニー闘争の一部なのである。たとえば「普遍的人権」という支配観念は、ある種の性的志向と実践をあらかじめ排除している——あるいは少なくとも、それを二次的なものに貶めている。人権の概念を再定義し拡大して、あらゆる「逸脱した」実践を含みこむようにすればよいと主張するありがちのリベラルのゲームを受け入れるのは、あまりに単純だろう。標準的なリベラル・ヒューマニズムがみくびっているのは、こうした排除が人権の「中立的」普遍性を構造的に規定していること、したがってそれらを本当に「人権」に含めれば、「人権」のいう「人」がなにを意味するのか、その観念が根源から説明し直され、ひっくり返りすらすることである。にもかかわらず、普遍的人権というヘゲモニー概念に含まれる包摂／排除は、固定したものではないし、この普遍性とただ一体化しているのでもない。絶えざるイデオロギー的政治的闘争の焦点、再交渉され再定義される普遍性への言及は、まさにこうした問いかけと再交渉を活発にする道具として働く（「もし普遍的人権を認めるなら、どうしてわれわれ〔ゲイ、黒人……〕はそこに入らないんだ？」）。

だから普遍性の隠れた偏見や排除を批判するとき、それはすでに普遍性によって開かれた地平のなかでおこなわれていることを忘れてはならない。「偽りの普遍性」の正しい批判とは、普遍に先立つ個別の立場から普遍性に疑問を突きつけることではない。それが起動するのは、普遍性自体に内在する緊張である。開かれた否定性、キェルケゴールなら「生成途中の普遍性」と呼びそうなものの破壊力と、確立され固定した普遍性の形式とのあいだの緊張のことだ。あるいは——バトラーをヘーゲル流に解釈すると——かたや固定した包摂／排除をともなう「死んだ」「抽象的」普遍性というイデオロギー観念があり、かたやそれ自身の「公的な」内容をいつまでも問い質し再交渉していく「生きた」「具体的な」普遍性があるといえる。普遍性が「現実」になるのは、まさにその基盤をなす排除を問題としてとりあげ、それらを絶えず問いかけ、再交渉し、置換させていくことによってのみである。つまり、その形式と内容の亀裂を認め、その観念自体が達成しえないものであると考えることによってである。これこそ、「パフォーマティヴな矛盾」を政治の武器として用いるというバトラーの考えが目指すものだ。支配的イデオロギーが、それ自身の公的に認められた普遍性を――実際の言説実践と、その実践の足場になる一連の排除において――突き崩し、パフォーマティヴに「騙して」いるなら、革新政治は、そのパフォーマティヴな矛盾をあからさまに実践し、与えられた普遍性を利用して、その普遍性が（そのヘゲモニー形式では）排除している内容を肯定するのである。

さらに二つの点を強調しておきたい。

・排除の論理はそれ自身のうちに折り重ねられる。劣ったものとされる《他者》（同性愛者、非白人……）が排除／抑圧されるだけでなく、ヘゲモニーの普遍性そのものが、それ自身の個別の「猥褻な」否認された内容に依存している（たとえば、法的で寛容でキリスト教的……となのる権力の行使は、劣位にあるものを辱め暴力をふるうという、公には否認された一連の猥褻な儀式に依存している）[26]。一般的にいえば、ここで論じているのは脱同一化のイデオロギー実践とでも呼びうるものだ。つまり、イデオロギーは主体にがっちりとした同一化を与え、彼らをその「社会役割」に縛りつけるものであるという、ありがちな考えを引っくり返すべきだろう。また違った――しかし同じくらい取り返しの効かない、構造的に必然的なレベルで――イデオロギーはまさに偽りの脱同一化の空間を、主体の社会的存在の現実の座標に対する偽りの距離の空間を作り上げることで効果を発揮する[27]。この脱同一化の論理は、さまざまな場所に見出せないだろうか。基本例は、「わたしはアメリカ人（夫、労働者、民主党員、ゲイ……）であるだけではない。こうした役割や仮面の下に、人間が、複雑で他にない人格があるのだ（ここでは、わたしの社会における位置を決定する象徴的特質に対する距離が、まさにこの決定をたしかに有効なものにしている)」。もっと複雑な例は、サイバースペースで複数のアイデンティティを持つという戯れである。サイバースペースでの倒錯は「ただの戯れ」だというとき働いている神秘化は、したがって二重のものだ。ただ遊んでいるはずのゲームが、思ったよりはるかに真剣であるだけではない(虚構の、「ただのゲーム」のふりをすることで、主体は、サディズムとか倒錯といった、「現実の」相互主観的付き合いのなかでは認められない象徴的アイデンティティを表現し、演じることができるのではないか)。この逆に、多様な仮面を次々と身につけるという評判のゲーム(自由に作り上げられた複数のアイデンティティ)は、われわれの存在が囚われている社会空間の制約を曖昧にし、偽りの解放を与えてくれるのである。一つ例をあげよう。クリスタ・T・ヴォルフの『クリスタ・Tの追想』は、一九六〇年代の東ドイツになぜあれほど強烈な影響を与えたのか。それは、これがイデオロギーの呼びかけの失敗——あるいは少なくともその揺らぎ——、社会的‐イデオロギー的アイデンティティのなかに自分自身を完全に認識することができないところを描いた小説だからだ。

「クリスタ・T!」と名前が呼ばれ——クリスタ・Tは立ち上がって進み、期待されている通りのことをした。名前が呼ばれるのを聞くと、あれこれと考えてしまったが、それを話せる相手はいただろうか。ほんとうに呼ばれているのはわたしなのか。それともただわたしの名前が使われているだけなのか。他の名前と一緒に数え上げられて、同じ標識の下に工場みたいに積み重ねられて——わたしはいなくてもいいし、いなくても誰も気づかないのでは?(28)

この「わたしはこの名前なのか」という問いかけは、もっとも純粋にヒステリーを誘発しないだろうか。

この象徴的同一化への手探りは、ヴォルフが小説の最初に引用しているヨハネス・R・ベヘルのことばによく表されている。「自分自身になること——それはいったいなにか」。こうした自己探求の態度は、支配的イデオロギー体制をほんとうに脅かすことはなく、むしろそれを最終的に「なんとかそこで生きていける」ものにするのだと言いたい。西ドイツでの彼女への誹謗がある意味逆説的に正しい理由はここにある。ベルリンの壁が崩れた後で言われたように、クリスタ・ヴォルフは、東ドイツ主体の主観的複雑さ、内面の疑念と揺らぎを表現することによって、実際にはリアリズム文学における理想的な東ドイツ主体を提供したのであり、共産主義の大義のために自らを犠牲にする理想的主体を描く素朴で露骨なプロパガンダ小説よりはるかに巧みに、政治的順応を固めることに成功したのだ。(29)

理論の任務は、ゲームにともなう包摂／排除の内容を暴き出すだけでなく、普遍性そのものの空間がいかに出現するかという謎を説明することだろう。さらに厳密な意味での真の仕事は、普遍性が社会-象徴空間でどのように働いているか、その論理の根本の動きを探ることだろう。前近代、近代、そして現代の「ポストモダン」な普遍性概念とそのイデオロギー実践の違いは、その概念に包摂／排除される特定の内容だけではない。なぜかもっと根源的なレベルで、普遍性という基底の概念そのものが、それぞれの時代で違った働きかたをしている。ブルジョワ市場社会が確立され、個々人が、グローバルな社会組織のなかで占める個別の場所を通じてというより、もっと直接に、「抽象的な」人間として社会秩序に参加するようになったいまでは、「普遍性」の意味は以前と同じものではない。

　普遍的人権という観念に戻ろう。マルクス主義の徴候解読は、人権の概念にブルジョワ・イデオロギー風の偏向を加える特定の内容を、たしかに暴くことができる。「普遍的人権とは、じつは白人男性財産所有者が、市場で自由に交換をおこない、労働者と女性を搾取し、政治権力をふるう権利である……」。しかし、普遍性という形式のヘゲモニーを握る特定の内容を見定めただけでは、話はまだ半分しか終わっていない。あとの決定的な半分は、これを補うさらに困難な問題、そもそもの普遍性という形式の出現を問うことである。ある特定の歴史状況において、抽象的な普遍性はどのように「(社会的)生の事実」になるのか。どのような状況で、個々の人間が自分を普遍的人権の主体として経験するのか。これがマルクスの「商品フェティシズム」分析の核心である。商品交換が支配する社会において、個人の日常生活では、出会う事物との関係も自分自身との関係も、抽象的‐普遍的観念の偶発的な具体化である。わたしという存在、わたしの具体的な社会的ないし文化的な背景は、偶発的なものとして経験される。最終的にわたしを規定するのは、考えそして／あるいは労働するという「抽象的」普遍的な能力だからだ。また、わたしの欲望を満たしうるものはすべて、偶発的なものとして経験される。わたしの欲望は「抽象的」形式的な能力とみなすしかなく、それを満たすかもしれない——しかしけっして完全には満たさない——多種多様な個々の事物には関係していないからだ。あるいはすでに述べた「職業」という例をみてみよう。近代的な職業の観念では、わたしは自分自身を、その社会的役割に直接「生まれついた」個人としては経験しない。わたしがなにになるかは、偶発的な社会状況とわたしの自由な選択との相互作用で決まる。現代人が電気技師なり大学教師なりウェイターなりといった職業に就いているという意味で、中世の農奴が職業として農夫であったと主張するのは無意味だろう。ここでも決定的なのは、ある特定の社会状況(商品交換とグローバル市場経済)において、「抽象」が現実の社会的生の絶対の性質になり、そこにおいて、具体的な個人が自分の運命や社会環境に関係し、行動することである。ここでマルクスはヘーゲルの洞察を自分のものとしている。個々人がもはや自分の存在の核を個別の社会状況と完全に同一とはみなさず、自分自身をこの状況から永遠に「ずれている」ものとして経験してはじめて、普遍性は「対自」になるのである。具体的で有効な普遍性の存在とは、グローバル構造のなかで正しい場所をもたない個人のことである——ある社会構造において、「普遍性」が「対自」になるのは、居場所のない個人においてでしかない。抽象的普遍性が出現し、現実の存在となるのは、こうしてそれに先立つ有機的なバランスを破壊する、きわめて暴力的な動きによってである。

わたしの主張はこうだ。支配的イデオロギーによる普遍性概念の包摂／排除に対して再交渉していく終わりなき政治プロセスについてバトラーが語るとき、あるいはラクラウが、終わりなきヘゲモニー闘争というモデルを出してくるとき、このモデルそのものの「普遍的」地位は問題をはらんでいる。彼らが提示しているのは、あらゆるイデオロギー‐政治プロセスの形式的座標なのか。それとも彼らはただ、古典的左翼が撤退した後に出現した、現代の（ポストモダンの）特定の政治実践の理論構造を記述しているのか。[30] 前者であるようにみえるし、しばしば彼らははっきりとそう述べている（たとえばラクラウにとって、ヘゲモニーの論理は明らかに、一種ハイデッガー風の社会的生の存在論的構造として表現されている）。しかし彼らはたんに、「ポストモダン左翼」という特定の歴史的契機を理論化しているだけだという議論もできよう。[31] いいかえればわたしの問題は、歴史主義そのものをいかに歴史化するか、である。「本質主義的」マルクス主義からポストモダンの偶発的な政治への移行（ラクラウ）、あるいは性の本質主義から偶発的なジェンダー形成への移行（バトラー）、あるいはさらに例をあげれば、形而上学者からアイロニストへというリチャード・ローティの移行は、ただの認識の深化ではなく、資本主義社会の性質そのものの全地球的な変化の一部である。これまでは人々は「愚かな本質主義者」であり、セクシュアリティを自然とみなして信じていたが、いまはジェンダーがパフォーマティヴに実行されると知ったというわけではない。本質主義から偶発性への意識という変化を説明するには、ある種のメタ物語が必要だろう。ハイデッガーなら《存在》の新時代、フーコーなら支配的エピステーメ、社会学ならふつう近代化というだろうし、この移行は資本主義の大きな動きに伴っているのだというもっとマルクス主義的な説明も……。

IV

ここでもラクラウの理論構造で決定的なのは、ヘゲモニーの論理という「時間を超えた」存在論的アプリオリと、漸進的な移行という歴史物語との、いかにもカント的な相互依存だろう。この歴史物語では、伝統的な「本質主義的」マルクス主義の階級闘争が、しだいに移行して、ヘゲモニー闘争の偶発性を全面的に認めるようになるのである。カントの超越論的アプリオリが、啓蒙の成熟へと向かう人類の漸進という彼の人類学的‐政治的進化論の物語と相互依存しているのと同じことだ。この進化論物語の役割は、まさに形式的な普遍性の（ヘゲモニーの論理の）枠組みのすでに述べた曖昧さを解決することである。この枠組みは、ほんとうに非歴史的な普遍なのか、それともたんに、西洋後期資本主義という特定のイデオロギー的‐政治的布置の形式構造なのか、という問いに、ここで暗黙の答えが与えられている。進化論の物語は、二つの道を妥協させ、普遍的枠組みがどのように措定され、どのようにイデオロギー的‐政治的生のはっきりとした構造原理になるのかを語ってくれている。とはいえ疑問は残る。この進化は、誤りから真の洞察へいたる唯一の道なのか。それぞれの姿勢がそれぞれの時代に見合っており、つまりマルクスの時代には「階級本質主義」が適切だったが、現代では偶発性を認めるべきだということなのか。それとも原ヘーゲル流に二つを組み合わせ、本質主義の「誤り」から根源的偶発性の「真の」洞察へという移行そのものが、歴史的に条件づけられている（マルクスの時代には「本質主義の幻想」が「客観的にみても必然的」だったが、われわれの時代は偶発性への洞察を可能にした）というべきだろうか。この原ヘーゲル流解決によって、ヘゲモニー概念の最近の出現は明らかに現代の特定の社会布置とつながっているという事実と、その「普遍的」視野あるいは「妥当性」を結びつけることができる。社会‐政治的生とその構造が、つねにすでにヘゲモニー闘争の産物であるとしても、政治プロセスの根源的に偶発的‐ヘゲモニー的な性質がついに本質主義の桎梏から解き放たれ、「自分自身にやってくる／回帰する」のは、現代に特定の歴史布置――つまりポストモダンな、グローバル化された偶発性の宇宙においてのみなのだ……。

　しかしこの解決には、少なくとも二つの問題がある。第一に、ラクラウはおそらく、必然的な歴史の発展が政治闘争を条件づけ固定するというヘーゲル風の考えは認めないだろう。第二にわたしの視点では、現代のポストモダンな多様な主体の政治は、経済を問題視せず、その枠組みを「自然」なものとしてひそかに受け入れている限り、十分には政治的でない。ポストモダン政治理論はますます、資本主義と口にすることすら「本質主義」といって禁じる傾向にあるが、それに抗って、ポストモダン政治闘争の複数的偶発性と「資本」の全体性は対立するものではない、と言わねばならない。資本はヘゲモニーのずらしの自由な流れを制限などしない――現代の資本主義はむしろ、移動する‐散逸した‐偶発的な‐アイロニーに満ちた‐政治主体が出現する地平に、背景そのものになっている。ドゥルーズは、資本主義は「脱領域化」の力であると強調したとき、この点を突いていたのではないか。そして彼は、資本主義とともに「あらゆる確固たるものが大気に溶けていく」という、マルクスの古いテーゼにしたがっていたのではないか。

　さて、バトラーとラクラウについてのわたしの論点は、結局同じものである。ある歴史の地平のなかにおける偶発性／置換可能性と、その地平そのものの土台となるもっと基盤的な排除《エクスクルージョン》／予めの排除《フォアクルージョン》とは、もっとはっきり区別しなければならない。「社会の十全性が達成不可能だとしたら、そこに辿りつこうとする試みは挫折するしかないが、この不可能な対象を探し求めていくうちに、さまざまな部分的問題を解決することはできるだろう」とラクラウが言うとき、彼は――ともかく潜在的には――二つのレベル、ある地平のなかのヘゲモニー闘争と、その地平を支えているもっと根本的な排除を混同してはいないだろうか。そしてバトラーが、構造的な切断線ないし欠如というラカンの考えを批判して、「主体形成が不完全になる理由は、政治的特徴であって構造的な静態ではない排除をつうじて、まさに〈過程にある主体〉が構築される」と言うとき、彼女は――ともかく潜在的には――二つのレベル、与えられた場のなかでの包摂／排除による／に向けての終わりなき政治闘争と、その場を支えるさらなる基盤である排除を混同してはいないだろうか。

ようやく、バトラーによる脱構築的なラカン批判を直接取り上げることができるようだ。彼女によれば、ラカンは否定的‐超越論的身ぶりに捕らえられている。ラカンにとって、主体はけっして十全なアイデンティティに達せず、主体の形成過程はつねに未完成で結局は挫折する運命にあることは、バトラーも認めている。彼女の批判は、ラカンが主体の完全な実現を阻む障害そのものを、超越論的でアプリオリな（象徴的去勢という）「切断線」にまで高めてしまっていることだ。ラカンは、歴史プロセスの開かれた性質、そのまったくの偶発性を認めようとせず、それを根源的で非歴史的な《切断線》《禁止》という記号のもとに置いている。つまりバトラーの批判の根底にあるのは、ラカン理論が、ともかく支配的なオーソドックスなかたちでは、歴史の根源的な偶発性に限界をもうけているという説である。なにやら擬似超越（論）的な限界、それ自体は偶発的な歴史プロセスに捉えられないアプリオリを持ち出すことによって、ラカンは歴史過程をつっかい棒で支えているというわけだ。ラカン理論はこうして結局は、形式的なアプリオリの枠組みと、移り変わっていく偶発的な歴史的実例とを分けるという、カント流の区別に行き着く。彼女はラカンの「切断線を引かれた主体」という考えを引き合いに出す。これが意味するのは、必然的で避けられない構造的な未完成であり、呼びかけ、同一化、主体構成のあらゆるプロセスが結局失敗することである、とバトラーはわかっているが、それでも彼女は、ラカンはこの切断線を、あらゆる政治闘争の輪郭をあらかじめ規定している非歴史的なアプリオリの《禁止》ないし《限界》という位置に高めてしまっている、と主張する……。

わたしの反応はほとんど自動的なものだ。ここではバトラー自身が、暗黙に前カント的な形式と内容の区別に頼ってしまってはいないか。「主体形成が不完全になる理由は、政治的特徴であって構造的な静態ではない排除をつうじて、まさに〈過程にある主体〉が構築される」ことにあると彼女が言う限り、彼女のラカン批判とは、ラカンが排除の形式（つねに排除はあるだろう。なんらかの形式の排除は、主体のアイデンティティの必然的な状態である……）と、排除される個別の、特定の内容とを、混同しているということではないか。バトラーのラカンへの非難はだから、彼が十分には「形式主義」でないというものだ。彼の「切断線」には、あまりに露骨に個別の歴史的内容が刻みこまれている――彼は許しがたい短絡を犯して、特定の、絶対に偶発的な歴史状況のもとでしか現れてこない「切断線」（エディプス・コンプレックス、性的差異）を、擬似超越（論）的なアプリオリの高みに上らせているのである。これがいちばんはっきりするのは性的差異についてだろう。バトラーの解釈では、性的差異は「現実的なもの」であるというラカンのテーゼにおいて、それは非歴史的で凍りついた二項対立であり、ヘゲモニー闘争に入ってこない交渉不能で固定された枠組みなのである。

このラカン批判は、じつはもっとヘーゲルに近い彼の立場を誤解して描いている、と言いたい。決定的なのは、形式がまさにその普遍性において、いつもある個別の内容にへその緒のように根ざしているという点である。ヘゲモニー（普遍性はけっして空虚ではなく、つねになんらかの個別の内容に色づけられている）の意味においてだけではない。もっと根源的な意味で、普遍性の形式はまさに根源的な不安定、さらに根源的な不可能性ないし「原初的抑圧」を通じて現れるのである。究極の問いは、どの個別内容が空虚な普遍性のヘゲモニーを握るか（そしてヘゲモニー闘争において、他の個別内容を排除するか）ではない。究極の問いとはこうだ。ヘゲモニーの「戦場」としての普遍性という空虚な形式が現れるために、どのような特定の内容が排除されなければいけないのか？　「民主主義」の観念を例にとってみよう。もちろんこの観念の内容はあらかじめ決まってはいない――「民主主義」がなにを意味するのか、このことばがなにを含んでなにを排除するのか（つまり女性、ゲイ、マイノリティ、非白人などが、どの程度どのように包摂／排除されるのか）は、つねに偶発的なヘゲモニー闘争の結果である。しかしこの開かれた闘争が究極の指示対象として前提としているのはまさに、ある固定した内容ではなく、その地平そのもの、それを表す「空虚な記号表現《シニフィアン》」（この場合は「民主主義」）によって限界づけられた地平なのだ。もちろん民主主義的なヘゲモニー闘争においては、あらゆる立場が敵を非難するのに「真の民主主義ではない」という。リベラル保守にとって、社会民主主義の介入はつねに潜在的に「全体主義」だし、社会民主主義者にとっては、伝統的なリベラルが社会の一体性を無視するのが非民主主義的である……。どの立場もそれぞれの包摂／排除の論理を押しつけあっており、あらゆる排除は「構造的で静態的なものではなく、政治的な意味がある」。しかしこの闘争がそもそも起こるためには、その地平の本質がもっと原理的な排除（原初的抑圧）によって構成されていなければならない。この排除はたんに歴史的‐偶発的な、ヘゲモニー闘争の現在の配置のなかの問題ではない。それは歴史性という地平そのものを支えているからだ。

性的差異を例にとってみよう。性的差異は「現実にして不可能」というラカンの主張は、「性的関係は存在しない」という彼の主張と厳密に同じ意味である。ラカンにとって性的差異とは、象徴記号の「静態的な」対立と包摂／排除（異性愛規範が同性愛その他の「倒錯」を二次的な役割へと貶める）のかっちりとした組み合わせではない。それは行き止まりの、トラウマの、答えの出ない問いの、象徴化のあらゆる試みに抵抗するなにかの名である。性的差異を記号の対立に翻訳しようとしてもけっしてうまくはいかず、「性的差異」がなにを意味するかをめぐるヘゲモニー闘争の地平を開くのは、まさにこの「不可能性」である。切断線を引かれているのは、現在ヘゲモニーを握る政体で排除されているものではない。(32)

政治的なヘゲモニー闘争の結果は偶発的でも、「非歴史的」な切断線ないし不可能性は、こうしてこの闘争と密接に相関している。それに先立つ不可能性の「切断線」が争点となる空虚を支えているからこそ、ヘゲモニー闘争があるのだ。こうしてラカンは、カントのいう形式主義とは（形式的な枠組みをその偶発的な内容に対するアプリオリとして想定するものをそう呼ぶなら）正反対である。ラカンが求めるのは、空虚な普遍性の形式の本質を構成するなんらかのトラウマ的な「内容」の排除を問題とすることだ。歴史性の空間が存在するのは、この空間がさらに根源的な排除（ラカンの用語でいえば予めの排除《フォアクルージョン》）によって支えられているからである。だから二つのレベルを区別しなければならない。ヘゲモニー闘争において、個別の内容は空虚な普遍性の観念をヘゲモニー化しようとして争う。いっぽう、さらに基盤的な不可能性は、《普遍》を空虚なものとし、ヘゲモニー闘争の領野を生み出す。

これはカント主義ではないかという批判に答えておけば、こっそりカント的なのはバトラーとラクラウのほうだ。(33) どちらの論でも、抽象的でアプリオリな形式モデル（ヘゲモニー、ジェンダー・パフォーマティヴィティ）が、その枠組みのなかで完全な偶発性を保証している（ヘゲモニーへ向かう闘争がどんな結果を生むかは保証されず、性の構成は決定的な参照先ではない……）。どちらにも「みせかけの無限性」の論理がある。最終解決はありえず、複雑で部分的な置き換えの終わることないプロセスがあるだけだ。ラクラウのヘゲモニー論は、アプリオリで形式的な社会空間の型を提示しているという意味で、「形式主義」ではないのか。ヘゲモニーの空虚なシニフィアンはつねに存在するだろう、ただ内容だけが移り変わってゆく……。どうしても言っておきたいが、カント的形式主義とラディカルな歴史主義はじつは対立するどころか、同じコインの裏表である。どんな歴史主義も、その領野を規定する最小限の「非歴史的な」形式的枠組みに依存しており、そこで偶発的な包摂／排除、置き換え、再交渉、ずらしといった終わりなき開かれたゲームが起こる。とことんラディカルに歴史的偶発性を主張するなら、歴史的な変化それ自体と、その（不）可能性の条件であるトラウマ的で「非歴史的」な核との弁証法的緊張がなければならない。ここに真の意味での歴史性と歴史主義との違いがある。歴史主義が、同じ原理的な（不）可能性の領域のなかでの終わりなき置き換えのゲームを語るのに対して、真の意味での歴史性は、この（不）可能性そのもののさまざまに異なる構造原理の問題である。いいかえれば、終わりなき置き換えの開かれたゲームを歴史主義が問題にするとき、そこにあるのはまさに非歴史的なイデオロギー的閉止の形式である。歴史主義は、本質主義‐偶発性という単純な二者関係と、いっぽうからもういっぽうへの移動だけに注目することによって、《社会性》のグローバルな構造原理そのものの変化という、具体的な歴史性を曖昧にぼかしてしまう。

それでは性的差異の「非歴史的」な地位をどのように考えればいいのだろうか。おそらくクロード・レヴィ＝ストロースの「ゼロ制度」にたとえてみるといくらか役にたつだろう。このことばは、『構造人類学』における、湖水地方の一部族ヴィネバゴ族の建物の空間配置を論じた、いかにもレヴィ＝ストロースらしい分析で使われる。この部族は二つの下位集団（「半族」）、「上からの者たち」と「下からの者たち」に分かれている。紙なり地面の上なりに、村の全体図（小屋の空間的配置）を書いてくれと頼むと、相手がどちらの集団に属しているかによって、二種類のまったく違った答えが返ってくる。どちらも村を円として捉えているが、いっぽうではこの円のなかに中心となる家々の円がもう一つあり、村は二つの同心円として描かれる。もういっぽうの集団では、円は真っ二つに割れ、真ん中にはっきりと線が引かれる。いいかえると、第一集団のメンバー（「保守的集団主義者」と呼ぼう）は、村の全体図を、中央の神殿をほぼ左右対称に囲む家々の円環と見ている。第二の（「革命的‐敵対的」）集団のメンバーは、見えない境界線によって分けられた二つの家々のまとまりとして村を見ている……(34)。レヴィ＝ストロースの論点は、この例から文化相対主義に飛びつき、社会空間の認識は観察者の属する集団によって異なると主張すべきではないということだ。二つの「相対的な」認識が割れていることの奥には、隠れた定数がある――客観的な「現実の」建物の配置ではなく、トラウマ的な核、村の住人が象徴化できず説明できず、「内面化」することも対処することもできない、原理的な敵対性がある。これこそ、共同体が安定し、調和の取れた全体になることを阻む社会関係の不均衡である。村の図の二種類の認識は、このトラウマ的敵対性を相手にして、均衡のとれた象徴構造を無理やり作ってその傷を癒そうとする、二つの排他的な試みにすぎないのである。性的差異についてもまさに同じ、とわざわざ言う必要があるだろうか。「男性的」と「女性的」は、レヴィ＝ストロースの村の家々の二種類の配置のようなものだ。われわれの「発展した」世界はそのような論理には支配されていないという幻想を一掃するには、《左翼》と《右翼》という政治空間の分割を思い起こしてみればよい。左翼の人間と右翼の人間は、レヴィ＝ストロースの村の対立する二つの集団とそっくり同じようにふるまっている。彼らは定まった政治空間のなかで別々の場所を占めているのではなく、それぞれ別のかたちで政治空間の配置を見ている——左翼の目には、原理的敵対性によって内的に引き裂かれた場、右翼の目には、邪魔をするのは外からの侵略者しかいない《共同体》の有機的統一。

しかしレヴィ＝ストロースはさらに決定的な議論を進める。二つの下位集団が、にもかかわらず同じ村に住む一つの部族なのだから、その同一性はどこかに象徴的に書きこまれているはずである——この部族の記号分節化全体、その社会制度すべてが、自然なものではなく、原理的で本質的な敵対性の亀裂によって重層決定されているとしたら、それはどのようになのか。レヴィ＝ストロースが「ゼロ制度」とうまく名づけたものが、その役目をはたす。これは一種制度化されたマナのようなもので、はっきりした意味を持たない空虚なシニフィアンである。これが意味するのは、意味の不在に対立する「意味」そのものの存在でしかないからだ。はっきりした実体的な機能を持たない特定の制度——その唯一の機能は、なんらかの社会制度が現実に存在しているという信号を発して、制度の不在、前社会的カオスに対立するという、完全に否定的なものである。こうしたゼロ制度を参照することで、部族のメンバー全員が、自分たちを一つの部族に属するものとして経験することができる。とするとこのゼロ制度は、イデオロギーのもっとも純粋なかたちではないか。これが体現するイデオロギー機能とは、社会の敵対性が忘れられ、社会のメンバー全員が自分たちを認識できるような、すべてを包みこむ中性的な空間を提供することではないか。ヘゲモニーをめぐる闘争とはまさに、このゼロ制度がいかに重層決定され、個別の意味作用によって色づけられるかをめぐる闘争ではないだろうか。

具体例をあげよう。近代的な国家の観念は、こうしたゼロ制度ではないだろうか。直接の家族や伝統的な象徴基盤に根ざした社会の紐帯が溶け去るとともに、つまり近代化の波によって、社会制度が自然な伝統ではなく「契約」の問題として経験されるようになってきたとき、近代国家は現れたのではないか[35]。とくに重要なのは、国家のアイデンティティがとりあえず最小限に「自然」なものとして、「地と土」に根ざしたものとして経験されること、だから本来の意味での「人工的な」社会制度（国家制度、職業……）とは対立したものとして経験されることである。前近代の諸制度は、「自然化された」象徴的実体（疑問の余地なき伝統に根ざした制度）として機能していたが、制度が人工品とみなされるようになったとたん、自然な共通の足場の役目をはたす「自然化された」ゼロ制度が必要となってきたのだ。

　性的差異に話を戻すと、ここで危険を冒してある仮説を立ててみたい。ゼロ制度の論理は、社会の統一性にだけでなく、その敵対性の亀裂にも応用できる。性的差異は究極には、人類内部にある社会的亀裂のゼロ制度、自然化された最小限のゼロ差異、あらゆる社会的差異の記号化に先立って、この差異そのものの存在をしめす亀裂ではないだろうか。ヘゲモニーをめぐる闘争はここでも、いかにゼロ差異が他の個別の社会的差異によって重層決定されるかをめぐる闘争なのである。

　どちらの場合も――国家でも性的差異でも――「前提を措定する」ヘーゲルの論理に固執するのが大事だろう。国家も性的差異も、文化によって後から表現／「媒介」される直接的／自然な前提ではない[36]――どちらも象徴化という「文化」プロセス自体によって設定（前提）されている（後から遡及的に措定されている）のである。

V

結論として、バトラーのムラデン・ドラー批判に取り組んでみよう[37]。ドラーは、イデオロギーの呼びかけが主体を構成する、というアルチュセールの問題系を批判的に論じている。これに対するバトラーの批判は、脱構築がラカンのどこを受け入れられないのか、みごとに要約している。主体の出現は、個人が自分をイデオロギーの呼びかけのなかに認識することの直接の効果である、とはドラーは考えない。主体は、なんらかのトラウマ的モノ的な残余、まさに「主体化」されず象徴空間に組み入れられない過剰に相関して出現する。ドラーの中心テーゼはこうだ。「アルチュセールにとって、主体はイデオロギーを機能させるものである。精神分析にとって、主体はイデオロギーが失敗したところに出現する[38]」。要するに主体は、呼びかけの結果出現するどころか、呼びかけが初めから失敗している限りにおいて現れる。主体が、呼びかけのなかで十全に自らを認識することがけっしてないだけではない。呼びかけへの（呼びかけが与える象徴的アイデンティティへの）抵抗こそが主体なのである。精神分析用語でいえば、ヒステリーとは呼びかけの失敗と関わっており、だからそもそも主体というものがある意味でヒステリー的である。ヒステリーとは、自分の象徴的アイデンティティ、大《他者》に授けられたアイデンティティに、永遠に疑問を感じ続けるという姿勢以外のなんだというのか。「あなたはわたしが何者なのか（母、娼婦、教員……）言ってくれるが、わたしは本当にあなたの言うとおりのものなのか？」。わたしをあなたの言うようなわたしにしているのは、わたしのなかの何なのか？　ドラーはここから、二重のアルチュセール批判へ向かう。まずアルチュセールは、象徴化に抵抗するモノ的な残余／過剰を考えに入れていない。第二に彼は国家のイデオロギー装置（ＩＳＡ）の「物質的」地位にこだわるが、象徴秩序それ自体の「観念的」地位をあたかも究極的な制度であるかのように描いてしまっている。

バトラーはこれに対して、ドラーはデカルト的な観念論だと非難する。物質性とは「現実の」ＩＳＡとその儀式の実践のことであるとする彼女は、抵抗する残余を「観念的＝理想的」なものとして、呼びかけの儀式の効果に還元されない心の内部のリアリティの一部であると説明する（ここでバトラーは、ドラーの立場を彼が用いていない哲学用語に性急に翻訳したつけを払っている――たとえば次の驚くべき文を見よ。

「唯物論への神学的な抵抗のよい例は、ラカンがデカルトから受け継いだもの、魂のまったくの観念性へのこだわりを、ドラーがはっきりと擁護していることである……」[39]。ドラーにしてもラカンにしても、いったいどこで魂の純粋な観念性を「はっきりと擁護」しているというのか[40]。こうなるとドラーは、物質的なものとしての《現実界》の残余にこだわるふりをして、じつは古典的な観念論者の態度でアルチュセールを批判し、主体の内的な（自己）体験は外的で物質的な慣習／儀式の効果に還元できないと主張しているようにみえる。こうして分析すると、ラカンのいう現実界に属する「対象a」はじつは、物質的な慣習の手が届かない、観念的で精神的なものをひそかに指す暗号であるとわかるのだ……。さらにバトラーは、ドラーは大《他者》を観念化し、物質的ＩＳＡとその儀式から非物質的／観念的な象徴秩序の観念へという（ラカン的）移動に追随していると非難する。

　最後の点、《大他者》の（非）物質性ということに関していえば、ドラーの論点はまったくの唯物主義である。彼は、擬似プラトン的な観念上の「大他者」が実際に存在しているといっているのではない（ラカン主義者として、彼は「大他者は存在しない」ことを心得ている）。彼はただ、呼びかけ（呼びかけによる認識）が起こるには、物質的な慣習そして／あるいは現実の社会制度による儀式（学校、法……）だけでは不十分であり、主体は象徴《制度》、諸差異の観念構造を前提としなくてはならないといっているのである[41]。この自我理想（理想自我ではない）である《大他者》の「観念的」機能は、相互受動性の概念にも見て取ることができる。わたしは《他者》へと転移する——わたしの能動的活動ばかりか、わたしの受動的な経験そのものをも転移させる[42]。想像してみよう。足が悪くてバスケットの試合に出られない男の子が、テレビの画面に映る有名選手に同一化し、自分が彼になるところを想像し、彼を「通じて」プレーし、ずっと家でテレビの前に座っているのに、彼の勝利から満足を得る——この手の例は保守的な文化批評ではしょっちゅうあげられる。われわれの時代には、大衆は直接の社会活動をせず、受動的な消費者（セックスの、スポーツの……）にとどまって、画面上の他者、理想自我と想像上の同一化をはたすことから満足を得るほうを好むのだ、という愚痴が続くわけだ。しかし、自我理想（象徴的同一化の地点）を理想自我（想像的同一化の地点ないし人物像）と対立させたラカンの狙いは、正反対のものである。ではバスケット選手本人はどうなのか？　彼がゲームで輝くのは、彼が自分自身を《他者》の――究極的には幻想の――まなざしにさらされているところを想像し、彼の最高のゲームがそのまなざしを魅了しているところを想像するときだとしたら？　この第三のまなざし――わたしが自分自身を、わたしの理想自我の装いのもとで好ましいものとして見る地点――こそが自我理想、象徴的同一化の地点であり、ここに相互受動性の構造がある。わたしが能動的になれる（バスケット場で輝く）のは、プレーを見ている受け身のまなざしに同一化しているとき、つまり、わたしの行為に魅了される受動的な経験へと転移し、わたしの行動を象徴ネットワークのなかに記録するこの《他者》の目に自分がどのように見えているかを想像しているときなのだ。さて相互受動性は、「相互作用性」（右の例での意味は、他人［との同一化］を通じて活動すること）のたんなる裏返しではない。これが生み出す「再帰的」構造において、まなざしは折り重ねられ、わたしは「自分自身が好ましいものとして見られているところを見る」（ちなみにこの意味で、露出症――《他者》の視線に自分を露出すること――は、窃視症のたんなる裏返しではなく、こちらがもともとの型で、ここから狭義の露出症と窃視症という二つの下位区分が出てくるのである。窃視症においてすら、ただ自分と自分が覗き見ている相手がいるのではなく、つねにすでに第三のまなざしがそこにある。ヘーゲル風にいえば、露出症はそれ自身の下位区分である――窃視症ばかりか露出症もまた、露出症に「対立して規定された」下位区分である）。

しかしドラーのいう「残余」は、観念的＝理想的な《大他者》ではなく、小さな他者、象徴的同一化に抵抗する「喉にひっかかった小骨」である。あるいは――《内的》と《外的》との対立でいえば――ドラーがいう残余（対象a）は、内的／理想的ではなく、疎内（extimate）、わたしの中心にいて主体を脱中心化する、完全に偶発的なよそ者である。要するにドラーの「残余」は、外部性に対立する観念的－非物質的－内的なものであるどころか、内面化／観念化のあらゆる動きに執拗につきまとって、「内」と「外」の明確な区別をひっくり返してしまう偶発的な外部性の残余である。単純化したヘーゲル的ことば使いで言えば、対象aとは、象徴化の動きにおいて「止揚」されることがけっしてない残余である。この残余は、外的な物質性に還元できない「内的な」ものであるばかりではない――それはまさに「内面性」のただなかで消しえずに残る外部性の痕跡であり、内面性の不可能性の条件（よそ者の身体は主体の完全な構造規定を妨げる）であるとともにその可能性の条件でもあるのだ。この残余の「物質性」は、象徴化に抵抗するトラウマの物質性である。ラカンの言っていることを見失わないために、「物質性」といわゆる「外的現実」とをけっして同一視しないことが大事だろう。もちろん対象aは、「外的現実」のなかにものとして存在しているという意味での「物質的」であるとはいえない。しかし、心的な生の「観念的」圏域のなかにある見通しえない／漠とした染みという意味では「物質的」である。真の唯物論は、内面の心的経験を、「外的現実」のなかで起こる動きの効果とみなすという単純な操作ではないだろう。これに加えて、「心的な生」それ自体の中心にある「物質的な」トラウマ的な核／残余を取り出すべきなのである。

バトラーの誤解は、儀式と信念の関係に関してもっとも根本的に現れている。「信じているかのように祈り、跪きなさい。そうすれば信仰のほうからやってくるでしょう」というパスカルのことばをアルチュセールが引くとき彼は、内的な信念は外的な社会の相互作用に依存しているという単純な行動主義的主張をしているのではない。彼がしめしているのは、遡及的な「自己産出的《オートポイエーシス》」な因果性の複雑な再帰メカニズム、「外的な」儀式がパフォーマティヴにそれ自身のイデオロギー的基礎を生み出すメカニズムである。跪きなさい、そうすれば自分の信仰ゆえに跪いていると信じられるでしょう――跪くのは、内面の信仰の効果／表現であったわけだ[43]。跪いて儀式にしたがうためには主体はすでに信仰を持っていなければならない、とドラーが主張するとき、彼はアルチュセールの論点を誤解して、おなじみのイデオロギーの悪循環に囚われている（主体化のプロセスが始まるためには、主体がすでにそこになければならない）のか？ ドラーの信仰論にこの悪循環があるかのようにバトラーは解釈し、ヴィトゲンシュタインをもちだして反論する。

ヴィトゲンシュタインは「われわれは話し、ことばを発し、その後になってから生の意味を得る」と述べている。こうした意味を予期することが、話すという「空虚な」儀式を支配し、その反復可能性を保証している。とするとこの意味で、跪いて祈る前にまず信仰を持っていることはありえないし、話す前にことばの意味を知っているということもない。反対にどちらの行為も、意味が分節化それ自体において、それを通してやってくるだろうと「信じて」おこなわれる――この予期は、思惟が知的に満たされるはずという保証には支配されていない[44]。

しかし意味の遡及的時間性、シニフィエはシニフィアンの連鎖の循環的な効果であるというラカンの考えのポイントは、まさに意味がつねに「後から」くること、「つねにすでにそこにある」という考えは真に創造的な幻想‐誤解であるということではないか。儀式をおこなうときそこにあるはずの信念は、まぎれもない「空虚な」信念である。われわれが「信じて」行動するときに働いている信念、意味は後から現れてくるという信念こそ、ドラーがラカンを引きつつ語っている前提に他ならない（二種類の信念を永遠に分けるのはこの裂け目である。象徴過程を「信じて」参加するとき働く「空虚な」信念と、《大義》への十全な信念——キリスト教徒はたんに信じているのではなく、結局は信じるために信じているのだというキェルケゴールは、この裂け目について語っていると思える）(45)。われわれを跪かせる（もっと一般化していえば、象徴過程に参加させる）信念の行為とは、最小限の関与の本質をなす「原初のイエス！」とデリダが言うものだろう。フロイトの「同意」を象徴秩序の原初の受け入れとしてラカンが解釈するときも、この意味である。この反対は「否定《ヴェルネンヌン》」ではなく（「否定《ヴェルネンヌン》」はすでに象徴秩序のなかに書きこまれた要素を否定するのだから）「排除《ヴァーウェルフンク》」、参与の拒否である。要するに、原初の「イエス！」は、「ノー！」という主体が現にいるという事実によって否定的に証明されている——いわゆる精神病者は、まさに象徴過程への参与を拒否しているのだ。

　これらすべての誤解の底には、主体の捉えかたの根本的な違いがある。ドラーの批判は、アルチュセールが「主体の次元を消し去っている」(46)、つまり「主体の生きられた想像的経験」(47)を無視しているというものではなく、その反対である。アルチュセールは、主体は想像的なものであり、想像的な再認／自己認識の効果であるとみなしてしまっているのだ。アルチュセールやデリダといった哲学者たちは「主体化の身ぶりに先立つ裂け目、開口、《空虚》は、それでも『主体』と呼ばれるのか」と問うてきた（そしてノーといってきた）が、ラカンの答えは断固「イエス！」である。ラカンにとって、主体化に先立つ主体とは、物質的な呼びかけの装置と実践に先立つ観念的で擬似デカルト的な自己存在ではなく、呼びかけによる想像的な（無）理解が必死で埋めようとする構造内の裂け目である。こうした主体の捉えかたと、象徴構造は「切断線を引かれて」おり、けっして十分には象徴化されない不可能性という敵対的な裂け目によって横線を引かれているという考えとは、厳密に連動している。(48) 要するに、主体と失敗とが近しいのは、「外的な」物質的な社会儀式および／あるいは慣習が、主体のもっとも奥の核には手が届かず、それを正しく表象することもできない――（バトラーがドラーについて言うところでは）社会実践の外部性に還元できないなんらかの内部性、内的なものがつねに残る――からではない。まったく反対に、「主体」自体が象徴化の、それ自身の記号による表象の失敗以外のなにものでもない。主体はこの失敗から現れ出、これを「超えた」ところにはなにもなく、対象 a はたんにこの失敗の実定化／身体化にすぎないのである。

VI

主体は「《現実界》への応答」であると考えることで、ラカンの《現実界》と《象徴界》の関係についてのバトラーのありがちな批判にようやく立ち向かえるだろう。この手の批判によれば、象徴化に抵抗するものとして《現実界》を定義づけるのは、それ自体象徴的な決定である。《象徴界》からなにかを排除し、それを禁じられた《境界》のかなたのもの（《聖なるもの》とか《不可触》とか）とみなすふるまいは、際立って象徴的なふるまいである……。しかしまったく逆に、ラカンの《現実界》は厳密にいって《象徴界》にとって内的であると主張すべきだろう。それは《象徴界》の内的な限界、《象徴界》が十全に「それ自身になる」ことの不可能性を指す。すでに念を押したように、性的差異が《現実》であるといっても、男性と女性それぞれの「役割」を規定する象徴的対立項が固定しているわけではないし、どちらの枠にもはまらない主体がすべて、「不可能な《現実界》」へと排除／否定されるのでもない。ここで言われているのは、性差を象徴化する試みがけっして成功しないこと――性的差異は象徴的二項対立にはうまく翻訳できないということだ。誤解を避けるためにさらにつけ加えよう。性的差異が象徴的二項対立に翻訳できないからといって、それが象徴化を逃れるなんらかの外的な、あらかじめ存在している実体的《本質》であるという意味で「現実」なわけではない。まさに現実的なものとして、性的差異は《象徴界》にとって絶対に内在的である――その内在的な失敗の地点なのだ。

実際に《現実界》の例となるのは、ラクラウの敵対性の概念である。性的差異が、それを象徴的な二項対立に移し変えようという（失敗する）試みのかたちでしか表現されないように、（《社会》それ自体と《非‐社会》との）敵対性は、社会構造に内在するさまざまな差異の外にあるのではない。すでに見たようにそれは、（ある一つの差異にそれを貼りつけることによって）社会空間のなかの要素間の差異というかたちで表現されるしかない[49]。《現実界》が《象徴界》の直接の外部にあるとしたら、《社会》が絶対に存在するはずである。なにかが存在するためには、それは外的な限界によって規定されねばならないし、《現実界》はこうして《社会》の内的な一貫性を保証する外部性の役をはたすはずだからだ（こうして反ユダヤ主義は、《社会》の内的な行き止まり‐不可能性‐敵対性を、ユダヤ人という外的なイメージに「物象化する」――ユダヤ人は、社会が存在することを最終的に保証するのだ。本来の階級闘争がファシズムの反ユダヤ主義へ移行したとき、たんに敵のイメージがブルジョワジーや支配階級からユダヤ人に移しかえられたのではない。《社会》を不可能にする敵対性の論理が、《社会》の一貫性を保証する外的な《敵》の論理に移動したのである）。したがってパラドックスは、バトラーがある意味で正しいということだ。そう、《現実界》は事実《象徴界》にとって内的／内在的であり、その外的な限界ではないが、まさにそのために、象徴化できないのである。言いかえればパラドックスは、外的で《象徴界》から排除されている《現実界》が、じつは象徴的に決定されていることだ――象徴化を逃れるものとは、まさに象徴化の内的な挫折の地点としての《現実界》である。[50]

こうして《現実界》が《象徴界》に内在しているがゆえに、《象徴界》を通して《現実界》に触れることが可能である。これがラカンの精神分析治療の考えのポイントであり、精神分析は行為である――定義上、なにか不可能な《現実界》の次元に触れる身ぶりとしての行為である――というラカンの考えはここからきている。この行為の観念は、たんにある所与の領域で「さまざまな部分的問題を解決」しようとする試みと、この領域の構造原理そのものを覆そうとするもっとラディカルな身ぶりとの区別を前提に考えなければならない。行為は、「可能」にみえる所与の地平のなかでだけ起こるのではなく、可能なものの輪郭自体を規定し直す（行為は、所与の象徴的な宇宙のなかで「不可能」にみえることをなしとげ、状況をこうして変えることで、それ自身の可能性の条件をも遡及的に作り出す）。なにか受け入れ難いことをやっていると敵に非難されたとき、行為が起こるのは、敵と共有していた暗黙の前提を受け入れて自己弁護するのをやめたときである。完全に非難を受け入れて、なにが受け入れられないかを決定していた地平そのものを変化させる――非難に対して「その通り、まさにそのつもりでやってるんだ」と答えるときに、行為が起こるのだ。

最近の映画でささやかな例をあげると、あまりいい例ではないが、『イン・アンド・アウト』で、ケヴィン・クラインが「イエス」ではなく「ぼくはゲイだ」という結婚式のシーンがある。自分がゲイであるという真実を公に認めて、われわれ観客ばかりか、自分自身をも驚かせるのだ。[51] ここ最近、いくつもの（商業）映画で、同じラディカルな驚きの身ぶりが見られる。『スピード』の主人公（キアヌ・リーヴス）は、爆弾テロリストが彼のパートナーに銃を突きつけているのを見て、犯人ではなく彼のパートナーの足を撃つ――この一見無意味な行為が一瞬テロリストを慌てさせ、彼は人質を離して逃げ出す……。『身代金』のメディア王（メル・ギブソン）は、息子の誘拐犯から二百万ドルを要求されたのに答えてテレビに出演し、誘拐犯についてどんな情報でも教えてくれた人に二百万ドル出す、すぐに息子を解放しなければ全財産をなげうってでも犯人を最後まで追い続ける、と宣言して皆を驚かす。このラディカルな身ぶりは、誘拐犯の度肝を抜くだけではない。会見を終えてすぐ、ギブソン自身が冒したリスクに気づいてほとんど倒れかかる……。最高の例を最後に出そう。『ユージュアル・サスペクツ』のフラッシュバック・シーンで、謎の男カイザー・ソゼ（ケヴィン・スペイシー）が家に帰ると、妻と幼い娘が敵対するギャング団員に銃を突きつけられている。彼の手は、妻と娘を自分で撃ち殺すというラディカルな身振りである。この行為によって、彼はギャングたち、彼らの家族、両親、友人を容赦なく追い回し、皆殺しにすることができる……。

三つの身ぶりに共通しているのは、選択を迫られた主体が「狂った」不可能な選択をして、ある意味で自分自身を撃つこと、自分のもっとも大事なものを撃つことである。この行為は、不毛な攻撃性が自分に向かうといったものではなく、むしろ主体が置かれた状況の座標を変化させる。敵が手中に収めているかけがえのないものから自分を切り離すことによって、主体は解放され、自由に行動する空間を手に入れる。こうして「自分を撃つ」ラディカルな身ぶりこそが、主体そのものを構成しているのではないか。ラカン自身、一九七九年にパリ・フロイト学派という彼自身の組織、彼の社会生活の空間そのもの、彼のアガルマを解散したとき、この「自分を撃つ」行為をなしとげたのではないか。彼はこうした「自己破壊」行為だけが、新たな始まりの地平を拓くことができるとよくわかっていたのである。

狭い意味の政治の領野では、今日の左翼のほとんどは、右翼の基本的前提（「福祉国家の、際限ない支出の時代はもう終わった」云々）を受け入れろというイデオロギー的脅迫に屈している——結局、現代の社会民主主義の「第三の道」として賞賛されているのはこれである。こうした状況では、真正な行為とは、「ラディカルな」方法を否定する右翼的扇動（「それは不可能を求めることだ、そんなことをすれば待っているのは破局か、さらなる国家介入だ……」）に反論することだろう。相手に向かって、いやそんなつもりはない、われわれは旧式の社会主義者ではない、この提案は国家予算を増やさない、むしろ国家支出をより「効果的」にして投資に火をつけるはずだ……などというのではなく、「そうだ、それをまさに求めてるんだ！」と怒鳴ることこそが行為である。[52] クリントン政権は、現代の（旧）左翼が右翼のイデオロギー的脅迫に屈した「第三の道」の縮図ではあるが、それでも彼の医療保険改革プログラムは、少なくとも現在の状況下では一種の行為の域に達していた。《大きな国家》の支出と行政は切りつめるべきである、とするヘゲモニーの考えを拒否したからだ――ある意味ではこの改革は「不可能をなそうとした」のである。これが実現しなかったのは不思議ではない。この失敗――おそらくクリントン政権における、否定的ではあっても唯一重要な事件――は、「自由選択」というイデオロギーの物質的力を証言している。つまり、いわゆる「ふつうの人々」の大多数は改革プログラムについて十分には知らなかったが、医療関係ロビイスト（悪名高い銃器ロビイストの二倍も強力だった！）は、全体的医療保険を導入すれば（医療について）自由選択が脅かされるという原理的考えを、世論に押しつけるのに成功した。こうして「自由選択」というまったくの虚構が持ち出されては、「確固たる事実」（カナダでは医療保険はより安上がりで効果的で、自由選択を損なっていない）をいくらあげても効果はなかったのである。

主体の（行為者の）アイデンティティについて。真正な行為は、わたしの内的な性質を表出／現実化するのではない――むしろわたしは自分を、アイデンティティの核を定義し直すのである。深い同性愛の「受苦の愛情」を抱きながら、それを公に認めて自分の象徴的アイデンティティの一部にすることはできないでいる主体という、バトラーがしばしばあげる例をとりあげてみよう(53)。真正な性行為において、彼は自分の同性愛的「受苦の愛情」への関係のありかたを変えなくてはいけないだろう――たんに「カムアウト」して完全にゲイとしてのアイデンティティを持つという意味ではない。行為は、われわれのアイデンティティを承認された部分と否認された部分にわけている境界を、もっと否認された部分のほうに動かすだけではなく、内奥で否認された「不可能な」幻想を可能なものとして受け入れさせる。われわれの存在の基盤である否認されたファンタジーの座標そのものを変化させるのである。行為は、われわれの公的な象徴的アイデンティティの輪郭を描き直すだけではない。このアイデンティティを支える亡霊の次元、生きる主体にとりついて離れない不死の幽霊、「行間に」移されたトラウマ的幻想の隠れた歴史を、アイデンティティの表向きの象徴的折り目の欠如や歪みを通じて、変容させるのである。

さて、このラカン的な行為の捉えかたに対するわかりきった反論に答えておこう。行為を定義するのに、その突然の出現が行為者自身を驚かせ/変化させ、同時にその(不)可能性の条件をも遡及的に変化させるとだけいうなら、ナチズムこそまさに最高の行為ではないのか。ヒトラーは「不可能をなして」、リベラル民主主義の宇宙で「可能」と思われていたものの全領域を変えたのではないか。一人のりっぱな中産階級のプチブルが、収容所の警備員としてユダヤ人を虐待し、同時に彼の以前の「上品な」存在においては不可能と思われていたことをなしとげて、サディスト的虐待への「受苦の愛情」を認めたのではないか。ここでは「幻想を横断する」という――そしてべつなレベルでは、社会的徴候を生み出す布置を変化させるという考えが決定的に重要になる。真正の行為は、底に潜む幻想を揺るがし、「社会的徴候」の視点からそれを攻撃する(徴候という概念を発明したのはマルクスであるとラカンがいっていたのを思い出そう!)。いわゆる「ナチ革命」は、社会の敵対性をユダヤ人のイメージに投影/外在化し、社会の基盤にある敵対性（社会組織を内から分割する「階級闘争」）を否認し／ずらし、結果として社会は有機的《全体》であるという協調主義的考えを再確認した――明らかに社会の敵対性に直面することを避けたのである。「ナチ革命」こそ、擬似的な変化の代表例である。この熱狂的な活動のなかで、多くのことが変化した――「いつもなにかが起こっていた」――が、本当に大事ななにかは変わらなかった。根源的にはものごとは「同じまま」だったのだ。

要するに真正の行為は、それが揺るがすヘゲモニーを握る象徴領域に対して、たんに外的なのではない。行為はなんらかの象徴領域に対してのみ介入であり、行為である。つまり、象徴領域はつねに定義上それ自体「脱中心化」されており、空虚／不可能を中心に構造化されている（私的な自分語りは、なんらかのトラウマと向かい合おうという最終的には挫折する試みのブリコラージュである。社会組織は、その構造を規定する敵対性をずらし／ぼかすという最終的に挫折する試みである）。行為は象徴領域を揺るがすが、その介入はどこからともなくなされるのではなく、まさにこの内在的な不可能性、躓きの石、隠れた否認された構造原理の立場からなされる。要するに真正の行為とは対照的に、真正でない行為は、すでに所与の布置における「徴候的よじれ」(54)失敗の地点、構造的な空虚――アラン・バデュウのことばを借りれば、にある布置の実質的十全性を持ち出して自己正当化をはかる（政治の領域なら、《人種》《真の宗教》《国家》等々……）。この布置のバランスを乱す「徴候的よじれ」の、わずかな痕跡をも消し去ろうとするのだ。

行為は構造の「徴候的よじれ」において介入する、という考え（われわれの立場が「経済本質主義」ではないという証明でもある）から政治的にみえてくるのは、どの具体的布置においても、論争においてどこに「真に立っている」かを決定する微妙な結節点が一つあることである。たとえばミロシェヴィッチ政権のユーゴスラヴィアにおけるいわゆる「民主主義野党」闘争において、ほんとうに微妙な問題はコソヴォのアルバニア人少数派への態度である。「民主主義野党」の圧倒的多数は、ミロシェヴィッチの反アルバニア国家主義を無条件に認めており、彼はコソヴォにおけるセルビアの国益を「裏切って」西側に妥協していると非難すらしている。ミロシェヴィッチの社会党による一九九六年冬の選挙結果改竄を批判して学生デモが起こったとき、事件を追ってセルビアの民主主義精神を賞讃し鼓舞した西側メディアは、デモの反秘密警察スローガンのお決まりのことばの一つが「俺たちを殴るかわりにコソヴォに行ってアルバニア人を殴れ!」だったことはほとんど伝えなかった。そして——ここが肝心だ——現在のセルビアにおいて、「反アルバニア国家主義」が、ミロシェヴィッチ勢力にも野党にも利用できる「流動するシニフィアン」の一つであると主張するのは、政治的にも理論的にも誤りだろう。反アルバニア主義を奉じたとたん、いかに「それを民主主義的等価性の連鎖のなかに書きこみ直し」ても、すでにミロシェヴィッチが規定した地平を受け入れていることになる。実際にはすでに、「彼のゲームを演じている」のである。現在のセルビアにおいて、真正な政治行為の究極の必要条件は、コソヴォのアルバニア人の脅威というイデオロギー―政治的トポスを絶対に拒否することだろう。

精神分析は、「偽りの行為」の数々をよく知っている。偏執性の暴力的な通過行為、ヒステリー的行動化、強迫観念と化した自己隠蔽、倒錯的自己の道具化——どの行為も、なにが外的な基準に照らしてまちがっているのではなく、内在的にまちがっている。いずれも、それらがずらしたり抑圧したりしているなんらかの否認されたトラウマへの反応としてみなければ十分理解しえないからだ。ナチの反ユダヤ人暴力は、同じように「偽り」だったと言ってみたい気にもなる。この大規模で熱狂的な活動の衝撃は、根本的に「見当違いだった」、これはトラウマの真の核（社会の敵対性）に向かい合えないことを表す、一種の巨大な通過行為だったのだ、と。つまり反ユダヤ人暴力は、「事実認識としてまちがっていた」（ユダヤ人はほんとうは、われわれを搾取したり国際的陰謀を練ったりしてはいなかった）とともに／あるいは「道徳的にまちがっていた」（基本的な当たり前の人間関係の基準から外れている）ばかりでなく、認識的にも倫理的にも非‐真正であるという意味で「誤って」いた。強迫神経症者が、否認された性的固着に反応して自己防衛の儀式を強迫的にくりかえすことが、真正でないのと同じである。ラカンは、患者の妻がたとえほんとうに他の男と寝ていても、患者の嫉妬は病理的状態として扱わなくてはならないと主張した。同じように、金持ちユダヤ人が「ほんとうに」ドイツ人労働者を搾取し、彼らの娘を誘惑し、大衆紙を牛耳っていたとしても、反ユダヤ主義はやはり断固として「まちがった」イデオロギー的病理状態である――なぜか。それが病理的なのは、ユダヤ人のイメージに、否認された主体のリビドーが備給されているから――社会の敵対性が、ユダヤ人のイメージに「投影」されることによってずらされ／ぼかされているからである[55]。

ラカンの行為の観念に対するわかりきった反論に戻ろう。この第二の性質（身ぶりが行為であるためには、それは「幻想を横断」しなければならない）は、第一の性質（「不可能をなすこと」、それ自身の状況を遡及的に書き直すこと）にただつけ加えればよい付加的基準ではない。この第二の基準が満たされなければ、第一の基準も条件にあっていない――つまり、真に「不可能をなして」《現実界》にむかって幻想を横断してはいないのである。

*

今日の哲学‐政治シーンの問題を結局もっともよく表現するのは、「なにをなすべきか」というレーニンのかつての問いだろう。政治の領野において、真の行為の次元をどのように再主張できるのか。現在、行為に対する抵抗のおもな形式は、ある種書かれざる「思考の禁止《デンクフェルボト》」であり、これは一九六〇年代末ドイツの悪名高いベルフスフェルボト（あらゆる国家制度に加わることの禁止）に似ている——既存秩序を真剣に変えようとする政治運動に加わろうという素振りを少しでも見せたとたん、返ってくる答えはこうだ。「いや善意はけっこうだけど、行き着く先は絶対新型の強制収容所だよ！」。現代政治哲学における「倫理への回帰」は、収容所やホロコーストを究極の警官として恥知らずに利用して、あらゆる真剣なラディカルな参加を拒否するよう脅迫している。こうして大勢順応的リベラルやくざは、現存秩序を擁護して偽善的な満足を得ることができる。彼らは腐敗や搾取があることをわかっているが、ことを変えようとする試みはすべて、収容所やホロコーストの幽霊を呼び出す、倫理的に危険で認めがたいものなのだ……。

行為へのこの抵抗は、（世間的には）対立している複数の哲学的立場の各陣営に共有されているようである。デリダ、ハーバーマス、ローティ、デネットというまったく異なる四人の哲学者いずれもが、実際の政治的決断においては、中道左派のリベラル民主主義という同じ立場をおそらくとるだろう。その思想から引き出される政治的帰結についていえば、彼らの立場の違いは無視してもよろしい。いっぽうハイデッガーのような哲学者なら、あるいはバデュウなら、違った立場をはっきりとるだろうと直感的にわかる。この明察はローティのものだが、彼の結論は、哲学の違いは政治的な違いと関わらないし、それらを生み出すものでもそこに立脚したものでもないというものだ——政治的にはどうでもよいものなのである。しかし、哲学的な違いに政治的な意味があるとしたらどうだろうか。その結果、哲学者のあいだの政治的一致が、それと関係する彼らの哲学的立場についてなにか決定的なことを教えてくれるとしたらどうだろうか。ディコンストラクション、プラグマティズム、ハーバーマス主義、認知主義のあいだであれほど情熱的な論争があっても、彼らは一連の哲学的前提を共有しているとしたら、どういうことになるのか――彼らのあいだに知られざる親近性があるとしたら？　そして現在の課題は、この共有された前提の地平を断ち切ることだとしたら？

註

（1）より正確にいうと、精神分析で働いている再帰性（欲望の規制を規制への欲望に逆転させる動き）と、とくにヘーゲルにおけるドイツ観念論の再帰性とを結びつける考えは、彼女の最初の本 *Subjects of Desire*（New York : Columbia University Press 1987）にすでにあった。

（2）まず最初に、今日の脱構築がその論駁不可能な前提とみなして受け入れている一連の嗜好に、疑問をもたなくてはならない。同一性より差異、秩序より歴史の変化、閉止より開放、厳密な構図より生きた躍動性、永遠より時間的な限定……。こうした選択は、わたしには自明のものではまったくない。

（3）Slavoj Žižek, *The Ticklish Subject : The Absent Centre of Political Ontology*, London and New York : Verso 1999, とくに第四、第五章。

（4）ここで、ヘゲモニー概念の底にある問題系（系のなかの一要素でありながら不可能なゼロの位置を占める「1」）を最初に定式化したのはジャック＝アラン・ミレールの「縫合」であったといっておくのがいいだろう。一九六五年二月二四日のジャック・ラカンのセミナーでの彼の発言が活字になったのは、*Cahiers pour l'analyse* 1 (1966)］37-49.

（5）Ernest Laclau, "The Politics of Rhetoric",「文化と物質性」会議、カリフォルニア大学デイヴィス校、一九九八年四月二三日～二五日での発表。

(6) この移行は、近代社会の再帰的社会としての出現を特徴づける一連の移行と似たものである。われわれはもはや直接的に生に「生れ落ちる」のではなく、「職業」をもって「社会的役割」を演ずるのである（こうした言いかたはすべて、還元不能の偶発性、抽象的な人間主体とその個別的な生との亀裂を暗示している）。芸術においては、もはや「自然らしさ」のような芸術の規則が直接に見いだされることはなく、われわれは歴史的に条件づけられた多様な「芸術様式」を知ってそこから自由に選ぶのである。

(7) グローバルなリベラル民主主義秩序とともに「歴史は終わった」とするフランシス・フクヤマのなかば忘れられた議論を考えてみよう。選択肢に議論の余地はないようにみえる。ついに理性的な社会的生の形式が見出されたとする自称ヘーゲル的な「歴史の終わり」論を受け入れるか、それとも闘争と歴史的偶発性はなおも続く、「歴史の終わり」ははるか彼方にある、と声高に叫ぶかである……。いっておくと、どちらの選択肢もほんとうにはヘーゲル的ではない。もちろん、和解が達成され、戦争はすでに原理的に勝利に終わったという素朴な「歴史の終わり」の観念は拒絶すべきである。しかし今日のグローバルな資本主義‐リベラル民主主義の秩序と、「グローバルな再帰性」が、これまでのあらゆる歴史からの質的な断絶に達しているのもまた確かなことだ。ある意味で歴史は終わりに達した。ある意味でわれわれはほんとうにポスト歴史社会に生きているのだ。こうしたグローバルな歴史主義と偶発性は、この（小文字の）「歴史の終わり」の決定的指標である。だからある意味で、現在歴史は終わってはいないにせよ、「歴史性」の機能はかつてとは違っていると本当にいうべきなのだ。

(8) 逆の例は、マルクス主義政治の歴史にとっていっそう決定的で宿命的である。プロレタリアートが、ブルジョワジーという「先行する」階級がはたせず残した（民主主義の）使命を引き継ぐときではなく、中国やコロンビアの革命のように、プロレタリアートの革命の使命そのものがなんらかの「先行する」階級――たとえばプロレタリアートに対立するはずの農民――によって引き継がれ、それらが「実質的な」究極の階級になるときである。

(9) 政治的右翼と左翼の主要な対立形態は今日、マルコ・レヴェッリがいうように、「現実にあるのは、二つの右、『ポピュリストの』右（自分で『右』と名のるほう）と『テクノクラートの』右（自分では『新左翼』と名のるほう）との対立」ではないだろうか。現在のアイロニーは、《右翼》のほうがそのポピュリズムのゆえに、伝統的な労働者階級（ともあれその残滓）の現実のイデオロギー的立場をより表現していることだろう。

(10) Wendy Brown, *States of Injury*, Princeton, NJ : Princeton University Press 1995, p.60.

(11) Ibid., p.61.

(12) Karl Marx, *Grundrisse*, Harmondsworth : Penguin 1972, p.99.

(13) 今日、さらに一般的なレベル――このエッセイの範囲を超えたレベル――で、象徴交換への参加に対立するものとしての（物質的）生産の地位をもう一度問題にすべきだろう（フレドリック・ジェイムソンのよいところは、この点にくりかえしこだわるところだ）。ハイデッガーとバデュウというまったく違った二人の哲学者にとって、物質的生産は（政治や哲学や芸術とは違って）「権威ある」《真理‐できごと》の場ではない。脱構築論者はふつう、生産は言説編成の一部にすぎず、象徴文化の領域の外にあるわけではないというところから始めて、結局それを無視し、文化に焦点を絞る……。この生産の「抑圧」は、生産の圏域そのものに反映されていないだろうか。「創造的」プランニングやプログラミングのヴァーチャルな／象徴的な場と、インドネシアからブラジル、中国など、ますます第三世界の低賃金工場でおこなわれる度合いが増したその実行、物質的現実化との分割というかたちで。かたや研究「キャンパス」や大企業のガラス製摩天楼という「抽象」建築でおこなわれている純粋な「摩擦なしの」プランニング、かたやプランナーが「環境コスト」として計算する「見えない」汚れ仕事という分割は、今日ますます根源的なものになっている――二つの面は、しばしば地理的にも分離され、そのあいだには数千マイルが広がっている。

(14) 擬似生産のスペクタクルについてはSusan Willis, *A Primer for Daily Life*, New York : Routledge 1991, pp. 17-18.

(15) するとわたしは、「ラディカルな」カルチュラル・スタディーズのエリート主義に対するリチャード・ローティの最近の攻撃に近づいていないだろうか（Richard Rorty, *Achieving Our Country*, Cambridge, MA : Harvard

University Press 1998参照）。とはいえ違いは、ローティが、一九五〇年代および六〇年代初頭の革新主義民主党の合言葉（選挙に参加しよう、議会に圧力をかけよう……）を蘇らせるというかたちで、アメリカに現にあるような左翼の政治への参加を呼びかけ、「不可能なことをなすこと」、つまり社会生活の基盤となる座標そのものを変革しようとするのは否定していることだろう。ローティの（哲学的ではなく政治的な）「関与したプラグマティズム」は最終的には、現実の政治参加を承認しがたい妥協として忌み嫌う「ラディカルな」カルチュラル・スタディーズを補う裏面ということになる。同じ行き詰まりの裏と表なのだ。

（16） Brown, *States of Injury*, p.14.

（17） Ibid., p.60. もっと一般的にいって、政治的「過激派」あるいは「過剰な急進主義」はつねに、イデオロギー的-政治的ずらしとして解釈できる。その正反対のもの、つまり限界、実際に「最後まで行く」ことの拒否がそこには表れているのだ。ジャコバン派が「恐怖」政治に頼ったのは、経済秩序の根源（私有財産その他）を揺るがすことができないことを見てとっての、ヒステリー的な無意識の行動化としかいいようがないではないか。同じことが、いわゆる《政治的正義》の「過剰」にもいえないだろうか。そこに、人種差別や性差別の現実の（経済その他の）原因を揺るがそうとすることからの撤退が顕れてはいないだろうか。

（18） こうした階級の棚上げの一例は、バデュウがいうように（Alain Badiou, *L'abrégé du métapolitique*, Paris: Editions du Seuil 1998, pp.136-7）、現代の批評と政治の言説では、「労働者」という語が消えうせ、「移民」という語（移民労働者、フランスのアルジェリア人、ドイツのトルコ人、アメリカのメキシコ人）によって置き換えあるいは消し去られていることである。こうして労働者搾取という階級の問題系は、人種差別、不寛容といった多文化主義の問題系に移し変えられる——そして移民の民族的その他の権利を守ることへの多文化主義リベラルの過剰な心的備給は、「抑圧された」階級の次元からエネルギーを得ている。

（19） Jacob Torfing, *New Theories of Discourse*, Oxford: Blackwell 1999, p.36.

（20） Ibid., p.38.

(21) Ibid., p.304.
(22) Brown, *States of Injury*, p.14.
(23) 言いかえれば「具体的普遍」とは、あらゆる定義が結局は循環的な堂々めぐりであって、その定義を与える要素のなかで定義される語を包含／反復せざるをえないということである。まさにこの意味で、ラカンによるシニフィアンの「定義」(「シニフィアンは他のシニフィアンの連鎖に向けて主体を表現する」)や、人間の(暗に)革命的な定義(「人間とは、新たな人間を作り出すために砕かれ、踏みつけられ、容赦なく使い潰されるべきものである」)まで、あらゆる偉大な革新をなす唯物論的定義は、循環的である。どちらの場合も、「ふつうの」要素(歴史の「素材」となる「ふつうの」シニフィアン、「ふつうの」人間)と、例外的な「空虚な」要素(「単一の」主人のシニフィアン、社会主義の《新しい人間》。これらは最初は空虚な場だが、革命の騒擾のなかで実体的な内容に埋められる)とのあいだに緊張がある。真正の革命では、この《新しい人間》にアプリオリで実体的な規定はない——革命は、これまで疎外されていたが革命によって実現されるはずの《人間》の本質という実体的観念によっては正当化されない。革命の正当化はただ否定的に、《過去》からの断絶への意思による。だからどちらの場合も、主体は二つのレベルの「消失する仲介者」であり、下位区分が上位区分の一要素として含まれ、数えられる、このねじれた同語反復構造こそ、まさに主体の構造なのである(「人間」の場合、革命の主体——党——は、「ありふれた」堕落した人間と、来るべき《新しい人間》とをつなぐ「消失する仲介者」である。党は「ふつうの」人々に対して《新しい人間》を表象するのだ)。
(24) こうして具体的普遍は、象徴的折り重なり、「真の」性質とその象徴的書きこみとの最小限のずれと結びついている。金持ちと貧乏人の対立を例にとろう。折り重なりを考えにいれたとたん、人間という種は二つの下位区分、金持ちと貧乏人、金がある人とない人に分類できるというだけでは十分でなくなる——「金のない金持ち」「金のある貧乏人」ということばには十分意味があるのだ。象徴的地位においては「金持ち」とみなされるが、破産して財産を失っている人々がおり、象徴的地位では「貧乏人」とみなされても予想しない大金を手にした人々もいる。

「金持ち」という区分はしたがって、金のある金持ちと金のない金持ちとにさらに分けられる。つまり「金持ち」という概念は、自分自身を自分の下位区分として含むことになる。同じように、家父長制の象徴的宇宙において「女」はたんにヒトの二つの下位区分の一つなのではなく、「ペニスのない男」であるのではないだろうか。より正確にいえば、ここでファルスとペニスを区別しなければならない。シニフィアンとしてのファルスは、まさにペニスの象徴的な折り重なりであり、だからある意味で（これこそラカンの象徴的去勢だが）ペニスの存在そのものがファルスの不在のしるしである――男はそれ（ペニス）を持っているがそれ（ファルス）ではなく、女はそれ（ペニス）を持っていないがそれ（ファルス）である。だから男性版の去勢では、主体は最初から持っていなかったものを失い、奪われる（ラカンによれば愛はこの正反対に、持っていないものを与えることである）。おそらくここにはまた、フロイトの「ペニス羨望」の概念を復活させる方法――のうちの一つ――がある。この不幸なペニス羨望は男性のカテゴリーであり、それが意味するのは男が実際に持っているペニスはあれ、ファルスではけっしてなく、あれに比べればつねに劣っているという事実だとしたらどうだろう（そしてこの亀裂が、つねにどこかに「ほんとうにファルスである」ペニスを持ち、その力を実際に体現する他の男がいるという典型的な男性の幻想を表しているとしたら）？

（25） 参考にしているのは Glyn Daly, 'Ideology and its Paradoxes'（*The Journal of Political Ideologies* 誌上で近刊）。

（26） この「権力の猥褻な補遺」の論理については *The Plague of Fantasies*, London and New York : Verso 1997 の第一章で詳しく展開した。

（27） 参考にしているのは Peter Pfaller, 'Der Ernst der Arbeit ist vom Spiel gelernt', in *Work and Culture*, Klagenfurt : Ritter Verlag 1998, pp.29-36.

（28） Christa Wolf, *The Quest for Cirista T*. New York : Farrar, Straus & Giroux 1970, p.55.

（29） まったく対称的に、ソ連の文学批評家は、冷戦のあらゆる道徳的曖昧さを描き出していたジョン・ル・カレの偉大なスパイ小説群――スマイリーら西側のスパイは、疑念と不確かさに苛まれ、しばしば自分たちが行使せざるをえない手管に怯える――は、イアン・フレミングのジェームズ・ボンドもののような露骨な反共スパイスリラーよりもはるかに強力に、西側の反共産主義民主主義を正当化する文学だ、と正しく指摘していた。

(30)『ジェンダー・トラブル』がバトラー最大のヒット作であり、『ヘゲモニーと社会主義の戦略』（シャンタル・ムフとの共著）がラクラウ最大のヒット作であるのはこのためだ。理論業界への明敏でタイミングのよい介入に加えて、どちらの本も特定の政治的実践と同一視され、それを正当化／奨励する役をはたした。『ジェンダー・トラブル』なら、クィアー・ポリティクスがアイデンティティに背を向けて、支配コードのパフォーマティヴなずらし（異性装など）へと向かう転換。『ヘゲモニーと社会主義の戦略』なら、左翼におなじみの経済闘争一元化と対立する、一連の個別の（フェミニズム、反人種差別、エコロジー……）革新闘争の「連係」。

(31) そして同じようにいえば、《社会》の十全性の不可能な実現と、部分的問題の実際的な解決との対立は、非歴史的なアプリオリというより、いわゆる「大きな歴史‐イデオロギー物語の崩壊」という歴史的契機の表れなのではないだろうか。

(32) 敵対性という《現実的なもの》を象徴的対立（へのその翻訳）から永遠に切り離す亀裂は、この翻訳にともなって現れる剰余において明らかになる。たとえば階級的敵対性を、実体としての階級間、既存の社会集団間（ブルジョワジー対労働者階級）の対立に翻訳したとたん、構造的な理由によって、この対立にはまらない第三の要素となる剰余がつねに現れる（ルンペンプロレタリアートなど）。そしてもちろん、現実としての性的差異についても同じである。このことばの意味は、やはり構造的な理由によって、「男性的」と「女性的」という対立する二つの象徴アイデンティティを超えた「倒錯的」過剰がつねにあるということに他ならない。敵対性という《現実的なもの》の象徴的／構造的表現は、つねに三位一体であるとすらいいたくなる。たとえば今日、階級的敵対性は、社会的差異の構成のなかでは、「上層階級」（管理職、政治的知的エリート）「中産階級」そしてどの区分にも入らない「下層階級」（移民労働者、ホームレス……）という三項からなっているようにみえる。

（33）　ともかく「カント主義」ということばを標準的な意味にとればそうなる。現在、再発見されているカント――ラカン的なカントもいる。Alenka Zupancic, *Ethics of the Real. Kant, Lacan*, London and New York: Verso 1999参照。

（34）　Claude Levi-Straus,, ‘Do Dual Organizations Exist?’ in *Structural Anthropology* (New York : Basic Books 1963), pp.131-63. 引用は133-4.

（35）　Rasto Mocnik, ‘Das “Subjekt, dem unterstellt wird zu glauben” und die Nation als eine Null-Institution’, in *Denk-Prozesse nach Althusser*, ed. H. Boke, Hamburg : Argument Verlag 1994.

（36）　この誤解には、二つの進化論的考えが対応している。あらゆる「人工の」社会的結びつきは、直接の血縁や部族関係といった自然な基盤からじょじょに発展するという考え、そしてそれにともなって、社会的分割と搾取のあらゆる「人工の」形態は、結局は性差という自然な基盤からじょじょに発展するという考えである。

（37）　Judith Butler, *The Psychic Life of Power : Theories in Subjection*, Stanford, CA : Stanford University Press 1997, pp.120-29, Mlden Dolar, ‘Beyond Interpellation’ in *Qui Parle* 6, no.2 (Spring-Summer 1993) : 73-96参照。ドラーに似たアルチュセールのラカン的批判としてSlavoy Žižek, *The Sublime Object of Ideology*, London and New York : Verso 1989, 第三章と第五章。

（38）　Dolar, ‘Beyond Interpellation’, p.76.

（39）　Butler, *The Psychic Life of Power*, p.127.

（40）　ラカンの主体とデカルトのコギトの関係について、ドラーが綿密に定式化しているのはMladen Dolar, ‘Cogito as the Subject of the Unconscious’, in Slavoy Žižek, ed., *Cogito and the Unconscious, Durham*, NC : Duke University Press 1998.

（41）　ラカンの「大他者」は、たんに社会の相互作用を規制するはっきりとした象徴規則ばかりか、書かれていない「暗黙の」規則の込み入った蜘蛛の巣をも指す。Roger Ebert, *The Little Book of Hollywood Cliches* (London :

Virgin 1995）を例にあげるのがよいだろう。ここには「果物屋台」ルール（外国ないし外国風の場所での逃走シーンでは、かならず果物屋台が引っくり返り、怒った果物屋が走り出てきて、去ってゆく主人公の乗り物に拳を振り上げる）から、もっと洗練された「ありがとうとは言わないけれど」ルール（二人の人物が心のこもった会話を交わし、人物Aが部屋を出てゆこうとすると、人物Bが［ためらいがちに］「ボブ［なんでもいいがAの名を］？」と言い、Aが立ち止まってふりむき「うん？」と言うと、Bは「ありがとう」と言う）や、「八百屋の買い物袋」ルール（もう一度恋に落ちることを怖れているシニカルな女性が、彼女の孤独の壁を崩そうとしている男につきまとわれ、八百屋に買い物に行く。袋はいつも破れて、果物や野菜が散乱する――彼女の人生がいかに混乱しているか、そして／あるいは、求愛者がジャガイモやリンゴはもちろん彼女の人生のパズルも拾い集めてくれるだろうことを象徴している）まで、数百の紋切り型とお決まりのシーンがあげられている。これこそ、われわれの生の象徴的実体としての「大他者」である。実際にわれわれの行動を規定している書かれざる規則の組み合わせこそが「大他者」なのだ。しかし象徴的《法》への亡霊としての追補は、もっとラディカルなものを目指す。作用するためには「抑圧」されねばならない、猥褻な物語の核を狙うのだ。

(42) この考えについてはジジェク『幻想の感染』第三章を参照。

(43) この点を明らかにしているのは一九九四年五月一七～二〇日ウイーンでの「アルチュセール効果」コロキアムでの Isolde Charim, 'Dressur und Verneinung'.

(44) Butler, *The Psychic Life of Power*, p.124.

(45) さらに、他でも論じたように（『否定的なものへの滞留』第四章を参照）、（イデオロギー的大義への）信念は、つねに再帰的な信念でもあり、最小限の「相互主観性」に基づくという意味で二流の信念である。それはけっして直接の信念ではなく、信念への信念なのだ。「まだわたしは共産主義を信じている」というとき、結局その意味は「わたしは一人ではない、共産主義の理念はまだ生きている、そしてそれを信ずる人々がまだいる」である。だから信念の概念は内在的に、「信念を持つはずの主体」、その信念をわたしが信じる他の主体の概念を含んでいる。

(46) Butler, *The Psychic Life of Power*, p.120.

(47) Ibid., p.122.

(48) この主体の概念については、『否定的なもののもとへの滞留』の第一章を参照。ついでながら、ドラーの（そしてわたしの）ラカン的な批判に対して、もっとも一貫してみごとなアルチュセールの擁護は、ロバート・ファラーのものである。彼にとって、呼びかけに対して経験された距離こそ、イデオロギーの誤解の形式に他ならない。この明らかな呼びかけの失敗、その自己関係する否認——主体としてのわたしが、わたしの存在の内奥の核を、「ただそれだけ」（儀式と装置の物質性）ではないものとして経験するという事実こそ、呼びかけが成功したという究極の証拠である。その「主体効果」はほんとうに起こったのだ。このわたしの存在の内奥の核を指すラカンの用語が対象 *a* であるなら、このアガルマ、秘密の宝は、イデオロギーの崇高な対象である——わたしのなかには、外部からの、つまり他人に対するわたしのいかなる象徴的規定にも還元しえない「わたし以上のなにか」があるという感覚である。わたしの人格のこの底の知れない表現し得ない「深み」、他人に対してのわたしへの「内的距離」こそ、象徴装置に対する想像的な距離の典型的な形式ではないだろうか。これはイデオロギー的主体効果のきわめて決定的な次元である。象徴的指令との直接の一体化（そのような直接の一体化は精神病の可能性をはらむ。わたしを「生きた人間」ではなく「薄っぺらな機械人形」にしてしまうからだ）ではなく、呼びかけが始まるのに先立つ、呼びかけ以前の主体性としてのわたしの《自己》の核の経験こそが決定的なのである。反イデオロギー的身ぶりこそきわだって「主体的欠乏」の行為であり、それによってわたしはわたし自身のなかの宝を拒絶し、わたしが外部の象徴装置に依存していることを全面的に認める——つまり、外的な呼びかけが始まる前からすでにそこにあった主体の自己経験そのものが、呼びかけによってもたらされた遡及的な誤解であるという事実を全面的に認めることができる。Robert Pfaller, 'Nagation and Its Reliabilities,' in Žižek, ed., *Cogito and the Unconscious*.

(49) 読者は気づいていると思うが、このエッセイの戦略は、共著者のうち一人の肩をもってもう一人と戦うというものである——こうして操られてくれるのが友人というものではないだろうか。ラクラウに反論してヘーゲルを擁護するときは（こっそりと）バトラーに頼り（バトラーがヘーゲル的《絶対精神》、反ヘーゲル主義者にとっての究極の「黒山羊」を擁護していることを忘れてはならない。彼女のみごとな"Commentary on Joseph Flay's "Hegel, Derrida, and Bataille's Laughter"", in William Desmond, ed., *Hegel and His Critics*, Albany, NY : SUNY Press 1989, pp.174-8を参照）、こんどはバトラーの批判に反論してラカンの《現実界》を擁護するのに、ラクラウの敵対性の概念に頼っている。

(50) ラカンの洞察について言えば、ここで言っているのは明らかに彼の「性化の定式」である。外的な《現実界》は、象徴宇宙を基礎づける例外だが、厳密にラカン的な意味での——つまり《象徴界》に内在する——《現実界》は、《象徴界》を永遠に「すべてではない」ものにする、捉えがたくおよそ実体をもたない失敗の点である。「性化の定式」についてはJacques Lacan, *Le Séminaire, livre XX : Encore*, Paris : Editions du Seuil 1975, chapter VI, VII.

(51) しかし、この小さな町の共同体は、自分たちの子どもの先生がゲイであることを知って恐れおののきながら、あっさり転向して彼を受け入れ連帯してしまうので、この映画は社会的キッチュとなってしまう——ランシエールの比喩的普遍化のこっけいな模倣といおうか、彼らはいっせいに「わたしたちはゲイだ！」と宣言するのである。

(52) 現状維持派の皮肉屋が、「革命家」は「すべてが可能だ」「人はすべてを変えられる」と信じているといって非難するとき、その真意は、じつはなにも可能ではない、じつは変えられるものはなにもない、それはわれわれは根本からいまある世界に縛りつけられているからだ、ということである。

(53) 「この世界で自我を持っている人間なら、どのような想像的中心を持っていようが、同性愛関係をもったら根源から自分が消えてしまうと、多くの人は感じています。同性愛に加わるくらいなら死んだほうがましだと思っているのです。こうした人には、同性愛は主体の精神病的崩壊の可能性を表しているのです」（ピーター・オズボーンによるジュディス・バトラーのインタヴュー。*A Critical Sense*, ed. Peter Osborne, London : Routledge 1966, p.120）。

（54） Alain Badiou, *L'être et l'événement*, Paris : Editions du seuil 1988, p.25.

（55） これは「虚偽記憶症候群」とまったく同じ型のものではないだろうか。ここで問題なのは、善意の塊であるセラピストの手助けによって掘り起こされた「記憶」が、しばしば偽りの幻想であるとわかるという事実だけではない。問題はむしろ、それらがたとえ事実であっても（つまり子どもが実際に親や親族によって虐待されていたとしても）、それらが「偽り」であることだ。主体は、こうした記憶によって外部の暴力的状況の受身の犠牲者というニュートラルな立場をとり、自分に起こったことへの自分自身のリビドーの備給という決定的な問題を忘却することができるからだ。

競合する複数の普遍

ジュディス・バトラー 2

エルネスト・ラクラウとスラヴォイ・ジジェクとわたしが本書のこれまでの部分を書くまえに取り決めておいた事柄は、最初の担当部分を書くときには、他の執筆者の担当部分がどんなものであるかを知らないでおくということだった。わたしは、ジジェクは初回では性的差異の地位に関する問いを発するだろうと思っていたので、この二番目の回では、かなりの部分その話題に割くつもりでいた。しかし驚いたことに、彼は形式主義の問題に関するわたしの初回の議論に焦点を当てた。初回でわたしが論じたことの多くは、わたしが結局クローゼットにいる形式主義者だと、彼がその後述べたことへの〈手紙／文字に先立つ《アヴァン・ラ・レトル》〉返答になっていると思う。また彼は、わたしのことを歴史主義者でもあるとヘーゲル風に述べているが、そうなると、そのまえの彼の言葉は余計に興味深いものとなる。わたしを歴史主義者と呼ぶ学者は、ジジェク流にものを書くラカン・グループだけだと思うが、この呼称の何とも筋違いなことはなかなか愉快なことだ。けれども次には「脱構築主義者」というレッテルも貼られ、これはちょっとかわすのがむつかしい事柄だ。この言葉は、脱構築的な批評をおこなわない人が使ってきた言葉で、可変的な読みの実践をイデオロギー的にまったく同じものに変えてしまうものである（ラカン流の議論を展開する人を、軽蔑的な「ラカン主義者」の語で呼ばないことに目を向けてほしい）。こういったさまざまなレッテルを許容したり、拒否したりするかわりに――つまり彼らがわたしにつけた呼称が本当のわたしを指し示しているのかどうかを問題にすることはやめて――それとはべつの課題、ジジェクが提示している多くの興味深い点[1]について返答しよう。

ヘゲモニーの痕跡

ジジェクとわたしで合意している事柄は、ある種の内容を所与の普遍から排除することで、いかに普遍が空虚に形式的に生産されていくかについて、わたしたちが別様にではあるが、関心をもっているということである。思うに、わたしたちは二人ともこの考えをヘーゲルから借りてきており、特定の排除のメカニズムが普遍レベルで、いわば形式主義という結果をいかに生みだしているかを考察することは、緊急の課題である。実際これまでのジジェクとわたしの議論は、互いに非難を応酬するという、意図せざる形式主義の喜劇を生みだしており、これに対してラクラウの方は、その言葉を精力的に守っている。わたしの立場は前回で述べたように、普遍を特徴づけている形式主義は、その形式主義を裏切る痕跡や残余によって、つねにどこか損なわれているということである。次のようにジジェクが述べるとき、わたしは彼に部分的には賛同する――「究極の問いとはこうだ。ヘゲモニーの『戦場』としての普遍性という空虚な形式が現れるために、どのような特定の内容が排除されなければいけないのか」（ジジェク、一四八頁）。実際にわたしが言いたいのは、この「究極の」問い（もっともおそらくそれは、究極の問いではないのだろう）の向こうに、さらに次のような一連の問いがあるかもしれないということだ。つまり、そのような条件のもとであらわれる普遍の空虚な形式が、普遍を機能させている数々の排除を証明するものになっているのはなぜなのか。普遍の非一貫性は、政治の言説のなかにどのようにあらわれて、当の言説を限定かつ流動化させるものを、屈折的にみる視点を与えてくれるのか。普遍を形式的に語る分節化のなかにそのような契機を読みとるには、政治をどのように解釈すればよいのか。

しかしジジェクが重視するのはべつの話題で――そのためにウェンディ・ブラウンを抜け目なく引用し――普遍を解明する言説をつうじて引き起こされるヘゲモニーの戦場は、たいていの場合、それを可能にさせている資本主義の「背景」を説明することはできないと主張する。ジジェクは、ラクラウの議論では階級は語りえないものになると述べ、アイデンティティの位置の分節化をめぐって政治領域の内部で争われる闘争は、意図しなかった結果として、資本主義をふたたび自然化するものになるのではないかと、ブラウンに倣って問いかける。ジジェクが提示しているのは、三つの異なったレベルの分析であり、自論を進めるために建築構造の比喩を用いている。そのなかの二つのレベルはラカンから、もう一つはマルクスから引いている。ヘゲモニーをめぐる闘争は資本主義を背景にして起こり、そして歴史的に特定の経済関係と考えられている資本主義は、ヘゲモニー闘争の条件であるとも、またその閉じられた背景ともみなされる。この枠組みのなかにどうラカンをつなぎ入れるかを説明するさいにも、彼は同様に次のように言う。

> 二つのレベルを区別しなければならない。ヘゲモニー闘争において、個別の内容は空虚な普遍性の観念をヘゲモニー化しようとして争う。いっぽう、さらに基盤的な不可能性は、《普遍》を空虚なものとし、ヘゲモニー闘争の領野を生み出す。（ジジェク、一四九頁）

さらにこの基盤的レベルを説明するために、彼は次のように述べる。「どんな歴史主義も、その領野を規定する最小限の『非歴史的な』形式的枠組みに依存しており、そこで偶発的な包摂／排除、置き換え、再交渉、ずらしといった終わりなき開かれたゲームが起こる」（ジジェク、一五〇頁）。このような区別が暗に示しているのは、歴史主義は、偶発性とも個別性とも、同義になるということだ。「歴史的」なものは特定の可変的な闘争であり、非‐歴史的なものは、そういった歴史的なものが作動する枠組みとなる。しかしもしもヘゲモニー自体が、その枠組みにある面で挑戦して、予め排除《フォアクローズド》されていた理解可能な政治形成を容認することになれば、またその未来の可能性が、その枠組みの修正可能性に依存しているならば、そのとき、その枠組みを歴史的なものの範囲から引き離して守ろうとすることには、何の意味もなくなる。さらに言えば、もしも歴史的なものを、現在の偶発的な政治形成の次元で解釈してしまえば、歴史的なものの意味は、実証主義の形式にせまく限られることになる。理解可能性の枠組みがそれ自身の歴史性を有するには、その枠組み自体が歴史的なものであると考えなおされなければならないが、それだけでなく、歴史の意味を実証主義とも目的論とも離して、政治的に顕現しているが変動する一連のエピステーメと捉える方向に、考えを変えていかなければならない。

そののちジジェクはこれとは矛盾して、ある箇所で、ラクラウもわたしもヘゲモニーの問題をじゅうぶんに歴史化しておらず、わたしたちは資本主義がヘゲモニー闘争の必要な背景だということをじゅうぶんに理論化できていないので、二人ともクローゼットにいる形式主義者だと（カント主義者であるとさえ）述べている。しかし彼自身はべつの箇所で、わたしの論では考慮の外においたべつの種類の背景――もっと基盤的で非歴史的な背景――について語っている。それは、（彼の用語を使えば）まさに主体そのものである構成的な欠如であり、欠如であるがゆえにヘゲモニー闘争の可能性の条件となっているものだと、のちに彼が述べる背景である。したがってもしもわたしたちがジジェクを彼の言葉どおりに理解すれば、この建築構造には三つのレベルが存在していることになる。だが彼が語っている文脈にそって考えれば、そのなかの二つはヘゲモニーの一次条件――一つは歴史的なもの、資本主義であり、もう一つは形式的なもの、欠如としての主体――であるようだ。彼の議論には、この二つの一次条件のあいだの関係をどう理解したらよいかについては、何の示唆もない。一方の方が他方よりも一次的なのか。それともそれらはべつの種類の一次性なのか。ヘゲモニー闘争に共通の条件のようなものを生みだすために、資本主義は欠如としての主体と合同して、どのようにはたらいていると考えればよいのか。わたしは、この二つは分析「レベル」では完全に区別することはできないと考えている。なぜなら、たとえば主体は当初より資本主義の一般的特質によって構造化されているわけではないとか、また資本主義は無意識に対して――もっと一般的に言えば心的主体に対して――ある種の苦境を生みだしていないということは、そうはっきりとは言えないからだ。むしろ、もしも資本の理論と心理の理論をつなげて考えることができなければ、知的作業のこの分離について――つまり最初はラカンの衣鉢のもとに、次にはマルクスの衣鉢のもとに起こり、この二つのパラダイムのあいだをうまく移動して、二つとも必要なことだと宣言しながら、しかしどうすればこの二つをつなげて考える（考えなおす）ことができるかには思い至らないようなこの分離について――どんな示唆的なことが言えるというのか。

このことは、両者が同時にあらわれることはないと言うことではない。というのも、心的過程を明示しているると言われている例を、社会的領域のなかに見つけることもあるからだ。しかしジジェクの理論のなかでラカンが登場するときは、たいていの場合、資本の理論の限界点においてである。これはとくに『イデオロギーの崇高な対象』(2)のなかで、アルチュセールとラカンをつなげて読んでいる箇所に、端的にあらわれている。国家という制度的装置がおこなう主体への呼びかけが機能するのは、ひとえに、呼びかけの社会的範囲を超える「過剰さ」――現実の次元にそのままとけ込むことができない現実領域内の過剰さ――が措定される限りにおいてである。この過剰さは、ここではさまざまに考えられている。たとえばトラウマ的なものを崇高化する試みとか、社会的現実の領域の限界に心的なものを置く試みとか、主体のなかの表現不可能なもの（つまり主体の条件であり限界でもある無意識の表現不可能性）を把捉せずに単に指し示す試み、とかである。このことが、ジジェクが主体の「構成的欠如」に言及するときに、今述べたさまざまな方法でアプローチしようとしている事柄のようだ。彼が自ら「歴史主義」と呼んでいるものに抵抗するのは、彼が社会構築的な説明を否定するときである。つまり、基盤的な欠如を特定の社会条件の結果とみなすような——すなわち基盤的欠如は、それをすべての社会性の原因や土台とみなす人々が換喩的転義をつかって間違って名づけた結果にすぎないとみなすような——社会構築的な説明を、彼が拒否するときである。だからここで拒否されているのは、ある種の精神分析が主体の「基盤」とみなしている欠如は、実際のところ、その歴史的で偶発的な起源を曖昧にすることによって基盤とか構成物とみなされているにすぎないと主張する、批判的な見解なのである。

　論を進めるために、またこの「論争」をもう少し正確なものにするために、ここで「批判的」と述べた位置は、厳密に言って、わたしの見解そのものではないと言っておこう。しかしまた、それはわたしの見解と重要な親和性をもっていることも認めよう。あらゆる主体理論において精神分析が決定的な役割を果たしていることは、わたしもジジェクやラクラウと同様に受け入れている。明確にしておきたいことは、わたしは、あらゆる主体は〈予めの排除《フォアクロージャー》〉の条件のもとに出現するという考えに、賛同しているということである。しかし親族関係を考察するさいに、時間の向きを逆にして構造主義的に説明し、こういった〈予めの排除〉は社会的で表現可能なもののまえに存在しているという確信については、これを共有してはいない。おそらくラクラウとわたしとで議論が一致している点は、このような〈予めの排除〉は社会の土台となっている契機——排除《エクスクルージョン》や先取り——として、社会的なものの「内側」に存在しているということである。逆にわたしたちの考えが異なるのは、去勢あるいは近親姦タブーが、こういったさまざまな作用を示す名称として機能しうるのかどうか、あるいは機能しなければならないのかどうかということについてである。

ジジェクは、分析レベルのあいだに区別をもうけることを提案し、あるレベル——たとえ表層レベルでなくても、表層に接近していると思われるレベル——では、歴史的地平の内部に偶発性や実体性があると述べている（ここで重要なことは、歴史には少なくとも二つの意味——偶発性と、偶発性が出現しえる地平——があると言っていることである）。彼がここではっきりと言及しているのは、ラクラウとムフの等価性の連鎖の概念であり、その時代の政治領域の内部に新しい偶発的なアイデンティティが形成される可能性であり、民主主義の領域を拡大するためには、各々が他の人々を参照しつつ、己れを主張することができなければならないということである。もう一つのレベル——彼が「もっと基盤的」と呼んでいるもの——は、「その地平そのものの土台となる排除《エクスクルージョン》／予めの排除《フォアクルージョン》」である（ジジェク、一四五頁、強調ジジェク）。彼は、ラクラウもわたしも「二つのレベル、与えられた場のなかでの包摂／排除による／に向けての終わりなき政治闘争と、その場を支えるさらなる基盤である排除を混同している」（ジジェク、一四六頁）と警告する。一方でジジェクは、歴史的地平は、それよりも基盤的レベル——主体のなかの、あるいは主体の、トラウマ的な欠如に属するレベル——とはべつのレベルだとみなしている。しかし他方では、より基盤的レベルであるこの二番目のレベルは、最初のレベルの土台や限界となっているので、最初のレベルと連結しているとも考えている。したがって第二のレベルは第一のレベルのまったき外部にあるのではなく、ゆえに厳密に言って、両者がまったくべつべつのレベルだとみなすことはできないということになる。なぜなら歴史的地平は、まさにそれ自身の土台でも「ある」からで、このことは、たとえその土台がそれを起動させ「支えている」地平の内側に出現していようといまいと、変わりはない。

別所で彼は、この基盤的レベル——主体の欠如が機能するレベル——を社会現実の外部とみなす考え方について、警告を発している。「ラカンの《現実界》は厳密にいって《象徴界》にとって内的である」（ジジェク、一六〇頁）。したがって発見的会得によってジジェクが示していくこういった「レベル」（「界面」）のあいだの関係は、まったく一貫性に欠けたものとなり、その地勢そのものが、彼がおこなおうとしている複雑な主張によって、不安定になっている。自分の位置を明らかにするためにジジェクが提示する地勢は、彼の位置が正しく理解されれば、バラバラに解体していくようなものである。だがこれこそが、おそらく彼の議論のなかでは、唯一おまけとして興味深い点である。

しかしこの点は、精神的なものと社会的なものの関係を再考しようとするときに、さらなる重要性を帯びてくる。これがまず重要だと思われるのは、トラウマの始まりという点から主体形成を説明する一般化された理論について、検討するときである。このトラウマは厳密に言えば、あらゆる社会的・歴史的現実に先立つもの、主体の理解可能性の地平を構成しているものと考えられている。このトラウマは、たとえそれが個々の主体によって遡及的にさまざまに解釈されようとも、すべての主体の構成要素とみなされている。このトラウマは、概念上は欠如に関連しているので、当然、去勢の場面と近親姦タブーの両方に関連している。両者は、親族関係を構造主義的に説明するときに取り上げられる項目である。そのときの両者の機能は、社会的現実の構成上の亀裂をなしているトラウマや欠如の範囲を定めることだが、しかしこの両者、去勢と近親姦タブーは、特定の社会理論——象徴秩序はさまざまな社会契約を制定するものであるとみなす理論——の枠組みのなかにある。したがってジジェクが『汝の徴候を楽しめ！』[3]のなかで、ひとの社会的現実を開始させ、それを否定的に規定する欠如について述べたとき、彼は社会的現実を超越する構造を措いた。そしてその構造の前提にあるのは、異性愛家族をあらゆる人間の社会的絆を規定するものとみなす、虚構的で理念的な親族関係に基づく社会である。

> エディプス・コンプレックス、近親姦の禁止、象徴的去勢、《父の名》の到来といった概念の背後にある基盤的な考え方は、ある種の「犠牲的な状況」が、「言語存在」(parlêtre)としての人の位置を規定しているということである。……「社会化」に関する精神分析の全理論——つまり「快楽」という前-象徴的な生の実体が象徴的秩序に出会うときに主体が立ち上がるという理論——が犠牲的状況を描写したものでないならば、どのようなものなのか。犠牲的状況は例外的なものなどではなく、すべての人の物語であり、したがって構成上のものである。これが構成的なものだと言う意味は、「社会契約」——主体が象徴的な共同体に包摂されること——が強いられた選択の構造をもっているということだ……。(七四頁)

ジジェクの論が強調しようとしているのは、主体形成を開始させる犠牲的状況だが、彼の論のなかでは、象徴的共同体と社会契約は——後者が括弧にくくられて、適切に皮肉に語られているときですら——同義のものとなっている[4]。その次の頁では、起源の欠如を考察するためには、レヴィ=ストロースの図式《シェマ》が依然として有効なことが明らかにされる。「女たちが交換や配分の対象となるのは、ひとえに『母なるもの』が禁忌の位置についたあとのことである」(七五頁)。(男に想定されている)主体が選択しうるのは、「父になるか、それよりも悪いものになるか」(le père ou pire)のどちらかである。わたしはここで、親族関係の理論やそこで機能している象徴的なものを問題にしようとしているのではない。それに関してはアンティゴネーを扱った著作のなかで、もっと一般的レベルで論じた。[5] わたしが指摘したいのはただ一つ、起源のトラウマというきわめて理論的な公準の前提には、親族関係と社会性を構造主義的に解釈する理論――文化人類学によっても社会学によっても激しく異を唱えられており、また地球上のあらゆるところに出現している新しい家族形成には徐々に合わなくなってきている理論――があることだ。フーコーが、後期近代社会の形態ははたして親族関係のシステムによって規定できるのかどうかを問いかけたのは正しかったし、文化人類学者のデイヴィッド・シュナイダーが説得的に示してきたのは、民族学者たちが、異性愛と生物学的な再生産を親族組織の参照点とみなすような（文化を超越する）考えを死守しようして、いかに親族関係を人為的に構造化してきたかということである。[6] 同様にピエール・クラストルは、社会契約や社会的絆の定義にあたっては、親族関係はほんの部分的な機能しかもたないことについて、重要な研究をおこなってきた。その研究は、理念的親族関係と象徴的共同体と社会契約がまさに等価である点を――一次的欠如というジジェクの理論の条件をなすものを――疑問に付してきた。[7]

　したがって一次的亀裂を、社会や象徴秩序に関するきわめて個別的で、非常に問題の多い前提のもとに考察しているかぎり、それが社会現実や社会性の領域を開始させ、かつ不安定にさせるものだと言ったところで、じゅうぶんではない。

　わたしが理解しているかぎり、この問題は、ジジェクが性的差異に与えた「疑似‐超越（論）的」な地位に関係している。もしも彼が正しいなら、たとえ彼が、性的差異はトラウマ的で象徴不可能であるからこそ、その意味をめぐる具体的な闘争を起動させるのだとはっきりと述べたところで、性的差異は、そのもっとも基盤的な側面において、ヘゲモニーを求める闘争の外側に位置することになる。推測するに、性的差異がヘゲモニー内部の他の闘争と区別される理由は、まさに他の闘争――たとえば「階級」や「国家」——が、基盤的でトラウマ的な差異であると同時に、具体的で偶発的な歴史的アイデンティティでもあるということではないからだ。「階級」も「国家」も、それよりも基盤的な欠如によってはじまる象徴界の地平の内側にあらわれるのであり、性的差異の場合とは異なって、それらを基盤的欠如と呼ぼうと思う人など、一人もいないだろう。したがって性的差異は、シニフィアンの連鎖のなかでは特別の位置を占めることになり、この連鎖を起動させていると同時に、この連鎖の一つの鎖でもあるシニフィアンとなる。この二つの意味のあいだの揺れをどのように考えればよいのか。もしも超越論的なものが土台をなしていて、歴史的と呼ばれるものを支える条件を起動させているなら、この二つの意味ははたしていつもべつべつのものなのか。

性的差異の二重化

このような見方に賛同して、性的差異に一次的価値を与えるのに賛同するフェミニストがいることも確かだが、わたしはそうではない。このような公式では、もっとも初めの性的差異は他の差異よりも基盤的とされ、(ごく普通に超越論的だろうが、「疑似」超越(論)的だろうが)構造的地位につくものとなり、歴史的な意味の地平の内側でこうむるその具体的な公式とはまったく異なるものとみなされている。このもっとも基盤的レベルに位置する性的差異は、単に形式的なもの(シェファードソン[8])、あるいは空虚なもの(ジジェク)にすぎないと言うのなら、たとえば普遍性のような見せかけの形式概念を相手にしたときと同様の、苦境に立たされることになる。それは初めから形式的なのか、それとも形式的になるのか。つまり、超越性を推定することでその形式化を可能にさせる排除がおこなわれてはじめて、形式化できうるようなものなのか。

こういったことを考えるのが重要になるのは、ジジェクが象徴秩序——象徴可能性を取りしきる構造——に特有のものと考えた「理念性」の領域もまた、その分析の構造的特質をなすものであり、心的理念として純化されてきた偶発的な規範ではないと考えられているときである。ジジェクの見方では、性的差異は、(1)象徴化することができないものであり、(2)それが何であるかの解釈をめぐる論争のきっかけになるものであり、(3)その理念的状況においてのみ——つまり理念の理念性によって、性的差異という起源の象徴不可能性がもたらされるときにのみ——象徴可能になるものである。したがってここでも、意見の食い違いがかならず起こってくると思われる。そこには理念的な大文字の大《他者》が存在しているると断言したいのか、それとも、(そのどのような社会的な公式よりも基盤的であるゆえに)理念的な、しかし小文字の小他者があるとみなしたいのか。あるいはそれとも、性的差異につきものの理念性は、現実に再生産されているジェンダー規範——それ自身の理念性が、前 - 社会的で表現不可能な性的差異には必要不可欠だと言いつくろうジェンダー規範——によって構築されているのではないかと疑っていくのか。

もちろんラカン派の友人たちは、もっとも進歩的な人たちですら、性的差異については、それが内容のない純粋に形式的なものであり、また永遠に空虚であるがゆえに、それを命名不可能な性的差異と名づけていることに関して、それほど思い悩む必要はないと答える。だがわたしはここで、ヘーゲルがカントの形式主義に対して痛烈に投げかけた反論にふたたび戻りたい。つまりそれが空虚で形式的な構造であるなら、その理由は、それが完全に内容を形式にまで純化することができないからである。性的差異という形式的構造は、そもそも内容をもたず、後続する遡及的行為によって内容を「充塡されている」だけだと主張するだけでは、じゅうぶんではない。この定式は、形式と内容のあいだに完全な外的関係を打ち立てているだけではない。この定式は、形式主義はそれが否定する内容の残余から完全に自由になれない抽象化のプロセスによって生みだされるという読みを、妨げているのである。見せかけの空虚さのなかにこの起源の前‐社会的な性的差異があるという形式的特質は、ある種の理念化された必然的な二分法を打ちたてる物象化をつうじて、まさに作り上げられていくのである。痕跡や残余――形式主義によってぬぐい去られなければならないが、それ自身に先立つもののなかに形式主義の基盤があることのしるしともなっているもの――は、形式主義を解きほぐすさいの手がかりとしてはたらくこともある。「文化的な理解可能性は性的差異を必要とする」とか「性的差異のない文化はない」といった主張がラカン派の言説のなかで流通しているという事実は、このような超越論的見方をあおる抑制規範といったものが存在していることを、暗に示しているのである。つまりここには、性的差異のどのような社会的運用よりもまえに存在していて、それに汚染されていないとみずから公言するがゆえに、どんな批判からも免れている規範性が存在しているのである。ジジェクは「究極の問いとはこうだ。ヘゲモニーの『戦場』として普遍性という空虚な形式が現れるために、どのような特定の内容が排除されなければいけないのか」（ジジェク、一四八頁）と述べたが、もしもそう述べることができるならば、「ヘゲモニーの戦場として性的差異という空虚な形式があらわれるためには、どのような特定の内容が排除されなければいけないのか」という問いかけもできるはずである。

もちろん純粋に思弁的な立場を取って、次のように問いかけることもできる――いったい誰が性的差異を、起源においても、終局的にも、表現不可能なものとして位置づけるのか、またその目的は何なのか。このきわめて立証不可能な概念は立証可能性の条件として提示されているので、わたしたちは神学的事柄として無批判に受け入れるか、あるいは社会的側面から批判的に追求するかの、二者択一を迫られることになる。理解可能性にはこういった基盤的な土台があるという言い方を受け入れるのか。それとも、そのような位置づけはどんな〈予めの排除〉をおこなっているのか、その代価は何なのかと問いかけはじめるのか。

もしもこの位置づけを受け入れるなら、理念的なジェンダーの二分法にきっちり当てはまらない性的身体が登場したときでさえ、性的差異そのものには超越論的な地位があると主張することになるだろう。だからインターセクシュアリティを説明するときには、理念はべつにちゃんと存在しているが、問題の身体――偶発的で歴史的に形成された身体――は、この理念に適応しておらず、目下の理念との本質的な関係は不適応性なのだと述べることになるだろう。性的差異の実例が現実の生物学的身体のなかに見いだせるかどうかは、問題ではない。なぜなら、このもっとも神聖化された差異の表現不可能性や非象徴性は、それが真実であることを証明する実例を示せないということにあるからだ。あるいはトランスセクシュアリティについて考えるとき、カトリーヌ・ミヨーの病理学的な言説を持ちだすことになるかもしれない[9]。彼女の主張は、性的差異は一次的で永続的なものであるので、その理念のもとで苦しみ、その理念に対する不動な信仰を変えようとしている生など、まったく歯牙にもかけないというものだ。あるいは、非婚カップルに法的保護を与えようとする現代のフランスの施策に関して、シルヴィアン・アガシンスキィ、イレーヌ・テリィ、フランソワ・エリティエらがおこなっている、きわめて反動的な政治主張に同調することになるかもしれない[10]。アガシンスキィが述べていることは、あらゆる文化は性的差異を（その基盤や条件や契機として）前提にしているので、そのような法制化には反対すべきであり、もしもその法案を通せば、文化そのものの基本的前提と齟齬をきたすことになるというものである。エリティエは同様の議論を、レヴィ＝ストロースの文化人類学の観点から展開していて、この点について自然に逆らうようなことをすれば、重大な心的結果があらわれてくると述べている[11]。実際このような主張は成功をおさめ、その結果、フランスの国民議会が最終的にこの法案を通したとき、ゲイやレズビアンの養子縁組の権利ははっきりと否定され、自然にも文化にも反するそのような環境で生まれ育った子供たちは、精神病になると危惧された。

エリティエが引いてきたのは、レヴィ＝ストロースの著作のなかに見られる概念――あらゆる文化的な理解可能性の根底にある「象徴的な」ものの概念――である。ジャック＝アラン・ミレールもこれに賛同して、同性愛者たちに対しては、彼らの関係には承認を与えるべきだが、彼らに、婚姻と同様の法的措置を適用することはできないと言う。というのも、夫婦間の忠誠は「女性的なものの存在」によって保証されており、ゲイ男性には、彼らの関係を繋ぎとめておくこの重要な素質が欠けていると見うけられるからだという(12)。

性的差異の教理を利用したこれらのさまざまな政治的立場――そのあるものはレヴィ＝ストロースから、あるものはラカンから引いてきている――は理論の誤用であり、もしも性的差異が真に空虚で形式的な差異として守られるなら、それは、それについてのどのような既存の社会的定式にも同一化することはできないはずだと主張することもできるだろう。

だがこれまで見てきたことは、超越論的なものと社会的なものを分け隔てることは、概念レベルにおいてさえ、いかに難しいかということだ。というのも、性的差異は、どのようなその具体的な定式――つまりその「内容」――とも同一化できないと主張したとしても、これがそういったものから根本的に区別しうると主張することも同様にできないからだ。そうなると、そのように性的差異の地位が揺れ動いていることから、いくつかの事柄が生じてくる。性的差異は、一方では、社会的で象徴的なものとはべつの「レベル」の（疑似）超越（論）的なものと考えられているが、他方で、もしも性的差異がその歴史的で社会的な定式の土台であり、それを支えているものなら、それはそれらの定義のまさに条件であり、一部でもあるということになる。事実この見方を受けいれる人によれば、それは象徴可能性の象徴化しえない条件なのである。

しかしわたしの意見では、性的差異のどんな既存の定式に対しても、それを超越する条件であるということは、同時に、そういった定式すべてに絶対に必須なものであり、それなくしては、それらの定式は理解可能になることができない条件だということである。超越（論）的という言葉のまえに付けられている「疑似」という言葉は、このことの過酷さを和らげるためであり、また次のような問い――すなわち、ここで使われている超越（論）的という意味はいかなるものかという問い――を回避するものでもある。カント流に言えば、「超越論的」の意味は、それがなければ何ものも出現できない条件である。だがそれはまた、既存の事物が出現するときの規制的で構築的な条件でもある。後者の意味では、条件は、それが引き起こす事物の外部にあるのではなく、その構築の条件であって、事物が生じて、姿をあらわすときの原理である。したがって超越論的なものは、論題化しうるものの出現を制限するさいの基準を示す条件である。だから、もしもこの超越論的な場に歴史性はないと考えているなら、つまりそれが、時を隔てて変化し改められるような変遷するエピステーメではないと考えているなら、セックスや性的差異についてのさらにラディカルな民主的な定式を支持し、広めようとするヘゲモニーの説明に対して、この超越論的な場がどんな有益な役割を果たすことができるのか、わたしには定かではない。

もしも性的差異が疑似-超越（論）的な地位にあるのなら、性的差異の具体的な定式（性的差異の二次的形態）はすべて、それよりも起源にある定式を暗に引き合いに出しているだけではなく、まさにそのあらわれ方において、論題化しえない規範的条件によってすでに制限されているのである。したがって性的差異は、そのさらに起源の意味において、根本的に議論の余地のない原理や基準として作用しており、その原理や基準が、〈予めの排除〉をつうじて――実際には、病理化とか法的な公民権剥奪をつうじて――理解可能性をうち立てていくのである。論題化しえないものとしてそれは批判的検証を免れており、それは必須で本質的なもの、すなわち権力の真に適切な道具となっている。と同時に、もしもそれが理解可能性の「条件」ならば、そこには、理解可能性をおびやかしたり、社会的歴史的な世界のなかの生存可能な生をおびやかすある種の形態が存在していくことになるだろう。だから性的差異は、単に基盤として機能しているだけではなく、それを空洞化しようとする試み（少し名前を挙げるだけでも、インターセクシュアリティ、トランスセクシュアリティ、レズビアンやゲイのパートナーシップなど）に抗して設定され、それらに対して防御しなければならない規定的な条件として機能しているのである。

したがって知識人が非規範的な性実践に対して、それらが文化の条件に逆らっていると批判するとき、それはラカンや象徴秩序を単に誤用しているのではない。まさに超越論的なものは、基盤的「レベル」としてのそれ独自の場所を保持していない／保持できないという理由のために――つまり、超越論的な基盤である性的差異が、理解可能性の地平のなかで具体化されるだけではなく、理解可能性の地平を構造化し限定するものでもあるという理由のために――それは、文化のなかで理解可能なオルタナティヴとして何が将来認められ、何が認められないのかを、能動的、規範的に規制する機能をもっているのである。だから超越論的なものと主張される性的差異は、理解可能な文化のなかでどんな種類の性的配置が将来容認され、どんな配置が容認されないのかをまえもって処方しようとする理論に対して身を守ろうとする者には、過酷に敵対することになる。このように性的差異が超越論的な機能と社会的な機能のあいだを必然的に行き来することによって、その処方的な機能を不可避のものにしているのである。

予めの排除

この立場にわたしが同意していないことは明らかだが、だからと言って、精神分析の価値、あるいはラカンの読みのあるものに疑いを差し挟んでいるわけではない。むろんエディプス・コンプレックスを使うことについては、それが男女に分けた親の機能を前提にしており、そのため家族についての批判的な考察を阻害しているので、反対している。また近親姦タブーを云々することについても、同性愛タブーと同時発生しているゆえに近親姦タブーが読み取り可能になっていること、またひいてはたいていの場合は異性愛をその解決策に指定していることなどを見極めないような思考に対しては、反対している。わたしは、ある種の〈予めの排除《フォアクロージャー》〉なしに主体が立ち上がることはないという意見には賛同さえするのだが、構築にかかわる予めの排除、またトラウマでさえも、それらには、レヴィ゠ストロースやラカンの俯瞰的な視点から完璧に記述されているような普遍的構造があるという推定に対しては、それを却下している。実際ジジェクとわたしの興味深い相違点は、おそらく、起源にある予めの排除の地位にまつわるものである。たしかに予めの排除は、二次的で社会的なものではなく、さまざまな社会的禁忌が作動するときの手段である。禁忌は、その対象が出現したときに、それを禁じるだけではなく、欲望の地平の内部にあらわれることができる対象——そして事実あらわれる対象——はどんなものかを、まえもって制限するものである。わたし自身は、この地平をヘゲモニーをつうじて変容させることにコミットしているので、この地平は歴史的に変化する図式《シェマ》でありエピステーメだとみなすことに変わりはない。つまりこの地平は、その条件の内部で表象不可能だったものが登場することによって変化するものであり、その表面の境界や亀裂に存在している「不可能な」形象が、その地平の超越性にラディカルに挑戦することによって、いやおうなく新しい方向性を開拓していくものだと考えている。

またたしかに精神分析の価値は、同一化《アイデンティフィケーション》や同一化の失敗がヘゲモニーの思考にとっていかに重要かを考えるさいに見いだされるものである。ラクラウもジジェクもわたしも、この点では同意見だと思っている。精神分析が面目躍如となるのは、ある権力作用によって抑圧されている人々もまた、いかにその抑圧から備給されているか、また事実、そういった人々自身の自己定義が、その人々を規制し、周縁化し、文化的生の領域から放逐している条件と、いかに緊密に関係しているかを考察するさいである。ある点でこの問題は、抑圧者との同一化という従来からの難問ではあるが、しかし同一化は複合的なものであること、また単一な場面においてさえ、人は多様な位置に同一化しうること、そしてどのような同一化もアイデンティティに還元することはできないということを考えれば（この最後の点においても、ジジェクとラクラウとわたしとでは意見が一致していると思っている）、この問題はおのずとべつの様相を見せてくる。人は自分が敵対する人物の位置に現実に同一化してしまうという考えは、なかなか扱いにくい分野である。というのも、精神はおのれを抑圧しているものから備給されていると思いたい人は、抑圧が被抑圧者の心のなかで作られるとか、精神があらゆる他の条件にもまして自分自身を抑圧する原因となっているとか結論づけるおそれが多分にあるからだ。この二つの結論をおそれて、抑圧的な社会条件への固着、とくに主体の抑圧的な定義づけへの固着がどんなものであるかを考えることができなくなってしまう。

なぜわたしたちはみな、わたしたちの利害に明らかに敵対している状況のなかにいるのか、またなぜわたしたちの集団的利益を知ること——実際には思いおこすこと——が困難なのかということは、たやすく突きとめられるものではない。しかし確かなことは、そういったことを突きとめるには、まず精神分析の視野の助けがいるということだろう。自己保存の条件を明らかにすることは、マイノリティによる現状拒否の方策を推し進めようとしている人には、非常に重要なことだとわたしには思える。目的を念頭に置きつつも、意図したものとはべつの目標を達成してしまったと思っている多くの主体のように、透明な自己理解には限界があることを理解することは、ぜひとも必要なことだろう。とくにわたしたちを起動させてはいるが、正直に言えば自分では認めたくはないような同一化《アイデンティフィケーション》について考えるときには必要なことである。同一化は不安定なものである。なぜならそれは、意識的には忌み嫌っている理念に無意識に近づこうとする試みであり、自分がはっきりと擁護している同一化を、無意識のレベルでは退ける試みであるからだ。したがってそれは、自分が備給を受けているこの境域について――どんな理由からであれ――問いかけることができない人々を、金縛りにあったような気分にさせる。しかしそれは、自分が振っている政治的旗が、じつは規制をつうじて自分を搾取し飼い慣らしている同一化や備給を押し進めているものである場合には、もっと複雑なものになりうる。なぜなら問題は、単に、個人が自分の精神やそれを備給しているものをどう考えるかということ（臨床的な精神分析を政治の終点にさせているもの）ではなく、現在の政治領域のなかでどんな種類の同一化が可能とされ、育成され、強要されているのか、また不安定さの形態が、同一化のプロセスをつうじて政治領域のなかでどのように切り拓かれていくのかを探ることであるからだ。もしも光り輝く新しいゲイ市民という呼びかけ《インタペレーション》が、軍隊のなかに入れて欲しいという願望や、国家の祝福を受けて結婚の誓いを交わしたいという願望を要請するものなら、その呼びかけによって引き起こされる不協和音は、この突然に凝集したアイデンティティの各部分を、バラバラに砕く可能性に今度は道を拓くことになる。それは、当然視されているカップル志向《インターロッキング》の位置にアイデンティティを閉じこめておくことには反対するものであり、同一化《アイデンティフィケーション》の失敗を強調することによって、べつの種類のヘゲモニー形成を起こさせようとするものではある。だがそれは、単に理念的にそうなるというだけのことである。なぜなら、広い意味での不協和音が確立されて、さらにラディカルなアジェンダへとゲイの人々を政治化する形態をとっていく保証は、どこにもないからだ。

この意味で、同一化のために政治的に利用できるカテゴリーこそ、ヘゲモニーや不協和音や再分節化の戯れを、まえもって制限するものである。精神はそれが対立しているものから備給されているだけでなく、主体を政治的に存在可能にさせている条件自体が、同一化の道筋を演出するものであり、またもしも運が良ければ、脱アイデンティティの抵抗の場所にもなるものである。このような公式は、本書の共著者が共通して持っている視点にかなり近いものと思われる。

フロイトとフーコーを接続することで、わたしは、社会的権力と心的現実の二重作用を説明する行為体《エイジェンシー》の理論をつくろうとしてきた。この試みは『権力の心的生』[13]のなかでも一部おこなったが、そもそもフーコー流の主体理論が不十分であることから発したものである。フーコー流の主体理論は、行動が機械的に再生産される行動科学の運動論や、「内面化」という社会学の概念に頼っており、こういったものはアイデンティティ主義の実践につきものの不安定性をきちんと認識できていないからである。

規範における幻想

フーコーの見解のなかで一つ疑問に思うことは、主体を規制しようとする権力体制がそれに成功するのは、主体に自己定義という原則を与えることによってなのかどうかということである。もしもそうであって、主体《サブジェクティヴェイシェン》化はそのような隷属《サブジェクション》化と密接に結びついているなら、行為体《エイジェンシー》の土台として主体概念を引き合いに出すことはできなくなる。なぜなら主体は、行為体の目標や範囲となるものをまえもって制限する権力行使をつうじて、生産されるからである。しかしこう考えたからといって、わたしたちはつねにすでに術中にはまっているとか、規制や、規制がおこなう主体化＝隷属化《サブジェクション》に対して、抵抗の地点がないということにはならない。そうではなくてこれが意味しているのは、主体を行為体の土台とみなすことによって、規制権力の効果に対抗できると考えてはいけないということである。心的生の分析がここで重要になってくる。なぜなら主体にはたらきかけて、その欲望を生産したり、欲望の行使を制限する社会規範は、一方的にはたらいているわけではないからである。それは単に押しつけられたり、既存の形式のなかに内面化されているものではない。事実どんな規範も、幻想を作動させることなく、もっと正確に言えば、社会的かつ心的な理念に幻想的に固着することなく、主体にはたらきかけることはできない。精神分析がフーコーの分析に介入するのは、まさに、社会規範の幻想的次元を理解したいと思ったときである。だが用心しなければならないことは、幻想と社会的な呼びかけを、それぞれ「べつのレベル」で起こることだと理解してはいけない。建築構造の用語を使った理解では、この二つのプロセスの内的関係についての問いかけに対して――つまり社会の規範性を、その継続的な効果の手段であり源でもある心的現実の外側で思考することが、結局できないのはなぜなのかについて――答えを出すことはできない。ブルデューが述べてきたように、規範は具体化されるだけでなく、具体化そのものが、規範を反復的時間にさらす（かならずしも意識化されてはいない）呼びかけの様式なのである。規範は静態的なものではない。規範は、幻想がもたらす理念化によって支えられている存在の、具象化され、解釈された特徴なのである。

　ジジェクは一方では、物質的で理念的だと彼が代わる代わるに述べている「トラウマの核／残余」が、心的生の中心にあると主張するが、しかし彼が言う物質性は、物質と何の関係も持ってはいない。このトラウマの核は、社会関係によって成り立っているのではなく、社会性の限界点として機能しており、（核とか染みといった）物質性の比喩によって表現されてはいるが、このような比喩の外側にあらわれたり、比喩の外側で読みとられたりするものではなく、また厳密に言って、概念化できないものであるがゆえに理念的でもなく、むしろ概念化の限界として機能しているものである。この問いに対するヴィトゲンシュタインのアプローチが、問題を単純にするのかどうかわからない。だが概念化には限界があり、社会性についての既存の公式にも限界があること、またわたしたちはさまざまな知覚すれすれの幻影的瞬間において、この限界に経験的に邂逅しているという意見には、賛同することができる。だがそれではなぜわたしたちは、この限界に、専門用語である《現実界》という用語を与えなければならないのか。なぜわたしたちは、主体がこの予めの排除によって構築されていると、なおも主張しなければならないのか。専門的な学術用語の使用は、解決をもたらすというよりも、さらなる問題を引き起こすものとなる。一方ではわたしたちは、《現実界》が意味していることはただ一つ、主体の構成上の限界だけだという考えを受け入れてもいる。だがそれならばなぜ他方で、その学術用語を使わないで主体の構成上の限界を言おうとする試みに対しては、その学術用語の適切な作用を理解していないせいだとみなすのか。そういった現象を理解するためにカテゴリーを使っているのか、それとも、もしそうしたければカテゴリーを「《父》の名のもとに」支えておけるように、そういった現象を配置させているのか。同様に、象徴界という希釈された概念は規範的な親族関係とは別個のものだという考えを受け入れることができるのに、ではなぜ、《父》や《ファルス》の場所についてだけ、延々と語るのか。また象徴界は人をいかなる特定の親族関係につかせるものでもない――たぶんもっと一般的に言えば、完全に空虚で一般化された親族概念につかせるものである――とみずからはっきりと定義しているのに、なぜこの象徴界のなかの「位置」が、つねに異性愛の親子関係という理念化された概念をめぐって語られるのかは、理解に苦しむところだ。どんなジェンダーを持っている人であれ、「女性的なもの《フェミニン》」の原理を体現する人であれば「女性的」という語が使われるのはなぜかということについて、ユング派は満足な答えを出さなかったが、それと同様にラカン派も追いつめられて、父権的な親族位置の再循環を、大文字の《法》として正当化し、同時に、そのように社会的なものにどっぷりと浸っている関係を、あらゆる社会性から免れているものとして――なお悪いことには、そのような社会性の前‐社会的で（疑似‐）超越（論）的な条件として――定義してしまった。わたしの友人のスラヴォイやエルネストは、《ファルス》という語は男根ロゴス中心主義とは定義上べつのものだと主張するが、そう主張すること自体が、わたしなどは畏れ多くもかしこまる新造語がなし得た事柄なのである。彼らは自分たちが命題化している内容に、レトリックのうえでは異を唱えているのではないかと思うのだが、もうこれ以上言うのはやめよう。

わたしは、目下優勢な自我心理学が避けている精神分析の前提、つまり、主体は予めの排除を土台に出現する（ラプランシュ）という前提は受け入れているが、この予めの排除が社会性の消失点であるとは思っていない。個体化には無意識――すなわち残余――を生みだす予めの排除が必要だということは当然かもしれないが、無意識は前‐社会的なものではなくて、語り得ない社会性を保持する方策であることも、また確かなことだ。無意識は、意識的で社会的な生の界域のなかに必要不可欠な間隙を、結果として作りだす心的現実――社会的な内容を純化させた心的現実――などではない。無意識は、現在進行中の心的状況であり、そこでは規範が、規範化と非規範化の両方をつうじて登録される。つまりそこは、規範の強化や解除や逆用がなされる公準化された場所であり、（かならずしも意識的、意図的にはおこなわれない）同一化や否認において、規範が流用される予測不可能な軌道なのである。主体の基盤である――また主体を不安定化させる――予めの排除は、権力の軌道をつうじて分節化される。権力の軌道とは、何が人格になりえて、何がなりえないかを規定する規範化理念であり、人格を獣性から引き離し、男と女を区別し、アイデンティティを「不可避的な」異性愛とジェンダーの理念的な形態《モーフォロジー》に沿うように作り上げる傾向をもち、またそれに賛成あるいは反対の「主張をおこなう」ことがたいていの場合むずかしい人種・国家・階級アイデンティティに関する執拗な同一化や否認に対して、物質的材料を作りだすものである。

精神分析が心的現実に対して、その領域の自律性を前提とするような分析をおこなうことができるのは、ひとえに、その領域の自律性を結果として生みだす社会権力の形式を、精神分析が進んで自然化しているからである。権力は主体形成のなかで——主体形成として——出現する。なぜなら、予めの排除という主体産出の機能を、生産権力のおよぶ範囲から引き離すことは、社会的意味を無意識の心的過程の行動の一部として解釈するやり方を否定することであるからだ。さらに言えば、もしも前意識や無意識のレベルでの自己定義を取りしきっている人格理念が、さまざまな予めの排除をつうじてまさに生産されるのなら、そのような理念に関連して登場するパニックや恐怖やトラウマや怒りや情熱や欲望について理解しようと思えば、かならずそういったものがどのように社会的に定式化されているかに言及しなければならない。しかしだからといって、権力の社会形態が、その単純な効果として主体を生産しているわけでもなければ、行動主義の路線にそって、規範が心的現実として内面化されると主張しているのでもない。そうではなくて、これが強調していることは、社会規範が心的現実としてさまざまに生きられているということであり、鬱病《メランコリア》や躁病《マニア》といった心的状態や、パラノイアやフェティシズムは、個別の社会状況のなかの個別の形態であるだけでなく、そこにはその個別の形態以外の基底的な本質など何もないということである。精神の個別性は、その自律性を含意したものではない。

性的関係にかかわる展望で社会の非難を招く可能性のあるものは無限にあるが、社会規範が幻想のなかで機能していることに異議を差し挟むことは、まったくできない。むろん規範は、いつも同じように作用しているわけではない。性実践が欲望される理由は、まさに規範が恥辱を約束するがゆえであり、また恥辱が求められる理由は、恥辱が、失われた対象や親の形象や、それどころか法の形象を回復したり、懲罰の場面を介して関係性を回復すること（鬱病の多くは、この自己消滅の欲望に基づいている）を、精神のなかで約束するゆえなのだろう。あるいは、性実践が欲望される理由は、まさにその性実践が、恐怖された り否認されているべつの種類の性実践への防御としてなされるからであり、また欲望やそれに対して予想される非難のドラマ全体が、べつの種類の、それよりももっと苦痛に満ちた心的結果を回避させるためにはたらいているのかもしれない。いずれにしても、規範は幻想を構造化するために機能しているが、それを精神が（いわば）用いるやり方は、千差万別である。したがって規範は、幻想を構造化しているが、幻想を決定しているわけではなく、また幻想は規範を使ってはいるが、規範を作りだしてはいない。

もしもたとえばそういった性実践がアナル挿入であったとして、それに対して厄介な関係をもっているのが性別上の男である場合、多くの問題が発生する。たとえばその幻想は、それをおこなうことなのか、それともそれを受け入れることなのか、あるいはおこない、かつ受け入れることなのか。またその幻想は、べつの幻想——つまりその中心に受容しえない攻撃性があったり、近親姦欲望を伴っている幻想——の代用として機能しているのか。また社会規範は、この幻想のなかでどんな姿をとっているのか。「わたし」をその幻想の遠近法のどこに位置づけるのかが簡単に言えないほど、欲望と法の両方に、同時に同一化がおこなわれているのではないか。また、もしも自分がその幻想に関係することによって弱い立場になり、パラノイアや恥辱に苦しみ、そして公的な場所に現れて他人と交流することなどできないと思うならば、その種の苦悩を説明するときには、規範のもつ社会権力のみならず、規範が心的生の幻想に侵入し、それを形成するときにふるわれる、社会権力の悪しき増長についても語らなければならないのではないか。したがって社会規範と幻想をべつべつに分析して、公準化することは不可能だろう。なぜなら規範の手口《モデュス・オペランディ》こそが幻想なのであり、幻想の文法は規範の語彙を理解しなければ、おそらく読みとることができないものであるからだ。規範とセクシュアリティがあたかも別々のものであるかのように、規範がセクシュアリティの生のなかに単に侵入してくるというのではない。規範は性化され、かつ性化するものであり、またセクシュアリティ自体が、そもそも決定済みのものではなく、構築されていくものであるからだ。この意味で身体は、規範と幻想の理論化のなかで考えられなければならない。なぜなら身体は、まさに規範への欲望が形成される場所であり、規範がそれ自体を自然化するために、欲望や幻想を培養する場所であるからだ。

ラカン派のなかには、幻想のなかに姿をあらわす法は、大文字の《法》であり、小文字の法は大文字の《法》が機能していることを指し示すものだと考えたがる人たちもいる。これこそ精神分析の理論が、神学的な企てになる瞬間である。たしかに神学は存在しており、簡単に捨て去ることはできないが、それを信仰にすぎないと認めることが、おそらく重要なのだろう。この種の知の実践を構築している平伏身ぶりをわたしたちがなぞっているかぎり、わたしたちはそういった平伏身ぶりを信じることになり、またこの身ぶりの結果として、わたしたちの信仰は生まれてくる。わたしたちがおこなっている平伏身ぶりのまえにそれを条件づけている起源の信仰があると、ジジェクにならって主張する人もいるだろうが、わたしがここで言いたいことは、神学的賭けで始まらなければならないものはすべて、神学そのものを求める欲望なのであり、わたしたちはかならずしも全員がこれを共有しているわけではないということだ。むしろ理論としても臨床実践としても、精神分析にとってここでもっと重要だと思えることは、社会規範が精神のなかでさまざまな形態をとるときに、その社会規範はどんな変容をこうむるのか、それがどんな特定の苦悩の形態をもたらすのか、あるいはそれが思わず知らず、救済へのどんな手がかりを与えるのかを見ていくことである。

あるいはここで、主体の身体を傷つけたり、破壊すらしようという明白な目的をもった自己損傷のさまざまな形態について考えてみよう。もしも主体が女で、父を誘惑して母から引き離したり（そして、自分から母を引き離したり）、姉妹から兄弟を奪ったり（そして、自分から姉妹も兄弟も奪ったり）した責任は自分にあると思っている場合は、自分の罪や喪失の源と思われる身体を消滅させようとして、自己損傷がはたらくかもしれない。だが彼女は、身体を消滅させようとしているのではなく、それをただ傷つけようとしているのであり、すべての人にわかるようなしるしを残そうとし、それによって、記号を伝達し、告白や嘆願と同等の身体行為をおこなおうとしているのである。だがそのしるしは、それが（両義的に）向けられている人には読み取り可能でないかもしれず、その結果、身体は記号を伝達しても、その伝達に失敗し、手元の「徴候」は、判読不可能な告白のために捧げられた身体の一部となる。もしもわたしたちがこの場面をあまりにも早急に理論化して、ここには大文字の大《他者》――すべての主体に対して一般化しうる疑似‐超越（論）的で先験的《アプリオリ》なもの――がはたらいていると結論づけたら、この例に示されているかなり複雑な、心的で社会的な関係を見ないことになる。その場面をその先験的な条件に一般化してしまうことは、その場面で作用している社会規範の力を無視したり過小評価しがちな普遍化の主張に、一足飛びに行ってしまうことである。ここで言う社会規範とは、近親姦タブーとか、核家族とか、女の罪悪感（女の欲望の攻撃的帰結と思われるものを未然に防ぐもの）とか、損傷された記号としての女の身体（『親族の基本構造』のなかでレヴィ＝ストロースが社会に流通する記号と女を結びつけたことから、図らずも展開してきたもの）とかである。

現在の批評研究においてジジェクの名を広めたのは、ある部分、ラカンを純粋理論から引き離したことによってであり、ラカンをポピュラー・カルチャーをとおしていかに理解できるか、また逆にポピュラー・カルチャーがいかにラカンの理論の指標になるかを示したことによってである。ジジェクの著作には、ポピュラー・カルチャーや、種々のイデオロギーや、その複雑な「ジョーク」からの豊かな実例に溢れている。しかしこういった社会的な実例は、心的現実のさまざまな原理を証明するものとして出されているにもかかわらず、それらと心理原理とのあいだの関係は明らかにされていない。社会的な実例は心的現実の構造を読み解くきっかけとして役には立つが、社会的なものが、それに先行する心的現実を理解するためのレンズ以上のものかどうかを尋ねてみようとはしない。例は一種のアレゴリーとして機能しており、例とそれが例証しようとしている内容はべつのものという前提が、そこにはある。ゆえにこのように両者を分離することは、前述した二つのレベルの建築構造の比喩を繰り返すものである。精神的なものと社会的なものをこのように分離することをデカルト的と呼ぶのが適切でないなら、ここではたらいている二元論をどう呼べばいいか、お聞きしたいものだ。

このように述べてきても、精神分析が広義の政治概念にとってどのような意義があるかについては、まだ明らかになっていない。この試みへのジジェクの貢献ははかりしれないもので、彼は、いかにイデオロギーの呼びかけのなかで脱‐同一化がなされていくのか——すなわち、呼びかけがその対象を、それを定義するしによって把捉することができないということが、いかにその対象の意味をめぐる論争の条件となり、ヘゲモニーに付きもののダイナミズムを起動させているのか——を示してきた。ここで明らかになっていると思われるのは、パフォーマティヴな把捉——それによって主体が呼びかけられる名前と同じものになっていくこと——をつうじて主体に命令を下そうとする試みは、かならず失敗するということである。しかしそれがなぜかならず失敗するのかについては、解答が与えられないままになっている。どんな主体も単一の名前で把捉できない複雑さをもっているので、一つの形態の命名法とは齟齬をきたすと言うこともできるだろう。あるいは、たとえ名づけのプロセスがどのように複雑で多彩であっても、どの主体にも名づけえないものがある（ジジェクの主張はこれだと思う）と言うこともできよう。あるいはまた名前についてもっと詰めて考えて、どんな規範化装置の助けをかりて名前が機能しているのか、また名前は単独で機能するのかどうか、あるいはいやしくも「機能する」ためには、いかなる場合にも失敗の可能性を呼び込むような反復が必要なのではないかについて、さらにもう少し考えてみることもできるだろう。しかし重要なことは、呼びかけはかならずしも名前をつうじて機能しているのではないことを思い起こすことである。この沈黙があなたに向けられたものであるかもしれない。また主体が命令されるときの言説手段が失敗するのは、言説への同化に抵抗するものが言説の外にあるからだけではなく、言説が、それを使う人が意図した以上の目的と効果をもってしまうからである。意図しなかった効果を生みだす手段である言説は、それが予め排除しようとしたアイデンティティが生まれる可能性を作りだすこともある。むしろ予めの排除を分節化することは、予めの排除を解体する最初のきっかけなのである。なぜなら分節化は、それが言説の軌道のなかに入ったとたんに、つまり、それに生命を吹き込む意図から離れたとたんに、分節化しなおされ、反駁されることになるからだ。

文化の理解可能性を制度化するために、ある種の可能性を除外するという予めの排除の場合、予めの排除に言説形態を与えることは、不安定化を引き起こすきっかけになりうる。語りえないものが語る——すなわち、語りえるものが語りえないものを沈黙のなかで語る——という発話行為は、発話のなかに記録され、発話は、語りえないものによって切り拓かれていくゆえに、何かべつのものになっていく。精神分析は、言説のなかの意図しない意味の効果を強調するので、ここで精神分析が重要になってくる。フーコーは自分の理論と精神分析の類縁性には気づかなかったが、彼がはっきりと理解していたことは、意図によって完全に支配されない言説実践が生みだす「偶然の結果」は、言説を破壊したり変容させる効果を持つということだ。この意味で精神分析は、政治実践につきものの偶発性やリスクを理解するときの手助けになる。偶発性やリスクとは、慎重に意図していた目的が、権力のべつの作用によって転覆させられ、もともとは認めていなかった結果を生みだすことである（たとえば、合衆国のフェミニストたちの反ポルノ運動は、彼女らが啞然としたことには――と思いたいが――その大義を、右翼の共和党支持者に利用された）。逆に敵の攻撃が、皮肉なことに、自分の位置を後押ししてくれることもある（と思われている）。とくに敵の戦術に表れている明白な攻撃性に対して、一般大衆が感情移入していない場合には。しかしだからといって、目標を描いたり戦略を編みだすべきではなく、ただ敵がみずからの首を絞めるのを黙然と待っていればよいと言っているのではない。もちろんわたしたちは、集団としての政治計画を練るべきだし、政治計画を正当化すべきである。だがこのことは、権力との関係において天真爛漫になって、目標の制度化（市民権運動の勝利）がその対抗勢力（カリフォルニアの市民権の州民発案）によって利用されて、その成果が霧散してしまうこと（アファーマティヴ・アクションの撤廃）など起こらないと考えるということではない。

政治の可能性の条件――およびそれから

現存の権力制度によってこのように逆転される可能性や、完全な接収が懸念される可能性があるために、多くの批判的な知識人は、活動にかかわる政治に参与するのを避けている。自分が批判的に検討しようと思っている概念を、受け入れざるを得なくなるのではないかと恐れているのだ。「人権」の言説が、権力の広範囲の作用を局所化し曖昧化する傾向すらあるとき——つまり批判的見地から問題化しようとしている人間主義のある種の前提を受け入れてしまうことすらあるとき——「人権」という概念を奉じることができるのか。「普遍性」という公準が、公権賦与を求める民主主義の主張のレトリックの中心にあるからといって、それを受け入れることができるのか。政治体の構築を問題にしなければならないときに、まさにその政治体に「含まれること」を要求してよいのだろうか。政治領域が組織化されるやり方を問題にし、かつそのような探求を、ラディカルな民主主義の企ての中心にある自己反映プロセスの一つとして容認させることが可能なのか。逆に言えば、批判的な知識人は、自分が批判しようとしている用語をまさに使用して、その用語が必要な文脈では、その用語を使うことに前 - 理論的な価値があると言うことができるのか。

おそらく知識人にとっては、次の二つの探求を行き来できることが重要だと思われる。一つは本書の主要部分を占めているもので、政治の可能性の条件を討議すること、もう一つは、ヘゲモニー闘争という現在の生をなしている諸闘争をおこなうことであり、たとえばさまざまな新しい社会運動の展開と普遍化や、連合へ向けての具体的な作業や、とくにアイデンティティ主義の政治を断ち切るような連携をおこなうことである。こういった試みが、「個別的」あるいは「歴史的に偶発的」と思われている単一の旗印のもとにひとまとめにしうると考えるのは間違いだろうが、他方、知識人たちはそのため、現実の政治ゲームからはっきりと切断されていると思われているそれよりも基盤的な問題の方に向かいがちだ。わたしはべつに、わたしの対談者たちがこの手のことをやっていると非難しているわけではない。ラクラウの著作——とくに『政治的アイデンティティの形成』[14]という彼が編集した本——は、この問題をはっきりと取り上げているし、ジジェクもまた、全体的に見れば、バルカンの政治情勢を批判する中心的人物の一人として登場しており、個別的に見れば、スロヴェニアの政治にさまざまなかたちで参与している。さらに言えば、わたしたち三人が大なり小なり関わっているヘゲモニーの概念は、社会運動が普遍的主張をしはじめるようになるときには――とくに、それらが歴史的地平の内側で民主化を約束するものとしてあらわれるときには――社会運動そのものについて思考することを要請するものだろう。だがここで注意を促したいのは、そのような運動の可能性の条件をうち立てることと、その内部にあるオーバーラップしている論理――つまり、社会運動が民主主義の主要用語を流用する特定の方法――に参与して、こういった用語をその流用の帰結として宿命づけていくこととは、同じことではないということだ。

ゲイ・レズビアン運動は、ある地域では広範囲の性的マイノリティを包含するまでに拡大してきたので、現存の規範にそれがどう同化していくかに関して、近年多くの問題に直面することになった。合衆国の軍隊に組み入れられるべきだと声をあげた人たちもいれば、軍隊自体をもう一度批判的に位置づけなおし、それが意味していることの是非を問いかけてみようとした人たちもいる。同じくヨーロッパの一部（とくにフランスとオランダ）や合衆国では、結婚制度を非異性愛のカップルにも拡大しようとする活動家もおり、またべつの活動家は、結婚制度に対して依然として活発な批判を展開していて、単婚カップルを政府が承認することは、多くの性的マイノリティの性的自由を、結局非合法化することになるのではないかと疑問を呈している。主流派のリベラルな活動家が求める前進（軍隊や結婚制度に組み入れられること）が民主主義の拡大やヘゲモニーの前進となるのは、ひとえに、レズビアンやゲイが、これらの義務や資格《エンタイトルメント》において、他の市民と同様に扱われるべきだと主張しているかぎりにおいてであり、こういった制度に包含されるという展望が、ヘゲモニーの普遍化の約束を現在もたらしているしるしになるかぎりにおいてである。しかしこれは有益な結末ではないように思われる。というのも、一部のレズビアンやゲイのために、こういった問題の多い権利や義務を定めることによって、あらたな合法性の規範が打ち立てられ、べつの人たちを再‐周縁化し、この運動の長年の目標でもあった性的自由の可能性を予め排除することになってしまうからだ。ゲイの政治のために軍隊や結婚を自然化してしまうことは、これらの制度のどちらかを――敵対視しないまでも――呪わしく思っている人々を、周縁化してしまうことにもなる。実際この両方の制度に反対している人々は、それらが「民主主義の進展」と表現されることに対しては、自分たちのもっとも中心的な政治的コミットメントを冒瀆するものだと思うだろう。ではいかにしてこの極度に相矛盾する状況のなかで、ヘゲモニーの作用について考えていけばよいのだろうか。

まず明らかだと思えることとは、ゲイ運動が描く普遍化の約束――つまりレズビアンやゲイが普遍的に受容される公準に基づいて、人間とみなされるようになるし――と、結婚や軍隊参加の権利とを同一視することに反対して事を始めることを、政治目標にすることだ。もしも結婚や軍隊がこれからも論争すべき領域でありえるなら（そうであるべきだが）、そういった事柄や、それに類する事柄について論争していく政治風土を持つことが肝要なこととなる。それに類する事柄とは、性的交渉の公的範囲の合法性や合法化、世代間セックス、非婚者の養子縁組、エイズ研究や検査の推進、トランスジェンダーの政治などである。こういった事柄は論議されるべき問題だが、ではそのような論議や論争は、どこでなしうるのか。早くも『ニューヨーク・タイムズ』は、レズビアンとゲイの状況はストーンウォール以降驚異的に前進しており、また「カミングアウト」が熱狂的に受け入れられたメジャーなエンタテイナーの多くも、新時代の到来を告げていると報道している。もっとも潤沢な寄付金をもつゲイの権利運動組織「人権キャンペーン」は、その旗印のもとにつねに変わらぬ愛国的エールを送っている。リベラルな政治風土では圧倒的に、レズビアンやゲイが結婚や軍隊という既存の制度に同化するのは華々しい成果だと思われているので、そんなときに、解釈と解釈のあいだの政治的に効果的で開かれた論争を持ち続けることはどうすれば可能になるのか。

これは、ヘゲモニーを可能にさせる条件を求めて、それを《現実界》という前-社会的領域のなかに位置づけることとは、べつの問題である。またこれは単に、すべての具体的闘争は、それより深甚なものの例証であるとか、わたしたちの課題はその深甚さについて思考を深めることだと言っているのでもない。わたしが先の問いを立てたのは、「具体的なもの」と「理論」を対立させるためではなく、こういった具体的な緊急性から発せられるきわめて理論的な問いとはどのようなものかを探るためである。ヘゲモニーを可能にさせる理念的条件について検討していくことに加えて、わたしたちがしなければならないことは、効力が生みだされる条件――つまり現在の条件のなかでヘゲモニーがどのようにして実現可能になるかということ――について考察することであり、また、全体主義的な結論に抵抗しながら、実現可能性を再考することである。民主化に不可欠なこの未定性《オープン・エンディドネス》が示唆しているのは、普遍はどんな個別の内容とも最終的に一致しえないこと、またこの共約不可能性（それに相当するものとして《現実界》を出してくる必要はないもの）は、民主主義的な論争の未来の可能性にとって不可欠のものであるということだ。実現可能性の新しい土台を求めることは、静態的で目的論的な結論として政治「目標《エンド》」を追求することではない。ヘゲモニーに関してわたしたち三人がおそらく同意していることは、それが、あらゆる試みをその最終的実現においても超越しうる理念だということ、すなわち、その活力を、それがどんな既存の現実とも一致しないことから得ている理念だということである。この非-一致性の活力を作りだしているのは、新しい可能性の領域を切り拓く可能性であり、したがって、宿命感によって政治思考がことごとく閉じてしまう恐れのある場所に、希望を吹き込む可能性なのである。

翻訳実践における個別と普遍

この種の非共約性は、本書に収められているラクラウの論文のなかで、華麗に公式化されている。そこで焦点が当てられているのは、個別と普遍のあいだの論理的な非共約性であり、ヘゲモニーの展開を刺激するものとして、文法の論理的不可能性を使うことである。ラクラウはヘゲモニー概念の登場を説明するにあたって、マルクスから二つの考え方を引いてきている。一つは、特定の階級が普遍的な目的と同一視されるようになると想定している箇所、もう一つは、特定の階級とその普遍志向のあいだに非共約性があるために、民主化が終わりのないプロセスになるという箇所である。この二つ目の公式から、ソレル、トロツキー、ヘーゲル、グラムシについての彼の議論が導かれるが、それを締めくくるにあたって、彼は以下のように言う。

> ヘゲモニーの普遍化効果が、社会のある個別のセクターからあたりを照らすとしても、そのセクター自体の利益は当然共同的《コーポラティヴ》なものになるだろうから、ただその利益をめぐって個別性を組織することには向かわない。個別の社会セクターがヘゲモニーを得るのは、自分の目的を共同体の普遍的な目的の実現であるようにみせることによってであるとすると、この同一化は支配制度をただ延命させるわけではない。逆に、支配制度が拡張するには、普遍と個別がこうして首尾よく分節化されること（つまりヘゲモニーの勝利）が前提になる。（ラクラウ、七五頁）

右に引用した部分は、必要な「分節化」をおこなうにあたって知的機能がいかに中心的な役割を果たすかを言うために出されているものだが、わたしは同じ引用を、それとは違う種類の問題を提起するために用いよう。わたしには、ある社会セクター――実際にはある社会運動――がまずかならず個別的であって、そののち、自分たちの個別的な目的を共同体全体の目的として説明していくのかどうか疑わしい。実際、社会運動はそれぞれ普遍概念をもって事を起こしている共同体だが、それぞれの普遍概念は、自分とは違う言説で説明されている他の普遍の分節化と、同族的な類似性をもっているだけである。こういった場合、問題は、個別的なものを普遍的なものの代表にすることではなくて、相競合する複数の普遍概念のなかで裁定を下すことである。

もちろん、もしもわたしたちが普遍を純粋に論理的カテゴリーとして――つまりそれがあるからこそ、形式的で象徴可能な公式化が可能になるものとして――取り扱うなら、そこには、相競合する普遍はありえない。しかしラクラウもおそらく同意してくれるだろうが、普遍の分節化は時代とともに変わるし、その名のもとになされてはいるが、その権限内にあるとは思われてこなかった主張によって、まさに幾分、変化していくものである。そのような主張は、普遍化作用の偶発的な限界を露呈させ、どんな非歴史的な普遍概念も、その条件のなかに何が含まれ、何が含まれないかを未来永劫にわたって決める尺度ではないことを、わたしたちに教えてくれる。わたしはグラムシに関するラクラウの次のような説明には、心から賛同する。「社会が達成できる唯一の普遍とはヘゲモニーの普遍性――個別性に汚染された普遍性である」（ラクラウ、七六頁）。わたしはまた、本書の第一論文で示したと思うけれども、なおふたたび言いたいことは、ヘーゲルもまた、この説明に心から賛同するだろうと言うことだ。しかしさまざまな社会運動が、すべての人間にとって普遍的に真実であるものの名のもとに語っているなら、そしてその良きこととは何かという実体的で規範的な問題についてでは、同意を形成していないだけではなく、この公準化された普遍と自分との関係を、意味論的には互いに相容れない言説で理解しているならば、現代の知識人にとって唯一の課題は、普遍化をめぐる相競合する主張のなかを――手持ちの批判的な翻訳概念をつかって――いかに進んでいくか、その方法を見つけることである。

だが自己発見法的な出発点として、公的領域はおのおの個別的で共同的な主張をする社会セクターに分割されているはずであり、普遍言説はそのうちのどんな主張が民主化の過程で容認されるのかを規定しているものだと考えてよいのだろうか。たとえば近年バルカン半島で起きている戦争では、「主権」という概念は政治的にさまざまに相争う意味で機能しており、単一の辞書的定義では納まりきらないことは明らかだ。単一の辞書的意味にまとめてしまうと、スロボダン・ミロシェヴィッチや、ノーム・チョムスキーや、NATOに反対するイタリア学生運動がこの語を引き合いに出すときの、この「主権」カテゴリーの政治的な重要性を見落としてしまう。この語は、それらの人々によって同じようには使われなかったが、左翼が干渉派と反戦派に分裂したときには、この語はとても重要な意味を帯びた。むしろその闘争のある部分は、国外勢力の侵入に抗して国家の主権は護られるべしという国際的コンセンサスと、残忍な不正義がおこなわれている場合には国際的な共同体がそれに対抗すべきで、そのためには、国家の枠組みを超えてある程度、成文化されている国際的義務を発動させるべきだという、べつの種類の国際的コンセンサスのあいだでなされていると考えることもできる。どちらも「普遍的」主張をしており、両者の相争う普遍のどちらが正しいかを裁定するのは容易なことではないように見える。

おそらくラクラウが述べていることは、ヘゲモニーにとっていまだに重要なことは、こういった主張は普遍のあるべき姿を個別的に主張するものであり、これらの個別的主張はある種の普遍を普遍の地位につけようと腐心しているものだと認識することのようだ。したがってそこで重要になるのは、いかにコンセンサスが得られていくか、どちらのコンセンサスが一過的にではあれ、普遍と同一視されるかということである。ラクラウはまた、まさにこの闘争を特徴づけている普遍化プロセスと、現在の政治状況の内部で概念的支配をめぐって争っている偶発的な普遍とを峻別している。そしてこの種の抗争がなされる進行中のプロセスには「普遍化」という語を当て、ヘゲモニーの主張をおこなう個別的な抗争勢力には「普遍」の語を当て、そうすることによって、前者を抗争勢力の一つにさせずに、抗争がなされている枠組み全体を指すものとしているようだ。しかし、ラクラウもジジェクもわたしも同意している普遍化の未定形《オープン・エンディッド》の概念でさえ、それとはべつの種類の普遍化の概念とまったく両立しうるかと言えば、そうでないことは明らかだろう——べつの種類の普遍化とは、たとえば、ラクラウがそのいくつかを概説しているある種のマルクス理論とか、リベラル理論である（そのなかには、汚染されない発話行為というハーバーマスの普遍化に対する規範的見方があって、その見方には、すべての抗争勢力がそれに向かってひそかに志向する理念的コンセンサスを形成するという、互恵原則がみられる）。したがって普遍化プロセスを指名して、それを指揮する理論的試みでさえ、いずれ論争下に置かれるものである——だからといって、もちろん、普遍化プロセスを提示しなかったり、それをできるだけ説得的に受け入れられるようにしないでいいということにはならない。

　ラクラウの考え方のうち、個別性と普遍性が非共約的だという第二の視点が語っているのは、「普遍的解放は、それがある個別の社会セクターの目的と一時的に一体化することによってのみ達成される——ここにあるのは偶発的な普遍性であり、政治的媒介と表象関係を構造的に必要としている」（ラクラウ、七七頁）ということだ。この最後の事柄は、知識人を媒介の連結子として必要としているだけでなく、知識人の役割を論理的分析に特定化するものである。ここで論理的関係とはどういうことかに議論を戻すが、そこでまず考えたいことは、必要とされている媒介の個別的役割についてである。もしもヘゲモニーが作動しているなら、個別は、それ自身以外のものを代表／表象することになる。ラクラウは、自論のなかで代表／表象に関するこの問題について具体的に考え始めるときには、マルクス主義的な分析から身を引き離して、シニフィアンとシニフィエを区別する現象学や構造主義やポスト構造主義（その区別の仕方は互いに似ている）のほうに方向転換している。したがって意味作用を取りしきっている恣意的関係は、ヘゲモニーが依拠している偶発性と同等のものだと考えられている。この偶発性を視野に入れ、必然的なものがじつは偶発的なものだということを暴き、この偶発性の政治的利用についての洞察を開始しようとする知識人の試みは、言語それ自体を構造的に分析するものとなる。たしかに、これによって言語分析のためにマルクス主義の唯物論的伝統が犠牲にされると反論する人もいるだろうが、ラクラウの論点は、代表／表象の問題はつねに、唯物論の核心部分、ヘゲモニー問題の核心部分、政治領域の物象的形態に対する強力で説得的な抵抗を分節化するさいの核心部分にあることを示すことである。

ここでラクラウの議論が大いに依拠している操作仮定は、既存の社会セクターや政治組織がいまだに自分たちの要求が普遍的結果を生むことを立証していないときには、それらは「個別的」であるという仮定である。そもそもの始めから政治領域は、個別的な抵抗様式と、うまく普遍の主張をなし得た抵抗様式とに分割されているようだ。後者の主張をする人々は、一方で個別という立場を失わずにいながら、他方で、個別が普遍と一体化するのではなく、普遍を代理するようになるときの代表／表象の非共約性の実践に関わっているのである。ゆえにその個別は、社会や政治の領域のほんの一部分や、たった一つのセクターを構成しているにもかかわらず、それが普遍を代表／表象するようになる。ということは、一応、民主主義という名のもとで政治領域を規定している平等や正義の原則が可能になるかどうかは、その「個別」セクターの目標を現実化できるかどうかに依っていると思われる。つまりここで起きていることは、個別が普遍を気取って、普遍の名のもとに普遍の力を不当に行使することではなく、個別がおこなっている主張が普遍の範囲のなかに包含されなければ、普遍は実質のないものとみなされるようになるということである。

以上述べてきたことは、公権付与を求める運動が抱える代表／表象のジレンマのいくつかに当てはまるが、これによってじゅうぶんに説明できない代表／表象の政治的ジレンマもある。たとえば、「普遍的な」ものがその空虚な地位を失い、民族を限定したコミュニティや市民組織（イスラエル）を表したり、あるいは特定の親族組織（核家族の異性愛家族）と同一視されたり、また特定の人種アイデンティティと同一視されるようになるときには、政治化のプロセスが起こるのは、排除された個別の名のもとにではなく、べつの種類の普遍の名のもとにである。事実おそらくこういったオルタナティヴな普遍の見方は、まず始めになされる（いわゆる）個別的な抵抗の政治形成のなかに埋め込まれているもので、またそういった政治形成は、たまたま現在ヘゲモニーの賛同をえている政治形成に劣らずに普遍的なのである。したがって民主主義の闘争はそもそも、個別が全体を強引に代表しようとするときの、提喩〔一部で全体をあらわす比喩〕の説得性をめぐるものではない。また問題は、個別は普遍から定義上排除されており、この排除が、個別が普遍とのあいだでおこなう代表／表象関係の条件となるという論理的事柄でもない。なぜなら、もしも「個別的な」ものがその個別性において実際に探求されれば、前のものと争う普遍は、その個別的な運動に内在するものということになるだろう。たとえばフェミニズムが支持する普遍の捉え方には、新しい普遍化の概念で女をイメージする性の平等主義の、さまざまな形態が含まれるだろう。あるいは人種の平等を求める闘争のなかには、当初より普遍的な権利付与の概念があって、それは多文化的なコミュニティという強力な概念と不可分のものだろう。またあるいはセクシュアリティやジェンダーの差別に反対する闘争は、結合の自由、交際の自由という新しい概念を奨励しているが、それらの概念は、たとえそれらが、性的マイノリティの生に対する特定の拘束をなくし、さらには因習的な家族構造がもつ合法性への固執を疑問に付すことを言外に求めているときにも、その性質においては普遍的なものである。

　したがってこのような運動にとって問題なのは、個別的主張が普遍的主張といかに関係をもつかということではない。そうした場合には、普遍的なものが個別的なもののまえに想定されており、両者のあいだには論理的な非共約性が支配していると想定されている。そうではなくて問題はむしろ、表面的には論理的に両立しないように見えるが、社会的、政治的には重なり合う一連の目標を共有している相競う複数の普遍概念のあいだに、翻訳実践をおこなっていくことと思われる。事実、現在の左翼の課題の一つは、まさに、現在なされている種々の運動のなかに共通する土台は何かをみつけ、しかしその土台を、超越論的な主張に収斂させせないようにすることではないかと、わたしには思える。これに対しては、おそらくラクラウを始めとして、次のような反論があるだろう。左翼の多様な解釈のあいだでどんな論争が起ころうとも、どんな翻訳の企てがなされようとも、それらは空虚なシニフィアンの名のもとにヘゲモニーを求めて争っているのであり、普遍に関する個別的で実質的な主張は、結局は、それとはべつの普遍の名のもとになされているものにすぎず、こちらの普遍の方は根源的に空虚で、特定の内容に還元できるものではなく、その可能な意味を求めて争っている現在進行中の論争そのものを意味するものであると。だがそのような普遍概念は、そう見なされているほど、空虚なのだろうか。あるいはそこにあるのは、「空虚」であることを主張している特定の形態の普遍ではないだろうか。ヘーゲルの精神にそって、ふたたびジジェクを引けば、「究極の問いとはこうだ。ヘゲモニーの『戦場』としての普遍という空虚な形式が現れるために、どのような特定の内容が排除されなければいけないのか」。だがそれは本当に空虚なのか、それとも排除されたものの痕跡を――亡霊のようなかたちで――それ自身の形式主義の内的分裂として持ち込んでいるものなのか。ラクラウは本書の第一論文では、この見方を支持している。「ヘゲモニー論はこの意味で、世界で起こっていることの中立的な記述などではなく、この記述が存在しうるということ自体がそもそも、どのようなものであれ『事実』をありうる事実として理解する際の枠組みをなす規範的要素なのである」(ラクラウ、一一〇頁)。

ラクラウとムフがこれまで論じてきたことは、左翼の課題の一つは、相争う集団のあいだに等価性の連鎖を作りだすことであり、それによって各集団は、その自身の偶発的で不完全な分節化のおかげで、互いに構造的に類似したものとなり、この構造的に共通の「欠如」が、各集団が共通の構造的条件をもっていることを認識するための土台になるというものである。だがわたしには、相争っている各左翼集団をそもそも構造化しているのが、アイデンティティを成り立たせていると言われている欠如であるのかどうか、定かではない。というのもわたしには、それらの集団のすべてがアイデンティティの概念にそって組織化されているのかどうか、定かではないからだ。人種差別に反対する闘争は、かならずしもアイデンティティに準拠した主張に基づいてはいない。もっとも、そういった主張のいくつかを、運動の一部に組み入れている場合もあるかもしれないけれど。同様に、同性愛嫌悪を終結させるための闘争が、アイデンティティ主義にのっとったプロジェクトである必要はない。むしろそれは、アイデンティティに準拠するのではなく、広範囲の性実践に準拠した主張をおこなうものかもしれない。しかしそれでもなお達成するのが困難な事柄として残るのは、マイノリティ・コミュニティや政治組織のあいだに一連の目標が重なり合っているという認識に基づく、強力な連帯を作りあげることだ。たとえば人種差別反対の闘争と、同性愛嫌悪反対の闘争と、第二・第三世界の経済におけるＩＭＦ反対の闘争のあいだに、翻訳をおこなうことができようか。最後の闘争は、主権を有する民族自決権を強く主張するものであり、それは、外国人嫌悪や国内の人種差別といった暴力的形態と民族自決をはっきりと区別しようとする、自治権を奪われ疲弊した国家経済や反ナショナリズム運動のなかで起こっているものである。

翻訳のプロジェクトという文脈で分節化される必要があるこれらの個別的な運動には、普遍の主張がつきものだが、しかし翻訳は、目下の状況を単に支配的な言説で再記述することであってはならない。翻訳がヘゲモニーをめぐる闘争に役立つためには、支配言説は、「見慣れぬ」語彙をそれ自身の辞書のなかに組み入れることによって、それ自身が変化しなければならないからだ。性的権利を求める性的マイノリティの運動の普遍化効果は、普遍そのものについて再考を促すものでなければならず、普遍という言葉を、その競合する意味作用や、それらが描いている多様な生の形態のなかにバラバラに分けていき、そして次にはこういった競合する語を縫い合わせて、巨大な一つの運動にすることだ。だがその一つの運動も、その「統合性」が評価されるのは、それ自身の定義を流動化させる内的差異を――馴化することなく――いかに持ちこたえられるかということによってである。ジジェクと逆にわたしが強く信じていることは、政治的に必要とされる翻訳は、多文化主義の形態に積極的に参与するものであること、また多文化主義の政治を個別性の政治に収斂していくのは間違いだということである。政治的に必要とされる翻訳は、競合し重なり合う複数の普遍主義を裁定して、一つの運動に作り上げるための、翻訳の政治として理解されなければならないとわたしは信じている。

論理の実践、言説の政治、限界にあるものの合法化

わたしはこういった運動に対して、知識人がラディカルな距離を取れると思っていない。しかしグラムシのモデルがアンジェラ・デイヴィス自身やその著作に体現され、現在流通していることに敬意を払ってはいるが、彼の「有機的」知識人の概念に戻れるとも考えていない。とはいえ、この敬意があるからこそ、わたしはそれに味方してはいる。つまりわたしは、知識人の役割は新しい社会運動を知的探求の対象にすることではなく、また、目下問題となっている論理が現実の現象に適合するかどうかを見るために主張それ自体を実際に検証していくことをしないまま、主張するという作業の論理的特徴を新しい社会運動から引きだしてくることでもないと思っている。もしもこういった運動を可能にさせる条件について主張し、こういった運動すべてが同じように構築されていることを示そうとし、そしてわたしたちの主張を言語そのものの性質に起因させてしまえば、もはやそのとき、わたしたちは知的探求の対象として、こういった社会運動を取り上げる必要はない。なぜならわたしたちは、そのとき自分の研究を言語理論に狭く限定しているからだ。しかしだからといって、言語理論が、新しい社会運動の代表／表象ジレンマを理解するのに重要でないということではない。言語理論は、明らかに重要である。しかしここで重要なことは、左翼——まさにその「可能性の条件」——を取りしきっている個別的挑戦（分節化を求める個別的挑戦）が、意味作用の構造主義的な条件から発するもっと一般的な表象の挑戦とかならずまったく同じものになるとは、考えないことだと思われる。もしもそうしたらわたしたちは、政治的生が可能になる条件について、一段と高いところからコメントすることになってしまい、わたしたちが普遍的に関係していると思っているジレンマが、はたして実際にわたしたちが研究しようとしているテーマのなかで作用しているかどうか

を、わざわざ見ようとはしなくなるからだ。この「先験性《アプリオリ》」がたしかに存在していて、それが存在しているることは言語を普遍的に理解することにから導きだせると主張しても、うまくいかないだろう。なぜなら構造主義以来、言語はソシュールやフッサールがおそらく考えた以上に、ダイナミックで複雑な現象だとわかったからだ。どうやら言語を普遍的に理解することも、また言語によって可能性の条件（のいくつか）を供給されている対象とその言語との関係も、当然視できるものではないのである。

この点に関するわたしとラクラウの相違点は、社会関係に対する彼の分析のなかの「論理」の位置を、彼がどう規定しているかをみれば明らかだろう。彼は次のように言う。「もちろんここで言っているのは、形式論理学でも一般的な弁証法の論理でもなく、『親族関係の論理』『市場の論理』といった表現が暗に含んでいる考えかたである」（ラクラウ、一〇六頁）。彼は続けてこの論理の用法を説明して、それは「事物の純化されたシステムであり、ある組み合わせや置き換えを可能にし、それ以外のものを排除する『文法』ないし規則の束」（ラクラウ、一〇六頁）だと言う。こう述べながら彼は、この論理を「言説」や「象徴界」と同義とみなす主張をおこなっていく。「これはわたしたち〔ラクラウとムフ〕の著作のなかで、これまで『言説』と呼んできたものであり、ラカン理論でいう『象徴界』と大まかに一致する」（ラクラウ、一〇六頁）。しかし彼は、社会実践を、象徴界での表れに還元できないことを認めたうえで、なおも、敵対性の限界をラカンの《現実界》の概念と同じものと考えようとする。しかしわたしの印象では、このように論理と文法と言説と象徴界を一緒くたにしてしまうことは、そういったものを土台になされてきた議論と重要な関係をもつ言語哲学の問題のいくつかを無視してしまうことになるのではないかと思う。たとえば、社会実践の論理とその文法を同一視してしまうことは、文法が、ヴィトゲンシュタインが述べているように、純粋な論理分析では明らかにしえない語用的意味を生みだすためにはたらくという理由によってだけでも、問題をはらむものになると思われる。事実、初期ヴィトゲンシュタインから後期ヴィトゲンシュタインへの移行は、言語の論理分析から語用文法の分析に変換したものと一般に理解されている。同様に文法の概念も、フーコーが展開し、ラクラウとムフが『ヘゲモニーと社会主義の戦略』で練り上げた言説概念と、まったく同じものではない。フーコーの『知の考古学』においてさえ、「言説」が、論理や文法と同様に、静態的な統一性をもつものと言えるかどうかは定かではない。[15] さらにこの本では、言説を、構造主義的な言語観からも、ラカンの象徴界からも、大きく引き離して設定している。

ソシュールを乗り越え、ソシュールに反論しつつ、フーコーは不連続性や亀裂の重要性を強調して、超越性を批判している（ただし権力は、彼の言説分析のなかにはまだじゅうぶんに組み込まれていない）。この本を締めくくるに当たって、フーコーは、構造主義的批評家の姿を、あらゆる言語に単一の構成的な条件があると信じている者として描いている。構造主義者をこのように想定して、それに彼が与えた声は、現存の言語の限界に《現実界》を置くラカン派の声に、たやすく重ね合わせられるだろう。この批評家は、「言説を構成的活動といったものに照し合せずに、言説の継起のなかで」分析するような言説分析は受け入れがたいと述べ、またあらゆる個別的な言説がその構造と可能性を引き出してくるのは、それよりも一般的な言語概念からであり、すなわち「わたしたちの知の言語（ラング）、わたしたちが日常的に使っている言語、他の多くの言語（ランガージュ）の分析を可能にさせる構造的な言説、還元不可能だと思われる……言語」（二〇一頁）からだと主張する。言語の超越性を無視しているという批判に対して、フーコーは平静にその非難を受け入れ、次のように言う。

言われるとおりだ。たしかにわたしは言説の超越性を誤解していた……。もしもわたしが語る主体に言及するのを見合わせていたとしても、それは、すべての語る主体によってまったく同じに適用される構成上の法則つまり形式を発見しようとしたためではなく、またある特定の時代のすべての男／人《メン》（ママ）に共通する大いなる普遍言説に声を与えようとしたためでもない。それとはまったく逆に、わたしの目的は、差異を構成しているものは何か、同じ言説実践のなかで人々が異なる対象について語ることができるのはなぜなのかを示そうとすることであった。わたしが望んだことは……言説の多様性のなかで主体がもちえる位置と機能を明確にすることだった。（二〇〇頁）

したがって「構造」の歴史性や不連続性は、政治的なものの複雑な意味領域を生産している。普遍言語を頼みの綱とすることもできず、また、あらゆる言説形成の背景をなす単一の構造や単一の欠如に頼むこともできない。この意味で、わたしたちが異種混淆性のなかへ追放されたことは、もう取り戻しようもない。

さてこの章を締めくくるにあたり、ラクラウによって投げかけられた問い、「政治の偶発的次元は、ヘーゲルの型式のなかでは考える〔ことができる〕」（ラクラウ、九二頁）のかどうかという問いに、ちょっと取り組んでみたい。そののち、パフォーマティヴな矛盾をもつ実践に話を移し、いかにパフォーマティヴィティが、パロディの問題からある距離をとって理論化しなおされてきたか、またそれだけでなく、普遍言説の同化傾向に対抗してパフォーマティヴィティをいかに思考しうるかということを述べていきたい。

ラクラウは、グラムシはヘゲモニーの再分節化のプロセスに市民社会の領域がきわめて重要だとみなしたが、ヘーゲルの方は政治を国家に収斂してしまったと指摘したが、彼の指摘はまったく正しい。だがラクラウが考慮していないことは、文化的な理解可能性の理論をヘーゲルから——彼の明白な国家理論はべつとして——引きだしうる方法である。『精神現象学』と『法の哲学』の両方で定義されている「人倫性」

（Sittlichkeit）の領域は、主体が自己意識となって登場するさいの文化の地平を構成する規範や慣習や価値観の混合体のことである。つまり主体の主体に対する関係を構築していると同時に、その関係を媒介してもいる文化領域である。ここでわたしが述べたいのは、この理論によってヘーゲルの社会分析にべつの「重心」が生まれることであり、実際この理論が示していることは、一連の可変的な規範が、主体が自己を構築するさいの条件であるだけでなく、すべての人にとっての人格概念であるということであり、この人格概念にそって主体は自分自身を理解しはじめる。こういった規範は「必然的な」形態をとるものではない。なぜなら、それらは次々とよい頃合いにべつの形態に移り変わるだけではなく、規範の再分節化を必要とするような危機的出会いに、つねに陥るものでもあるからだ。もしも偶発性をヘーゲルとの関連で思考するなら、この人倫性の理論においてなされなければならないだろう。承認には多様な形態があり、また承認されるかどうかは現在流通している規範によって条件づけられるという事実は、社会的生が偶発的で、将来に向かって開かれていることを示しており、それなしには合法性を求める闘いは存在しないことを示している。

さらに言えば、ラクラウはヘーゲルが汎論理主義であると主張するが、汎論理主義という言葉で何を語っているのか、そこから何が導きだせるかは不明だ。たとえば『現象学』は、目的論には還元できない時間性にしたがって展開されている。この書物の結末は、《国家》を現実化することでも、また《イデア》を歴史のなかで明示することでもない。重要なことは、それが始まりの可能性について省察していることであり、始まりも終わりもなく、したがって目的論とは決定的な距離をとっている無限概念の方に身を向けていることである。事実『現象学』が明らかにしている名づけの問題は、ヘゲモニーの議論のなかで登場する名づけの問題と、そう遠いものではない。この書物の主題は、一つの名前（意識、自己意識、《精神》、《理性》）のもとに登場してくるが、最後に明らかにされる事柄は、その名前はそれ自身があらわれる条件をさらに完全に説明するためには犠牲に付されなければならないということである。こういった条件の最終的形態がどんなものであるべきかはけっして定かではなく、そしてこのことは、それ自身の時間化のダイナミックなプロセスが、けっして終結に至らないことを意味している。ジジェクも同様に拒絶しているのは、ヘーゲルのこの著作で展開されている時間化はどれも目的論的な結末のためにはたらいているという読みである。コジェーヴによって確立された批評の伝統にのっとって、彼はヘーゲルを、事物の遡及的な構築にそもそもかかわっているような時間についての問題を導入した人物として——つまり事物は最初に登場するとき、それ自身の本質としてそれと正反対のものを有し、したがってその「真実」を遡及的に構築するためには事物は転倒されなければならないような時間の問題を導入した人物と——みなしている。ジジェクのこの見解は評価するが、ヘーゲルが提示した問題系を一種のアポリアに置いて解決しようとしたことに対しては、注意を促さざるをえない。人は自分がファシズムに反対していると思っていても、じつはその反対しているというアイデンティティ主義の源泉にはファシズムがあり、ファシズムは基本的に、それ自身への抵抗に依存しているということを知る。そのような例は、支配と抵抗のあいだによく見受けられる弁証法的な依存関係を思い出させるが、そのような例によって明らかになる事柄は、この弁証法的転倒だけなのか。またヘゲモニーの理論にとって、それだけでじゅうぶんなのか。

ヘーゲルの指摘をさらに押し進めていく必要はないのか。つまり支配と抵抗が互いのなかに呑み込まれていくという配置は、それ以前の配置の限界を説明するだけでなく、さらに拡大した、さらに自己批判的な政治を生みだす方向に改訂されなければならないのではないか。「抵抗」という言葉は、ファシズムがそれ以前のものを全て自分の道具に変えるときの、その道具的使用を超えるべつの形態に更新されることができるのか。ファシズムの目的に同化することがさらにむずかしいような、ファシズムに対するさらに積極的な攪乱はありえるのか。弁証法的転倒というアポリアの構造を超える可能性があるとすれば、その中心にあるのは、歴史的条件がある種の二項対立を生産しているという認識である。いったいどんな条件のもとに、政治領域が個別と普遍の非共約性をつうじて構造化されていると（ある人たちには）見えているのか。たしかにこれはマルクスなら発しそうな問いだが、マルクスも否定していないヘーゲルの遺産の一つでもある。また同様に、どんな条件のもとに、ヘゲモニーの領域が今とはべつの原理にしたがって配列されるようになるのか。あるいはもっと具体的に言うと、なぜ抵抗は、その対立物にそれほどたやすく接収される形態で登場するのか。抵抗をこの種のアポリアの苦境のそとで思考するには、そのまえにどんな条件がなければならないのか。そのような新しい抵抗の配置に向かって進んでいくことは、新しい名前を見つけだすことであり、その新しい名前は、それ以前の失敗を土台に抵抗が再編成される状況を指し示しているものである。このときに抵抗がうまくはたらくという保証はないが、しかしそこには新しい名前――あるいは書き直された古い名前――によって編成され支えられている新しい配置があり、そういった名前はそれ自身の歴史性を説明しているだけでなく、もっと効果的な戦略への賭けに向かって前進している。ヘーゲルの作戦が切り拓く未来は、かならず成功するという保証ではなく、無限と関連した未来、開かれた未来である。これこそ、時間に対するヘーゲルの非‐目的論的な省察に充満し、またヘゲモニーの終わりのない開かれた未来――わたしの対話者たちが二人とも本書で踏まえている考え方――と、かならずどこかで共鳴している無限性に関係したものである。

ヘーゲルにおいては、対立するもの同士が互いを前提としているような領域は、何ものも名前によって意味づけられず、しかしすべては名前によって意味づけられているほどに、命名の実践が非常に両義的になる危機的状況に陥っていく。何が抵抗なのか、何がファシズムなのかが定かではなく、この両義性を理解したとたんに、ある種の危機に陥って、政治領域そのものを新しく編成しなおす必要が生まれてくる。これは非知の危機とか、非知の成り行きと呼ぶことができるものであり、また新しい命名法、あるいは古い命名法のラディカルな書き直しを生みだす、まさに一種の崩壊と理解することもできる。ここで生まれる危険性は、弁証法が支配の条件を拡大して、あらゆる対立物を包含してしまうまでになることである。これこそ、ヘーゲルを一枚岩的で、あらゆるものを食い尽くすものに譬えること、その《精神》はすべての差異を同一《アイデンティティ》のものに合併するとみなす考え方である。だがそこには、転倒的な作用——ヘーゲルにおいてはそれほど着目されていないが、それ自体の暴動的な可能性を秘めたもの——がある。これが語るシナリオは、支配的な用語が認識論的な危機に陥り、その意味作用の方法も、それが包含している内容もわからなくなり、それと対立するものが支配の合併運動を麻痺させて、新しい社会形成や政治形成を生みだす可能性に土台を与えていくというものだ。たとえば『法の哲学』では、国家は「倫理的世界」を含む他のすべての社会セクターの条件だと結論づけられてはいるが、国家の法装置がその効力と合法性を獲得するのは、唯一、文化価値や規範といった法を超えたネットワークのなかにその根拠を置くことによってであることも、また同じく事実である。この双方は、互いが互いに依存しており、この章を締めくくるにあたってわたしが追求したい問いは、どのようにすれば国家自体のヘゲモニーと対抗できるように、国家の法的次元が文化形態に依存するようになりえるかということである。

この問題に関する目下の差し迫った例の一つに、同性間の法的連帯つまり結婚について、ヨーロッパやアメリカでなされている論争がある。こういった動議に対して同性愛嫌悪の視点からなされる主張には反論していかなければならないし、フランスの文脈では、こういった主張がなされるのは、レズビアンやゲイ男性に重要な法的資格を与えないようにするためだとわたしはこれまで指摘してきた。だがもっとも緊急の問いは、これを現在のレズビアン／ゲイ運動の主たる到達点とすべきかどうか、また、これはさらなる民主化へ向けてのラディカルな一歩なのか、それとも実体的な社会正義に向かおうとする運動に水を差す同化の政治なのかということである。主流派のゲイの政治運動は、結婚の権利を勝ち取ろうとして、現存の制度は同性同士のパートナーに対しても扉を開くべきであるとか、結婚はもはや異性愛者に限定すべきではないと訴えてきた。またさらには、これによって結婚制度がさらに平等なものになり、基本的権利をさらに多くの市民に拡げて、その種の権利を普遍化するプロセスに加えられてきた恣意的制限を克服していくのだと論じられてもきた。わたしたちはついつい拍手喝采したくなり、これは個別運動のラディカルな普遍化効果といったものをあらわしていると考えたくなる。だがこの戦略への批判として、婚姻制度（あるいは軍隊）への参入を求めることは、当の制度の権力を拡大させることになり、それによって親密な連帯関係を、国家によって合法化されたものとそうでないものに分割する悪しき区別をますます増強させることになるという批判があることも考えてほしい。さらにこの種の批判が主張しているのは、ある種の権利や恩恵は、婚姻関係を結んでおくことによってのみ保障されるようになるということである。ある種の権利や恩恵とは、たとえば（フランスや合衆国の一部でなされている）養子縁組の権利とか、パートナーの健康保険の給付を受ける資格とか、さらには、医学上の処置に関する決定権とか、病院から愛する者の遺体を受け取る権利などである。こういった事柄は、婚姻関係を結ぶことによって得られる法的結果の、ほんの一部である。もちろんこのほかに、文化的、経済的レベルでの合法化の恩恵がいくつかあるし、税法においても、たとえば合衆国では扶養家族の申請といった税法上有利な点が、婚姻関係を結ぶことによって容易になるという規定がある。したがって結婚を求める企てが成功すれば、その結果として婚姻関係が、ある種の権利や資格を行使するために必要な、国家によって認可された条件として強化されることになる。すなわちそれは、人の性行動を規制しようとする国家の力を強化することになり、パートナーシップや親族関係をめぐって、合法形態と非合法形態の区別をますます強くすることになる。さらにはそれによって、セクシュアリティをふたたび私的なものにし、公的領域や市場――すなわちセクシュアリティの政治化が勢いを増してきている領域[16]――から、セクシュアリティを放逐することになる。

したがって結婚によって保障されているある種の権利や資格を、その制度への参入を求めることで勝ち取ろうとする企ては、オルタナティヴな方策――まさにそういった権利や資格を結婚制度から切り離すことを求めること――を考慮してはいない。次のように問いかけることもできるだろう。つまり、どんな形態の自己同一化《アイデンティフィケーション》があるために、結婚したいと思うようになるのか、またどんな形態の自己同一化が、それと逆のことを思わせるのか、この二つは根本的に別物なのか。最初の問いの場合は、レズビアンやゲイは結婚制度に自己同一化し、そうすることによって――その延長として――結婚制度のなかにいるストレートたちと共通の共同体に自己同一化する機会を望んでいるというものである。しかしそうした場合、そういった人たちは誰との連帯を破棄していくことになるのか。そういった人たちが破棄するのは、性的関係を持たずに自立しているシングル・マザーやシングル・ファーザー、離婚した人々、実際上も社会的身分の上でも婚姻関係にない人々、また多様な（だからといって安全でないということにはならない）性的関係をもっていて、モノガミーでない生き方をしており、婚姻によって作られる家庭に（一義的な）価値をおかないセクシュアリティや欲望をもち、あまり現実的でも合法的でもないとみなされている生き方をし、社会的現実の陰の部分で生きているような、ほかのレズビアンやゲイやトランスジェンダーの人々との連帯である。レズビアンやゲイがこれらの人々――これらの状況――と結んでいた連帯は、結婚を要請することによって破られる。結婚形態を求める人々は、国家の祝福を得てきた人々に同一化しているだけでなく、国家そのものとも同一化している。したがってこういった申し立ては、国家権力を増大させるだけでなく、国家を、民主化のために必要な場として受け入れることになる。

ゆえに、非‐異性愛の人々にも結婚の「権利」を拡大しようとする主張は、現存の権利をさらに普遍化する方向に拡大するためにはたらいていると一見みえてはいても、その普遍化効果が国家による性実践の合法化から発しているかぎり、その主張は、性的交換の合法形態と非合法形態のあいだのギャップを、いたずらに広げるだけである。むしろ合法化効果をラディカルに民主化するための唯一可能な方法は、結婚を、さまざまな種類の法的資格の前提条件という位置から、解き放つことである。このやり方は、結婚という支配用語を解体して、文化や市民社会レベルでの複合形態の可能性の方を広げるような、国家中心的ではない連帯形態に戻していくことを、積極的に求めるものだろう。ここで明確にしておかなければならないことは、この場合わたしは、政治的パフォーマティヴィティの観点に賛同して、支配的な規範用語の内部攪乱のためには、その規範を占有することが必要であると考えているわけではないということだ。その用語を拒否すること、それが衰退するにまかせておくこと、それから力を奪いとることが必要なときもある。むしろここにあるのは、拒否に特有のパフォーマティヴィティであり、この場合のそれは、支配用語を超えたセクシュアリティの反復を強調することである。反復すべきものは「結婚」ではなく、セクシュアリティであり、親密な連帯や交換の諸形態であり、国家の社会的基盤をなしているものの方である。ますます多くの子供たちが婚姻関係のそとで生まれ、ますます多くの家庭が家族規範をなぞることに失敗し、拡大的な親族システムが進展して子供たちや病人や年寄りを世話しているような昨今では、国家の社会的基盤は、家族言説が許容している以上に複雑になり、そして普遍的ではなくなってきた。パフォーマティヴィティの観点からの希望としては、家族言説がその記述範囲の限界をついに明らかにして、それが人間の性的生を編成している数多くの実践の一つにすぎないことが公に認められることだ。

わたしがこれまでこの政治的ジレンマについて述べてきたのは、ある種の主張をすることこそがきわめて重要なことだという意味においてである。だが主張するとはどういうことか、主張はどんな形態をとるのか、それはつねに言葉で表現できるものなのか、どのようにそれが行為されるのかということに関しては、まだ何も語ってこなかった。政治的主張はつねに言語で分節化しなければならないと思うのは、間違いだろう。事実メディア・イメージは、言語表現にたやすく翻訳できない主張をおこなっている。それに人の生は、かならずしも言語によらないあらゆる方法で、みずからを主張している。合衆国の政治には——他の場所でも似た表現があるが——政治的主張の身体的次元について語っているフレーズがある。「体をはる（体をライン上に置く）」というのがそうだ。この場合のラインは、たいていの場合は治安の前線であり、そこを踏み越えれば、かならず治安権力に威嚇される。しかしそのラインは一種の鎖となって、全体として物理的な集合力を発揮するような、複数の人間の身体の連なりでもある。作家が体をはる（体をラインの上に置く）のはたやすいことではない。なぜならその場合のラインは、たいてい書かれたライン（行）であり、その条件をなす身体の間接的な痕跡しかとどめていないからだ。しかしヘゲモニーを新しく思考する闘争が可能になるのは、唯一、まさにラインに身を置くことによってであり、そのときそのラインでは、さまざまな種類の国家装置によってますます裁定されるようになっている合法性の規範が崩壊しており、境界上の社会的存在が存在を宙づりにされた状態で出現している。普遍的なものの作用のなかに理念的には包含されるべき人々が、自分はその条件の外部にいると思うだけでなく、それなしには普遍的なものが公式化できないような外部そのものだと思い、普遍的なものの前進運動に居場所をみつけられないがゆえに、痕跡として、影のような残余として、生きているのである。これは、個別的なものとして生きるということでさえない。なぜなら、少なくとも個別的なものは、政治的なものの領域のなかに、構成要素として含まれているからだ。それは、「住民」と呼ばれている漠然とした人間集団を形成している人々にとっては語りえないものとして――語られないものとして――生きるということである。自分のために主張することができるには、主張することができる言語を語り、主張が聞かれるようなやり方で言語を語っているという前提がなければならない。ガヤトリ・チャクラヴォルティ・スピヴァックが論じているように[17]、言語間に格差を設けることは、権力が言語のグローバルな場を取りしきるための条件である。語りうるものと語りえないもののあいだの境界《ライン》にいて、支配的なものの権力を単に増大させるだけでないような翻訳を流通させることができるのは、いったい誰だろう。立つべき場所はほかになく、またそこには「地歩《グラウンド》」などというものもなく、あるのは奪われたもの、語りえぬものを自己の参照点として思いださせるものだけであり、権力や言説を利用しつつも、国家の政治的な個別用語や合法化の主たる手段としてのその地位をふたたび自然化することがないように、注意深く作動しているものなのである。べつの普遍が立ち上がるのは、政治的な読解可能性の境界に位置している痕跡からであり、主体であるという特権を与えられてこなかった主体――濫喩という生の様式《モデュス・ヴィヴェンディ》を押しつけられている主体――からである。もしも影のような人間が、ヘゲモニーによる普遍の再定式化に参入することができるようになるには、複数の言語のあいだの言語が見いだされなければならない。これはメタ言語ではなく、またあらゆる言語がそこから生まれる条件というのでもない。それは交流や翻訳の努力であり、単一の場所に帰属せず、言語のあいだの運動となり、その最終目的地もまた、その運動のなかに見いだされるような営為であるだろう。事実この仕事は、語りえないものを、語りえるものの領域のなか――支配的な既存の規範の内部――に住まわせるために、前者を後者に順応させることではない。むしろそれは、支配の自信をうち砕き、その普遍の主張がいかに不確かなものかを示し、その不確かさをたどって、その体制の崩壊に到達し、翻訳作業そのものによって引き起こされるオルタナティヴな多様な種類の普遍へ向けて、隙間を広げていくことである。そのような隙間は、普遍の分節化の主たる媒体という特権的地位を、国家から取り上げるだけでなく、形式主義があとに残してきた人間の痕跡——すなわち左翼（Left）である残余（the left）——を、分節化それ自体の条件として位置づけなおすものでもある。

註

（1）本書の議論の往還は、わたしたち三人のあいだでこれまでになされてき、出版されてきたいくつかの議論の交換を継承したものである。わたしの場合は、自著 *Bodies That Matter*（New York : Routledge, 1993）の"Arguing the Real"の章で、ジジェクの *The Sublime Object of Ideology* への批判を試みた。また拙論"Postmarxism and Poststructuralism"（*Diacritics* 23.4（Wineter 1993）3-11）では、エルネスト・ラクラウの *Emancipation(s)* とドゥルシア・コーネルの *The Philosophy of the Limit* の両方を書評した。その後オンライン雑誌の *TRANS*. arts.cultures.media 1.1（Summer 1995）でもラクラウと議論の交換をおこなったが、これはペーパーバックにもなっている。またこれは *Diacritics* 27.1（Spring 1997）に再録された。

（2）Slavoj Žižek, *The Sublime Object of Ideology*, London and New York : Verso, 1989.

（3）Slavoj Žižek, *Enjoy Your Symptom!*, New York and London : Routledge, 1992.

（4）「社会契約」を括弧で括って皮肉に使っている理由は、厳密に言えば、性的関係が存在しないのと同様に社会契約も存在しない——つまり、その関係は、その基盤にある欠如によって条件づけられ、破綻している幻想にすぎない――と思っているからである。

(5) Judith Butler, *Antigone's Claim : Kinship between Life and Death*, New York: Columbia University Press, 2000.

(6) David Schneider, *A Critique of the Study of Kinship*, Ann Arbor : University of Michigan Press, 1984.

(7) Pierre Clastres, *Society Against the State*, trans. Robert Hurley, New York: Zone Books, 1987参照。

(8) Charles Shepherdson, *Vital Signs : Nature, Culture, Psychoanalysis*, New York: Routledge, 2000.

(9) Catherine Millot, *Horsexe : Essay on Transsexuality*, trans. Kenneth Hylton, Brooklyn, NY: Automedia, 1990参照。

(10) Sylviane Agacinski の近著 *Politique des sexes* (Paris: Éditions du Seuil, 1998) についての彼女のインタヴュー, "Questions autour de la filiation," le Forum, *Ex Aequo* (July 1998) 参照。そこで彼女が明確に述べているのは、ゲイの人たちの関係は「私的」なものであって「社会的」なものではないので、彼／女たちに「連帯の市民契約」を認めるべきではないということだが、それだけではなく、異性愛は「自然な……唯一の起源の婚姻であるので、文化的にも象徴的にも基盤的なものでもある」(二四頁) ということだ。イレーヌ・テリィもフランスのパックス（非婚カップルに制限付きの法的権利を認めようとする法律）に対して、同様の主張を数多くの出版物で展開している。Irène Thèry, *Couple, filiation et parenté aujourd'hui* (Paris : Odile Jacob, 1998) 参照。エリティエは、象徴界に加担するおそらくはもっとも大胆な議論を展開してきた人だが、異性愛は象徴界と同域上にあり、その基盤にこの特定の性的差異の構造を置かずに、どんな文化も出現せず、パックスやそれに類する試みは、文化そのものの基盤を解体しようとするものだと述べている。

(11) 性的差異と異性愛の親が、どんな文化の親族関係の形態にも必要不可欠なものであるという彼女の主張を、もっと広く理解したければ、Françoise Héritier, *Masculine/Féminin : La pensée de la différence* (Paris : Odile Jacob, 1996) 参照。また "Aucune sciété n'admet de parenté homosexuelle," *La croix* (November 1998) で展

開されている彼女の見解も参照。これらの資料の示唆を与えてくれたEric Fassinに感謝する。

(12) Eric Laurent の論文"Normes nouvelles de l'homosexualité"に対する応答 Miller, "L'inconscient homosexuel," *La Cause freudienne: revue de psychanalyse*, p.37参照。その部分を引用すれば、

> わたしの意見では、同性愛の関係においても、もしもあの人たちがそれを求めている場合は、検討すべき法制的な理由に合致した法的承認を完全に正当化できるような長期間の情緒的な絆は存在している。しかしそれを結婚と呼ぶべきかどうかは、またべつの問題である。こういった絆は、異性愛の情緒的絆とまったく同じというわけではない。とくにその絆が男同士の場合、いくつかの要因によって——ある場合は女の側の、別の場合は男の側の要求によって——異性愛カップルを誕生させているエロスやセクシュアリティに関する忠誠心は、求められていない。

(13) Judith Butler, *The Psychic Life of Power: Theories in Subjection*, Stanford, CA: Stanford University Press, 1997.

(14) Ernesto Laclau, ed. *The Making of Political Identities*, London and New York: Verso, 1994.

(15) 文法に関するフーコーの批判については、Michel Foucault, *The Archaeology of Knowledge and The Discourse on Language*, trans. Alan Sheridan, New York: Pantheon Books, 1972, pp.37-39, 60-68, 200-201参照。

(16) Michael Warner, "Normal and Normaller," *GLQ*5.2 (1999) および Janet Halley, "Recognition, Rights, Regulation, Normalization"（未出版の原稿）参照。公的領域におけるセクシュアリティの政治化を証明するものとして、たとえばニューヨークでおこったストーンウォール暴動がある。そこでは、ゲイたちが参集する権利はニューヨーク市警によって侵害されていた。性的マイノリティに対する警察の暴力的行為は、アメリカ合衆国を含むいくつかの国で引き続いておこなわれている。ブラジルでは一九九八年八月、憲兵が二人の服装倒錯のセックス・ワーカーを暴行し、屈辱を与え、溺死させた。メキシコでは一九九五年から一九九八年までのあいだに、一二五人のゲイの死亡が報告されている。国際ゲイ／レズビアン人権委員会は、レズビアンやゲイやトランスジェンダ

ーに対して、国際的なレベルで今でもなされている無数の形態の公的暴力を随時、記録している。コヨーテなどの組織がおこなっている売春婦の組合設立も、セックス・ワーカーにとって安全な労働条件を要求するためには重要なことだった。結婚がゲイ運動の内部においても規範的理念の位置を占めるようになると、性的交換が結婚や準結婚の外側でなされるセクシャル・マイノリティの人々が病理化されたり周縁化されたりす危険性は、さらに一般的になる。

(17) Gayatri Chakravorty Spivak, "Can the Subaltern Speak?", in *Marxism and the Interpretaion of Culture*, ed. Cary Nelson and Lawrence Grossberg, Urbana: University of Illinois Press, 1988.

構造、歴史、政治

エルネスト・ラクラウ2

ジュディス・バトラーとスラヴォイ・ジジェクに深く感謝したい。二人は最初の問いかけに答えて、わたしの理論を詳細に分析してくれた。彼らの批判の多くは受け入れられないものだが、わたし自身の問題系のこれまであまり強調されなかった面を展開するにあたって、それらが有益だったことはまちがいない。われわれの意見交換、いや意見の不一致ですら、理論的な語彙――現代思想では影響力をふるっても、政治分析においてはあからさまに欠けてきたものだ――で政治を考える空間を作り出すための、一助になっていると思う。この論文の最初の二つの節では、バトラーとジジェクの批判に答えることにしよう。最後の節では、わたしの最初の章の最後に置いた問いに、とりあえずの答えを出すことに力を注ごう。

バトラーへの返答

ラカンの《現実界》をヘゲモニー論に組み入れることにバトラーは異議を唱えるが、これがなぜ誤りかはすでに述べた。しかし彼女は今回さらに議論を広げているので、この問いに戻って、もっと包括的に答えることにしよう。バトラーの基本の問いは次のようにまとめられている。「ヘゲモニーが要請する主体形成の不完全さは、政治的特徴であって構造的な静態や基盤ではない排除をつうじて、まさに〈過程にある主体〉が構築されるからなのか。もしもこの区別が誤っているならば、構造的で基盤的な構成上の排除を、ヘゲモニーをめぐる運動の政治的特徴である排除につなげて思考するには、どうすればよいのか。……ラカン派の言う切断線に、歴史を無視して依拠した場合、ヘゲモニーが提示する戦略的な問題と折り合いをつけることができるのか。あるいはそのように歴史を無視することは、あらゆる可能な主体形成や戦略に対する疑似‐超越（論）的な制約として、したがってそれが条件づけていると言われている政治領域に対する根本的な無関心として、立ち現れるのか」（バトラー、二四頁）

バトラーは一貫して、いっぽうに彼女のいう構造的制限の領域を措き、それと対立させて「社会的」「文化的」あるいは文脈に依存するものについて語っている。この区別について的確になにか言うのが難しいのは、バトラーが「社会的」あるいは「文化的」ということばをどう理解しているか、けっして定義しないからだ――まるでそれらは自明の現実で、ただ指差してみればよいというようなのである。しかしこの区別は彼女の場合おおまかには、かたや擬似超越（論）的なアポリアの限界、かたや純粋に文脈に依存した生の規則と形式の領域、この二つの区別だといっていいだろう。後者は歴史的に偶発的で、前者の限界による決定を免れるのだ。さて、三つの反論を唱えよう。

1 そもそも文脈依存と歴史性の条件とはなにか。バトラーの全テクストが呼びかけているこの問題を、本人はけっしてはっきり問おうとしない。あるいは――より超越論的な議論をするなら――真に文脈依存的で歴史的になるためには、対象はどのように構成されるべきなのか。もしバトラーが自分でこうした問いを立てていれば――これは結局、歴史性そのものの存在論的な構造がどう規定されているかという問いである――答えは二つ考えられるはずだが、彼女はおそらくどちらも嫌がるだろう。一つの答えは、歴史性それ自体が偶発的な歴史構築物である――したがって歴史的でなく、当然完全に超越論的に決定されている社会がある（ゆえにバトラーの仕事のすべては自己矛盾している）――と主張することだろうし、もう一つの方法は、歴史性それ自体の存在論をたてることだが、そうすると超越論的 - 構造的次元を彼女の分析にあらためて組み入れざるをえない。実践においては、バトラーが後者を避けているわけではない。たとえば次のような主張。「普遍のどんな主張も、文化規範から離れてなされるわけではなく、また互いに競い合う多数の規範が国際的な場を構成しているかぎり、どんな普遍の主張も、同時に文化翻訳を必要とするということである」（バトラー、五五頁）。これに対しては、バトラーの方法にのっとって反論できる。「文化的規範から離れてなされる普遍性は想定できない」という主張は、構造的限界なのか、文脈に依存した主張なのか。後者であれば、普遍性がいかなる文化的規範からも離れて生ずる社会が現れる可能性があるのか。もちろんこんな考えは不条理だが、どこに不条理さがあるのか見定めることが大事だろう。不条理さは、三位一体を思わせる結合によって、純粋に否定的なはずの条件が実定的なものに変えられているところにあるのではないかと思う。歴史的な変動性の限界は、なにか実定的に決定できるものにあるとすれば、実体的に自らを決定する超越論的制限を設けることになるだろう。しかし想定されているのは否定的な制限――いかなる実定的な制限であれ、完全に構成されるのを妨げるなにか――であるとすれば、実体的な決定はからんでこない。ここで言えることは一つ、置き換えという形式的運動が起こっても、この運動はそこで置き換えられた現実の内容を規定することはできないということである。これこそ、ラディカルな文脈化と歴史性の条件ではないか。しかしこの場合、バトラーの文脈依存性はラカンの《現実界》にきわめて近づく。《現実界》はまさに、象徴化に抵抗し、どこかから実体的な内容を借りてきて表象のレベルに入ることはあっても、その内容にかならずしも帰すわけではないトラウマ的な核からなっている。ただしラカンの《現実界》は、バトラーの文脈的置き換えの概念に優るところが一つあるといっておこう。バトラーの置き換えは、文脈の複数性を論じようとしても、ただ記述的に数え上げる方法しかとれないが、《現実界》を頭に置けば、文脈の変化の論理をもっと深く捉えることができるのである。

これはヘゲモニー論にとって決定的な点だ。バトラーの議論が頼っている手品は、純粋に否定的な条件を実定的なものに変えてしまう三位一体的な手技であることはすでに述べた——構造的限界の非歴史性を主張するには、代償としてこの実体化を引き受けるしかないのだ。しかしこの実体化を手放さず、バトラーがしているのとは違ったゲームを行うことはたぶんできる。否定的なもののなんらかの実体化がなければ、象徴構造のなかに《現実界》が置かれなければ、なんら言説効果のない——したがってなんら歴史的な影響を与えない——まったく無力な否定的状態しかありえないからだ。この否定的なものの実体化とは、すでに述べた空虚へと向かうシニフィアンの生産のことであり、これこそ政治と政治的変化の条件である。こうしたシニフィアンは、いかなる厳密な内容にも必然的に結びつくことはなく、歴史的制限の経験を実体的に逆転させたものに名をつけただけのシニフィアンである。いたるところに不正が感じられるという事態に抗う「正義」、社会組織が全体として崩れてしまったときの「秩序」、反社会的な私益が荒れ狂う状況での「連帯」等々。こうしたことばは、既存システムの不可能な十全性を引き合いに出す——これらは、条件づけを免れ得ない宇宙における無条件なものの名なのだ——が、さまざまな契機において、多様でばらばらな集団の社会的‐政治的目的と一致することがある。つまり、（a）限界は純粋に否定的である——それは、社会自身の構成の究極的な不可能性を指し示す。（b）社会は、結局は否定されるしかない十全性へ達しようとするとき、この存在しない十全性の名としての機能を言説的にはたす空虚なシニフィアンを生み出す。（c）これらの名は、空虚であるからこそ、それ自体はいかなる個別の社会的‐政治的目的にも結びつかず、ヘゲモニー闘争は、最終的には偶発的でつかのまの結びつきにすぎないものを生産するために起こる。ラカンの《現実界》は、もともとヘゲモニー的ずらしについて考えようとした試みではないが、しかしヘゲモニーの概念に反するものはそこにない。言っておくと、こうして考えられた構造的限界は、歴史は変化するという考えとは相容れない、というバトラーの主張にはまったく根拠がない。こうした構造的限界があるからこそ、歴史の変化が可能になるのである。

2　第二の反論は、バトラーによる抽象的なものと具体的なものの関係の扱いかたについて。彼女はこの問題を取り上げてヘーゲルを長々と論じており、これも興味深い問題ではあるが、枚数の関係で立ち入ることはできない。そこでバトラーがヘーゲルの分析から引き出した結論のいくつかに批判を向けたい。ただわたしの批判は、バトラーだけでなくヘーゲル自身にも向けられていると言っておこう。ポイントは二点。まず、バトラーが二つのまったく異なる言語ゲーム、「規則を適用する」と「具体例をあげる」をいかに混同しているか。第一部ですでに論じた問題ではあるが、ここでもっと詳しく述べたいと思う。

規則を適用するとは、適用という単一のレベルにのみ目を向けて、他のすべてのレベルを抽象化することである。規則に決定的な超越性などないのだから、適用のレベルは規則そのものの一部である、というヴィトゲンシュタインの議論に説得力があるのはこの意味においてだ。しかし具体例をあげることはまったく違う。それはさまざまな個別の例を、互いに等価なものとしてしめすことである——さまざまに異なる事例の個別性を抽象化して初めてできることである。第一論文で、わたしは三つの文を例にあげた。ファシズム言説から一つ、マルクス主義から一つ、フェミニズムから一つ。いずれの文も名詞と動詞の一致の例である。もちろん具体例は、ある程度まで規則を構成する。規則を侵しているにもかかわらずその言語を母語とする話者が正当とみなすような例があげられれば、規則の定式になにか間違いがあると結論するしかないからだ。しかし右にあげた文のイデオロギー的内容と、その発話のレベルその他を抽象化せずに、ある言語を文法的に記述することはできないだろう。これがバトラーに言いたい第一の異議である。彼女の言説は、文脈というあまりに漠然とした文脈のなかで動いており、有効性や社会内の構造決定のさまざまなレベルは十分に区別されていない。

二番目の批判に移ろう。次のような主張がとうてい認めがたいのはなぜか、もう十分述べた。「もしも主体がつねに同じ場所でその限界に直面するなら、主体は、自分がそこにいると思っている歴史のまったき外部にいることになる。つまり主体や、その限界や、その分節可能性に対して、歴史は存在しないということになる」（バトラー、二四頁）。もし限界ということばの意味が、たんにあらゆる実定的内容をアプリオリに超越論的に構成することは不可能であるということなら、この限界が歴史性の存在論的条件そのものとどう違うかはわかりづらい。この後の文もよくない。「さらにまた、もしもあらゆる歴史的な闘争はすべての基盤にある限界（その地位は構造的なもの）をずらそうとして、かならず失敗する無益な試みでしかないと考えるなら、歴史的領域と構造的領域を区別する考えにくみして、その結果、抵抗を考えるさいに歴史的領域を排除することになりはしないか」（バトラー、二四頁）。ここで「抵抗」がなにを意味しているかわからないが、全体の傾向は明らかだろう。限界が構造的なら、政治的不能がわれわれの宿命なのである。しかし導かれるべき結論は、この正反対だと思う。構造的限界が、どんなアプリオリな本質も構造的規定は不可能であるということなら、政治的 - ヘゲモニー的分節化はいつも変化しうるだろうし、そこになんらかの希望と戦闘性があるだろう。あらゆる構造的限界を抹殺すれば、議論は完全なニヒリズムに到ってしまう。現在の権力構造が歴史的であるか非歴史的であるかについて、なにも言えなくなるのだから。

バトラーの立場で困惑するのは、「抽象」を「構造的でアプリオリな限界」と同一とみなす彼女が、次のような「具体」の概念に与していることだ。「具体的なもの」は（a）いかなる構造化の原理も持たず、決定不能の偶発的変化とほぼ同じものである。（b）抽象それ自体が具体的に作られさまざまな歴史効果の源泉となる、という可能性は「具体的なもの」によって閉ざされる。一つだけ例をあげよう。わたしのアイデンティティの観念を批判して彼女はこう言っている。

あらゆるアイデンティティは差異化の関係領域で措定されることは明らかだが、もしもそういった差異化の関係が前‐社会的なものならば、つまり、そういった差異化が社会を条件づけ構造化しているとはいえ、社会とはまったくべつの構造レベルの差異化ならば、わたしたちは普遍的なものを、もう一つのべつの圏域に置いたことになる。つまりあらゆる言語に当てはまる構造上の特徴とみなしたことになる。……そのようなアプローチは、形式レベルの言語分析を、文化や社会レベルの言語の文法分析や意味分析から分離するものであり、……さらに言えば、もしも普遍を「空虚な」場所、すなわち個々の文脈によって「埋められる」ものと見なして、つぎに政治的意味を、この空虚な場所を埋めるときの内容と考えるならば、政治を言語の外側に置くことになり、それによって、ラクラウが信奉している政治的パフォーマティヴィティの概念を解体することになってしまうだろう。先行したものではあるが、後続の出来事のなかでその内容を充塡されるのを待っている空虚な「場所」が普遍であると、なぜ考えなければならないのか。普遍が空虚なのは、普遍が立ち現れるときの内容を、普遍があらかじめ否認したり抑圧したりしているからなのか。否認されたものの痕跡は、出現する形式的な構造のどこに見いだされるのか。（バトラー、五三頁）

この文は、バトラーのわたしへの批判で決定的に重要なはずのところだが、三種類の発言に細かく分類することができる。(a) わたしのことばをまちがって伝えている部分、(b) わたしの論の中心点を省略している部分、(c) 互いに矛盾するいくつかの批判的主張。しかしこの分類を形式的な原理として採用して細かい注釈をつけるより、バトラーの議論の断片をいくつか考えてみよう。それぞれ三つの分類のうちどれに入るかは、簡単にわかっていただけるはずだ。

(i) まず第一に、バトラーはおなじみの戦争機械――「文化的なもの」と「社会的なもの」――を持ち出すが、それらの意味を定義しようとはちっともしない。だから彼女がなにを言っているかは、推測してみるしかない。わたしの推測はこうだ。彼女が「文化的」と「社会的」を、かたや「普遍的」かたや「構造的」なものに対立させているなら、構造的な決定は普遍的であり、それらは社会的文化的な特定性とは共約しえないという結論になるはずである。理論分析の視点では、バトラーがなんらかの社会学的ニヒリズムを唱えている、とここから結論を出すのは容易である。額面通りに受けとれば彼女の主張は、構造的効果の諸形式を記述するいかなる社会的カテゴリーも、文化的社会的特殊性への裏切りだということになるだろう。もしそうなら、街で唯一のゲームはジャーナリズム的記述主義になるしかない。もちろんバトラーは、自分の意図はそこにはなく、ただ構造的決定を本質主義的にアポリアとして捉える考えに反論していると言うだろう。しかしこの場合、二つの質問に答えてもらわないと困る。(1) 構造的限界と決定のさまざまなレベルを区別し分析するための彼女の方法は、どこに見つかるのか。(2) いったいわたしの著作のどこに、非歴史的アポリアとしての構造決定の理論を一度でも唱えたところがあるのか。第二の問いには答えはない。ヘゲモニー論は、社会的文化的に特定の文脈から生じる普遍化の効果についての理論なのだから。最初の問いへの答えは、もっと微妙だ――実際、構造決定／文化特定性という厳格な二項対立をバトラーがなんとか超えようとしているなら、答えがあるはずである。いやしくも社会理論と名のつくものは、文脈によって特定される構造決定のさまざまな形式を、相対的な重みと変化に応じて弁別しつつ、社会的かつ歴史的な比較が可能になるようにその概念を築こうとする。バトラー自身の社会論は、最高の瞬間には――あの革新的で洞察に満ちたパフォーマンス論は（彼女に賛成して言うが）ヘゲモニー論と多くの一致点がある――この方向に進んでいる。この点については、バトラーの武器を彼女自身に向けて嫌味な質問をするのは簡単だとだけ言っておこう。パフォーマティヴィティは、さまざまに異なる文脈で中味を満たされる空虚な場なのか、それともこれは文脈に依存したもので、ということはパフォーマティヴな行為が存在しない社会があるのか？

（ii）　右に引用したバトラーの文から、驚くべきことに言語は前社会的であることがわかる。前社会的とはどういう意味か。言語は天国からの贈り物なのか、生物学レベルのものなのか。しかし善意を発揮して、バトラーはそうは言っていないと論じてよかろう――バトラーの頭にあるのはたぶん、彼女が社会的なものに付与する万華鏡のごとき変奏と差異化のリズムを思い起こして推測すれば、言語はもっと安定した構造であり、ある点まで文化的歴史的な差異を超えるので、そこに社会的なものを位置づけるのは難しいということなのだ。しかしその場合バトラーは、言語のカテゴリーを社会分析に取り入れることの意味をつかみ損ねている。本書の前の章で論じたように、コペンハーゲン学派とプラハ学派によるソシュール理論の定式化こそ、言語カテゴリーを音と概念の実体というへその緒から切り離し、一般記号学（ソシュールが唱えはしたものの作り上げることはできなかった、社会における記号作用の科学）への道を開いたのである。さらに一九六〇年代のバルトは、シニフィアン／シニフィエ、統辞／連辞といった言語カテゴリーが、栄養学、ファッション、家具など他の社会的文法のレベルでどのように働くか、明らかにしようとした。もちろん今日われわれはバルトより先に進んでいるが、言語カテゴリーを社会組織のさまざまなレベルに一般化して使うことは、いまも六〇年代と変わらず正当な方法である。われわれの多くは、まさにこの意味で、言語学と修辞学の道具を政治研究に持ちこもうとしてきた。それらの道具が、市場に対して使えるそれ以外の方法論、つまり合理選択とか構造機能主義とかシステム理論などより、豊かで先行きがあると考えたからだ。

さて明らかに、言語カテゴリーの一般化が可能になったのは、言語分析がいっそう形式的になり、古典的言語学の「素材」だった実体から離れたためである。しかしバトラーが言うように、この方法論は「形式レベルの言語分析を、文化や社会レベルの文法分析や意味分析から分離」したことになるのだろうか。いや、そうではない。もうしばらくバルトに戻ろう。彼は、言語カテゴリーをその他の記号のシステムに応用するとき、それらのカテゴリーは、作用の文脈から独立して不変の形式的存在ではなく、文脈によって汚染され部分的には変形するものと考えている。シニフィアンのようなカテゴリーは、言語それ自体からファッションのシステムなどに移れば、ある程度変化するはずだ。この具体性による抽象の汚染によって、形式的カテゴリーの領域は、バーラーのいうような自閉した形式宇宙というより、ヴィトゲンシュタインのいう意味で「家族的類似」の世界になる。もちろん家族的類似は、しばしばあまりにも大ざっぱで融通無碍すぎ、パラダイムの転換が必要になる。まさにこの意味で、空虚なシニフィアンの論理が生まれるのは、こうして言語の――いま述べたような大まかな意味での――形式的性質からではないか、政治プロセスの中心で働いているところを見たあの空虚化の論理を理解するために、言語形式が役に立つのではないか、とわれわれは問うてきたのだ。しかしすでに明らかにしたように、個別の事例研究に形式規則を機械的に当てはめることはできず、個別性は規則を汚染し、部分的には覆す。それぞれの方法で構造主義を社会研究に持ちこんだ思想家の誰一人として——バルトも、フーコーも、ラカンも、まして（わたしが攻撃を浴びているとしてだが）わたし自身も——バトラーが戯画化するような形式決定主義には陥っていない。普遍的なものを「ありとあらゆる言語の構造的特質」に位置づける人々について彼女は語っているが、微かでもこれに似た例を見つけようとしたら、ポール＝ロワイヤル時代の文法学者まで遡らなくてはいけないのではないか。

3　バトラーは、抽象的形式主義と「社会的なもの」を完全に分離する二元論のせいで、社会的なものの構成と働きを理解するために決定的に重要なあるものに気づいていない。具体的なものそれ自体が抽象的なものを構成する運動のことである（ここでの「抽象」は、具体に先行しそこから切り離された形式的次元ではなく、具体的なものそれ自体が「向かう」なにかである。なんなら、具体的な抽象性と言ってもいい）。そして普遍的なものの場が見出せるのは、これら具体的な抽象においてであり、いかなるアプリオリな形式的領域においてでもない。

　二、三の例をあげよう。資本主義下の商品の運動は、その個別の性質とは関係なく、それらの商品を同等な価値の担い手にする。この抽象化は、社会関係そのものの構造を直接作り出している。商品の形式的性質は、アプリオリな形式主義によって押しつけられるのではなく、それらの具体的な相互作用のなかから生まれてくる。もう一つ例をあげれば、人権の言説がある。人はみな人間として権利を持つと主張するには、人種、ジェンダー、地位その他の差異を抽象化しなくてはならない。ここにも、制度やコード、実践などに体現された、具体的な歴史効果を生み出す抽象化がある。

われわれのいう空虚なシニフィアンの論理は、この種の具体的な抽象ないし普遍性に属している。真の問題は、バトラーが考えているのとは違って、すべての社会がなんらかのかたちで埋める抽象的な「空虚さ」というカテゴリーが、非時間的で前社会的な場に存在するものかどうかではなく、具体的な社会がまさにその具体性に内在した運動のただなかから、空虚へと向かうシニフィアンを生み出す方向へと向かうかどうかなのだ。イタリアでは、ナチ占領軍に対する解放戦争の時代、ガリバルディ主義とマッツィーニ主義の旗印は、一般等価物として——ソレルのいう意味での神話として——機能していた。どんどん増えていく社会の要求を書きこむ表紙になるべく、普遍化した言語だったのである。この普遍化が進むにつれ、二つの旗印はますます、自由、正義、自立などと同義になった。それぞれの表象の領域に書きこむ社会的要求の数が増えていくにつれ、それらはますます空虚になり、社会のある個別の利害だけを表象することはますます少なくなった。やがて両者は、社会の存在しない十全性の、欠如しているもののシニフィアンになった。ここには、抽象的なものと具体的なものの相互浸透が見てとれる。なぜなら（a）どのシニフィアンが空虚で普遍的な表象の機能をはたすかは、個々の社会的歴史的文脈によって変わるから、（b）この空虚化がどの程度起こるかもまた、文脈によって変わる（高度に制度化された文脈ではより小さく、「有機体の危機」といった文脈ではより大きく）から、（c）空虚なシニフィアンの論理には、それ自身の系譜がある——その形式的可能性は抽象的に決定されるが、その歴史的現実の姿は、この可能性から引き出されるわけではないさまざまな条件によって変わるから、である。

ここでいう具体的な抽象ないし普遍性にバトラーが気づいていないとしたら、その理由は、彼女の議論の根っこが、抽象的なものと具体なものの関係を汚染ではなく和解とみなすヘーゲルの考えにあるからだと思う。「人倫」のような概念が目指している完璧なバランスは、ヘゲモニー論の可能性を排除するのではないだろうか。ただし、バトラーが「具体的な抽象」の問題を考えに入れていないと見るのは、完全に正確とはいえない。この問題は彼女の言説のなかでは、「文化翻訳」というところに存在している。彼女の理論のこの部分にわたしはより親近感を感じるし、だからこそ、理論的な足場がどれほど違っていようと、最終的な政治的立場ではわれわれがそれほど離れていないと思うのだ。

「文化翻訳」は、バトラーの論のかなめの役をはたしている。まずこれによって、彼女はヘーゲルの「人倫」の統一的性質から距離をとることができる。バトラーは次のように主張する。

> ヘーゲルはたしかに、習慣的な慣習や倫理的な基準や国家を、単一な統一体として理解してはいるが、だからといって、文化を横断する普遍性や、文化的に異種混淆した国家から出現するような普遍性が、文化そのものを超越することにはならない。実際ヘーゲルの普遍の概念が、交雑的《ハイブリッド》な文化や揺れ動く国境という状況において当てはまるのなら、その普遍概念は、文化翻訳という仕事をつうじて練り上げられるものにならなければならない。（バトラー、三三五頁）

ひじょうに説得力があると思う。普遍的なもの――ないし抽象的なもの――を、歴史的特定性の名のもとに捨て去ってはならないが、しかしそれらは特定の歴史によって作られたものとしてみるべきだ、ということだろう。これはほとんど一語一句、わたしが述べた「具体的な抽象」と一致している。これを理由としてバトラーは言う。「文化を交流関係や翻訳作業にかかわるものとして理解させているのがまさに普遍概念なので、どのような普遍概念も、単一の『文化』という概念のなかには収まりきらない」（バトラー、四〇頁）。

第二に、バトラーが明らかにしているように、普遍的なものはつねに具体的な状況から生まれ出てくるのだから、個別主義の痕跡はつねに普遍的なものを汚染してくるだろう。バトラーは、普遍主義を帝国主義のイデオロギーの一つとしてあげているが、同じことは普遍主義が逆の意味の記号——抑圧された人々の記号となる場合にもいえる。汚染はやがて異種混淆へといたり、こうして個別主義と普遍主義は切り離せなくなる。バトラーのことばでは、

出現するのは、排除的な普遍でも、排除的な個別でもないと思われる政治的主張である。むしろそこでは、普遍の文化的公式にはつきものの個別的な利害が明らかにされ、そもそもいかなる普遍も、それが出現し、それが流通する個別的な文脈によって汚染されていないということはない。（バトラー、六二頁）

なにも付け加えることはない。わたしの用語で言えばこれこそ、ヘゲモニー的普遍性でない普遍性は存在しないということだ。

しかし、翻訳作用の内的な構造についてはどうだろうか。まず言っておくと、バトラーによるわたしの理論の要約でもっとも妙なところの一つは、わたしの用語で彼女の「翻訳」にとくに近い概念、つまり「等価性」の概念について、彼女がいっさい触れていないことである。彼女はわたしの「差異」の概念を、「排除」や「敵対性」と同一視すらしているが、これは明らかに間違いである。わたしの理論では「差異」

は実定的な同一性であり、いっぽう政治空間の敵対的な再編はすべて、等価性というカテゴリーに結びついているからだ。わたしは、社会性を構成する論理のなかに、二種類の作用を区別しようとしてきた。差異の論理は、社会の範囲内で個々のものの位置を定めるが、等価性の論理は、ある個別性を、他の無数の個別性と置き換え可能なものとして「普遍化する」――この区別は大まかにいって、言語学なら連結と置換の関係、あるいは統辞と範例の関係に相当する。たとえばポピュリズム言説では、社会空間は二つの統辞的立場を軸に二分化されており、二つのアイデンティティを混ぜ合わせてしまうと、両者は互いに置き換えられる等価関係となって、差異は弱まることになる。いっぽう制度的言説は、差異的 - 統辞的立場をいくつも増やし、その結果、ある社会編成のなかで可能な等価化の動きをごくちっぽけなものにしてしまう。

このように、バトラーのいう「翻訳」の内的構造と、わたしのいう「等価性」はじつはきわめて近い。彼女にとって翻訳とは、もともとの発話の文脈にはなかったものを付け加えて、ある内容を脱領域化することだ。もともとなかったものが、その内容に意味を与えうる発話の立場を多様に増やすことで、普遍的になるのである。人間の平等の名の下に女性の権利を主張するフェミニズム言説は、まさにこうしたことをやっている。はっきりした例として、バトラーはジョーン・ウォレス・スコットとポール・ギルロイをあげている。等価性関係は、わたしが考える意味では、まさにこの役割をはたす。等価性は同一性ではない――等価関係においては、互いに等価な項はさまざまに違った特質を残しており、こうして等価性はたんなる「等式」とは正反対に、さまざまな特定の性質を持つことになる。しかしここで前提とされるのは、それでも等価性の契機がたしかにあり、ある効果を生み出すことだ。その効果とは普遍性である。普遍性になんらかの地位が認められるとしたら、等価作用の堆積物という地位であると思う。つまり「普遍」はけっして自立した実体ではなく、つねに有限で逆転可能な個別性どうしの関係に応じた一連の「名」にすぎない。わたしが「等価性」ということばを「翻訳」より好むのは、後者が（ラテン語の語源にまで遡らない限り）、一語一句が完全に置き換えられうるという目的論的雰囲気を引きずっているからだ。そして「翻訳、それは誤解」とわかっていてもなお、ここで言われているのは、もともと意図されたことが——なんなら、不可避的にと言ってもいいが——伝わらないという認識である。「等価性」ということばにはこの曖昧さがない。最初から、差異を崩して同一性にしてしまうような作用のことを言っているのではないことが明らかなのである。

　翻訳というにせよ等価性というにせよ、バトラーとわたしが目指しているものは知的かつ政治的によく似ていると思う。わたしのテクストに対する彼女のひどい誤読について批判は述べたが、それでもわれわれ二人が同じ地平で考え、戦っているという感情は抜き難い。バトラーに向けた二つの質問で、この節をしめくくりたいと思う。（1）汚染された普遍性という概念を受け入れることと、ヘーゲル的な抽象と具体の弁証法を取り入れることには、一つの矛盾——バトラーによるわたしのテクストの読みのなかに翻訳されている矛盾——がないだろうか。ヘーゲルの弁証法では、抽象と具体のあいだに完全な——汚染されない——調整が想定されているのに。（2）具体的なものがいつも抽象的なものを汚染するなら、個別のものが普遍的なものとして姿を現すことは、ジャコバン恐怖政治などに限られた特別で極端な例ではなく、あらゆる社会生活の性質ではないか。ならばこれまで述べてきたような敵対性は、社会的なものの根絶しえない性質になるのではないか。

ジジェクへの返答

最初に、ジジェクのわたしへの反論をいくつか扱おう。続いて、彼のテクストが提起している「階級闘争対ポストモダニズム」という選択肢について、もっと一般的な問題に移ろう。まずは三種類の反論を取り上げることになる。(1)社会構造を規定する必然的な失敗と、カントの統制理念との関係に関するもの。(2)《政治》の必然的条件である自然化と、敵対性という概念に内在する二重の不可能性に関するもの。(3)歴史主義そのものを歴史化することができるかどうかに関するもの。

1 最初の反論にはごく簡単に答えられるし、じつのところ、わたしはジジェクがこれを持ち出したのに少々驚いているのだ。まずこれは、理念への無限の接近という考えに内在する諦めに、そしてこの無限の前進のなかで解決できる問題の部分的な性質に関連している。ジジェクはこう問う。

この解決法には、不可能な「十全性」への無限の接近を一種の「統制理念」としたカントの論理がないだろうか。「失敗するのはわかっている、でも求め続けなくちゃいけないんだ」という諦念／シニシズムの態度が、ここにはないだろうか――……最終的に努力は潰えることを知っていながら、部分的な問題を解決するための活力を与えてくれるかけがえのない魔法の呪文として、この全世界的「亡霊」の必要性を認める行為者の態度が。(ジジェク、一二七頁)

以前は、ジジェクはもっとものがわかっていた。たとえば彼はわたしの理論について、カントの「熱狂的諦観」の概念を引いて論じている――彼も承知のように、カントのこの考えにはシニシズムなどかけらもない。この議論の二つの面、達成しえない統制理念と、解決される問題の部分的性質とを考えてみよう。カント的方法とわたしの方法との違いは、カントにおいて統制理念の内容は初めから定まっていてそれきり変わらないが、わたしの視点では、心的備給の対象がたえず変化することだ。蓄積がただただ続くうちに、達成されない究極の目標に対してシニシズムが湧き起こる、といったことはけっしてない。現実の闘争にたずさわる歴史の舞台の登場人物にとって、どんな種類のシニカルな諦観もない。彼らの現実の目的こそ、彼らが生き戦っている地平を構成するのだから。究極の十全性はけっして達成されないと述べることとは、宿命論や諦念を唱えることとなんの関係もない。むしろそれは人々にこう語る――自分で戦いとるものだけがそこに存在するのだ、現実の闘争はいかなる先立つ必然性にも縛られていないのだ、と。解決される問題の部分的性質についていえば、二つの面を注意して区別すべきだろう。一つは現実に解決されるものの「実体的」内容、もう一つは、解決をもたらしていくうちに生まれてくる「存在論的」心的備給である。この意味では、問題が部分的であるといっても、それぞれを一つずつ取り上げ行政的に処理すれば――マルクスが引いたサン＝シモンのことばでいえば、人を治める政府からものごとの管理への移行――それですむというわけではない。「部分的」ということばが意味するのは、ある時点で社会の十全性への願いを体現している内容と、それ自身の内容を持たない十全性自体とのあいだに、つねに亀裂があり続けるということである。一九八九年以後の東欧が市場の力に電撃的ショックを受けたとき、あるいは社会主義者が生産手段の社会化を語ったとき、彼らはこうした変化を、経済管理の問題を部分的に解決する方法などではなく、全世界の人間の解放をもたらす万能薬と考えていた――この意味で彼らは、ある個別の歴史的達成に、それ自体をはるかに超える象徴的重要性を備給していたのだ。わたしはこの意味でだけ

――現に起こった変化の具体的で部分的で特異な性質と、それ抜きではヘゲモニーも政治も考えられない広い期待と象徴性との、埋めようのない亀裂を強調して――「さまざまな部分的問題」の解決について語ってきた。おわかりと思うが、これは統制理念とはほとんど関係ない――統制理念の内容は最初から十全に与えられているから、具体的なものへの心的備給は起こらない――し、部分的な問題の行政的処理とも関係ない――この処理は、解決にまったくヘゲモニー的備給がなくともやれるからである。以上、わたしの政治論と、「第三の道」の理論家たちとは無関係。わたしはジジェクに負けず劣らず彼らに批判的である。

2　ジジェクはこう書いている。

ポスト革命《社会》が十全なものになるという考えを拒絶するのが正しくとも、グローバルな社会変革の試みはすべて否認しなければならないという結論は正当化できないし、解決できるのは部分的な問題と限ったわけではない。「現前の形而上学」批判から反ユートピア的「修正主義」改革政治へという跳躍は、誤った短絡なのである。（ジジェク、一三七頁）

そのとおり、この短絡は誤っている。ただ付け加えておくと、そこに跳びついているのはジジェクだけだ。ここで基本的に区別しておくべきだろう。社会的政治的な要求はそれぞればらばらであり、どれも他のものと必然的に関係することはない（だからそれらは部分的なのだ）、と言ったとする。しかし、それらに政治的に答えるには一つ一つ順番に片づけていくしかない、と主張することはまったくべつの話だ。たとえば、等価性関係が社会的要求の複数性のなかで築かれているとすると、いかなる要求であってもそれを満たすことはすべてグローバルな社会のイメージ構築にかかわっており、この構築の効果は、ただの漸進主義の見通しよりもはるかに組織的なものである。実際のところ「漸進主義」はユートピアの最たるものといってよい。社会問題を政治的でないやりかたで取り扱える中立の行政機関が存在するという信念なのだから。二〇世紀の社会における変革について考えると、あらゆる「部分的な」改革は、よりグローバルな社会的想像力において大きな変化があったときにのみ可能になったことがわかる——ニューディール、福祉国家、最近では「道徳的多数派」と新自由主義の言説を考えてみればよい。しかし、さらに体系的でグローバルな効果をたしかにおよぼした動き、たとえばロシア革命についても、ほぼ似たようなことが言えるだろう。

ジジェクの立場で厄介なのは——これについてはまた後で戻る——彼がグローバルな政治論ということばでなにを頭に置いているか、けっしてはっきりと定義しないことだ。彼はある地平のなかの部分的な解決と、地平そのものの変化を対立させる。この公式に反対はしないが、ただし、地平とその構造を規定する論理がどのようなものかについて、われわれの意見が一致しているならである。地平とは社会的なものの基盤なのか。個々ばらばらの闘争の複数性を全体化するための、想像の産物なのか。ジジェクはこれらについてはっきりとは言わないし、初期ルカーチや階級還元主義の精髄について彼が持ち出しても、なにか誤解があるのではという疑いは晴れない。これら一般的な問題はまたすぐに触れる。いまのところは、ジジェクの次のような視点になぜ賛成できないかを説明しておきたい。彼は、《政治》が「作用するのが、その根源的に偶発的な性質を『抑圧』し、最小限に『自然化』される限りにおいて」であるとして、「《社会》が十全な存在を実現するのを阻む敵対性／否定性そのものを正しく表象／記号化することも、また不可能である」（ジジェク、一三六頁）と結論づける。イデオロギー幻想の役割についてのジジェクの分析にも、「この不可能性そのものが実体的な要素によって表象されると、内在的な不可能性は外在的な障害物へと変化させられる」（ジジェク、一三六頁）という彼の結論にも異論はない。しかし次の二点には疑問がある。（a）不可能性と外在的なものとの関係は、まったくもって恣意的である。（b）不可能性は、なにかに恣意的に投影しない限り表象できない。一点目についてはこう論じよう。あるできごとが社会の十全性をもたらしうるということと、それが部分的な問題を解決できるということとのあいだには、たしかにけっして橋渡しできない亀裂があるが、部分的な解決はたんなる恣意的な選択の結果ではない――ユダヤ人がいい例であるように思う。ツァーリズムやアパルトヘイト体制は、民主主義改革の多元主義に対する現実の障害だったのであり、内在的な不可能性を実体化していたという理由でやみくもに攻撃されたわけではない。たしかにこうした体制は内在的な不可能性の実体化でもあったし、そのおかげで旧体制を覆した言説には、ある地平――部分的な改革を一つ加えるにとどまらず、さまざまな改革を重層決定する次元――が加わったのだった。しかし――精神分析的にいえば――欲動が対象に必然的に結びついていないからといって、対象が重要でないとか、その選択が完全に恣意的であるということにはならないのである。

二点目、ジジェクのいう最小限の自然化の必要と、不可能性それ自体を表象することの不可能性についていえば、わたしの応答はごく限られたものだ。ある点では彼に全面的に賛成である。わたしは折にふれて、不可能にして必然的なものは、なにかそれ自身とは違ったものの表象を通してしか現れないと言ってきた。「自然化」の概念がこのことだけを指しているなら、問題はない。しかしジジェクにとっては、宗教共同体とか「西洋」といった例が暗示するように、なにか他のものがそこに含まれているのではないだろうか。ジジェクが語る置き換えの終わりなき戯れには、一つの可能性が排除されている。不可能性が、それにとって代わろうとする置き換えの連鎖へと向かう代わりに、不可能性それ自体を実体的な価値として象徴化することへ向かう可能性である。これは重要な点だろう。実体化は避けられないものだが、この実体化が、不可能性を超えたという幻想によって不可能性を隠すのではなく、不可能性それ自体を象徴化することを阻むものはなにもない。まちがいなく、この作用にはまだ自然化の要素がある。名前のないなにか――パスカルのゼロのような――に名を与えることは、あきらかに実体ではないものから実体を創り出すことだからだ。しかしこの最小限の自然化は、「不可能性」を実定的な差異を作り出す内容と同一視するときにともなう自然化とは違う。この弱いタイプの自然化の可能性こそ、民主主義政治にとって重要なものである。民主主義政治は、それ自身をつねに開いた状態にしておく制度を伴わなければならないし、この意味で、民主主義の究極の不可能性と同一化せよという指令がつねに発せられていなくてはならない。

3　ジジェクは問う。

支配的イデオロギーによる普遍性概念の包摂／排除に対して再交渉していく終わりなき政治プロセスについてバトラーが語るとき、あるいはラクラウが、終わりなきヘゲモニー闘争というモデルを出してくるとき、このモデルそのものの「普遍的」地位は問題をはらんでいる。彼らが提示しているのは、あらゆるイデオロギー‐政治プロセスの形式的座標なのか。それとも彼らはただ、古典的左翼が撤退した後に出現した、現代の（ポストモダンの）特定の政治実践の理論構造を記述しているのか。前者であるようにみえるし、しばしば彼らははっきりとそう述べている。（ジジェク、一四三頁）

ご覧のようにジジェクの議論は、超越論的限界と歴史主義についてのバトラーの議論の変奏だが、皮肉なことにバトラーが攻撃しているのはジジェクとわたしで、ジジェクは同じ反論をバトラーとわたしに向けている。仲間に入って同じ批判を——今度はバトラーとジジェクに——するのはやめておこう。答えの大部分はバトラーへの応答ですでに書いたが、ジジェクの独特の議論の持っていきかたについて二、三言わせてもらいたい。まず第一に、超越論的分析（かなり問題があると思うが、ハイデッガーの社会的生の存在論的構造がここに入れられている）と、明確な歴史状況の記述を、彼のようにきっぱり区別することには賛成できない。「ヘゲモニー」の理論的枠組みは、同時にこのどちらでもありどちらでもない。ある意味でヘゲモニーは、現代世界で見られる個別の動きの記述である。しかしそれだけなら、「ヘゲモニー」をある類に属する「特異な種」として記述するために、さらなるメタ理論の枠組みが必要になるだろう。しかしそんなメタ理論の枠組みは存在しない。ヘゲモニー的な政治形式が一般に広がっているのは現代社会においてのみなのだが、このおかげでわれわれは、過去を審問し、今日ようやく完全に目に見えるものになった動きの未発達な形式を過去に見いだすことができる。そうした動きがなかった場合には、なぜ事態がいまと違っていたか理解することもできる。逆にこうした差異を通して、現代の特殊性もよりよく見えてくるだろう。たとえば現在、ある種の動きを記述するカテゴリーとして「所得分配」があるが、これは古代世界にはなかったカテゴリーである。それでは、古代世界では所得は分配されなかったのか。そうとは言えないのは明らかだ。しかし分配は、現代とは異なるメカニズムで行われていた——それでもこのメカニズムは、われわれの図式によって記述することができる。「所得分配」という概念は完成しており、現在と異なる分配の形式が歴史的にありえるときにも、この概念が十分に使えるからだ。

大事なのは、「非歴史的超越論／根源的歴史主義」という偽りの二者択一を打ち壊すことである。これが偽りの選択肢なのは、両者は互いを前提としあっており、最終的にはまったく同じことを言っているからだ。根源的な歴史主義を唱えるとしたら、時代による差異を特定するためのメタ言説が必要になるだろうし、そうした言説は超歴史的にならざるをえないだろう。頑固な超越論を唱えるとしても、経験的な変化の偶発性を認めなければならないだろうし、そうした変化は歴史主義的にしか捉えられないだろう。わたしの枠組みの偶発性と歴史性を完全に受け入れ、しかしその歴史的な変動の意味を概念として捉えようとする試みを放棄して初めて、この袋小路から抜け出す道が見出せる。たしかにこの解決は超越論／歴史主義の二分法を抑えきれないが、少なくともある種の柔軟さをもたらして、この場でできる言語ゲームを多様なものにする。こうした状況で作用する知には、名前がある。その名は有限性である。

さて、ジジェクが本書で提起している、もっと一般的な政治問題を考えてみよう。彼は階級闘争とポストモダニズムをきっぱりと対立させ、この対立を中心に言説を構成している——前者は生産関係と、より一般的には資本主義に関わり、後者は現代政治におけるさまざまな形式のマイノリティ認知に関係している。タイトルの「ええ、いただきます！」にもかかわらず、ジジェクは明らかに後者に対して批判的で、ポストモダニズムは愚かにも階級闘争を捨て去っていると考えている。わたしの答えの基本テーゼは次の二つ。まず第一にジジェクと違って、わたしはこの二種類の闘争が異なるものだとは思わない。第二に、ジジェクの言説の中心にある存在——階級、階級闘争、資本主義——は、およそ厳密な意味を欠いたフェティッシュという感が強い。しかし先に進む前に、社会闘争の現状、とくに現代の世界において左翼が自分の責任をどのように見ているかについて深く憂慮していることでは、わたしもジジェクといっしょであると言っておきたい。ジジェクの言うとおり、特定の課題のみに目を向ける政治が広がるにつれ、よりグローバルな戦略的俯瞰は放棄され、それとともにシステムの支配的論理が無意識に受け入れられていると思う。しかし、現在の苦境から左翼を救うために彼が提案する解決は、根本的にずれていないだろうか。

ジジェク流の二項対立、階級闘争と、ジジェクのいうポストモダンのアイデンティティの政治との対立から始めよう。この二つは本質的に違っているのか？　すべては階級闘争をどう理解するかにかかっている。その根本にある基盤的な敵対性はどこに位置しているのか。『現代革命についての考察』でわたしは、階級の敵対性は、資本主義の生産関係に内在しているのではなく、その関係と、その外部にある労働者のアイデンティティとのあいだで起こるのだと論じた。さまざまな側面を注意して区別しなくてはならない。まず、生産の諸力と関係の矛盾――すでに述べたように、これは敵対性ではない矛盾である――を、階級闘争――こちらは矛盾のない敵対性である――から区別しなければならない。後者に注意を向けるとして、敵対性はどこに位置しているのか。明らかに、生産関係のなかにではない。資本家は労働者から剰余価値を搾り取るが、資本主義の論理でいえば資本も労働も現実の人間ではなく、経済のカテゴリーである。階級の敵対性は生産関係に内在していると言うためには、「資本」や「賃金労働」といった抽象的カテゴリーから、両者の敵対性を論理的に導き出さなくてはならないだろう――そんな議論はできはしない。剰余価値が労働者から搾り取られるのは事実でも、労働者がそれに抵抗するはずであるという論理にはならない。敵対性が存在するなら、その源泉は資本主義の生産関係のなかではなく、労働者のなかにあって生産関係の外部にあるなにか、生産関係によって脅かされているもののなかにある。あるレベル以下の賃金では労働者はまともな暮らしができない、とか。そう、極端な搾取がない限り、資本主義に対する労働者の態度は完全に、彼ないし彼女のアイデンティティがどのように構成されているかにかかっている――ずっと昔から、組合運動の漸進改革的傾向を目の当たりにした社会主義者が知っていたことである。労働者の要求には、内在的に反資本主義的なものはなにもないのだ。

反資本主義的な要求は、経済と密接に関係しており、資本主義システムの機能の中核を狙うから、他の種類の要求より重要である、と言えるだろうか。この議論はあまりうまくいかない。マルクス主義者は以前から、資本主義は帝国主義と結合した世界システムであり、したがってこのシステムのある一点で危機が起これば他の場所も揺らぐことを知っている。つまり多くのセクターが資本主義の論理によって脅かされており、そこから生まれる敵対性は、かならずしも生産関係における個別の位置とは関係しない。結果として、階級闘争の概念は、反資本主義闘争に関わる行為者のアイデンティティを説明するにはまったく不十分である。それはただ、社会全体がプロレタリア化し、やがてそこから資本主義の埋葬者が現れるだろう、という古臭い考えかたのなごりでしかない。

「不均衡な複合的発展」という概念は、現代世界における革命的変化の担い手として、従来のものとは違う複雑な政治的アイデンティティの出現をすでに明らかにしており、グローバル化現象によってこの傾向はいちだんと強まっている。階級闘争とアイデンティティの政治を二項対立させるジジェクに対するわたしの答えはだから、階級闘争はアイデンティティの政治の一種であり、ただしいまわれわれが暮らす世界ではますます重要さが薄れている種類である、というものだ。

しかし、彼の文化多元主義批判はどう見ればいいのか。さまざまな集団の特定の要求は、一つ一つ支配システムに飲みこまれ、こうしてシステムをむしろ強化するとジジェクは言う。この指摘はひたすら正しいが、労働者の要求についても同じことが起こるのだろうか。システムが、「適応変化」――グラムシのことばである――して弱い立場の集団の要求を吸収することができていれば、システムは健康だろう。決定的なのは、反システム闘争において、アプリオリな特権を享受できるような特別な場所はシステムのなかにないことだ。文化多元主義闘争それ自体が革命の主体を作り上げるとは思わない。労働者階級が即革命の主体ではないのと同じである。しかしだからといって、こうした要求に反対するつもりはない。組合の要求は原理的には資本主義内部で満たされるだろうが、それでもわたしは組合活動を支持するし、文化多元主義その他特定の問題を扱う集団の要求は、それらが資本主義支配の終わりを告げると考えなければ支持できないというものではない。ジジェクは――わたしも心配しているが――もはや全世界の解放の言説に結びつかない個別主義がはびこれば、現状維持どころか、振り子がいっそう右に振れるのでは、と憂えている。この懸念は妥当だが、現代世界でははっきりした意味を持たないもの――階級闘争――を蘇らせても、解決策にはなるまい。

あまり中身のないこのグローバルな二項対立以外にも、ジジェクが批判されるべき点はある。彼が持ちこむカテゴリーは、文字通りにとれば明確な意味を持たなかったり、彼の思想の方向性とは食い違うときがあるのだ。そうした用語の多くはマルクス主義の伝統からきており、ジジェクはそれらを無批判に使っている。ジジェクの著作でびっくりするのは、彼がマルクス主義を公言していながら、マルクス主義の知的伝統になんら注意を払わないことである。彼が用いるカテゴリーには、この伝統のなかで洗練され、ずらされ――便利なことばでまとめれば、脱構築されているものもあるのに。ジジェクのマルクス主義概念、実例、議論は、すべてマルクス自身のテクストか、ロシア革命からとられている。グラムシへの言及はないし、トロツキーも事実上なく、わたしが知る限りでは、現代社会主義の注目する問題の多くを初めて論じたオーストリア＝マルクス主義も一度たりとも触れられていない。二、三例をあげよう。

イデオロギー

ジジェクはこう書いている。

支配的イデオロギーが作用するためには、搾取／支配された多数派が彼らの真正な願いを見いだせるような、いくつかの特質を体現しなければならない。要するに、あらゆるヘゲモニー的普遍性は、少なくとも二つの個別の内容を体現しなければならない。「真正な」大衆的内容と、支配と搾取の関係によるその「歪曲」である。（*The Ticklish Subject* 184）

ラカン派の発言としてはじつに驚くべきものである。ルカーチ的な「虚偽の意識」の概念を受け入れない限り理解不能な文だが、この概念はフロイトの無意識の発見とはまったく相容れないし、ヘゲモニー論とは言わずもがなだろう。支配し搾取する側の集団が、かりに大衆的な内容を歪めるとしても、その歪みは革命的な社会主義言説が作り出すものと同程度でしかない。彼らはただ、同じ内容を違ったかたちで表現するだけだ。ある種の表現を他の表現より好むとしても、好きなほうが目的論的に「正しい」わけではないし、嫌いなほうを「歪曲」として無視できるわけでもない。もしそうなら、ヘゲモニー闘争は始まる前から決着がついている。

階級

すでにこの点は指摘した。ただ、ジジェクが「階級分析の暗黙の棚上げ」を一種の「否認」として語っていることだけはつけ加えておこう。これについてなにか言うのは難しい。ジジェクの階級へのこだわりは、ただ古い教義の継承でしかなく、現代社会を理解するために階級というカテゴリーがどれほど重要か説明しようという努力はまったくみられないからだ。階級の観念は、一種の機械仕掛けの神として、多文化主義の悪魔と戦う善玉の役を演ずるために呼び出されているという印象は避けがたい。ジジェクのテクストから浮かび上がる唯一の「階級」の特質といえば、階級がどのようにか「システム」のレベルで構成され闘争しているのに対して、他の闘争やアイデンティティはシステム内部にある、ということである。その理由は論じられない——実際これは、乱暴な下部構造／上部構造モデルを使わない限り擁護しづらい主張だろう。結局ジジェクは乱暴なモデルを使っており、彼の言説が、じつに洗練されたラカン的分析と、不十分にしか脱構築されていない伝統的マルクス主義とのあいだで分裂症的に割れていることが、ここにもしめされていると思う。

資本主義

ジジェクは歴然と反資本主義の立場をとり、ポストモダニズムを唱える者は「心の奥の諦念を見て見ぬふりをしている。彼らは資本主義を『街で唯一のゲーム』として受け入れ、現存する資本主義リベラル政体を乗り越えようとするどんな現実の試みも拒絶しているのだ」と主張する（ジジェク、一三〇頁）。このような主張が厄介なのは、じつはなにも言っていないに等しいからだ。資本主義政体を覆すというときマルクスがなにを考えていたかは、彼が何度もはっきり述べているから理解できる。同じように、レーニンやトロツキーの意図も理解できる。しかしジジェクの著作では、この表現には意味がない——彼が注意深く、誰にも明かそうとしない秘策を練っているならべつだが。彼はプロレタリアート独裁を強要しようとしていると思っていいのだろうか。それとも彼は、生産手段を社会主義化し市場メカニズムを破壊したいのか。こうした目的をはたすための彼の政治的戦略はどのようなものか。現状に代わるどのような社会モデルが仮想されているのか。とりあえずこれらの質問に対する答えに取り組んでくれなければ、彼の反資本主義は中身のないお喋りにすぎない。

とはいえ、ジジェクはもっとまっとうなことを考えているのだろうとは思う。たとえば、現在主流の新自由主義経済モデルを覆して、国家規制と民主的な経済管理を導入し、グローバル化の最悪の結果を避ける、とか。彼の反資本主義がこの意味ならわたしも賛成だが、それをいうなら彼が反論している多くの「ポストモダニスト」もそれに賛同するだろう。たしかに福祉国家モデルが崩壊して以来、文化的左翼は経済に十分な注意を払ってきていない。しかしこれに取り組むためには、まずこの三十年間に資本主義に起こった構造変化とその社会への効果を考慮しなくてはならない。農夫の消滅、労働者階級の劇的な減少、マルクスの階級分析の基盤になっていたものとはまったく異なる社会階層制の出現……。

結論を出そう。ジジェクの政治思想は「不均衡な複合的発展」の病にかかっていると思う。彼の洞察力とラカンの理論装置のおかげで、現代社会におけるイデオロギーの動きはこれまでより深く理解できるようになったが、彼の狭義の政治思想は同じ速度では前進しておらず、ごく伝統的な枠組みに捉えられたままなのである。しかしこの不均衡は知的作業にはつきものである。故ミシェル・ペシューは、二〇世紀の偉大な出会いはついぞ起こらなかった、と言っていた。フロイトとレーニンが、未来主義者デザインによるオリエンタル急行に乗ってソシュールの「価値」の概念を論じるといったことは起こらなかったのだ。

解放の弁証法

この最後の節は、現代における普遍の運命についていくつかの問題に答えるための試論としたい。バトラー、ジジェク、わたしはいずれも、たんなる個別主義に陥らずに普遍的な次元を生かし続けるような解放の言説を練り上げようとしている。しかしそのやりかたは少々異なっている。ジジェクは、社会関係を「全体化」し、それ自身においてそれ自身のために普遍的になるような体系レベルを決定しようと試み、バトラーとわたしは、個別性どうしの相互作用の形式から生まれる普遍性の観念を練り上げる方向に向かっている――バトラーの「文化翻訳」、わたしの「等価性」の概念がそれである。ここからは、最初の章で論じたヘゲモニーの四つの次元を枠組みに、「等価性」というカテゴリーが「解放」に持つ意義を拡大してみたい。

1　権力の不均衡は構造を規定する。

2　普遍／個別の二分法が乗り越えられて初めてヘゲモニーがある。普遍性は、それがある個別性に具体化された――そしてそれを覆した――ときにのみ存在するが、逆に個別性は、同時に普遍化の効果の場とならない限り政治的にはなりえない。

3　ヘゲモニーは、空虚へと向かうシニフィアンの生産を必要とする。このシニフィアンは、普遍と個別の通約不可能性は保ったままで、後者が前者を表象できるようにする。

4　ヘゲモニーが拡大する地平は、表象関係が一般化し、社会秩序の構造を規定する条件となるような地平である。

1　第一の次元で強調されているように、普遍性は個別性に依拠している。理由は明らかだろう。マルクスの政治的解放のモデルを思い出そう。ある個別の集団が、その目的を共同体全体の目的として提示できるためには、一般的な犯罪の被害者とみなされるべつなセクターがなければならない。これこそ、普遍的な解放のプロジェクトに内在する権力の次元である。普遍性が存在するまさにその条件として、根源的な排除が前提とされているのだ。しかし権力にはべつな次元もある。ある集団が普遍性を表象する機能をはたすとき、その集団は他に比べてこの役割に適した立場にあるはずだし、したがって権力はさまざまな機構と社会セクターに対して不均衡に分配されているといえる。この権力の二つの次元——不均衡と排除——が存在するための前提は、普遍性が個別性に依拠していることである。純粋な普遍性として作用する普遍性などなく、ある個別的な核を中心に等価性の連鎖を拡大して作られる、相対的な普遍性だけがある。「陣地戦」というグラムシの考えは、まさにこの事態を表現している。協調組合主義からヘゲモニー的階級への移行の前提条件は、ヘゲモニー的セクターを構成する個別の目的を捨て去ることではなく、他の従属的位置にあるセクターとともに築いた等価性関係をもとに、それらを普遍化することだ。つまり権力は解放の条件である——ヘゲモニーを中心に新たな権力を創り出さない限り、社会の諸力の布置を解放する方法はない。

しかしここには明らかな困難がある。逆に、解放というからには権力の除去がともなうのが本当ではないのか。個別性にもとづかない普遍性に達する完全な解放——たとえばマルクスの「人間」解放——を考えるならその通りだろう。しかしすでに論じたように、それは不可能だ。とはいえ先に進んでみよう。解放が権力に汚染されているという経験上の不完全さを、しぶしぶ許容しなければならないものと考えるよりも、ここにある理想像は、完全に調和した人間の本質を表す普遍性よりいっそう高次なものだと論じたい。完全に調和のとれた透明な社会は、自己決定という意味でまったくの自由な社会だろうが、この自由の十全な実現は、自由の死と同じことだからだ。そこではあらゆる論争の可能性が、あらかじめ消し去られてしまうのである。社会の分裂、敵対性、その必然的な帰結――権力――こそ、個別性を消し去ることない自由の真の条件なのである。

この第一の次元から現代社会の解放の潜在的可能性を考えると、政治風景を見て複雑な気分になる。いっぽうで、多文化的で個別的な、特定の問題に向かう要求がますます増殖して、これまでより拡大された等価性の連鎖を生む可能性を――可能性だけだが――作り出しており、その結果、より民主的な社会への可能性も作られている。バトラーとわたしがとくにこの面に敏感である。しかしいっぽう、いまわれわれが生きている時代では、これまでの大きな解放の物語が急激に衰え、この衰退の結果、等価機能をはたす普遍化の言説がおいそれとは見当たらなくなっている。ジジェクが正しく警告しているのはこの危険、個別主義がただの個別主義にとどまり、支配システムに取りこまれる危険である。現代の状況では、左翼の第一の課題とは、普遍性の元素となるような言語を構築し、等価性の連鎖を築けるようにすることなのだ。

2 ヘゲモニーの第一の次元のかなめが、普遍が個別に従属する契機であるなら、第二の次元は、そもそも政治が存在するために普遍化効果が必要であると強調する。完全な個別主義の危険についてのジジェクの警告をもう一度考えてみよう。要求が個別化すればするほど、それらを満たしてシステムに取りこむことは容易になる。ある要求が他のさまざまな要求と等価なら、どんな部分的な勝利も、継続中の陣地戦の一挿話にすぎないといえる。わたしがアルゼンチンで学生運動をしていた頃、右翼学生と左翼学生の分裂がはっきりするのは、具体的な要求(図書館の開館時間、学生食堂の切符の値段……)への態度によってだった。ある学生にとっては、当面の目的を達成したら動員はそこで終わりだったが、もっと戦闘的な者にとって問題は、動員をずっと続けることだった。これは歴史的な目的があるときにしかありえない――

そしてその目的が、当時のシステムでは満たされないことはわかっていた。ある意味では最悪の敵は、こちらが提示する問題を具体的に解決する大学当局だった――われわれがそうした解決を否定したわけではむろんない。ただ、こうした部分的勝利は、もっとグローバルな目標へと向かって継続中の陣地戦における中間挿話にすぎない、と考えることが重要だったのだ。

決定的なのは、ある要求や主体の立場やアイデンティティが政治的手段になるために、それが自分自身とはべつななにかになること、自分自身の個別性を、それを超えて普遍化するような等価性の連鎖に結びつける契機として生きることである。中世以来、フランスの飢餓反乱は驚くほど同じパターンを繰り返してきた。しかしそれが地域の個別主義を脱し、フィロゾーフのもっと普遍主義的な言説につながって初めて、システムを変革する力になったのである。「階級闘争」の枠組みへのわたしの抵抗感のもとはここにある。この枠組みは、ある集団のセクト的アイデンティティにおける闘争と敵対性の契機を固定しがちだが、意味のある闘争はすべてセクト的アイデンティティを超えて、複雑に表現された「集合意思」になるはずだ。こうして真に政治的な動員は、それを担うのがおもに労働者であって、けっしてたんなる「労働者階級の闘争」ではない。ここにも現代政治の基本的ディレンマがある。新たな社会的行為者の増殖によって、等価性の鎖は拡大し、より強力な集団意思が出現するのか。それともこれらの行為者はただの個別主義に陥って、システムはやすやすと彼らを取りこみ従属させるのだろうか。

3 しかし、新たな集団意思を出現させるような等価性の言説とは、どのような構造のものか。等価性の連鎖が、広くさまざまな具体的要求へと伸びていくものであり、ただし等価性の基盤はいずれの特定性のなかにもないとすれば、その結果現れる集合意思の足場は明らかに社会的想像力のレベルにあり、その核はこれまでも言ってきた空虚なシニフィアンということになる。こうした足場が空虚であるがゆえに、言説は真に普遍化され、要求の複数性が、個々の個別性を超えて書きこまれる表紙となる。そして解放の言説はばらばらの要求の複数性をまとめあげるものなのだから、足場を空虚なままにしておく言説以外には、真の解放はないといってよい。解放ということばに厳密な意味があってはならないということでは必ずしもない。その具体的な内容と、そこに結びつく一連の等価的意味とのあいだに亀裂があればよいのだ。一九三〇年代フランスの人民戦線はいくつかの政治勢力の連帯だったが、当時の政治環境においては、その実際の政治的リアリティをはるかに超えた広くさまざまな希望を社会にもたらしたのである。

空虚なシニフィアンをめぐって組織された社会的想像力は、社会が達成しうる普遍性の限界を表していると指摘しておきたい。すでに見たように、個別のもののあいだの等価性を通さなければ普遍性は存在せず、この等価性はつねに偶発的で文脈に依存している。この限界を踏み越えようとすれば歴史的目的論に陥ることは避けられないし、その結果普遍性は、開けた地平として考えるべきものなのに、固定した基盤になってしまう。とりわけ、こうした地平の持つ書きこみの表面としての機能を強調したい。そうした表面がひとたび社会変化の言語として一般的になれば、新たな要求はすべて、これらの地平に支えられた等価性の鎖の輪の一つとして形成されるだろう。この意味で普遍性の地平は、社会の力関係をずらす強力な道具となる。逆にこの地平が衰えれば、社会の諸要求を容れる力も弱まり、この地平による政治言語のなかに社会の要求が見られることは少なくなってゆく。

こうしてみると左翼の危機は、伝統的にその言説の構造をなしていた二つの地平の衰退の結果ということになる。共産主義と、西側においては福祉国家である。一九七〇年代初め以来、ヘゲモニーを握ってきたのは右翼であり、たとえば新自由主義と道徳多数派が、書きこみと表象のおもな表面になってきた。社会民主主義政党すら右翼の前提を新たな論駁不能の「常識」として受け入れていることからも、右翼のヘゲモニーは明らかだ。この間左翼は、自分たちの社会的想像力が打ち砕かれるのを眺め、拡大する力もなく、ただ退却して特定の大義を守るだけになってしまいがちだった。しかしこの完全に防衛的な戦略は、ヘゲモニーの地盤にはならない。言い切ってしまおう。新たな社会的想像力を打ち立てなければ、左翼の再生はありえない。

4 最後に代表＝表象の問題。ルソーの代議制批判といい、労働者の解放は労働者自身の問題であるというマルクスの主張といい、解放の言説は代表制をうさんくさいものとみなしてきた。しかし、代表＝表象がなければヘゲモニーもない。個別のセクターが共同体の普遍的な目的を具体化するなら、表象は本質的にヘゲモニー連関に内在している。しかし表象は、ほんとうに次善の策にすぎないのだろうか。社会の十全性は直接にはえられず、媒介システムを通じてなんとか組み立てるしかない以上、諦めて表象に身を委ねるしかないということなのか。

「権力」について進めたのと同じ議論を、ここでも進めることができる。そもそもなぜ表象関係は必然的なのか。他の本でも論じたように、その場に物質的にはいない人の利害にかかわるような決断が、どこかでなされるからである。そしてここまで論じてきたように、表象はいつも、表象されるものからするものへ、表象するものからされるものへという二重の運動である――この後者の運動のおかげで、普遍化の動きが現れるのがわかるのだ。たとえば代議士の仕事は、たんに彼が代表する人々の望みを伝達するだけではない。彼はまた、他の代議士を説得するような新たな言説を練り上げねばならないだろう――たとえば、彼の選挙区民の利益は国家の利益と両立する、といったように。こうして彼は、自分の選挙区の利益をより普遍的な言説に書きこみ、同時に彼の言説が選挙区民の言説にもなるとともに、彼らは自分の経験を普遍化することができる。表象関係はこうして普遍化の手段になり、普遍化は解放の前提条件として、解放へと向かう道を作る。グローバル化社会における相互関係の複雑な状況においては、表象関係を通さなければ、普遍性は達成できないのだ。

この節では、「権力」「表象」「空虚」といったカテゴリーを相手に、ヘゲモニー論によって可能になる言語ゲームのいくつかを試みてみた。とはいえ他にもゲームができることは明らかだ。政治理論の第一の使命は、こうした言語ゲームを発展させ、政治的想像力の拡大を促すことだと思う。われわれは——ヴィトゲンシュタインが哲学について語ったことばを今度は政治に向けて——蠅取り瓶からの逃げ道を蠅が見つけるのを助けなければならない。

以下くり返し《ダカーポ・センツェ・フィーネ》

スラヴォイ・ジジェク2

ジル・ドゥルーズは、「イメージ－運動」から「イメージ－時間」へという映画史の決定的な転換を説明するのに、一見素朴かつ乱暴に「現実の歴史」を持ち出している。第二次大戦のトラウマ的衝撃（これはイタリアン・ネオレアリスモにもアメリカのフィルム・ノワールにも感じとれる）のことだ。こうして歴史を持ち出す態度は、ドゥルーズの全般的な反デカルト傾向にぴったり一致している。思想はけっして自発的に、それ自体から、内的な原理をもって始まりはしない――われわれにものを考えるよう仕向けるのはつねに、乱暴に押し入ってきて既存の考えかたを打ち砕く、外的な《現実界》とのトラウマ的出会いなのだ。真の思考といえるものはつねに中心を欠いている。人は自発的に考えるのではなく、むりやり考えさせられるのである。

バトラーとラクラウの第一論文を読んだとき、最初に頭に浮かんだのはこのドゥルーズの議論だった。少なくともわたしにとってこの対話の真の効果は、二人との暴力的な出会いがわたしの自己満足を打ち砕くところにある。彼らの批判に同意しないときですら、自分の立場を新たに作り直さねばならない。二人の介入へのわたしの反応が、両極端のあいだで揺れるのは無理もないことだろう。単純な誤解を正せばいいと思うか、それぞれの立場が根源的に両立不能で中道はありえないと感じるか、どちらかなのだ。要するにこの揺らぎがしめしているのは、われわれがお互いの差異のなかで、なんらかの《現実界》に直面しているということである。三人を分ける亀裂は、中立的には規定できない――その違いをどのように説明するかですでに、どちらの側についているかが見えてしまうからである。結果として、この第二の介入でのわたしの関心は、差異を反復するということの不可能な仕事を、ともかく部分的におこなうことになるだろう。

バトラー　歴史主義と《現実界》

バトラーとラクラウのわたしへの批判のいくつかは、すでにわたしの第一論文で答えてある（もちろん他の二人は自分の章を書いた時点ではそれを知らなかった）し、バトラーの批判にラクラウが、ラクラウの批判にバトラーが答えているものもある。ここではとくに、ラカンの《現実界》を歴史を超えた超越（論）的な切断線と捉えるバトラーのおなじみの議論に触れたい。この批判は、ラクラウとわたしの第一論文で詳しく取り上げられている。ラクラウの次の文を見ていただこう。わたしもまったく異論がない。

バトラーの議論が見失っているのはこの点である。《現実界》の表象が、完全に象徴界の外にあるなにかの表象なら、表象できないものを表象できないものとして表象すれば、表象はすべてを含むことになるだろう。……しかし表象されているのが、表象プロセスの内的な限界であるとすれば、内部性と外部性との関係はひっくり返る。《現実界》は、《象徴界》が十全性を達成することができないという事態そのものを指す名なのである。（ラクラウ、九七頁）

《現実界》の非歴史的な切断線と、完全に偶発的な歴史性との対立は、こうして偽りの対立である。歴史性の空間を支えるのはまさに、象徴化のプロセスの内的な限界としての「非歴史的な」切断線なのだ。ここに根本的な誤解があったといえよう。ラクラウの用語でいうと、バトラーは一貫して（不可能‐《現実》レベルの）敵対性を（象徴レベルの）差異／対立として読んで（誤読して）いる。たとえばラカンの《現実》としての（つまり象徴化に抵抗するものとしての）性的差異を、バトラーは一貫して、両性の（異性愛）アイデンティティを規定する確固たる不変の象徴的な対立のまとまりとして解釈している[1]。この対話での彼女の最初のエッセイでは、誤解は次のような文にはっきり現れている。

> 個々のアイデンティティは、開かれた差異化システムのなかで相対的な位置を占めているがゆえに、アイデンティティとなる。言い換えれば、アイデンティティは無数の他のアイデンティティからの差異によって、構築されている。この差異は、排除そして／または敵対関係とラクラウが捉えているプロセスのなかで、特定化されていく。ここでラクラウが参考にしたのはヘーゲルではなくソシュールなので、……個々のアイデンティティの「不完全さ」は、そのような差異化のなかでアイデンティティが出現することとの直接の結果となっている。つまり個々のアイデンティティが出現するときには、いつも他者の排除が想定され、その排除が実行に移されて、この構成上の排除や敵対関係が、すべてのアイデンティティの構築に共通する平等な条件だと考えられているのである。（バトラー、四九頁）

この主張とはまったく反対に、敵対性はソシュール的な差異関係、（記号表現《シニフィアン》の）同一性《アイデンティティ》が差異のまとまりでしかないような関係ではないと考えるべきだろう。ラクラウが的確に言うように、ソシュールの差異性にないのは、内的差異と外的差異の「再帰的」重なりである。たとえば女性と男性とをわける差異は、同時に女性を内部から「切断」し、彼女が十全な自己同一性に達するのを妨げるときにだけ「敵対的」である（対照的に、純粋に差異的な関係では、女性の同一性は男性と対立していることのみによって決定される）。いいかえれば敵対性の概念には、一種のメタ差異が含まれている。敵対する二極は、彼らを分けている差異をどのように規定し、認識するかでそもそも異なっている（左翼から見て彼を右翼から分けている亀裂は、右翼のほうから見たこの同じ亀裂と同じではない）。べつな言いかたをすれば、内的差異と外的差異の重なりあいとは、差異で作られたシニフィアンの領域において、つねに少なくとも一つ、（固定した）意味を持たない「記号内容《シニフィエ》なきシニフィアン」があるということである。これこそ意味それ自体の存在を表すものだから——そしてラクラウの「ヘゲモニー」概念は、まさにこの種のシニフィアンにおけるシニフィエの真空が、なんらかの偶発的で個別的／固定した意味によって埋められる動きを記述している。ヘゲモニーがうまくいけば、この意味は意味「それ自体」を表す記号として機能し始めるのだ。

バトラーの誤解の余波は大きい。敵対性の《現実》性を象徴的差異と混同してしまうと、経験主義の問題系に退行することになりかねない——次のような文では、バトラーは危ういくらいそこに近づいていると思う。

> 主体のつねなる不完全さを、《現実界》が指し示している限界として理解して、自己表象がつまずき失敗する地点と捉えるのか、それとも社会的カテゴリーは人の流動性や複雑さを把捉できないとみるのかとのあいだには、むろん大きな違いがある。（バトラー、四七頁）

これに対しては、たしかに違いはあるのだと答えたくなる。構造的不完全性を還元して、「社会的カテゴリーは人の流動性や複雑さを把捉できない」と言ってしまうと、それを経験主義の問題系に還元することになる。イデオロギー的カテゴリーはあまりに固定的で、社会の現実の複雑さを捉えきれない、云々――現実は無限に豊かで、その現実を捉えようとする抽象的なカテゴリーは対照的に貧困であるとする経験主義に訴えることになってしまうのだ。さらにバトラーは、次のように主張するとき、同じ経験主義の問題系に頼ってはいないだろうか。「普遍が主張されるのは、つねに所与の文法のなかであり、認識可能な場所でなされる一連の文化慣習をつうじてである」(バトラー、五四頁)。この主張の結論はいうまでもなく、(ある文化的文脈からべつな文脈への、決まった統語法をともなった)翻訳は、普遍性という解放の概念において決定的に重要である、というものだ。

翻訳がなければ、普遍の概念は、それがそもそも横断していると主張する言語的境界を、横断することはできない。……翻訳なしに境界を横断しうる普遍の主張があるとすれば、それが取りうる唯一の道は、植民地主義的で拡張主義的な論法である。(バトラー、五五頁)

この主張に抗って、まったく逆にこう言ってみたくなる。アプリオリな理由によって個々の文化がたんに個別であるということはけっしてなく、個別の文化がつねにすでにそれ自身において「それが主張する言語的境界を横断している」からこそ、普遍性の概念が現れるのである。バトラーは翻訳のない普遍性は存在しないと強調するが、わたしはむしろ、現代においては正反対の面を強調することが重要だと言いたい。翻訳のない個別性は存在しないのだ。「西洋的人権を普遍として直接強要するか、忍耐強く翻訳作業をするか」という選択肢は、結局のところ偽りである。翻訳作業はつねにすでに始まっている。言語的境界はつねにすでに乗り越えられている――ということは、いかなる個別のアイデンティティの主張も、つねにすでに普遍性を参照しつつ否認している。ラクラウの用語でいえば、「普遍」は、一連の個別の存在を結びあわせる中性的な連環とか共通の糸というより、まずそれに先立って、個別そのものが〔自己〕同一性に達するのを永遠に妨げる亀裂の名なのである。

バトラーの普遍性の概念には、もう一つ論点の移動がある。こちらの移動は、普遍性と排除の関係についてのもので、それにともなう政治的結果はいっそうはっきり見てとることができる。バトラーが「抽象が厳密に抽象的になりえるには、それ自身を抽象にするために排除せざるをえなかったものの幾分かを提示しなければならない」（バトラー、三二頁）と論じるとき、この排除は、既存の権力関係における抑圧された（弱い立場の）人々の排除のことである。彼女の考えは、次の引用でも歴然としている。

政府によって公的に代表されている「意志」は、その代表機能から排除された個々の「意志」に憑きまとわれることになる。ゆえに政府は、代表領域から排除された個々の意志の残滓を消し去ることによって、それ自身の普遍性を主張しつづけなければならないという強迫観念的な仕組みを、その根底にもつものとなる。（バトラー、二七頁）

ここでも、正反対の面を強調するほうが重要だと思う。普遍性が排除するのは、抑えつけられ見下げられる弱い立場の《他者》ではなく、なによりも普遍性そのものを休むことなく基盤づけている動きである――一連の文字に書かれず認識されない規則と実践が、公には否認されながら、にもかかわらず既存の権力組織を最終的に支えているのである。公的な権力組織は、それ自身が否認する個別の猥褻な裏面につきまとわれてもいる。それ自身の公的な規則を破る個別の実践――その「内的な侵犯」にとりつかれているのだ。

マンハッタンに爆弾をしかけて殺人を犯すイスラム主義テロリストを描いたパニック映画『マーシャル・ロー』で、タカ派の米軍将軍（ブルース・ウィリス）は、ニューヨークに戒厳令を発動する。戦車が入り、兵役年齢のアラブ人は全員競技場に隔離され、等々。最後にＦＢＩの善玉捜査官（もちろん演ずるのはデンゼル・ワシントン）は、狂った将軍を言い負かす。こうしたテロリスト対策は悪に他ならない、と彼は論じる。原理主義の暴力とこのように戦ったら、たとえ軍事的に勝利しても、真に勝ったのは敵のほうだ。われわれは守っていたもの（民主主義）を失うのだから……。この映画の欺瞞は、まず良きリベラルが「プライヴァシー」の奥底ではぐくみ密かに楽しんでいる汚らわしい幻想を生き返らせ、続いてそうした手続きを非難して、われわれをおぞましい快楽から救い出すところにある――これほどおいしい話はない。良きリベラルの良心を保ったまま、人種差別幻想に加担できるのだから。この意味で『マーシャル・ロー』は、寛容なリベラルの幻想における「内的侵犯」を描いている。この「内的侵犯」という概念からどのような政治的結論が引き出せるのか。権力は自己同一化のモードで作用する（ひとは権力の呼びかけのなかに自分を見出し、それが押しつける象徴的な場に身を置くことで権力の主体となる）のだから、権力への抵抗の随一の形式は脱同一化の戦略であるはずだ、という考えは放棄せざるをえないということだろう。権力が機能するためには、最小限の脱同一化がアプリオリに必要である――「権力は場を全体化しようとしてもけっして完全には成功しない」といった経験主義的意味においてではなく、もっと根源的な意味において。権力は、なんらかの権力との距離を通じて、その公的な規範とは衝突する猥褻で否認された規則や実践の上に、自らを再生産するのである。

誤解のないよう言っておこう。バトラー自身がこの内的侵犯の論理に近づいていることは、わたしもわかっている。否認された「受苦の愛情」を隠れた権力の支えとみなす彼女の考えは、最終的にはまさにこの論理を語っていると思う。『ニュー・リパブリック』誌でのマーサ・ヌスバウムのバトラー批判[2]を例に、この決定的な点を詳しく説明してみよう。ヌスバウムによれば、バトラーは《権力》を、主体の介入に結局はまったく動じない、すべてを包みこむ圧倒的な組織体として捉えている。個人であれ集団であれ、権力組織を根本から変えようとする試みはすべて敗れる定めである。それらはあらかじめ《権力》の網の目に捕えられており、主体ができるのはせいぜい、周縁で倒錯したエロスのゲームで戯れることでしかない……。ヌスバウムは、バトラーの論点をまったく取り違えている。倒錯した性愛ゲームに助けを求めるのは、権力組織を覆すことも変革することもできない主体ではない——権力装置それ自体が、自らを再生産するために、猥褻なエロスと幻想へのリビドー備給に助けを求めなければならないのだ。セクシュアリティを管理する権力メカニズムそのものの否認されたエロス化こそ、これらのメカニズムが実際に主体を「捉え」、受け入れられ、「内面化」される唯一の方法なのである。だからバトラーの論点は、権力の「倒錯した」性愛化／エロス化は、否認された猥褻な裏面においてすでにあるということであり、彼女の政治的介入の目標は——単純化していえば——主体が自分に対するこのエロス化の支配を突き崩すための戦略を磨くことなのである。

それではわれわれの違いはどこにあるのか。バトラーのもう一つの鍵となる批判を見てみよう。わたしは、イデオロギーの矛盾に満ちたメカニズム、イデオロギー体系がそれ自身をいかに再生産するか（クッションの綴じ目の特徴というべき逆転作用、「内的侵犯」）を記述しているだけで、いかにそうしたメカニズムを「妨害」する（ずらし、意味を書き換え、自爆させる）かを考えていない、と彼女は指摘する。つまり

わたしは、

いかに権力が人々に自分たちを拘束するものに同意するよう求めているか、また、自由や抵抗を感じること自体が、いかに支配の偽装された道具になりうるかを示している。だがそのような弁証法的な逆転や袋小路から抜け出して、何か新しいものに移っていくにはどうすればよいかということについては、それほど明らかにされていないとわたしには思われる。社会領域の分析が、時代や場所にかかわらず機能する倒置やアポリアや逆転の枠内でなされるなら、新しいものなどどうして生まれることができようか。（バトラー、四七頁）

『権力の心的な生』でバトラーは、ラカン自身に対して同じことを述べている。

〔ラカンの〕想像界〔の抵抗〕は、象徴界の効力を削ぐことはあるが、法へと向かって、それの再公式化を要求したり、再公式化を果たしたりすることはできない。この意味で心的抵抗は、法の効果を削ぎはしても、法やその効果の向きを変えることはできない。したがって抵抗は、それが敵対する法を変える力を、実質的には持たない領域に位置づけられている。そうなると心的抵抗は、法がその先行性と象徴性を持ちつづけることを想定したものとなり、この意味で、法の現状維持に寄与するものとなる。このような見方では、抵抗はつねに敗北を運命づけられたものとなる。

逆にフーコーの公式によれば、抵抗は、それが敵対すると言われている権力によって生みだされる効果となる。……フーコーにとって象徴界は、それ自身の攪乱の可能性を生産し、こういった攪乱が、

象徴界がおこなう呼びかけの、予期しない効果なのである。(3)

わたしの反応は三重のものだ。まず解釈レベルでは、フーコーはこの点についてもっと曖昧である。権力への抵抗の内在性についての彼のテーゼは、あらゆる抵抗は前もってそれが対抗している権力のゲームに捉えられている、と主張しているようにも読める。第二に、わたしの「内的侵犯」の概念は、このおなじみのテーマ(抵抗はそれが抵抗するものを再生産する)の新たな変奏を奏でているのではなく、権力体をいっそう脆いものにする。権力が「内的侵犯」に頼っているとすれば、少なくとも場合によっては、あからさまな権力の言説への過剰な同一化——そこに内在する猥褻な裏面を無視して、権力の言説を(公的な)ことば通りに受け取り、それが本気でその通り言っている(そして約束している)かのように行動すること——は、権力の滑らかな働きをもっともうまく妨害する方法になりうるはずだ。第三にもっとも重要な点。ラカンは、主体を敗北が決まっている抵抗に縛りつけているどころか、バトラー以上にラディカルな主体的介入の余地を残している。ラカンの「行為」の観念が目指すのは、主体にアイデンティティを与える象徴的座標のたんなるずらし/再意味づけではなく、既存の象徴秩序を構成する普遍的な「原理」そのものの根源的な変革なのである。あるいは——もっと精神分析的にいえば——ラカンのいう行為は、「基盤の幻想を横断」する次元において、バトラーにおいては再意味づけの不動の背景である「受苦の愛情」を根本から揺さぶる方向に向かう。完全な歴史主義に立つという意味ではより「ラディカル」かもしれないが、バトラーはじつは、「ローマ講演」の「精神分析の言語と会話の領域と機能」(一九五三)で自己表現をついに見いだした、一九五〇年代初頭のラカンに近い——社会的現実をたえず遡及的に歴史化し再象徴化するラカン、「生の」現実に直接触れることはできず、「現実」と感じられるものはそれが現れる象徴的な織り目に重層決定されている、とくりかえし説いたラカンに近いのである。

この線でいえば、ラカンはフロイトの「段階」（口唇期、肛門期、男根期……）を、生物学的に決定されたリビドー発達の段階ではなく、家族のネットワークのなかでの子どもの立場の弁証法的主体化の様式の違いとしてめざましく書き直している。たとえば肛門期で重要なのは、排泄機能そのものというより、そこにからむ主体の姿勢なのだ（規則正しく排泄せよという《他者》の要求を受け入れ、反抗かつ／あるいは自己管理を主張する……）。ここで決定的なのは、こうした根源的で無限の再意味づけの人であるラカンが同時に、主体を象徴秩序に組みこむ疑問の余地ない地平として、父の《法》（父の名）を語るラカンでもあることだ。ということは、初期のラカンが「無限に意味作用を再編するラカン」であり、後期の彼が「《現実界》のラカン」であるとしても、抑えられない再意味づけの戯れが放棄されて、象徴化のなんらかの非歴史的限界がその代わりに主張されているわけではない。不可能としての《現実界》を見定めることで、究極の偶発性が、象徴化のアプリオリな地平の役をはたしているふりをするあらゆる象徴的布置の脆弱さ（そして移ろいやすさ）が、暴露されるのである。

ラカンの《現実界》への焦点の移動にともなって、父の機能（とエディプス・コンプレックスそのものの中心性）は格下げされている――父の権威は最終的には欺瞞であり、一貫しない／存在しない《大他者》の座標を一時的に安定させるための手持ちの「サントーム」（Sinthome. ラカンの造語で、徴候 symptom とは異なり、解釈不要の享楽の点を指す）の一つでしかないという考えが持ちこまれるのである。だから歴史化／再意味づけの「非歴史的」限界を掘り起こすラカンは、この限界を甘受しなければならないと言っているのではない。この限界の歴史的な形象はすべてそれ自体偶発的なのだから、根源的な仕立て直しが可能になるのだ。だからバトラーへのわたしの基本的な答えは――間違いなく、この論争を見守ってきた人たちには逆説に思えるだろうが——ラカンが非歴史的切断線にしがみついている云々と言われていても、じつはもっと根源的なレベルで十分歴史主義的でないのはバトラー自身である、というものだ。主体の介入を基本の「受苦の愛情」の再意味づけ／ずらしのみに限定するのはバトラー本人であり、当然この「愛情」は主体の限界／条件として残存する。バトラーの論の流れを、彼女自身の修辞疑問で補遺してみたくもなるだろう。「社会領域の分析が、転倒、アポリア、逆転、そしてパフォーマティヴなずらしや再意味づけの枠内でなされるなら、新しいものなどどうして生まれることができようか……」[4]。

バトラーのここでの主張を正確につかむことが重要だろう。イデオロギーの普遍性（呼びかけの空間）は、自分自身を再生産し力を保つために、主体によって反復されねばならず、この反復はもとの指令をただ受け身で引き受けるのではなく、再形成、再意味づけ、ずらしの空間を開く、と彼女は考える——わたしのアイデンティティをあらかじめ決定している「象徴的実質」を読み替え／ずらすことは可能だが、それを完全に仕立て直すことはできない。そこから完全に出てしまえば、わたしの象徴的アイデンティティは失われ、精神は病む。この再意味づけは、主体を傷つける呼びかけのような極端な場合にさえ働く。呼びかけはわたしを決定している、そこから離れることはできない、それらはわたしの象徴的存在／アイデンティティの条件なのだ、完全に否定してしまったら待っているのは精神病だ。しかし呼びかけに答えるふりをして、それを読み替え／ずらすことはできる。「再意味づけの可能性は、主体形成——そしてその再 - 形成——には不可欠の、隷属への受苦の愛情をあらためて作りだすものであり、またそれを採るがすものでもある」[5]。

こうした再意味づけの実践が、ヘゲモニーに向かうイデオロギー闘争において有効であることを否定するつもりはない——『Xファイル』の成功がすばらしい例ではないだろうか。このシリーズではまさに、異星人の侵略の脅威というお決まりのパターンが、違った文脈に置かれ「意味づけ直されて」いる。この脅威の中味が、ありとあらゆる神話と民間伝承のなかば百科事典的な「多文化的」寄せ集め（東欧の吸血鬼や狼男からナヴァホ族の死霊まで）であるだけではない。さらに重要なのは、怪物の現れる舞台である。ほとんどはアメリカ北部（財政的な理由から、野外ショットのほとんどがカナダで撮られているせいだろう）の、索漠とした郊外、半ば見捨てられたカントリーハウス、人気のない森――誰より脅威にさらされるのは、ネイティヴ・アメリカンやラティーノ不法労働者、わが町のホームレスや麻薬中毒者といった、現代社会から追放された人々である。しかも政府そのものが一貫して、姿を隠して異星人と共謀しているらしい秘密組織に侵された、不吉なネットワークとして描かれる……。

しかしこの再意味づけには限界があり、いうまでもなくラカンはこの限界を《現実界》と名づけている。この《現実界》は言語においてはどのように作用するのか。J・L・オースティンはエッセイ「ふり」で、粗野なふりをすること自体がどれほど粗野になるか、うまい例をあげている。[6] 人前でのふるまいかたにうるさい人と一緒にいるとき、社交ジョークのつもりで粗野なふりをして、猥褻なことばを使ったり猥褻な話題に触れたりしてしまうというものである。粗野なふりをすると実際に粗野になる――見せかけと実在の区別が崩れるとき、間違えようもなく、わたしのことばはなんらかの《現実的なもの》に触れている。どのような種類の発話行為によって、見せかけと実在（あるいは実際にそれをおこなうこと）との区別は崩れるのか、と問うてもよい。答えは、自分の存在の《現実界》にいる他者へと向けられた発話行為によって、である。ヘイト・スピーチ、攻撃的な嘲り……。こうした場合、ジョークやアイロニーにいくらみせかけても、相手を傷つける効果は避けがたい――それら象徴的な距離の徴がもはや有効にならないとき、われわれは《現実界》に触れるのだ。

わたしが言いたいのは、政治的‐イデオロギー的再意味づけをヘゲモニー闘争の面から捉える限り、再意味づけに限界を設ける現代の《現実界》は《資本》であるということだ。《資本》の滑らかな機能は、抑制されないヘゲモニー闘争において、つねに変わらず「自分の場所に回帰してくる」。バトラーとラクラウ両方が、古典的「本質主義的」マルクス主義を批判しながら、暗黙のうちにいくつかの前提を受け入れているという事実にも、この点が現れていないだろうか。彼らは、資本主義市場経済とリベラル民主主義政体の原理をけっして問い質そうとしない。まったく違った経済‐政治体の可能性をけっして思い描かない。「ポストモダン左翼」はこうした問題を放棄しており、こうして二人もその列に加わる。彼らが提言する変化はすべて、いまここにある経済‐政治体のなかでの変化にすぎないのだ。

ラクラウ　弁証法と偶発性

わたしと、バトラーおよびラクラウとのこの政治的不一致を哲学的に表しているのが、「本質主義」に対するわれわれの立場の違いではないかという気がする。バトラーとラクラウは、完全に本質主義／偶発性という二項対立に依拠している。どちらも、「本質主義」から偶発性のいっそうラディカルな肯定への移行を、「進歩」（このことばをいまも使っていいなら、だが）と考えている。しかしこうした「本質主義」の捉えかたには問題があると思う。ここでは三つの違ったレベルの抵抗が混ぜ合わされ、まとまった流体と化している。想像的な「本質」（たんざる変化の流れのなかでも消えずに残る堅牢なかたち、ゲシュタルト）、《主人のシニフィアン》（移動する意味作用の容器となる空虚なシニフィアン。誰もが「民主主義」に賛成するが、このことばの中味はヘゲモニー闘争にともなって変化する）、そしてわれわれを衰弱させる《現実界》の同一さ（象徴化に抵抗し、だからこそ象徴化の反復のプロセスを引き起こすトラウマ）、である。

バトラーのラカン批判は、「本質主義」という語によって、後のほうのレベルが前のほうのレベルにしだいに還元されていくことのよい例ではないだろうか。まず《現実界》の同一さは「固定した」象徴的決定に還元される（現実としての性的差異は、異性愛規範という象徴的決定の規則と同じものだとバトラーはいう）。ついで象徴的なもの自体が想像的なものに還元される（ラカンの「象徴界」は究極的には、凝固し「物象化」された想像界の流体以外のなにものでもないという彼女の議論）。

「本質主義」の問題はこうして、この批判的名称に、哲学においてなにかを拒否する手続きによく見られる致命的な弱みがあることだろう。この手続きの第一段階は、拒否されるべき領域を否定的なかたちで全体化し、それを単一ではっきり定まった領域として名づけて、肯定されるべき対抗馬と対置させることである——問われるべき問いは、突き崩されるはずの《全体》の批判的全体化に、どのような限界が隠れているかである。カント倫理学で問題なのは、その形式主義というよりむしろ、カントが自律した形式的道徳法を想定するに先立って、あらゆる他の倫理の基盤を「病理的」な、偶発的で最終的には経験的な《善》の観念に関係しているものとして退けざるをえなかったという事実である——問題はこうして、それまでのあらゆる倫理を、《善》とはわれわれの快楽に奉仕する病理的なものでしかないという功利主義的考えに還元したことである……（サドはこれに反論して、自分自身の存在に反して働き自己封鎖に満足を見いだす病理的‐偶発的態度がありうるという矛盾を、カントの真の姿として主張している——功利的エゴイズムは「病理的」な理由で宙吊りにされることもある、というのはフロイトの死の欲動の核心ではないだろうか）。

ほとんど同じように、デリダの「現前の形而上学」は、フッサール流の意識を持った主体の純粋な自己愛／自己現前としての主体性に暗黙のうちに支配され／ヘゲモニーを握られてはいないだろうか。そしてデリダが「現前の形而上学」について語るとき、彼はいつも本質的にフッサール的な、それ自身に対して現前する主体について語っているのではないか。哲学上の敵（わたしと対立するあらゆる他の哲学者、おそらく先行者たち）を一掃するときの問題は、他の選択肢をたった一つの巨大なラベルの下に全体化するという疑わしさにある――こうして全体化された選択肢の大群は、つねにひそかにそのうちのある一つの種によって「ヘゲモニーを握られて」いる。同じように、デリダの「現前の形而上学」もひそかにフッサールにヘゲモニーを握られており、したがってデリダは、プラトンはじめ他のすべての哲学者をフッサールを通して読んでいる。同じことが「本質主義」という批判的概念にも言えるというのがわたしの議論である。資本主義の例をとってみよう。グローバル資本主義や「資本の論理」の批判者に反論するラクラウは、資本主義は偶発的な歴史布置の結果として組み合わされた雑多な特質の寄せ集めにすぎず、一貫して底を流れる唯一の《論理》にしたがう均質な《全体性》ではないと論じている。

　これに答えるために、偶発性を引っくり返して遡及的に必然性へと変えるヘーゲルの論理に訴えてみよう。もちろん資本主義は歴史状況の偶発的な組み合わせから生じたものだし、そこから生まれた現象の多く（民主主義政治、人権への関心等々）は、非資本主義の文脈に組み入れ、「再意味づけされ」、ヘゲモニーを再編することができる。しかし資本主義は遡及的に「それ自身の前提を措定し」、その偶発的／外在的な状況を、基本的な概念基質から発生しあらゆるものを包みこむ論理へと書きこみ直す（商品交換行為にともなう「矛盾」等々）。真の弁証法的分析においては、ある全体性が「必然的」であっても、その起源が偶発的であり、またその構成要素が雑種的であることが否定されるわけではない――それらはまさに、弁証法的全体性の出現によって措定され、遡及的に全体化される前提なのである。さらに言えば、ラクラウの批判は、ラクラウとムフが決まって単数形で呼ぶ「ラディカル民主主義《デモクラシー》」の観念にいっそうよくあてはまるという気がする。この観念は実際には、同じ属に分類されるとは言えそうにない多くの雑多な現象を含みこんではいないだろうか。先進国におけるフェミニズム闘争やエコロジー闘争等々から、新自由主義的世界秩序に対する第三世界の抵抗まで……。

ラクラウとわたしの違いはどこにあるのか。最初に述べた「ただの用語法の誤解」と「根源的な両立不能性」との揺らぎはここではいっそう激しい。まず最初に、たんなる用語法ないし事実の誤解と思われるところから取り上げよう。たとえばわたしがデカルト的コギトを擁護しているというラクラウの批判がある。わたしの「透明な自己という心安らぐイメージとはほど遠い、過剰で認識されざる核、コギトの忘れられし裏面」についての議論に対してラクラウは、わたしがコギトからデカルト的中身を抜き取って近代的伝統をラカン化しているのは「形相の理論を拒否してまっとうなプラトン主義者をなのる」（ラクラウ、一〇二頁）ようなものであるという。この批判には、まず素朴な事実として、わたしの立場は一見するほど奇矯なものではないと言っておきたい。デカルト研究のなかにも、コギトそのものと思惟する存在《レス・コギタンス》とを永遠に分かつ亀裂を強調する長い伝統がある。自己に対して透明な「思惟する存在」は二次的であり、それはコギトを基礎づける深淵や過剰をすでにぼかしている――そもそも「コギトと狂気の歴史」のデリダが、コギトを構成する過剰な狂気の瞬間に光を当ててはいなかったか[7]。ラクラウはキェルケゴールの決断の概念に賛同する（「デリダはキェルケゴールの次のことばを引用している。『決断のときは狂気のときだ』。デリダが言いそうにないことをつけ加えると、これこそ主体化に先立つ主体のときである」〔ラクラウ、一〇九頁〕）。が、わたしは――いやもちろん、わたしもこれには諸手をあげて賛同するのだが――この「狂気のとき」は、「空虚」で「非実体的な」デカルト的主体が開く空間のなかでのみ概念として捉えられるのだと言いたい。

さらに民主主義そのもの――クロード・ルフォールのいう「民主主義の発明」[8]もまた、このデカルト的空間のなかでのみ生じるといえよう。民主主義がデカルトの「抽象的」コギトを受け継いでいることを見てとるには、公的および政治的生における女性のいっそうの役割増大を求める擬似「フェミニスト」議論について考えるのがもっともよい。この種の論者によれば、女性の役割はもっと前面に出るべきである。歴史的にも生まれつきにも、女性の姿勢はあまり個人主義的でなく、競争的でなく、支配欲が少なく、より協調的で共感に満ちているのだから……。ここでのデカルト的民主主義の教訓は、こうした議論の言い回しを受け入れたが最後、すでに負けは決まっており、前民主主義的な「能力主義」原理を受け入れることになることである。公的世界にもっと女性がいるべきなのは、女性にすぐれた心理的社会的資質があるからではなく、単純な民主主義‐平等主義の原理（バリバールのいう自我‐自由[9]）のゆえである。女性は、いかなる特定の資質のためにでもなく、たんに人口の半分を占めているから、公的意思決定に重要な役割を担う権利があるのである。

カントをどのように読むかという問題はとりあえず置いておいて（カントには、学界の一般的なイメージではまったく無視されている側面があると思う[10]）、わたしとラクラウの違いのうち、より曖昧で問題をはらんではいるが、やはり単純な語義／事実の誤解に根ざしているように見えるものに進もう。この違いは、わたしのヘーゲル読解はヘーゲルの汎論理主義を考慮していないというラクラウの批判にはっきり見てとれる。つまりヘーゲル哲学は、ある立場から次の立場への移行が定義上つねに必然的であるのだから、根源から偶発性を押しつぶす閉じたシステムをなしているというのである。

《絶対精神》にはそれ自身の実体的な内容がなく、それはただあらゆる弁証法的移行の連続、普遍的なものと個別的なものとの最終的な重なりを築くことの不可能性の連続にすぎないことを完全に受け入れるとして、ではこれらの移行は偶発的なのか必然的なのか。もし後者なら、ヘーゲルの全企て（彼が実際にやったことではなく）を汎論理主義と捉えることは避けがたい。（ラクラウ、八七頁）

ラクラウの二分法は乱暴すぎるし、ヘーゲル弁証法の（すでに述べた）核心をつかみ損ねていると思う。ヘーゲルのいう「前提の措定」の究極の謎は、いかにして偶発性が遡及的に自らを必然性へと「止揚」するか――いかにして、もともと偶発的だったできごとが、歴史的反復を通じて必然性の表現に「超越論的実体化」されるか、である。要するに、「自己産出的《オートポイエーシス》」組織化によって、いかにカオスから秩序が生まれるか、という謎である。[11] ここでのヘーゲルは「フロイトと並べて」読まれるべきだろう。フロイトにおいても、偶発的事態（たとえばトラウマ的な性との遭遇）は、「必然」の、つまり主体の生すべてがそこを中心に回転する構造原理の地位にまで高められる。

　わたしのヘーゲル読解へのラクラウの第二の批判は、ヘーゲルの根本的な弁証法原理の企図と、彼が実際になしとげていることとの亀裂を、わたしが十分考慮に入れていないというものである。ヘーゲルの理論的実践は、しばしば彼の「公的な」自己理解とは異なる――彼は実際には、しばしば（否認された）修辞性や偶発的な喩えなどに頼っているのだ。これに対しては、ラクラウが語っている分裂は、ヘーゲルの根本的な企図そのもののなかにすでに見てとれると答えてみたい。ヘーゲルの企てはじつに両義的である。最高に「ロゴス中心主義」にみえるヘーゲルの概念、全体性の概念の名をあげさせてもらおう。この概念は、全世界的主体が近づける完全な媒介だけを指しているのではなく、《美しき魂》の弁証法にしめされているように、その正反対のものを指していることを念頭におくべきだろう。「全体性」がもっとも純粋に現れるのは、虚偽と瓦解という否定的経験において、主体が審判を下す対象から離れて審判の立場についているときである（西洋文化帝国主義を批判する多文化主義者や、原理主義国家の民族暴力に恐れおののく西洋のリベラル平和主義者の立場）――ここでの「全体性」のメッセージはこうだ。「いや、お前は自分が拒否しているシステムのなかにいる。純粋性は、もっとも不実な形式の欺瞞なのだ……」。「全体性」は《普遍的主体》と相関するどころか、なによりも失意において、自分が介入している状況に自分自身が含まれていることを忘れたつけを払うという否定的ショックにおいて、ほんとうに経験され、「実際に存在する」。しかもここには単純なヘーゲルの誤読がからんでいると思う。ラクラウは、必然性と偶発性の真にヘーゲル的な弁証法を矮小化して、偶発性は「深く」底に潜む《必然性》の外的／経験的なみせかけにすぎないというありがちの単純な考えに陥っており、これは彼の理論構築に内在する非一貫性をしめしている。記述的なものと規範的なものの関係における非一貫性のことである――わたしの批判へのラクラウの返答の核心はここにある。

わたしは次のような質問をあちこちで受けてきた。もしヘゲモニーに、根源的に偶発的な領野でなされる決断が含まれるのなら、あれかこれかを決める足場とはなんなのか。たとえばジジェクはこのように言う。「ラクラウのヘゲモニーの概念は、どんな社会身体であれ一つにまとめるイデオロギー的『セメント』の普遍的メカニズムを説明している。これはファシズムから社会民主主義まで、あらゆる可能な社会政治的秩序を分析できる考えである。にもかかわらずラクラウは、『ラディカル民主主義《デモクラシー》』というはっきりとした政治的立場を唱えるのである」。これは正当な反論ではないと思う。ここでの足場は記述的なものと規範的なものの厳格な区別であり、そのもとはカントの純粋理性と実践理性の区別にある。しかしこの区別は崩さなければならない。事実と価値とをきっぱりと分けることなどできはしない。価値に向かう実践的活動は、「事実」として言説的に構築される問題や制度や抵抗等々にぶつかることになるだろう――しかし事実というものは、こうした活動のなかからしか事実性をもって現れ出ないのである。（ラクラウ、一〇九頁）

ここでは二つのレベルが混同されていると思う。記述的なものと規範的なものとの厳密な区別に反対しているのは、わたしも同じだ――実際わたし自身も似た例として、ナチスが介入した社会状況の「記述」（退化、ユダヤ人陰謀、価値観の危機……）はすでに彼らの提言した実践的「解決」にもとづいていたことに触れている。マルクスは「人は自分の歴史を作るが、だからといって好きなように作るわけではない。自分の選んだ状況下で作るのではなく、過去から直接与えられ、伝えられた状況に直面して作るのである」[12]と言ったが、ヘーゲル的にはこればかりではない。これらの状況や「前提」が、つねにすでにそこへの介入という実践的文脈によって「措定」されているのである。この意味でわたしはラクラウの「こうした問いが現れる。『もし決断が偶発的なら、他ではないこの選択肢を選ぶ根拠はなにか？』。意味のない問いである」（ラクラウ、一一六頁）という主張には全面的に同意する。究極的で「客観的な」基盤は決断にはない。そのような基盤は、決断の地平からつねにすでに遡及的に作られているからである（わたしはよく宗教の例をここであげる。理性によってキリスト教を真理として納得したら、キリスト教徒になるわけではない。キリスト教徒になって初めて、どのような意味でキリスト教が真理であるのかほんとうに理解するのだ）。しかしわたしの論点は、ラクラウのヘゲモニー論自体が、ファシスト・ポピュリズム（ラクラウの好む例の一つだ）すら含むあらゆるイデオロギー編成を説明する中性的な概念装置として機能するなら、記述的なものと規範的なもののあいだの暗黙の亀裂に依拠しているというものである。もちろんラクラウはこれに対して、普遍的なヘゲモニー論にはすでに「ラディカル民主主義」という実践的立場がともなうのだから、たんに中性的ではないと答えるだろう。しかし繰り返すが、「ヘゲモニー」という普遍的観念そのものが、いったいどのように内在的にある個別の倫理的‐政治的選択にとくに結びつくのか、わたしにはわからない。そして――本書の最初の寄稿ですでに論じたように――この曖昧さを解く鍵は、（バトラーとともに）ラクラウの理論構築における歴史主義／偶発性の主張それ自体の歴史性という、未解決の問題であると思う。

歴史主義に抗して

具体的な批判に対する答えは山ほどある。やりとりしているうちに浮かんできたいくつかの一般的な点に話を絞ろう。まず、根源的歴史主義（根源的な偶発性を主張するという意味で）対カント（ありとあらゆる偶発的な内容に非歴史的枠組みを与える形式的アプリオリというカントのテーマ）という問題。脱構築が歴史主義と重なり合っているとしばしば考えられている（普遍的な概念の「脱構築」は、問題の概念が実際には特定の歴史的文脈に基づいており、その文脈は一連の排除そして／あるいは例外によって普遍性のような顔をしていることを暴くことにもなる）ので、厳密な脱構築の立場と、現代のカルチュラル・スタディーズを席巻している歴史主義の立場とを区別するのが重要だろう。カルチュラル・スタディーズには、歴史主義的相対主義の決まりごとである、認識の棚上げがともなう。たとえばカルチュラル・スタディーズ系の映画理論家は、「映画的知覚の性質とはなにか」といった基本的な問いはもはや立てない。彼らはたんに、ある観念が歴史的に特定の権力関係の結果生じたときの状況を歴史主義の目でふりかえり、右のような質問はそこに還元するのである。いいかえれば、考察される理論に内在する「真理‐価値」の問題を、歴史主義が放棄している事態がここにはある。典型的なカルチュラル・スタディーズの理論家が哲学あるいは精神分析を論ずるとき、分析は決まって、その理論の隠れた家父長的、西欧中心主義的、同一性論理的その他の「偏見」を暴くことに向かい、素朴とはいえ必然的な問いは問うことすらしない。そう、だが世界の構造はどんなものなんだ？　人間心理は「ほんとうには」どんなふうに働いてるんだ？　こうした問いは、カルチュラル・スタディーズではまともにとられない。カルチュラル・スタディーズは――その典型的な修辞法では――たとえば真の科学と前科学的神話とを区別する境界線を、ヨーロッパが自らのヘゲモニーを押しつける手続きの一部とみなす。《他者》をいまだ非科学的なものとして貶める、排他的な言説戦略の働きなのだ……。こうして終いには、科学一般、ポストモダンの「知」、その他知の形式はどれも、その内的な真理‐価値ではなく、その社会的政治的な地位と影響力によって価値づけられる言説構成物として分析され、編成されることになる（土着の「全体論的」知はこうして、近代支配の諸形式を作り上げてきた「機械的」西洋科学よりも「革新的」であるとされる）。歴史主義的相対主義のこうした手続きの問題点は、それが一貫して、人間の知と現実の性質についてのいくつかの暗黙の（主題化されない）存在論的‐認識論的前提の上に立っていることである。知は権力（再）生産の複雑な言説戦略に埋めこまれているばかりか、そこから生まれてもいる、といった原ニーチェ的考えが前提とされているのだ。

それでは、文化歴史主義的相対主義に代わるのは、素朴な経験主義か、古臭い形而上学の《万物の理論》しかないということなのか。まさにここで、最上の脱構築はずっと繊細な立場をとる。デリダが「白い神話」で有無をいわさぬ説得力で論じているように、「あらゆる概念はメタファーである」とか、純粋な認識論的切断は存在しないと主張するだけでは十分でない。抽象概念と日常的なメタファーをつなぐへその緒は、切り落とせないものだからだ。まず、たんに「あらゆる概念はメタファーである」ことではなく、概念とメタファーの差異そのものがつねになにかしら比喩的で、メタファーに頼っているということが問題である。いっそう重要なのは、ここから導かれる正反対の結論だろう。概念をメタファーの束に還元するには、概念とメタファーの差異という哲学的（概念的）決定に暗黙に依拠しなくてはならない――ということは、切り崩そうとしている二項対立にまさに頼ることになる(13)。こうしてわれわれは悪循環に永遠に捕えられたままだ。そう、日常の素朴な世界観と観念から離れた哲学的立場をとることは実際不可能なのである。しかしこの哲学的姿勢は、不可能ではあるが同時に不可避的でもある（十種の存在様式を基盤とするアリストテレスの存在論は、ギリシア語文法の結果／表現であるという有名な歴史主義的議論について、デリダが同じことを述べている。問題は、この存在論（存在のカテゴリー）の文法への還元が、文法と、それ自体すでにギリシア形而上学的である存在論的概念との関係について、ある確立された考え（カテゴリー的決定）を前提としていることなのである(14)）。

　デリダが、この微妙な姿勢のおかげで、素朴な実在主義と直接の哲学的基盤主義という二つの落とし穴を、どちらも免れていることを覚えておくべきだろう。われわれの経験に対する「哲学的基盤」は不可能であり、しかし必然的である――知覚し、理解し、表現するもののすべては、もちろんすでにある理解の地平によって重層決定されているが、この地平そのものは究極的には測りえない。デリダはこうして、哲学そのものの可能性の条件を捜し求める一種のメタ超越論者である――この決定的な点、デリダが哲学言説を内側から掘り崩しているという点を見逃すと、「脱構築」は素朴な歴史主義的相対主義の一種でしかなくなってしまう。ここでのデリダの立場はフーコーとは正反対である。フーコーは、彼が語っている立場が可能であるかどうかは、彼自身の理論の枠内では説明できないと批判されたのに答えて、陽気にこう返したものだ。「その種の質問は気にしない。資料ファイルが主体のアイデンティティを作るという、警察の言説に属する質問だからね！」

言いかえれば、脱構築の究極の教えは、存在論的問いを無限に先送りすることはできないということであるように思える。デリダ自身の揺らぎが深い徴候をなしている。いっぽうでは、「ものごとは実際いかにしてあるか」という問いを前もって否定し、哲学者Bによる哲学者Aの読解の矛盾を第三のレベルから脱構築することだけに自らを限定する超自己言及的方法、もういっぽうでは、差延と原‐痕跡が生きとし生けるものの構造を名指しており、ということはすでに動物においても作用しているという、直接の「存在論的」主張とのあいだの揺らぎである。この二つのレベルの矛盾する相互関係を見逃してはならない。意図したものを直接に把握することを永遠に不可能にする性質（われわれの把握はいつも中心をずらした他性によって屈折し、「媒介」されている）こそが、われわれを宇宙の基本的な、前存在論的構造へと結びつけるものでもある……。

だから脱構築には二つの禁止がある。「素朴な」経験主義的方法（それでは問題の素材を注意深く調べて、それから一般的な仮説を立てましょう……）を禁ずるとともに、宇宙の起源と構造についての全世界的で非歴史的な形而上学をも禁じているのである。そして脱構築的カルチュラル・スタディーズに対する最近の認知論者の逆襲が、まさにこの二つの禁止を破っているのは興味深い。いっぽうで認知主義は、全体理論の後ろ盾なしで研究対象を調べるというかたちで、経験主義の新鮮さを回復する（ともあれある映画を研究するのに、主体やイデオロギーの全体理論はいらない……）。いっぽうで、量子物理学の一般啓蒙家や、その他いわゆる「第三の文化」を唱える人々の影響が増しているということは、もっとも根本的な形而上学の問い（宇宙の起源とは？　終わりはどのようなものか？）が、暴力的かつ攻撃的に蘇っているということではないのか。スティーヴン・ホーキングのような人々の目標はあからさまに、《万物の理論》である。Tシャツにプリントできるような、この宇宙の構造の基本公式を（あるいは人間に関してなら、わたしの客観的な存在を決定するゲノムを）発見しようとしているのだ。狭義のカルチュラル・スタディーズが直接の「存在論的」問いを禁じるのとは対照的に、「第三の文化」を唱える人々は、もっとも根本的な「形而上学」問題（現実の究極の構成要素、宇宙の起源と終末、意識の性質、いかにして生命は始まるのか、等々……）を臆せず扱う。形而上学と科学の統合という――ヘーゲル主義の死とともに消え去ったはずの――古い夢、厳密な科学的志向にもとづく万物の全体理論の夢が、再び息を吹き返したかのようだ……。

また別のレベルでは、本来の脱構築の特徴である循環的な相互依存が、政治哲学にもみられる。ハンナ・アレント[15]は、権力、権威、暴力をきわめて洗練されたかたちで区別した。権力が働くのは、直接の非政治的権威が動かしている組織（政治的な基盤の権威に頼らない命令によって動く組織、つまり軍、教会、学校）でも、暴力の直接支配（テロル）においてでもない。しかし政治権力と前政治的暴力との関係は、互いに互いを内に含んだ関係である。（政治）権力がつねにすでにあらゆる一見「非政治的」暴力関係の根っこにあるだけではない。暴力それ自体が、権力を必然的に補うものなのである。ということは、軍、教会、家族その他の「非政治的」社会形態において認められている暴力と直接的な従属関係は、それ自体ある倫理的‐政治的闘争と決定の「物象化」である――批判的分析の仕事は、これらすべての「非」あるいは「前」政治的関係を支える隠れた政治的プロセスを見てとることだろう。人間社会において、政治的なものはすべてを包む構造原理であり、なんらかの部分的内容を「非政治的」として中性化することはつねに、とりわけ政治的な行動である。しかし同時に、非政治的暴力の過剰は、権力を必然的に補うものでもある。権力はいつも猥褻な暴力の染みに依存しなくてはならない――つまり政治的空間はけっして「純粋」ではない。つねになんらかの「前政治的」暴力への依存がそこにはあるのだ。

　この二つの相互依存関係は、非対称的である。最初の関係様式（すべての暴力は政治的であり、政治的決断に基づいている）は、社会現実全体が象徴的に重層決定されていることをしめしている（純粋な暴力のゼロ・レベルに達することはありえない。暴力はつねにまずは象徴的な権力関係によって媒介される）。いっぽう第二の関係様式は、あらゆる象徴的構造体における《現実的なもの》の過剰をしめしている。同じように、脱構築の二つの禁止／相互依存も対称的ではない。概念的な裏づけをいっさい捨て去ることはできない（《概念》の脱構築においてすら、概念とメタファーの二項対立という考えに頼ることになる）という事実からは、けっして還元しえない象徴的重層決定の存在がしめされるが、いっぽうあらゆる概念がメタファーに基づいているという事実は、《現実的なもの》のけっして還元しえない過剰をしめしている。

　脱構築を定義する二重の禁止は、その起源がカントの超越論哲学にあることのはっきりとした証拠となっている（誤解のないよう言っておくが、批判しているわけではない）。同じ二重の禁止（その一、現実は超越論的に構成されていると考えると、現実に対する素朴な直接の経験主義的態度は失われる。その二、ここでは形而上学、つまり《全》世界の現象構造を与えるすべてを含みこむ世界観は禁じられる）こそ、カントの哲学革命の特徴ではないか。言いかえれば、カントは（超越論的）主体の構成力への信念をただ表明したわけではなく、人間存在の根本的で解決し得ない行き詰まりに答えを出すために、超越論的次元を持ち出したのだということを念頭においておこう。人間は、真理、普遍的で必然的な認知という、全宇宙に妥当する観念を必死に求めるが、この認知は永遠に手に入らないものでもある。だからカントは疑いなく、「超越論的幻想」の概念によって、幽霊の構造的な必然性の理論を大まかにしめした最初の哲学者だった。「幽霊」（「不死」の存在全般）は、人間の条件を構成する必然性と不可能性との亀裂を埋めるために作ら

れた幻影なのである。(16)

「具体的普遍」

わたしが抽象的／脱文脈化された原理を、あるいはイデオロギー／支配の論理を持ち出して、具体的な事例をこの形式的な鋳型の見本かつ／あるいは例証としてしか使っていないというバトラーの批判については、もっと突っこんだ説明が必要だろう。彼女の主張は、わたしはこうしてひそかにヘーゲルをカント化し、普遍的な形式的型とその偶発的な歴史的内容／例証とを隔てる前ヘーゲル的亀裂を招き寄せている、というものである。となると、普遍性と個別性の真に弁証法的な関係という、困難な哲学上の問題に目を向けないわけにはいかない――ヘーゲルの「具体的普遍」という概念である。ヘーゲルはアルチュセールにとって悪役だったが、彼の「具体的普遍」は、アルチュセールのいう重層決定された全体性の分節化に不気味なくらい近いと思う。おそらくこの問題に取り組むいちばん良い方法は、この数年間不当に流行遅れ扱いされてきた、縫合の概念を使うことだろう。

決定的な誤解を晴らすところから始めよう。縫合とは、生産過程の痕跡、その亀裂、そのメカニズムが拭い去られることによって、生産物が自然で有機的な全体に見えてくる、という考えではない。まずは縫合は、異なるレベルをつなぐ構造的に必要な短絡の回路であると定義することができる。だからもちろん縫合は、異なるレベルの乱暴な区別――映画研究なら、様式の内的な形式分析、物語論、スタジオ・システムの経済状況等々――を乗り越える。しかし、ある様式の革新を生み出した一連の偶発的で個別の状況を探ろうとする新歴史主義的方法は、他の点でどれほど興味深く実り多くとも、縫合とは区別しなくてはならない。こうした革新はしばしば、映画製作の資金が足りないために起こったありふれた行き詰まりを打開するために発明されたのである。

映画研究で最初に思いつくのは、いうまでもなくホラー映画におけるヴァル・リュートンの様式革命だろう。彼の『キャット・ピープル』や『七番目の犠牲者』の宇宙は、『フランケンシュタイン』や『魔人ドラキュラ』の宇宙とは違った星に属している――よく知られたことだが、日常における《悪》の存在を、けっして直接見せずに影や奇妙な音楽で仄めかすだけにとどめるリュートンの手法は、B級映画の予算的制約から生まれた(17)。同じことは、第二次大戦後のオペラ演出における最大の革命、一九五〇年代初めのバイロイトにもいえる。華美なステージ衣装に代えて、ギリシア風チュニックだけを着た歌手をむきだしの舞台におき、強い照明で舞台効果をあげるという手法は、財政危機を切り抜けるための発明だった。バイロイトは事実上破産しており、派手な装置や衣装に使う金はなかった。そのとき運良く、ある大電気会社が強力なサーチライトの提供を申し出た……。こうした説明は、それ自体として興味深く多くのことを教えてくれるが、とはいえ様式は内的に進化するという考え、芸術様式は自律的に発展するという形式主義者のおなじみの物語を突き崩す（あるいは――古めかしいことばを使えば――「脱構築する」）ことはない。外的な状況がどうあろうと、内的論理は無傷で残る。わたしの恋愛感情をもたらしているのは神経ないし生化学的反応であると科学者から教えられても、この知識はわたしの感情の（自己）経験を突き崩したり変化させたりはしないといった感じに近い。もう一歩進んで、映画という現象のさまざまなレベルを結ぶ全体的な対応関係を捉えようとしても（ある物語構造が、いかにある一連のイデオロギー的前提に基づいており、モンタージュやフレーミングといった形式的手続きがそれをどう視覚的に表現しているか、という問題。たとえば古典的ハリウッド映画なら、アメリカ個人主義イデオロギー、直線的な物語の完結、ショットの切り返し、等々）、まだ縫合のレベルにはいたらない。

いったいなにが足りないのか。再帰性という弁証法的概念が、なんらかの助けになってくれるだろう。ラクラウの用語でいえば、「縫合」とは、外的差異がつねに内的な差異であり、ある現象領域の外的な限界はつねにその領域のなかで、完全にそれ自身になることが内的に不可能であるものとして、自らに帰ってくることを意味する。哲学から痛ましい例をあげよう。エティエンヌ・バリバールがなるほどと思わせる説明をしているが、アルチュセールは、あの悲劇的な結末に終わった精神錯乱に先立つ数年間の理論的著作で、自分の以前の「公認の」立場を系統立てて破壊しようとしていた——それらの著作を支えていたのは、一種の哲学的な死の欲動、自分の以前の業績を（たとえば認識論的切断のように）拭い去り、取り消そうという意思だった[18]。しかしこの「自己抹消の意思」を、個人の病理——最後には妻の殺害というかたちで溢れ出した破壊性向——が不幸な理論的結果を生んだのだ、とだけ説明してしまうと、肝心な点を見逃すことになる。伝記的事実としては正しくとも、この外的な因果論は、アルチュセールの哲学全体にすでに働いていた内的緊張をこの外的なショックが解き放ったのだと解釈しない限り、まったく意味がない。言いかえれば、アルチュセールの自己破壊性向は、彼の哲学そのものによって説明されねばならない……。

まさにこの意味で、縫合は、生産過程の脱中心的痕跡をうまく消し去って自らを閉じる幻想の全体性とは、対極にあることがわかる。縫合とは、こうした自己囲いこみがアプリオリに不可能であること、排除された外部性はつねにその痕跡を残すことを意味する——標準的なフロイト語法でいえば、（現象的な自己経験の場からは）抑圧されたものが回帰してこない抑圧はありえないということになる。より正確には、自己囲いこみ効果を生み出すには、その系に属さず例外として機能するからこそその系を「縫合する」過剰な要素を系につけ加えなければならない。たとえば分類システムにおける「埋め項」、ある類に属する種の一つだが、じつはただの否定的な容器にすぎず、その類の内的な原理で表現されるどの種にもあてはまらないものを全部投げこむカテゴリーが一例である（マルクス主義における「アジア的生産様式」など）。

映画についていえば、異なるレベル――たとえば物語の流れと、切り返しショット、ドリー撮影、クレーン撮影といった形式上の手段――を単純に区別して、それらのあいだの構造的対応関係を見いだし、ある物語モードが、ある形式手段を内包している――あるいは少なくとも特権化している――かどうか決定することは、ここでもできないことになる。ある形式手段が（物語）内容の一面を表現していると考えるのではなく、独自の短絡回路を通って、表面上の物語の流れからは排除されている内容こそがそれらの形式によって表示／合図されていると考えて初めて、縫合のレベルに達するのである。つまり「すべての」物語内容を再構成したかったら、表面的な物語内容を超えて、その内容の「抑圧された」面の身代わりを演じている形式的特質を視野に入れなければならない。

メロドラマから、よく知られた初歩的な例をあげよう。物語の流れで直接表現されない過剰な感情は、おそろしくセンチメンタルな伴奏音楽とか、なんらかの他の形式に捌け口を見いだす。クロード・ベリの『ジャン・ド・フロレット』と『マノン』が、マルセル・パニョルのオリジナル映画（とパニョルによるそのノヴェライゼーション）をずらしているのがみごとな例だろう。パニョルの原作は、人々が半ば異教的な古い宗教の教えを守って暮している「正真正銘の」フランスの田舎の共同体生活の痕跡をとどめている。いっぽうベリの映画は、この閉じた前近代的共同体の精神を再現し損なっている。しかし予想に反して、パニョルの宇宙の内的な手触りが、行為の演劇性、アイロニカルな距離や喜劇の要素であるのに対して、より「リアリスティックに」撮られたベリの映画は、宿命（音楽はヴェルディ「運命の力」）をことさら強調し、その過剰なメロドラマ性はしばしば滑稽の域に至るほどヒステリックである（たとえば雨が戦場に降ったあとで、絶望に駆られたジャンが泣き出し天を罵る場面)[19]。逆説的にも、前近代的儀式にのっとった閉じた共同体には、喜劇性とアイロニーがあり、近代的な「リアリスティックな」版には、宿命とメロドラマの過剰がある……。こうしてみると、ベリの映画はラース・フォン・トリアーの『奇跡の海』の対極にある。どちらも問題は形式と内容とのあいだの緊張である。しかし『奇跡の海』では過剰は内容の側にある(そして抑制のきいた擬似ドキュメンタリー形式が過剰な内容を引き出している)が、ベリでは、形式における過剰が内容の欠点を、つまり純粋に古典的な宿命悲劇を現代において実現することは不可能であるという事態をぼかし、ぼかすことによって痛感させるのである。

ここで哲学における究極の例は、主観の次元対客観の次元のものである。主体的な知覚-意識-行動と、客観的な社会-経済あるいは生理学的メカニズムの対立。弁証法理論は、二重の短絡回路によってこれに介入する。客観性は主観的な余剰-行為に依拠している。主観性は対象a、主体の対位旋律である逆説的な客体に依拠している。円環体をはじめとして、内部と外部の関係を逆転させるメビウスの輪的構造にラカンがたえず言及するのは、ここに狙いがある。主観性の最小限の構造をつかむには、内部の主観経験と外部の客観的現実とをきっぱりと対立させるだけでは不十分である――どちらの側にも過剰があるのだ。いっぽうでは、カントの超越論的観念論の教えを受け入れるべきだろう。客観的現実は、多様で混乱した印象から、主体の超越論的行為の介入によって生じる。カントは、多様な主観的印象と客観的現実との区別を否定してはいない。彼の論点はただ、この区別そのものが超越論的構成という主観的行為の介入の結果生まれたものだということである。同じようにラカンの「主人のシニフィアン」は、「客観的な」象徴構造を支える「主観的な」意味作用の性質である。この主観的過剰を客観的な象徴秩序から引き剝がしたら、この秩序の客観性そのものが崩壊するだろう。いっぽうラカンの対象aは、主人のシニフィアンとは正反対の位置にある。客観的秩序を支える主観的補完ではなく、主体なき客観的秩序と対照される主観性を支える客観的補完なのである。対象aは「喉にひっかかった小骨」、われわれの現実の像を永遠にぼやけさせる邪魔なしみである――この客体があるがゆえに、主体は「客観的現実」をけっして手にすることができない[20]。

すでに次の問題、普遍性とその例外という問題に入りこみつつあるようだ。ヘーゲルや、最上の症例研究におけるフロイトが実践している真の弁証法の手続きは、個別性という中間レベルをとばしての、単独のものから普遍的なものへの直接の跳躍とみるのがもっともよい。

症例研究の弁証法において、精神分析は、単独と普遍とが個別性を通り抜けずに共存する領域である。これは、おそらくヘーゲルのある種の契機を例外にして、哲学ではあまり見られないものである[21]。

フロイトは閉所恐怖症を診断するとき、いつも恐怖の根っこにある単独のトラウマ経験を探すところからはじめる。閉所全般への恐怖が根ざしているのはこれこれの体験である……。ここでのフロイトの手続きは、ユング的な元型の探求とは区別しなければならない。根にあるのは、範例的で普遍的なトラウマ体験（母の子宮に閉じこめられる恐怖、とか）ではなく、まったく偶発的に、外的に閉所と結びついた単独の体験である――主体が閉ざされた場所で（他の場所で起こってもよかったような）トラウマを起こした場面を目撃したのだとしたら？　逆の場合はいっそう「魔術的」である。症例分析におけるフロイトは決まって、単一の症例（狼男や「子どもがぶたれる」幻想）の綿密な分析から一挙に、「幻想」（マゾヒズムその他）「それ自体」がどのようなものであるか、普遍的な主張へと跳ぶのである。

いうまでもなく、経験論的認知主義の立場からは、こうした短絡に批判的な質問が降り注ぐ。どうしてフロイトは、自分がほんとうに典型的な例を選んだと確信できるのか。とりあえずこの症例を、他の代表的な症例と比較して、問題の概念の普遍性を検証すべきではないのか。これらに対して弁証法は、こうした慎重で経験主義的な一般化によっては、けっして真の普遍性にはたどりつかないと反論する――しかしなぜか？　なぜなら、ある普遍性の個別の例すべてが、それらの普遍性に対して同じ関係にあるわけではないからである。いずれもが、各々のかたちでこの普遍性と闘い、ずらしており、したがって弁証法的分析の奥義は、普遍性「それ自体」の公式をそこから作れるような例外的な単一の事例を選びとることにある。[22]マルクスは、資本主義という過剰な（均衡を欠いた）生産システムの分析に基づいて、人間の歴史的発展という普遍的論理を説明している（マルクスにおいて、資本主義は偶発的で怪物じみた編成物で、その「通常の」状態がたえざる転位にある、一種の「歴史の奇形」、休みなき拡大という超自我の悪循環に捕えられた社会システムである――しかしまさにそうしたものとして、資本主義はそれに先立つ「通常の」歴史全体の「真理」なのだ）。同じように、フロイトが父の《法》との同一化を通じての社会化というエディプスの普遍的論理を公式化できたのは、エディプスがすでに危機に瀕していた例外的な時代に生きていたからなのである。[23]

したがって、弁証法の基本規則はこうだ。ある普遍的な種の下位区分がただ列挙されたときはつねに、例外となるものを捜し求めるべきなのである。こうして、特殊例と徹底した一般化を直接混ぜ合わせるという真の弁証法（たとえばノワール・メロドラマの一場面を詳細に分析して、家父長制秩序における女性の主体性と視線について一般的な結論を導き出す）とは対照的に、現代の認知主義的反弁証法論者がこだわるのは、注意深い経験主義的調査に基づいて、明確な理論的分類をおこない、じょじょに一般化を進めるやりかたである。彼らは文化横断的な普遍的特質（人間の心的構造と進化の蓄積の一部）を、個々の文化と時代に特定される性質と区別する——つまり彼らは、自然その他の文化横断的な普遍的性質をいちばん下にして、上に行くほど文脈が限定された特定の性質になるピラミッドのモデルで作業する。これに対する基本的な弁証法的反論は、文化横断的普遍性とある文化に特定の性質との関係は、非歴史的な定数ではなく、歴史的に重層決定されているということだ。超文化的《普遍》という観念が、そもそも文化の違いによって意味が違ってくるのである。異なる文化を比較し、共通する性質を抜き出したり同一化したりする手続きは、けっして中性的ではありえず、なんらかの特定の視点を前提とする——たとえば、あらゆる文化は主体の想像力とあるがままの現実とのあいだになんらかの差異を認識する、と主張するとしよう。この主張にはしかし、「客観的現実」がそれぞれの文化でなにを意味するのかという問題がつきまとう。西欧人が「幽霊は実際には存在しない」と言い、ネイティヴ・アメリカンが自分は幽霊と話ができるし、彼らは実際に存在していると言ったとして、「実際に」ということばは両方にとって同じ意味なのか。われわれの「実際に存在する」ということの観念（《ある》と《あるべき》との、《存在》と《価値》との二項対立に基づく観念）は、近代に特定のものではないのか。

ヘーゲル的概念としてのノワール

もちろん現代の認知主義的意味論はもはや、共通の性質を見定めて種を分類すればよいという、単純な経験主義的一般化の論理を唱えたりはしない。むしろ強調されるのは、種を指ししめすことばは、種に属するものすべてを一つにまとめる明確な特質を指すのではなく、ただ複雑な家族的類似という一種の「根源的」構造を表している、という点である（「直感的に」ノワールと思える映画すべてを実際に含むようなノワールの定義を作り上げることがいかに難しいか、考えてみればよい）。しかしこれでは、真に弁証法的な普遍性の観念には届いていない。概念にまでいかない歴史主義的説明の限界を明らかにするために、映画理論の歴史主義から最上の例をあげよう。フィルム・ノワールという概念そのものを拒絶したマーク・ヴァーネットの作業である。(24)

ヴァーネットは詳細な分析によって、フィルム・ノワールを一般的に定義づける性質（「表現主義的な」明暗の強い照明と斜めのカメラアングル、ハードボイルド小説の偏執狂的宇宙、世界論的形而上学にまで高められた腐敗、それを体現する宿命の女《ファム・ファタール》）も、それらの説明（家父長制ファルスの秩序に第二次大戦が与えた社会的衝撃云々）も、たんに誤りであると論じる。ノワールに対してヴァーネットがやったことは、後期のフランソワ・フュレがフランス革命の歴史記述に対してやったことと似ている。彼は、複雑で具体的な歴史状況に対して誤解を重ねた仮説の誤りを暴き、《できごと》を《非‐できごと》に変えた。フィルム・ノワールはハリウッド映画の一ジャンルではなく、フランスでしか生まれえなかった映画批評と映画史のカテゴリーなのであり、第二次大戦直後のフランス人のまなざしのあらゆる限界と誤解を引き受けているのである（ハリウッドで起こったことへの無知、戦後のフランスでのイデオロギー状況の緊張感、等々）。

ポスト構造主義脱構築（アングロサクソン系のフィルム・ノワール論の理論的な基盤になることが多い）が、ある意味でヴァーネットにとってはフィルム・ノワールとまったく同じ地位を占めることを考えると、この説はさらに高揚する。アメリカのノワールは存在しない（アメリカではそうしたものとしては存在しない）。ノワールはフランス人のまなざしによって、フランス人のまなざしのために発明されたものだからだ。同じように、ポスト構造主義脱構築は存在しない（フランスではそうしたものとしては存在しない）と強調すべきだろう。それはアメリカで、アメリカの学界のまなざしによって／のために、その特有の構造的限界とともに発明されたからである（「ポスト構造主義」のポストという接頭辞は、正確にヘーゲル的な意味で再帰的決定である。それはある対象の性質――フランス知識人の方向性の変化と切断――を指しているようにみえるが、じつはそれを認識する主体のまなざしのことでもある。「ポスト」は、アメリカの（そしてドイツの）視線に認知された後にフランス現代思想で起こったことを指し、「構造主義」は大まかにいって、外国のまなざしに注目される以前のフランス現代思想を「それ自体として」指している。「ポスト構造主義」はそれが外国のまなざしに認められたとき以降の構造主義なのだ）。

要するに、「ポスト構造主義脱構築」（このことば自体はフランスでは使われない）のような存在は、フランスの哲学界をあまり詳しくは知らないまなざしにとってのみ存在する。この視線は、フランスでは同じ認識の地平に属していないと考えられている思想家たち（デリダ、ドゥルーズ、フーコー、リオタール……）を一つにまとめる。そして、アメリカの個人主義的で反集権的なポピュリズムのイデオロギー伝統に無知なフランスの視線が、ノワールの主人公のシニカルで運命主義的なペシミストの姿勢を実存主義のレンズを通して見間違え、社会批判の態度であると考えたように、アメリカの認識では、フランス思想家たちはラディカルな文化批判の領域にまとめられ、フェミニズムその他、フランスではあまり存在しなかった社会批判の姿勢を彼らが備えていることになったのである。[25] フィルム・ノワールがアメリカ映画のカテゴリーではなく、まず第一にフランスの映画批評と（後には）映画史のカテゴリーであるように、「ポスト構造主義脱構築」はフランス哲学のカテゴリーではなく、まず第一にその名で呼ばれるフランスの思想家たちをアメリカ人が（誤）認識するカテゴリーである。だから（映画）脱構築理論のどうやら典型的らしいテーマを論じている文章に、フィルム・ノワールの宿命の女は、家父長的「ファルスの秩序」への脅威に対する男性の不確定な反応の象徴である、と書いてあったとすると、じつはこれは存在しない映画ジャンルを分析する存在しない理論的立場なのである……。

しかし、資料のレベルでヴァーネットが正しいとしても、この結論はほんとうに避けられないのだろうか。ヴァーネットは実際に多くの標準的なノワール理論（たとえば、ノワール世界は、宿命の女という「ファルス体制」への脅威に対する男性のパラノイア的反応を表している、といった乱暴な考え）を切り崩しているが、ノワールという観念が不思議なほど有用でいまも使われているのはなぜか、という謎は残る。事実のレベルでヴァーネットが正しければ正しいほど、ノワールというこの「幻想の」観念、われわれの想像力に数十年もつきまとっている観念のおそるべき力と生命力は、ますます謎めいて説明できないものになっていく。にもかかわらずフィルム・ノワールが、厳密にヘーゲル的な意味で概念であるとしたらどうか。歴史状況や条件、反応などによっては単純に説明できず、それ自身の力学をしめし構造化の原理として働くもの――フィルム・ノワールは本物の概念であり、多様な要素をアルチュセールなら分節化と呼ぶもののなかに結び合わせる独自の世界観である。(26) ノワールという観念を否定はせず、ただそれはノワール映画の経験上の多様性にぴったりとはあてはまらないと認めれば、ヘーゲルの悪名高い答弁――「それは現実にとってさらに悪い！」――をくりかえすことになるだろう。より正確にいえば、普遍的観念とその現実性との弁証法、両者の亀裂が現実の変容ばかりか観念そのものの変容をも引き起こす弁証法に参入することになる。現実の映画は観念にあてはまらないから、たえず変化し、この変化によって、現実の映画を測るものさしとなる観念のほうもひそかに変容する。ハードボイルド探偵ノワール（ハメット―チャンドラー形式）から「迫害される無実の傍観者」ノワール（コーネル・ウールリッチ形式）、さらに「おめでたいカモが犯罪に巻きこまれる」ノワール（ジェームズ・ケイン形式）などに変容していくのだ。

この状況はある意味でキリスト教に似ている。いうまでもなく、キリスト教のほとんどすべての要素は「死海文書」にすでにあった。キリスト教の中心概念の多くは、スティーヴン・ジェイ・グールドのいう「外的順応」[27]の歴然とした例である。遡及的な書き直しによって、もとの観念の衝撃が誤って認識され伝えられることがくりかえされるのである。しかしキリスト教という《できごと》は、それだけでは十分に説明できないだろう。つまりノワールの概念は、映画論においてばかりか、それ以前の古典的芸術作品に遡及的に新たな光を当てるための道具としてもじつに実り多い。こうして、人間の解剖は猿の解剖に役立つというマルクスの古い思想をとりいれたエリザベス・ブロンフェンは、ノワール宇宙の座標を用いて、ワーグナー『トリスタンとイゾルデ』に究極のノワール・オペラとしての光をあてた[28]。ノワールがワーグナーの楽劇を遡及的に「演出する」例としては、短気な観客には究極の恐怖ともいえる長い長い回想の独唱場面があげられる——こうした長い物語は、ノワール風のフラッシュバック回想シーンを呼び起こしはしないか。

　しかしすでに匂わせておいたように、ワーグナーはおそらくノワール的というよりヒッチコック的な「文字の前」の作曲家である。『ニーベルンゲンの指輪』における指輪が、究極のマクガフィン（ヒッチコック用語。物語のきっかけとなる些細な事物）であるばかりではない。さらに興味深いのは『ワルキューレ』の第一幕、複雑な視線の交錯を描いた長い管弦楽部で、これはワーグナーにおいて、ヒッチコックなら『汚名』のパーティーの場面に相当する偉大な場面である。この歌のない三分間、三人の主体（愛しあうジークリンデとジークムント、共通の敵であるジークリンデの乱暴な夫フンディング）と第四の要素となる対象、舞台中央を占める巨大な木の幹にノートゥングが刺した魔剣との複雑な視線の交換を奏で、組織するのは管弦楽だけである。パトリック・シェローは、名高いバイロイト百周年記念上演の『指輪』で、このほとんど動きのない場面の演出にあたり、三人の人物たちがそれぞれの居場所を交換して動くという、ときに滑稽なバレーをふりつけた（最初ジークリンデとジークムントのあいだにフンディング、つぎにジークリンデがジークムントの側にいって二人でフンディングに向かい合う）。不安な第三者の役割が、一人の歌手からべつの歌手に移った（最初はジークムント、次いでフンディング）かたちである。この精妙なバレー――チャップリン『街の灯』の、二人のボクサーと審判が織りなすボクシングの場面を思わせる――は、主観ショットが演劇の舞台では使えないぶんを必死で埋め合わせようとする。この三分間のシーンが映画に撮られ、『汚名』のパーティー場面のように客観的クローズアップと主観ショットが巧みに交換されていれば、視覚的にもワーグナーの音楽にぴったりだっただろう――ワーグナーの場面の多くは、ミシェル・シオンのことばを借りれば「正しく表現されるために過去から映画を呼び出している」[29]一種の「未来前兆」として解釈できるものであり、これはその模範例である。この解釈の手続きは目的論とは正反対だ。目的論の基礎となる線的な進化の論理では、低次の段階の殻のなかにはすでに高次の段階の種があり、したがって進化はただ底に潜んだ本質的な潜在性が表に出てくるだけのことだが、ここでは低次の（あるいはむしろ先行する）段階は、遡及的にのみ読めるものになる。それらは、それ自体では存在論的に「未完な」意味を持たない痕跡の集合であり、のちの再領有に開かれているのである。

とすると、斜めから見ることでそれぞれの対象（フィルム・ノワール、「ポスト構造主義脱構築」）を作り出す外国人の誤解のまなざしは、いわゆる「偽りの見かけのドラマ」[30]の二つの模範例である、と言ってみたくなる。主人公は、犯罪のせいか性的なふるまいについてか、評判が危うくなっている。その行動を見ている人物は、事態を間違った目で眺め、純真なふるまいのなかに不義、不法を読みとる。もちろん最後には誤解は晴れ、主人公は清廉潔白の身となる。しかし問題は、偽りの見かけのゲームによって、検閲されることが表現可能になることである。観客は、主人公が禁じられた願望を実現するところを想像するが、罰されずにすむ。偽りの見かけに騙されることなく、なにも起こらなかったこと、主人公は無実であることを知っているからだ。偽りの見かけに騙されることなく、なにも起こらなかったこと、主人公は無実であることを知っているからだ。偶然や無関係の手がかりを誤読する観察者のねじれた想像力は、観客の「快い逸脱の視点」(31)の代わりとなる。ラカンが、真理とは虚構の構造であると言ったとき指していたのがこれである——文字通りの真実を棚上げにすることによって、リビドーの真理を表現する道が開かれるのだ。この状況を美しくしめしているのはテッド・テツラフの『窓』である。少年はほんとうに犯罪を目撃したが誰にも信用されず、両親は、彼がまきちらした噂は間違っていたのだから、と殺人者に謝るように命じる……(32)。

しかしこの「偽りの見かけのドラマ」のもっとも明晰な、ほとんど実験室じみた実例になるのは、二度映画化された（どちらもウィリアム・ワイラー監督）リリアン・ヘルマンの戯曲『子どもの時間』だろう。よく知られるように、最初の映画(『この3人』)(一九三六)はゴールドウィンの最高の名文句の一つを生み出した。製作者サム・ゴールドウィンは、この映画がレズビアンの話ではないかと言われてこう答えたのだという。「OK、レズビアンをアメリカ人にするわけだ!」。実際には、物語の軸をなすレズビアンの恋愛は、ありきたりの異性愛に移し変えられた。映画の舞台となるお上品な私立女子校を経営するのは、厳格で高圧的なマーサと愛情深く優しいカレンという友人どうしであり、カレンは医者のジョーとつきあっている。十代半ばの不良生徒メアリー・ティルフォードは、マーサに素行を叱られた腹いせに、ある晩ジョーとマーサ（婚約者のカレンではなく）が学生寮の近くの寝室で「やっていた」のを見たと祖母にいう。メアリーに脅された少女ロザリーが同じ嘘をついたこともあって、メアリーの祖母は孫を信じ、彼女を転校させて、他の親にもそうするよう助言する。やがて真実は明らかになるが、もう取り返しはつかない。学校は閉鎖され、ジョーは病院の職を失い、カレンとマーサの友情すら、カレンがマーサとジョーの仲を本気で疑っていたと認めたために、終わりを告げる。ジョーは国を離れてウィーンで職を見つけ、カレンはそこで彼に再会する……。二度目の映画化『噂の二人』（一九六一）は、もとの戯曲に忠実である。メアリーは仕返しに、マーサとカレンが接吻し、囁きあい、抱き合っていたのを見た、なにをやっているのかよくわからなかったが、なにか「不自然な」ものに違いない、と祖母に言うのである。すべての親が子どもを学校から引きあげさせ、マーサとカレンががらんとした大きな建物で二人っきりになったとき、マーサは自分が実際に、妹としてではなくカレンを愛していることに気づく――罪の思いに耐え切れず、彼女は首をつる。メアリーの嘘は最後に暴かれるが、もう遅い。最後の場面、マーサの葬儀の後、カレンはメアリーの祖母、ジョー、嘘に騙された町の人々の前を、胸を張って歩き去っていく……。

物語は、大人の無意識の欲望を知らず知らずのうちに実現する嘘をつく邪悪な観察者（メアリー）を中心にまわる。もちろんパラドックスは、メアリーの告発以前には、マーサは自分のレズビアン的欲望に気づいていなかったことにある――彼女自身の否認された部分に気づかせるのは、外からの非難だけなのだ。「偽りの見かけのドラマ」はこうして真実を実現する。邪悪な観察者の「快い倒錯の視点」は、誤って告発されている主体の抑圧された面を表に出す。興味深いのは、二度目の映画化では歪んだ検閲がおこなわれていないにもかかわらず、通常最初の映画化のほうが六一年のリメイクよりもはるかに優れているとみなされていることである。おもに抑圧されたエロティシズムのために――マーサとジョーではなく、マーサとカレンのあいだのエロティシズムのためにである。メアリーの告発はマーサとジョーの情事に向けられるが、マーサは、ただ決まりきったストレートな恋愛をしているだけのジョーより、はるかに情熱的にカレンを愛している……。「偽りの見かけのドラマ」の鍵は、ここではより少ししか見ないことがより多く見ることと重なることである。いっぽうでは、よくある検閲の手続きが、(禁じられた)できごと(殺人、性行為)を直接に見せるかわりに、目撃者に反映されたかたちで見せる。もういっぽうでは、こうして直接性が奪われたあとに、幻想の投影によって埋められるべき空間が開かれる――実際に起こっていることを見ていない視線が、より少しではなく、より多くをはっきりと見るということが可能になる。

同じように、ノワールという観念は(それをいえば「ポスト構造主義脱構築」も)、外国人の限られた視点から生まれたものではあるが、対象に直接関わる人々には見えないその潜在性を見抜いている。これこそ真理と虚偽の弁証法の究極的な逆説である。限られた視点から状況を誤読する倒錯的まなざしは、その限界ゆえに、見られている布置の「抑圧された」潜在性を看破する。ふつうノワールと呼ばれている作品群を綿密に歴史的に分析すれば、フィルム・ノワールという概念は一貫性を失いばらばらに崩れてゆくというのは正しいだろう。しかし逆説的に、それでも《真理》は詳細な歴史的知識にではなく、ノワールの「偽りの」亡霊のごとき見かけのレベルにこそあると主張すべきだろう。ノワールという概念の有効性は、『湖中の女』の短い場面が即座にノワールとわかるところにみられる。このシンプルな対話で探偵は、「なぜ彼は彼女を殺したんだ?　愛してなかったのか?」という問いに「愛してたから殺したんだ」と答えるのである。

しかも外からの誤解は、ときに誤解された「オリジナル」に生産的な影響を与え、それ自身の「抑圧された」真実に気づかせる(ノワールという観念はフランス人の誤解の産物ではあるが、アメリカの映画製作に強い影響を与えたともいえる)。この外からの誤解による生産性の最高の例は、アメリカのデリダ受容ではないだろうか。それは――明らかに誤解だったが――デリダ自身に遡及的な生産的影響をおよぼし、彼に倫理的‐政治的問題に直接向かい合うように強いたのではないか。この意味で、アメリカのデリダ受容は一種の「ファルマコン」、「オリジナルな」デリダ自身への代補――オリジナルを歪めると同時に生かし続ける毒の偽り‐染みではないだろうか。結局、デリダの仕事からアメリカ的な誤解を取り除いたら、彼はこれほど「生きて」いるだろうか。

疎外から分離へ

こうして「具体的普遍性」を明らかにした上で、ようやくバトラーによるカント的形式主義の批判に答えることができる。ラカンが仮定する象徴秩序は、主体の介入の範囲をあらかじめ定める歴史を超えて固定した規則のシステムであり、したがって主体が象徴秩序に実際に抵抗したり根源から変えたりすることはアプリオリに不可能になる、というのがバトラーの考えである。それでは「脱中心化された」象徴秩序であるラカンの「大他者」とはいったいなんなのか。ヘーゲルの自然哲学にある一見奇矯な定義（植物は身体の外部に内臓を持つ動物である）が、おそらく主体の「脱中心性」のもっとも明晰な説明になってくれるだろう。

『ワルキューレ』を通して考えてみよう。至上神ヴォータンは、（彼の妻フリッカが唱える）結婚の聖なる絆の尊重と、（彼の反抗的な愛娘ブリュンヒルデが唱える）自由恋愛の力への賛嘆とのあいだで引き裂かれている。勇ましきジークムントは、残虐なフンディングの美しき妻ジークリンデを連れて逃げ、フンディングと決闘しなければならなくなると、ブリュンヒルデはヴォータンの命（ジークムントを殺させよ）に従わない。彼女は自分の不服従を弁護して、自分はヴォータン自身の否認された真の意思を実現したのだという――ある意味でブリュンヒルデは、ヴォータンのこの「抑圧された」部分、彼がフリッカとブリュンに屈したときに否定せざるをえなかった部分に他ならない……。ユング的解釈では、フリッカとブリュンヒルデ（そしてヴォータンを取り巻く他の下位の神々）は、たんに彼の性格を形づくるさまざまなリビドー要素が外に表れたものである。フリッカは秩序だった家庭生活の擁護者として、彼の超自我を表し、いっぽう自由恋愛を情熱的に唱えるブリュンヒルデは、ヴォータンの抑えられない性愛の情熱を表す。

しかしラカンにとって、フリッカとブリュンヒルデがヴォータンの真理のそれぞれ異なる構成要素を「表出している」と言うのは言い過ぎである。主体の脱中心化は本質を構成する、本来的なものだ。「わたし」は最初から「わたし自身の外に」ある、外的な構成要素のブリコラージュである――ヴォータンがたんに超自我をフリッカに「投影」しているのではなく、フリッカこそ彼の超自我である。ちょうどヘーゲルが植物について言ったように、根っこを地中に埋めこむというかたちで内臓を身体の外に出している動物とでもいえよう。もし植物が内臓を外部に出した動物であり、ということは動物はその内部に根のある植物であるとすれば、人間は生物としては動物だが、精神においては植物であり、固い根を外部に必要とする――象徴秩序は、人間という動物の《自己》の外にある一種の精神的な内臓ではないだろうか。わたしの存在の精神的な《本質》、わたしの魂の栄養を汲み出す根は、わたし自身の外にあり、脱中心化された象徴秩序に埋めこまれているのではないだろうか。精神的には人間は動物のままで、外的本質に根があるということを頭に置けば、ニューエイジの不可能な夢も説明できるだろう。彼らは、人間を真に精神的な動物として、彼自身の外部に実質的な根を求めずとも精神的空間を自由に動き回れるようにしたいのである。

それでは脱中心化とはなにか。ウディ・アレンは、ミア・ファーローとのスキャンダラスな離婚劇のあいだに取材を何度か受けたが、彼はそのときまさに彼自身の映画のなかの神経質で不安定な男性キャラクターを「現実に」演じていた。それでは「アレンは自分自身を映画に描いた」、彼の作品の男性主人公は半ば隠された自画像なのだ、という結論を出すべきなのだろうか。いや、事態は正反対である。「現実の」ウディ・アレンは、彼が映画のなかで作り出す役柄に同一化し、それを模倣していた――つまり、芸術において純粋に表現される象徴的パターンを、「現実生活」が模倣していたのである。しかしこの《大他者》はたんに脱中心化された象徴的「本質」ではない。さらに決定的なのは、この「本質」がまたもや主体化され、「知っていると想定される主体」として、《知》の領域の一貫性を保証する、（永遠に引き裂かれたヒステリー的な）主体にとっての《他者》として経験されることである。こうした「知っているとされる主体」を体現するのは、しばしば神自身ではなく（デカルトからホッブズ、ニュートンを経てアインシュタインにいたる系譜における《大他者》としての神の逆説的な機能は、《自然》の唯物的メカニズムを保証することに他ならない――神は、自然が「さいころ遊びをしている」のではなく、固有の法に従っていることを最終的に保証するのである）、擬似経験的ですらある、具体的な個人である。ハイデッガーの有名な文章を思い起こしてみよう。

近頃わたしはベルリン大学への二回目の招聘を受けた。そのときわたしはフライブルクからヒュッテに引き返す。山と森と農家がなにを語りかけるかを聞く。そして古い友人である七十五歳の農夫のところへ行く。彼はベルリンの招聘について新聞で読んでいた。なにを彼は言うだろうか。彼は澄んだ目の確かなまなざしをゆっくりとわたしの目に止め、口をゆるみなく引き締めたままで、誠実な手を考え深げにわたしの肩に置いた。頭をほとんど目につかないほど振った。こう言っていたのだ――絶対に否、と。(34)

ここにすべてがある。堕落していない／経験豊かな老農夫が、知っているとされる主体となり、ほとんど感じとれないような身ぶりで「山と森」の囁きを伸ばし、決定的な答えを与える……。べつなレベルでいえば、真の労働者階級の一人による判断を持ち出すやりかたが、ある種のマルクス－レーニン主義で同じ役割をはたしていないだろうか。今日ですら、多文化主義の「政治的に正しい」言説は、誰か特権的な（アフリカ系アメリカ人、ゲイ……）《他者》の像に、「知っているとされる」ものの権威ある立場を与えているといっては間違いだろうか。

この想定された知がたとえなくとも、擬似経験的に実体化された《大他者》となる人物は、理想の《目撃者》の地位にまで高められ、人は彼に話しかけ誘惑しようとする――この《大他者》の機能は、ジェームズ・ボンド映画のほとんどにある奇妙な場面のなかにも見られないだろうか。《巨大な悪》はボンドを捕えると、すぐ殺すかわりに、生かしたままで彼の計画をいわば駆け足ツアーで見せてまわり、これから実行しようとする企みを話して聞かせるのである。いうまでもなく、こうして計画を聞かせる《目撃者》を求めることは、《巨大な悪》にとって高くつく。ボンドは彼の敵の弱みを見抜くチャンスを得て、最後の最後、間一髪で逆襲をはかるのである。

転移の点であるこの《大他者》は、精神分析的な解釈の定義そのものの中心をなす。『夢判断』でフロイトが最初にあげる例は、イルマの注射の夢についての彼自身の夢の解釈である――結局この夢はどのような意味なのだろう。フロイト自身は夢－思考、イルマの治療がうまくいかなかったという自責の念を忘れようという「表面的な」（完全に意識された）願望に注目している。ラカンの用語では、この願望は明らかに《想像界》の領域に属している。しかもフロイトは、この夢の中の《現実界》について手がかりをいくつか与えている。夢の無意識の欲望は、夢に登場する三人の女性全員を所有しようと望む「原初の父」としてのフロイト自身の欲望なのである。初期の『セミネール第二巻』でラカンは、純粋に象徴的な読解をしている。この夢の究極の意味はただ、意味は存在する、意味の存在と一貫性を保証する公式があるのだということである。[35] しかし最近出版された資料[36]が明らかにしたように、この夢の真の焦点はフリース――フロイトの友人かつ共同作業者で、この時期の彼にとって「知っているとされる主体」だった――を責任と罪の念から救おうという転移した欲望だった。イルマの鼻の手術をしくじったのはフリースであり、夢の欲望は夢を見た者（フロイト自身）ではなく彼の《大他者》の罪を晴らすこと、つまり転移の対象となる《他者》に医学上の失敗の責任はなく、彼の知は有効であると主張することだった。

　ラカン的な象徴秩序としての《大他者》は、こうして《真理》の究極の保証者であり、それに対して外的な距離をとることはけっしてできない。われわれが欺いているときですら、いやまさにうまく欺くためには、《大他者》への信頼がすでにそこにある。象徴界への信頼が失われると、主体は根源的な懐疑の態度をとる――スタンリー・キャヴェルが指摘したように、懐疑論者は、自身が「知っている」と主張しつつ、そう主張する対象との結びつきが、知っている者の介入がないときと、つまり知っている人間が、知るという行為への没入を止めた状態と、同じものになるように《大他者》に求める。懐疑論者が完全に認める知とは、一種の不可能な／現実の知、主体の立場に関係せず、《他者》と象徴的契約を交わすこともない、知る者のいない知である。[37] 言いかえれば懐疑論者は、《大他者》の象徴的契約と関与の次元を一時的に棚上げにする。この次元が、知っているものがつねにすでに住まう領域であり、われわれの世界との関係の背景をなし、そしてわれわれの世界経験がつねにすでに行為者として関与する自分の具体的な世界経験に埋めこまれている以上、この世界をある意味で作り上げている領域なのにである。懐疑論者はわたしのことばがほんとうに世界の事物を指しているという「証明」を求めるが、にもかかわらず《大他者》、この参照の規則となるが、証明の論理そのものをあらかじめ基礎づけているゆえに「証明されえない」象徴的契約の地平、をとりあえず棚上げにするのである。[38]

この《大他者》の次元は、象徴秩序のなかの主体の構造を規定する疎外の次元である。操り糸を引いているのは《大他者》である。主体は語らない。彼は象徴構造によって「語られる」。要するにこの《大他者》は、社会の《本質》、主体がけっして自分の行為の効果を思うようにできないときに理由としてあげられるものの全体である――これがあるがゆえに、彼の行動の最終的な結果は、つねに彼自身が望んだり予想したりしたものとは異なるのである。[39] しかしここで、『セミネール第十一巻』の中心をなすいくつかの章で、ラカンは疎外に続く、ある意味でそれと対立する分離の作用をなんとか記述しようとしていると言っておくのが重要だろう。《大他者》のなかの疎外に続いて、《大他者》からの分離がやってくる。《大他者》そのものがいかに一貫しておらず、まったくヴァーチャルで、「切断されて」《モノ自体》を奪われているか――そして幻想は、主体ではなくこの《他者》の欠如を埋めようとする試みであることを理解するとき、分離は起こる。幻想は、《大他者》の一貫性を（再）構成しようとするのである。こうして、幻想とパラノイアはもつれあって解けない。基本的にパラノイアとは「《他者》の《他者》」、一見して明らかな社会の織物の陰に隠れて社会的生の予期し得ない（ようにわれわれには見える）効果をプログラムし、その一貫性を保っている《他者》がいるという信念である。市場のカオス、道徳の堕落などの底にあるのは、はっきりと目的を持ったユダヤ人の戦略的陰謀である……。こうしたパラノイアの姿勢は、現代の日常生活のデジタル化にともなってさらに高まっている。われわれの全（社会）存在がますます急速に、コンピューターネットワークという《大他者》に外部化‐物質化されるとき、われわれのデジタル・アイデンティティを消去し、社会存在を奪って非‐人と化す邪悪なプログラマーを想像するのはたやすい。

疎外から分離への移行を描いた最高の文学は、おそらくカフカだろう。ある面ではカフカの世界は極度の疎外の世界である。主体が向かい合う無慈悲な《他者》の機械は、あたかも因果関係の鎖が壊れたかのように、完全に「非合理に」働く——この《他者》（法廷、城の官僚）に対して主体がとれる姿勢といったら、ただなにもできずに魅了されることしかない。カフカの宇宙は普遍的‐形式的罪の意識の宇宙だが、そこに自分を罪深いと思う主体の具体的な内容や行為がいっさいないのは無理もない。しかしカフカの物語の範例ともいうべき『審判』の「法の門前」の寓話のラストは、こうした自己認識のどこが間違っているかぴたりと指し示している。主体は、この場面に自らを組み入れることができない。「門は彼のためにのみあった」のだから、彼は《法》の光景のただの無心な傍観者ではなかったはずなのだが、ならなんだったのかを説明することができない。弁証法的逆説は、魅惑的な《大他者》の光景からの主体の排除が、この《大他者》をアプリオリな罪の意識を生み出す圧倒的な超越存在に高めるのだから、主体を《大他者》から分離させてくれるのは、こうして見られている場面への主体の包含に他ならないということである——彼の主体としての立場が、《大他者》の非一貫性／不能／欠如と連動したものとして経験されればよいのである。分離において主体は、《大他者》に対する彼自身の欠如が、すでに《大他者》自身を蝕んでいる欠如であることを経験する（あるいはヘーゲルの不滅のことばをまた引用すれば、分離においてわたしは、古代エジプト人の謎めいた秘密がエジプト人自身にとってもやはり秘密であったことを経験するのである）。

こうして分離について述べることで、ラカンには、現代のナルシスト的社会解体によって危機に瀕している「強い」象徴秩序／禁止への隠れた渇望がある、といった批判に反論できるだろう。ラカンはほんとうに、近年の行き詰まりの唯一の解決は、なにか根源的な象徴的禁止／《法》に立ち戻ることだと考えていたのか。これはほんとうに、社会的生のポストモダンな全世界的精神病化に対抗できる唯一の選択肢なのか。一九四〇、五〇年代のラカンに、こうした保守主義文化批評の要素があったことはまちがいない。しかし六〇年代以降彼は一貫して、この枠組みを突き破り、父の権威の欺瞞を暴こうとした（そして、《権力》の起源が偽り／不法であることを知っていてもやはりそれに従うべきであるという、パスカル流のシニカルな解決をも拒否した）。さらにこうして分離について触れることで、ラカンの《大他者》、象徴秩序は一種のカント的アプリオリであり、それへのあらゆる抵抗は永遠に敗れるしかないのだから、主体の介入によって切り崩されることはない、というバトラーの論点にも答えることができるだろう。《大他者》が難攻不落なのは、主体がそれに対して疎外関係にあるときだけであり、分離はまさに介入への道を拓くのである。

情動についていえば、疎外と分離との差異は、罪の意識と不安の差異に対応する。主体は《大他者》の前で罪を感ずるが、不安とは、《他者》自身の不能と欠如をしめす――要するに、罪の意識は不安を覆い隠すのだ。したがって精神分析においては、罪の意識は結局のところ――正反対のものであるはずの無実に負けず劣らず――偽るカテゴリーである。政治裁判の犠牲者に対する典型的なスターリン主義のことば（「無実を言いつのればつのるほど、お前はいっそう罪深いのだ！」）には、それが明らかに「不正」でぞっとするものであっても、なにがしかの真実がある。誤って「変節者」として糾弾されている前党幹部は、有罪であった――もちろん、具体的に告発された犯罪について有罪なのではなく、彼らの真の罪は一種のメタ罪だったのである。彼ら自身が彼らを否定したシステムを作るのに関わっており、少なくともあるレベルでは、彼らが糾弾されるのは、システムから彼ら自身のメッセージを反転させた真のかたちで受け取っているということなのであり、ここに罪がある。彼らの罪はまさに無実の主張のなかにある。自分のどうでもよいような個人の運命を、党の大きな歴史的関心（それには犠牲が必要だ）よりも重視していることになるからだ——彼らが有罪なのは、頑固な無実の主張の底に抽象的な個人主義の形式が潜んでいるからなのである。こうして彼らは、奇妙な選択を強制される。罪を認めれば有罪。無実を主張すれば、ある意味でもっと有罪。このスターリン主義の公開裁判での被告の例は、罪と不安とのあいだの緊張を明確に表している。党指導者は、「《大他者》は存在しない」こと、《共産主義の前進》という歴史的必然は穴だらけの偽の幻想でしかないことを、認めざるをえないかもしれないという耐えがたい不安を避けるために、被告の罪の告白を必要としたのである。

おそらく、フロイト的「無意識」こそが結局、わたしのことばを重層決定している脱中心化された象徴的な場であるわけだが、それだけに意識をいわば復興させるというリスクを冒してみたい。精神分析において、罪は最終的には無意識のものである（主体が自分の罪に気づいていないという意味ばかりでなく、彼ないし彼女は、罪の重圧を経験しつつも、それがどんな罪なのか気づいていないという意味で）として、罪の対立項である不安は、意識に結びついているといえないだろうか。意識の地位は一見するよりはるかに謎が多い。それが周縁的ではかないものであることが強調されればされるほど、疑問は強くなる。意識とはいったいなんなのか。自己意識はなんに向かうのか。ラカンがその機能を軽視すればするほど、意識は測り知れない謎になっていく。

おそらく鍵を与えてくれるのは、無意識は死を知らないというフロイトの考えである。それでは「意識」とは根源的に、自身の有限性と死すべき運命に気づいていることであるとしたらどうだろうか。つまりバデュウ（自己の死の意識を人間の動物的次元に属するものとしている）はまちがっている。死と有限性には「動物的」なものはなにもない——「意識のある」存在のみが現実に死すべき有限な存在なのであり、彼らだけが「有限性」に関係しているのである。自分自身の死を意識することは、自己意識の多くの面の一つではなく、そのゼロレベルである。あらゆる対象の意識は自己意識を含むというカントの考えになぞらえれば、あらゆる意識は自分自身の死と有限性の暗黙の（自己）意識を含んでいる。この意識は、主体が自分の死を無意識では信じていないことによって否認される。だから「わかってはいるが、でも……」という基本モデルは、おそらく自己意識のモデルそのものである。「わたしは自分が死ぬことを知っている。しかしそれでも……（わたしはそれを認めない。わたしは無意識に自分の不死性を信じている。自分の死を心に描くことはできないからだ）」[40]。

精神科医がよく言う愚痴は、患者がしばしばトラウマとなった事実を知的なレベルでは受け入れていても、感情的にそれを拒否し、その事実が存在しないようにふるまうというものである。しかしこうした亀裂こそがわたしの（自己）意識を構成しており、たんなる二次的な歪みではないとしたらどうだろう。意識とは、ある事実に気づいていながら、その事実の感情への影響は宙づりにされているという意味であるとしたら？　その結果、わたしの無意識の信念、わたしの基盤をなす幻想（バトラーのことばで言えば、わたしの「原初の受苦／情熱」）の立場を「完全に占める」ことは意識的にはけっしてできないのだとしたら？　フロイトにおいて不安とは、近親相姦的享楽の場の原初的抑圧（そこから最小限の距離をとること）を表す「普遍的感情」であるなら、意識は事実上不安と同じものである。だからバトラーが次の修辞疑問を発するとき——

先行したものではあるが、後続の出来事のなかでその内容を充塡されるのを待っている空虚な「場所」が普遍であると、なぜ考えなければならないのか。普遍が空虚なのは、普遍が立ち現れるときの内容を、普遍があらかじめ否認したり抑圧したりしているからなのか。否認されたものの痕跡は、出現する形式的な構造のどこに見いだされるのか。（バトラー、五四頁）

わたしはこの背後にある彼女の姿勢にまったく同意する。わたしの答えは（「否認」という、精神分析ではべつに厳密な意味がある語の不適切な使いかたを退けることはさておき）こうだ。ラカンの《モノ自体》（象徴界に先立つ近親相姦的な《現実のもの》）の「原初的抑圧」こそ、まさに空虚な場としての普遍性を作り出すものである。そして「出現する形式的な構造のなかの否認されたものの痕跡」は、ラカンのいう対象a、象徴秩序のなかの享楽の残余である。こうして原初的抑圧が必然的であることから、普遍性という空虚な場を開く《現実界》の排除と、その後この空虚な場を占めようとするさまざまな個別の内容のへゲモニー闘争とを、なぜ区別しなければいけないかがわかる。ここではバトラーを彼女自身に――つまり、彼女のラクラウへの共感に満ちた要約に抗って読んでみたくなる。「政治の組織化にとって、その場所を埋める可能性を理念として措定しなければならないのと同様に、それが不可能だということも、同様に必定のこととなる」（バトラー、五一頁）。終わることなく理想に接近し続けていくべきだというこの論理を奉ずるとき、バトラーとラクラウの底にはカント主義が流れていると思うのだ。

ここで、アプリオリな普遍的枠組みが経験上の「病理的な」状況によって歪められているとするカントの立場と、ハーバーマスのアプリオリな普遍的コミュニケーションのようなそのあらゆる変種に対して、ヘーゲルの決定的な洞察の立場を守ることが重要だろうと思う。普遍的な形式基準をとりあえず設定し、ただし偶発的な経験上の歪みゆえに、現実はけっしてこのレベルにたどりつかない、と論じるだけでは十分でない。問題はこうだ。どのような排除／抑圧の暴力的な作用を通して、この普遍的な枠組みそのもののがどのように現れ出てくるのか？　ヘゲモニー観念に関していえば、空虚な普遍的なシニフィアンとその真空を埋めようとする個別のシニフィアンのあいだに亀裂があるというだけでは十分でないということになる——問うべき問いはふたたびこうだ。どのような排除の作用を通じて、この真空自体がどのように生まれてくるのか？

ラカンにおいて、最初の喪失（《モノ自体》の喪失、フロイトのいう「原初的抑圧」）は、定まった対象の喪失（たとえば、同性のリビドー備給の相手を諦める）ではなく、逆説的にもあらゆる失われた対象に先立つ喪失であり、だから《モノ》の高みにまで上る実体的な対象（ラカンによる昇華の定義）は、ある意味で喪失に身体を与えるのである。ということは、ラカンの《現実界》、それが表す不可能性の切断線は、まず主体を切断するのではなく、《大他者》自体、主体に向かい合いそこに主体が埋めこまれている社会的 - 象徴的「本質」を切断していることになる。いいかえれば、《現実界》の切断線は、主体の介入の範囲を前もって制限する一種の閉域をしめすどころか、主体の根源にある究極の自由、《他者》の非一貫性と欠如によって支えられた自由の空間の存在をラカン流に認める方法なのである。だから——ラクラウにならってキェルケゴールを引いて終わろう。「決断のときが狂気のとき」であるのは、まさに究極の保証となってくれる《大他者》が存在しておらず、主体の決断を存在論的に守ってくれないときなのである。

註

（1）　おそらくわたしとバトラーの違いを一言でまとめるには、わたしが彼女の二冊の本のタイトルのことばを入れ替えたいと思っている、とお知らせするのがよいだろう。ジェンダー（性的差異）が重要だから身体のトラブルがあるのだ——たしかに性的差異は生物学上の事実ではないが、社会構築物でもない——むしろそれは、身体の滑らかな機能を乱すトラウマ的な切断のことをいうのだ。これをトラウマ的にするのは、ヘテロセクシュアル規範の暴力的な押しつけではなく、生物学的身体が性化される際の文化的「超実体化」そのものの暴力である。

(2) Martha Nussbaum, "The Professor of Parody", *The New Republic*, 22 February 1999 : 13-18.

(3) Judith Butler, *The Psychic Life of Power*, Stanford, CA : Stanford University Press 1997, pp.98-9.

(4) この点をもっと詳しく考察しているのはSlavoy Žižek, *The Ticklish Subject : The Absent Centre of Political Ontology*, London and New York: Verso 1999, chap.5.

(5) Butler, *The Psychic Life of Power*, p.105.

(6) John L. Austin, "Pretending", in *Philosophical Papers*, Oxford : Oxford University Press 1979.

(7) Jacques Derrida, *Speech and Phenomenon*, Evanston, IL : Northwestern University Press 1973.

(8) Claude Lefort, *The Political Forms of Modern Society*, Cambridge, MA : MIT Press 1986.

(9) Etienne Balibar, *Race, Nation, Class*, London and New York : Verso 1995.

(10) このカントのもう1つの面については、Alenka Zupancic, *Ethics of the Real : Kant*, London and New York : Verso 1999を参照。

(11) 偶発性の必然性への弁証法的転換については、*The Sublime Object of Ideology*（London and New York: Verso 1989）と *For They Know Not What They Do*（London and New York: Verso 1991）でもっと詳しく論じた。

(12) Karl Marx, 'The Eighteenth Brumaire of Louis Bonaparte', in Karl Marx and Friedrich Engels, *Collected Works*, London : Lawrence & Wishart 1955, vol.2, p.103.

(13) Jacques Derrida, 'La mythologyie blanche', in *Poétique* 5（1971）, pp.1-52.

(14) Jacques Derrida, 'Le supplément de la copule', in *Marges de la philosophie*, Paris : Editions de Minuit 1972.

（15）Hannah Arendt, *On Violence*, New York : Harcourt Brace 1970の第二章を参照。
（16）この点をもっと詳細に展開したのは *Tarrying with the Negative*, Durham, NC: Duke University Press 1993, 第三章。
（17）この手法はホラー映画――『豹男』の有名な少女殺害の場面――にとどまらず、西部劇でもうまくいった。リュートンの最後の製作作品『アパッチの太鼓』（一九五一）では、インディアンが教会に閉じこめられた白人たちを襲撃する――この場面が外から見られることはなく、アクションはすべて教会の内側で起こる。ときどき小さな窓からインディアンがちらりと見えるだけで、あとは襲撃者の雄叫びと銃の音が聞こえるだけだ。
（18）Etienne Balibar, *Ecrits pour Althusser*, Paris : Editions la Decouverte 1991, p.78. 参照。
（19）Phil Powrie, *French Cinema in the 1980s*, Oxford : Clarendon Press 1977, pp.50-61参照。
（20）主体と客体との円環状の場所交換の究極の例は、いうまでもなくまなざしそのものである。ラカンのまなざしの概念で決定的なのは、そこに主体と客体の関係の反転があることである。ラカンが『精神分析の四基本概念』で言うように、目とまなざしとは二律背反的である――まなざしは客体の側にあり、写真のほうがそこから見る者の写真をとる、視覚領域における見えない点を表す。反ラカンの認知主義的映画理論家が「存在しないまなざし」ということばを使い、ラカンのまなざしは観客経験の現実にはどこにも見つからない神話的存在であると文句をつけるのも無理はない。

同じ路線で、ジョーン・コプチェクの未出版論文「アンティゴネ、犯罪的存在の守護者」は、部分対象（まなざし、声、胸……）は原 - 超越論的地位にあると論じている。それらは器官 - 対応部の「可能性の条件」なのである。まなざしは目の、つまりわれわれが世界のなかでものを見ることの可能性の条件なのである（われわれがものを見るのは、Xがわれわれの目を逃れて「まなざしを返してくる」からである）。同じように、声は聞くことの可能性の条件である……。こうした部分対象aは、主体のものでも客体のものでもない。それらは二つの次元をつなぐ短絡路だからである。それらは主体を支える客体的な「喉にひっかかった骨」として機能するのだ。

（21） François Regnault, *Conférences d'esthétique lacanienne*, Paris : Agalma 1997, p.6.

（22） たとえば分身というテーマについていえば、よくある脱構築のグローバル化はなんとしても避けなければならない。あらゆるものを《一者》のグロテスクな分身化の例とみなす、脱構築の平板化のことである（女性は男性の分身、書くことは声の分身……）。そして分身の問題系は、ロマン主義という特定の歴史的契機（ホフマン、ポー）に根ざしているとこだわるべきだろう。

（23） ポール・セローは *The Great Railway Bazaar*（Harmondsworth : Penguin 1975）のある章で、一九七四年、和平条約締結と米軍の撤退後、ただ共産主義が勝利する前の時期のヴェトナムを描いている。このあいだの時期、二百人の米軍兵士が脱走してこの地にとどまり、公的にも法的にも存在していない状態で、ヴェトナム人の妻とスラムの安普請に住んで、強盗などの犯罪に手を染めていた……。この奇妙な個人たちの人物像は、一九七〇年代始めのヴェトナムのグローバルな社会状況を描くのにうってつけの出発点となっている。ここから始めることで、ヴェトナム社会の複雑な全体性をじょじょに解き明かしていくことができるのである。

（24） Marc Vernet, "Film Noir on the Edge of Doom", in Joan Copjec, ed., *Shades of Noir*, London and New York : Verso 1993.

（25） とりわけ、フランスの「ポスト構造主義者」がしばしばフランクフルト学派の代表的人物たちと一緒にまとめられて「批評理論」と呼ばれるという事態があげられる——この分類はフランスでは考えられない。

（26） Louis Althusser, 'L'objet du Capital', in Louis Althusser, Etienne Balibar and Roger Estabet, *Lire le Capital*, vol.II, Paris : François Maspero 1965.

（27） Stephen Jay Gould and Richard Lewontin, 'The Spanderels of San Marco and the Panglossian Paradigm', *Proceedings of the Royal Society*, vol. B205（1979）: pp.581-98参照。

（28） Elizabeth Bronfen, 'Noir Wagner', in Renata Salecl, ed., *Sexuation*, Durham, NC : Duke University Press 2000.

(29) Michel Chion, *La musique au cinéma*, Paris : Fayard 1995, p.256.

(30) この概念については Martha Wolfenstein and Nathan Leites, *Movies : A Psychological Study*, Glencoe, IL : The Free Press 1950.

(31) Richard Maltby, '"A Brief Romantic Interlude": Dick and Jane go to 3 1/2 Seconds of the Classic Hollywood Cinema', in David Bordwell and Noel Carroll, eds, *Post-Theory*, Madison : University of Wisconsin Press 1996, p.455.

(32) ここで扱っているのはいうまでもなく、幻想と性化を生み出すとまどいのまなざしの構造である（*The Tick-lish Subject* 第五章参照）。この構造は見る行為にともなう快楽の一般的な基盤となる。主体の根本的な構造そのものが、この受け身で魅惑されとまどうまなざしによって築かれていないなら、スクリーンを見るのに快楽を見いだす観客はいないだろう。

(33) G. W. F. Hegel, *Enzyklopadie der philosophischen Wissenschaften*, Hamburg : Felix Meiner Verlag 1959, para. 348.

(34) Martin Heidegger, 'Why We Remain in the Provinces'（一九三四年五月七日）, Berel Lang, *Heidegger's Silence*, Ithaca, NY : Cornell University Press 1996, p.31に引用。

(35) *The Seminar of Jacques Lacan, Book II : The Ego in Freud's Theory and in the Technique of Psychoanalysis*, New York : Norton 1991.

(36) Lisa Appignanesi and John Forrester, *Freud's Women*, Cambridge: Cambridge University Press 1995.

(37) Stanley Cavell, *The Claim of Reason*, New York : Oxford University Press 1979, pp.351-2.

(38) 懐疑論者の姿勢がきわめて厳密な意味でサディスト的であることがここでわかる。《他者》の主張のつじつまがあっていないことを主張するのに享楽を覚える懐疑論者は、主体性の分裂した性質を《他者》へと移動させる――非一貫性に捕えられているのはつねに《他者》のほうなのである。

（39） Yeta Halberstam and Judith Leventhal, *Small Miracles : Extraordinary Coincidences from Everyday Life* (Holbrook, MA : Adams Media Corporation 1997) は小さな本だが、この《大他者》の次元——偶然の底に潜む「深い」意味——が、現代の大衆イデオロギーでいかに動員されるかをみごとに描いている。

（40） 脱中心化のポイントは、たんにわれわれの信念が永遠に延期され、ずらされ、本来のかたちでは実現しないということではない。まったく逆に、われわれが論じているのは振り払えない信念、なんどもなんどもいっそう強く戻ってきて、やがては去勢された指導者の命令に従って、自分自身を実際に殺すところまで強くなるような信念である。つまり信念は現実的である。不可能（永遠に延期され／ずらされる）であり、同時に必然的で避け得ないものなのだ。過剰な信念は、内的侵犯のいかにも「ポストモダン」な形式である。見かけとは違って、シニカルで再帰的なはずのわれわれの時代において、真の無神論者であることはますます難しくなっているのだ。

ダイナミックな複数の結論

ジュディス・バトラー3

本書はある種のリスクを冒している。というのも二つのプロジェクトのうち、どちらを達成しようとしているのか定かではないからだ。一方のプロジェクトの契機は、政治領域の地位について理論家たちがそれぞれ違う方面からコミットしながら、ともに考えていくことであり、他方のプロジェクトの契機は、各自が他の理論家からの批判に対して自分の位置を擁護し、またみずからも他の人たちに対して批判的見解を述べ、そうして自分の位置を他と峻別していくことである。この両者のあいだの緊張関係を解決するのは容易なことではないようなので、おそらくここで関心を向ける問いは、本書が実際にみせている《パフォーム》非‐解決がとくに生産的なものなのか、また、それが生産的かどうかはどうすればわかるかということだろう。

　こうした議論の往還の明確な利点は、これがラディカルな民主主義のプロジェクトのなかの理論の地位について問題を提起していることのほかに、「理論」そのものが一枚岩的でないことを示唆していることだ。もしも普遍の地位や偶発性やヘゲモニーがいつのまにかどこかに行ってしまって、わたしたちが批判に対して一々言い返しているだけになれば（とはいえこの種の議論も、現在の位置を明確化するという意味では効用もあるのだが）、あまり好ましいことではないだろう。

　わたしの考えでは、ラディカリズムを――たとえ政治上のラディカリズムであろうと、理論上のラディカリズムであろうと、その両方であろうと――理解するには、その企ての前提事項は何かを詮議する必要がある。理論の場合、このラディカルな検討は、理論がしばしば取っている超越論的な形態に向けられなければならない。人によっては、前提事項をラディカルに詮議するには、かならずそれが超越論的な活動になっていなくてはならず、可知的な対象領域を構築している可能性の一般的条件について考えるものだとみなす人もいるだろう。だがわたしが思うに、まさにこの前提も疑問に付されなければならず、この種の問いかけの形式自体も、当たり前のものと考えてはいけない。すでによく言われてきているが、ここでもおそらく繰り返して言わなければならないことは、活動形態や概念領域を疑ってみることは、それを追放したり、それを検閲することではないということだ。それは、そのようなものがどのように構築されているかを考えるために、その通常の作用をある一定期間、中断させておくことである。わたしはこれは、フッサールのエポケー概念のなかに見られる現象学的側面からのカントの書き直しであり、「概念に抹消記号《スー・ラチュール》をつける」というデリダのやり方の重要な背景をなすものだと思っている。ただしごく最近の肯定的脱構築の考え方にならって、一つだけ付け加えておきたいことは、概念は抹消記号をつけられながらも、同時にその役を果たすことも可能であり、たとえば「普遍」という概念に疑問を呈しつつ、この概念を使用しつづけることはできる。しかしやはりそこには、この用語を批判的に検討することによって、それをもっと効果的に使用したいという期待もある。とくに最近のポストコロニアル研究、フェミニズム研究、文化研究《カルチュラル・スタディーズ》のなかで声高な正当化とともに繰り返されてきている偽りの普遍性の公式に対する批判の声を考えると、そのような期待が存在していることがわかる。

　ラディカルな検討にコミットすることは、政治がある瞬間において理論の休止を要求するということではない。なぜならそうした場合、その瞬間に、政治はある種の前提を、批判的検討を寄せつけない立ち入り禁止区域にしてしまうからだ――実際そこで政治は、教条的なものを、それ自身の可能性の条件として包含してしまうことになる。またその瞬間に、そのような政治は、批判的であるというそれ自身の主張を犠牲にして、その前進運動の条件として皮肉にも自己停滞を要求するものになってしまう。

たしかに、政治上の停滞を恐れるあまりに、ある種の運動体のなかでは、反‐理論の敵意が醸成される。だが皮肉なことに、そのような立場こそが、運動レベルでの停滞を避けようとして、かえって批判的省察の停滞を引き起こすのだ。言い換えれば、理論によって運動が妨げられることを恐れる人たちは、自分たちが何をおこなっているのか、自分たちがどんな言説を使っているのかについて、あまり深く考えることを望まない。なぜなら、もしも自分たちがおこなっていることについて深く考えすぎてしまうと、それをおこなうことはもはやできなくなってしまうと恐れているからだ。このような場合、思考には終わりがないこと、思考はその無限運動においてそれ自身へと絶え間なく経戻っていくこと、したがって限界を定めない思考は、その範例的《パラディグマティック》な政治身ぶりとして行動を先取りしていくようになることは、恐怖なのだろうか。もしもこれが恐怖なら、その理由は、批判的省察は政治行動に先行すると思いこんでいるからだろう。つまり、批判的省察が政治行動の計画を練り、政治行動は批判的省察が作る青写真に、ともかくも従うと信じこんでいるからだろう。言い換えると、そうした場合、政治行動の前提には、思考がすでになされていること、思考が終了していること――つまり行動は思考ではなく、思考にあらざるものであって、思考が過去になったときに出現するものである――ということが想定されている。

アリストテレスは、現存する彼の初期の著作においてすら、実践知（フロネーシス）は理論的な知の形態と実践的な知の形態の両方を含んだものであると主張している（『哲学の勧め』および『エウデモス倫理学』参照）。ただし『ニコマコス倫理学』では、理論知とみなされている英知（ソフィアー）と、実践的な知とみなされている実践知（フロネーシス）が合わさって、統合的な「知の徳」の概念になると述べながらも、この二つを分けて考えた。その第六章では、思考と行動を分けたが、そう言えるのは、ある一つの見方によってのみだろう。彼はこう述べている。「ことわざも言うように、熟慮したすえの行動は素早いが、熟慮は遅い[1]」。このくだりで彼は、知ることのいくつかの方法を検討して、シネシス（他人が言うことを理解すること）とグノーメー（分別や洞察）を区別し、理論的な知は実践的な知とまったく同じではなく、理論的な知は幸福を生みだすが、実践的な知は徳を生みだすと結論づけた。徳が「正しい理性によって導かれる」――むしろ「正しい理性と合体する」（一七一頁）――かぎりにおいて、それは実践的な知と分かちがたく密接に結びついたものとなる。また彼が明らかにしているのは、実践的な知のすべての局面が、かならずしも正しい行動として現れてはこず、そのいくつかだけが「魂のある部分の徳」（一七二頁）と関係しているということだ。しかし行動なくしては正しい選択をすることが不可能なので、実践的な知は「行動と重要な関係」（一七二頁）をたしかに持っている。実際、実践的な知に係留されていない選択や行動は、定義上、徳に欠けるものとなる。

　アリストテレスの考えでは、「徳」は行動の目的を決めるものであり、実践的な知は、わたしたちの判断や行動を、正しい事柄をおこなうことへと方向づけるものである。行動は、その条件である知と分離したものではなく、知によって成り立っており、知をおこないとして起動させるものである。実際、道徳的熟慮の実践を深める人格に属するものだとアリストテレスがみなした「ハビトゥス」は、知が、行動の瞬間に具現化することを示すものである。

　「理論的な知」は実践的な知によって命令を受けるものではないとアリストテレスが主張したとき、彼が言おうとしたことは、知のそれぞれの形態はべつべつの目的（理論的な知の場合は幸福であり、実践的な知の場合は徳）を追求しているということだけではなく、理論的な知は実践的な知とはべつの自律的な尺度をもつべきだということである。理論的な知は、現実の基盤をなしている原理を真に知ろうとし、物事を「そのありのままの姿」として探求する学であるかぎりにおいて、形而上学的な省察の実践に関与するものとなる。したがってアリストテレスが明言しているのは、「理論的な知は、政治とまったく同じものではない」（一五六頁）ということである。アナクサゴラスやタレスといった哲学者が、実践的な知よりも理論的な知を有していると考えられているのはなぜかを説明して、彼はこう述べる。「彼らは、何が自分たちにとって都合の良いことかは知らない……彼らが知っているのは、特異で、驚異で、困難で、超人間的な事柄である」。したがって彼らの知は、「彼らが求めている善が人間的なものでないゆえに、役に立たない」と言われる（一五七頁）。実践的な知は「熟慮」によって、それとわかるが、理論的な知はこの特質をもたない。それは行動へ――むしろ、行動によって獲得しうる善へ――向くように、方向づけられたものではない。

　わたしがアリストテレスに寄り道したのは、わたしたちがここで追求している知はどんな種類のものかという問題を提起するためである。エルネスト・ラクラウとシャンタル・ムフは、本書を含むヴァーソ・シリーズを「フロネーシス」（実践知）と名づけた。つまりこの名のもとになされる理論的著作はすべて、行動を暗黙の目的とするということだ。ここで、アリストテレスがある種の曖昧さを残したことに着目するのは、重要なことのように思われる。彼は、実践的な知の概念を出すことによって、それなくしては正しい政治行動ができない種類の知について語ったが、他方で主知的な知を出すことによって、熟慮や行動を明に暗に引き合いに出すことで思考に押しつけられる拘束から、ある種の知的探求を守っていった。では、わたしたちがここでおこなっているのは、どちらの探求なのか。またわたしたちの著述は、この困難さに絡みとられ、現在の状況のなかでその解決不可能性をふたたび作り上げることになるのか。わたしたちがおそらく知っているのは、「特異で、驚異で、困難で、超人間的な事柄」であり、それらは結局のところ、役に立たないものなのか。さらに言えば、「役に立つ」ということは、政治に対する理論の価値を測るときの基準なのか。

「世界を哲学的にする」(2)という論文の序文で、マルクスは、純粋思考の領域としての哲学と、具体的で現実化されるものとしての世界を区別することこそ、現代世界の状況が生みだした断絶であると徴候的に読まなければならないと書き記した。素朴な熱意を込めてマルクスはこの区別に反対し、この区別を瓦解させることが、心理学では必要なことであり、かつ政治の到達点でもあると告げた。「理論的な精神は、それ本来のものに解放されたとたんに、実践的なエネルギーに変わるというのは心理学の法則であり……哲学の実践は、それ自体が理論である」(九頁)。哲学は、そのもっとも「理論的」な局面においてすら一つの実践であること、そしてその実践そのものが理論的であることを主張することによって、マルクスは間髪を入れずに理論を行動の領域に引き戻し、行動を知の具現――すなわち、知の慣習的形態――に作りかえた。この初期の著述のなかで「批判」や「省察」の概念をはっきりと規定することによって、マルクスは、哲学はそれ自身を現実化し、世界をそれ自身の理念に合致させようとするものであること、またその「現実化はその喪失にもなること」(一〇頁)を明らかにした。哲学がそれ自体を現実化すれば、哲学はその理念性を失うことになり、その喪失は哲学自体の死をもたらすだろう。したがって哲学がその目標を現実化することは、哲学が、哲学としてのそれ自身の位置を解体することになってしまうだろう。一方では、哲学が敵対している相手は「世界」であり、「世界」はちょうど現実化されたものが現実化されないものに対してそうであるように、哲学を見張り、哲学に対峙している。だが他方で、まさにこの「世界」が、いまだ現実化しえていない様相をとった哲学自身なのである。だから哲学がそうなりたいと望んでいるものは、現実化から距離を保っている現実化なのかもしれない。この距離が批判性の条件であり、省察的で批判的な実行としての理論に土台を与えている非‐共約性なのである。

理念が理念としての独立した位置を乗り越えられたとたんに、理念は世界として現実化されていくと考えるときの、暗黙の目的論的な考え方をマルクスは提示したが、この考え方を受け入れるのは難しいことかもしれない。だがここでマルクスが省察的な意識について記述した位置の二重性については、記憶に留めておく必要があるだろう。マルクスはこう述べる。「こういった個人の自己意識は、つねに両刃の要請をおこなう。一方では世界に歯向かい、もう一方では哲学それ自体に歯向かう」。さらに続けて、「モノそれ自体のなかにあって、そのなかへと向けられる逆向きの関係として現れるものは、こういった自己意識においては二重の関係となって現れる。すなわち、相矛盾する要請と行動となって現れる」（一〇頁、強調バトラー）。世界の所与性に対して批判的距離を保つには、哲学は――批判性それ自身は――所与のものを可能性の限度だと認めないことが必要である。と同時に、哲学が打ち出す理念にしたがって世界を作りなおすには、その理念の現実化と同時に起こる哲学自体の解体が、また必要なのである。

しかし「現実化」ということの価値そのものが危機に瀕してきたので、わたしたちの現在の状況は、もっと混乱したものになっている。たとえば、マルクスは根本的な平等とか富の平等な配分という理念を現実化することを求めたが、それはいくつかのマルクス主義国家によって、規制と管理の中心的機関《エイジェンシー》として国家を強化するばかりでなく、民主主義の基本原則を切り崩すような経済計画を人々に押しつけるさいの、正当化として用いられた。行動への呼びかけは、まさに理念を現実化するさいの、この種のキャンペーンとみなしうる。したがって現在ラディカルな民主主義の理論を復活させ、練りなおすには、「現実化」そのものに対して批判的な関係を持っていなくてはいけない。そういった理念を現実化しなければならないのなら、どのように現実化すべきなのか。どんな手段を使って、どんな代償を払ってなされるべきなのか。このような理念は、どんな種類の実行手段もすべて正当化するのか。ヘーゲルの文脈で考えてきた《恐怖》の逆説に対して、マルクス主義はどの程度、再折衝してきたのか。概念の履行や「現実化」がある種の暴力的強要を含んでしまう、あるいはある種の暴力的強要を必要とするのはなぜなのか。理念の現実化のなかに含まれる暴力とは何なのか。さらには、わたしたちの未来性の意識に何が起こるのか。その未来性とは、終わりのないプロセス——その「終結」がまさにその死であり、その現実化が（マルクスをふたたび引用すれば）それ自身の喪失となるようなプロセス——として理解される民主主義には、欠くことができない未来性なのである。

したがって未来的であり、目的論によっては拘束されておらず、どのような「現実化」とも共約性をもたないような民主主義の概念にコミットしていくには、べつの種類の要請が必要であり、現実化を永遠に遅延させる要請が必要である。逆説的なことだが——しかし本書のなかで詳しく検討され、ラクラウとムフの『ヘゲモニーと社会主義の戦略』のなかで新しく切り拓かれたヘゲモニーの概念には重要な点だが——民主主義は、現実化に対するそれ自身の抵抗をとおして、まさに確保されていくのである。

さてこのように書くと、自分自身で自分を規定している運動家は、もう読むのをやめようと思うかもしれない。けれどもわたしは、右記のような考え方が、実際に運動の実践そのものの一部をなしていると思っている。このように公式化したからといって、目標が達成される契機も、出来事も、制度的機会もないということではない。言いたいことはただ一つ、どんな目標が達成されるにしても（そしてかならず達成されるのだが）、民主主義そのものはつねに達成されないということだ。つまり、個別的政治や立法的勝利は、民主主義の実践を汲み尽くすものではなく、民主主義の実践にとっては、なんとか永遠に現実化しないでいることの方が重要なことである。こういった非 - 現実化に価値をおく姿勢は、その政治的感性の一部をポスト構造主義の資源から得ている現在の思想家の幾人かのなかに見いだすことができるし、わたし自身もべつの論文で、[3]これについてのいくつかの批判的な問題提起をおこなった。こういったことを——それぞれべつのやり方ではあるが——論じている人たちには、本書の対談者は言うに及ばず、ドゥルシア・コーネル、ホミ・バーバ、ジャック・デリダ、ガヤトリ・チャクラヴォルティ・スピヴァックなどがいる。

わたしはこれまで、「非 - 現実化」を価値づける姿勢はある種の政治的ペシミズムを表明し、それを強化するものだと論じてきたが、ここで「非 - 現実化」を出してきたのは、べつのことを指摘するためである。思うに民主主義の理念性——完全で最終的な現実化に対する民主主義の抵抗——を保持しておく理由は、まさに民主主義が融解するのを防ぐためである。だがラクラウもジジェクもわたしも、このもっとも基本的な点については同意していると思っているが、その理念性をどのように理解すべきか、またどんな言語や論理をつうじてその理念性を概念化すべきかという点については、意見が異なっている。さらに言えば、「批判的」知識人として機能することの意味は、(マルクスが言いそうな言葉を使えば)哲学の理念性と世界の現実性のあいだに距離を置くことではなく、理念の理念性とそれを実例化するときの様態の所与性とのあいだに距離を置くことなのである。

わたしの考えでは、この非共約性を先験的《アプリオリ》なものとして説明していくことはできない。なぜなら、自己発見的な探求の出発点としての先験性の概念は、たとえそれが理論を構築するときの教条的な契機として機能していなくても、かならずラディカルな詮議のもとに晒されなければならないからだ。だからといって、分析を続けていくために、わたしがある種の概念を当たり前のものとみなしたがらないということではない。そうではなくて、たとえその「先験性」に、いわば抹消記号をつけたとしても、それはもはや認識論的な基盤としては機能しておらず、反復しうる形象として、言語の引用として作用しているのであり、言説内部で循環する比喩としてその用語が基盤的に使われているというだけである。実際わたしは、そういった議論のなかですべての語に引用符をつけるような、過度の批判性を好ましく思ってはいない。逆に、ある種のシニフィアンについては、とくにそういったシニフィアンが支配的な言説のなかで禁じられた領域になってきている場合には、ある種の分析のさいに――たとえその分析が、そういうシニフィアンが読まれるおりにどういった機能を果たすかを調べるためだけであっても――そのシニフィアンをそのままにしておいて、その所与性を帯びさせておくことが大切なときもあるだろう。そのシニフィアンを、それが使われる瞬間において凝固させておくことと、そのシニフィアンを立ち入り禁止状態にしておくこととは同じではない。「社会的なもの」とは、わたしの分析では、まさにそのような用語の一つなのである。その用語を使うことに同意したからと言って、それを「所与のもの」とみなしているのではなく、ただその重要性を主張するためである。ラクラウは、わたしが仕事中に眠ってしまったと考えているようだが、わたしがずっと寝ずの番をしていることは、ここで読者にはっきりと申し上げたい！　領域としての「社会的なもの」には、それ自身の歴史があり（プーヴィ参照）、それについての持続的な論争があるのである――とくにたとえば、社会理論と社会学のあいだ、社会的なものと文化的なもののあいだ（ヤナギサコ参照）、社会的なものと構造的なもののあいだ（クラストル参照）(4)に、緊張関係がある場合には。その用語に固執したからといって、社会的な因果関係に基盤的な地位を与える社会学中心主義に加担しているのではない。そうではなくて、わたしがここでこの用語に固執するのは、その用語が、廃棄された過去のなごりを伝えていると思われるからである。政治的分節化には先験的な構造があるとみなして、それを形式主義的に説明しようとすれば、「社会的なもの」をその前史として比喩化したり、「社会的なもの」を、それが分節化する前‐社会の構造の逸話とか見本として取り扱いがちになる。実際、形式主義の理論自体のなかにある社会的なものの排除と従属化（この二つは同時に起こる）のために、まさに「社会的なもの」への回帰を促すと言うこともできる。[5]その用語を使ったからといって、所与のものとして、または「純粋に参照するため」だけに、わたしがその用語を扱っているという咎を受ける必要はなく、むしろその用語は「所与のもの」と同義となってきており、ゆえに批判的配慮を必要とするものとして、ポスト構造主義の目録のなかに登録される慣習となっているということだ。

「社会的なもの」のカテゴリーは、実践としての言語概念、権力と関係する言語概念、すなわち言説理論を、ふたたび導入するものである。それはまた、言語分析の形式主義的側面に対して批判的関係をもつようにさせ、どんな抑圧や排除が形式主義を可能にしているかを問いかけるものでもある（マルクスが熱心に問いかけた問い）。さらに言えば、それは具現化に関する視野を提供し、知は――それがハビトゥスとして具現されるかぎりにおいて（ブルデュー）[6]――それなしでは政治的分節化について分析することができないパフォーマティヴィティの圏域を表象していることを示すものでもある。実際ジェンダー・ポリティクスを理解しようとするときに、政治論争の中心的場所の一つとして浮上してくるのは、社会規範を具現するパフォーマティヴィティである。この見方は、社会的なものを固定したものと見ているのではなく、空虚な記号を純粋に形式主義的に説明する解釈では、適切に取り組むことができない一連の政治的に重要な分析の場所を、まさに示しているものである。

さらに言えば、ヴィトゲンシュタインによって提示された事柄、つまり「論理」はわたしたちが使っている言語のなかで模倣によって再生産されているのではない――論理によって列挙される世界像が言語の文法に対応しているのではなく、逆に文法が論理を誘発している——ということを斟酌するならば、論理関係を、それを発生させている言語実践へと引き戻していくことが必要になる。したがってたとえラクラウがわたしの位置について、論理矛盾のようなものを立証することができたとしても、彼は論理関係の、いまだ検討されていない領域の内部に踏みとどまっているのであり、論理と言語実践を分けているのであり、そのために、わたしたちの意見の不一致の基盤部分にまで関わっていくことができないのである。

ラクラウがやっていることは、結局のところ、わたしの批判に対する言説的側面からの論争なのだが、言葉尻をとらえての応答が最良のものだとは思えない。彼はわたしの批判を「戦争機械」の一部だと描写しているが、それは、わたしが体現するつもりもない好戦性をわたしが持っているとみなすことであり、その結果、彼が論争によって生みだしているのは、たいてい明晰な議論ではなくて、戦争の戦法であると思われる。たとえばわたしが「否定の肯定化」に価値を置かないと彼が主張しているのは、ナンセンスではないだろうか。語りえないものや表象しえないものを社会的な言説領域の内部に置こうとするわたしの見解は、まさにその彼の主張をくつがえしているものである。また言語が前 - 社会的なものであると、わたしは一度も主張したことはない。わたしが間違いなく同意しているのは、文脈を構成しているものは何なのかを分析することが、重要で必要な課題だということである。文脈が「所与のもの」だと思ってはいないし、ここ十年以上にわたってわたしが自分の著作のなかで反論してきたことは、まさにそのことだ。わたしは哲学的に瑕疵のない批評にではなく、生き生きと豊かな批評に応答しようと試みてきたが、もしもそれがうまくいかなければ、どうか許してほしい。

わたしが望んでいるのは、ヘゲモニーの再分節化のダイナミズムをいかに把捉できるかについて、わたしたちのあいだで重要な論争をおこなおうという一点に尽きる。わたしは「社会的なもの」を軽んじる傾向を率直に憂えており、もしもわたしたちがそれぞれ代表／表象している政治における言語的転回が、形式主義の転回になるようなら、ヴィトゲンシュタインの『哲学探究』以前の過ちを繰り返すことになると思っている。たとえばわたしが同意しているのは、問われるべき重要な問いの一つは、「具体的な社会が、まさにその具体性に内在した運動のただなかから、空虚へと向かうシニフィアンを生み出す方向へと向かうかどうか」（ラクラウ、二五七頁）ということである。しかしラクラウとわたしとでは、その「空虚さ」をいかに考えるのがもっとも適切かということに対しては、意見を異にする。彼にとっては、それは記号論から引き出しうる一般的な「空虚さ」だ。記号が分析の単位であるべきだということについては、わたしはラクラウほど確信をもっておらず、むしろわたしは、記号を言説実践の内部に位置づけなおすべきかどうかを問いかけたい。さらに言えば、わたしは否定的なものを異なる方向から理解しており、ヘーゲルに戻って、否定性を歴史性の問題の一部として考えたい。

本書の第一論文でおこなったわたしの考察は、この種の形式主義を問題化するために、ヘーゲルに依拠したものだった。しかしジジェクは反論して、ヘーゲルが示してみせたのは、理論の次元では完全に把握することができない「何か」によっていかに理論化が促進されるかということだと述べた。彼はさらに続けて、このような誘導をおこなう「X」を指し示すものが《現実界》だと語る。したがって、わたしたちが共有している課題のなかにどのようにヘーゲルを取り込めばよいかが定かでないために、彼の見解はわたしを困惑させるものである。興味深いアイロニーとなっていることは、ジジェクにとってヘーゲルに回帰することは、その範囲において超越論的な再帰性の理論を生みだすことであり、しかもその理論の超越性は、「疎内」という形象をとって、その構造の内部の根源的《ラディカル》なギャップや亀裂を示してすらいるような超越性である。だからジジェクの理論のなかで作動している超越性は、伝統的な意味での超越性でないことを知ることが大切だろう。もしも形式主義が、その構造の内部の根源的なギャップや亀裂によって崩壊していくのであれば、このギャップや亀裂は、その存在が裂け目を生じさせている当のものとなおも関係しているようなギャップや否定ではないだろうか。換言すれば、これはある種の確定的な否定、まさにそれが否定するものによって規定されている否定なのではないだろうか。それともそれは――そうジジェクは主張したいのだろうが――不確定の否定であり、つまり、その領域のなかにある事物すべての条件であり、すべてを構築する「原理」であるような否定の始源的な力なのか。そうなると、この否定を不確定のものと読むことは――《現実界》の教義はそう読むように求めていると思われるが――それを確定的なものと読むこととは、まったくべつものである。後者のような見方によってのみ、わたしたちは、なぜ、そしていかに、ある種の発話不可能性が、その不可能性がおこなう言説を構造づけているのかを検証してみることができる。わたしの対談者たちは、これを「エコノミークラス」の解釈とみなすのではないかと思うが、予め排除された発話不可能なものを、個々の言説作用の非‐体系的な条件として追求することは、重要なことだと思われる。みずからの言説の土台は、形式化しえない実践のなかにあることを認めようとしない形式主義の言説には、とくにこのことが重要なことだと思われる[7]。

しかしおそらくヘゲモニーの政治プロジェクトは、時の推移とともに変化してきた。わたしは、ラクラウが「新しい社会運動」と名づけたもののラディカルな検討を、どうすれば続行できるかがいまだもってわからないが、それが、政治的分節化の先験的な条件（あらゆる時や場所にわたるもの）を超越論的に分析することであるとは考えたくない。社会運動を読み解くことはきわめて困難な作業だと、やはりわたしには思える。とくに、そういった運動が疑問の余地なく新しいわけではないとき、またそういった運動が一つの構造を共有しているのかどうか、そして共通の構造や共通の構築上の条件をいかに知りえるのかについて、疑問が投げかけられているときには、どんな解釈実践が必要になるのだろうか。どんな有利な地点から——そんなことが可能だとして——そのような共通の条件を見渡せるのか。その有利な地点は、目下の解釈の対象を枠づけたり、構築したりするのに、どんな役割を果たしているのか。おそらくこういった問いが重要になるのは、次のようなことを見極めたいと思ったときである。それは、すべての同一化のプロセスの核心にある「欠如」が、すべてのアイデンティティの企てに共通の条件——そのもっとも重要なものは、基盤の喪失——を構築しているのか（そこから暗示されていることは、すべての「新しい」社会運動をアイデンティティ運動として解釈するのが適切なのか）、あるいはまた「欠如」をそういった運動の非‐基盤主義的条件として、そういった運動につきものだとみなす解釈実践そのものが、そのような運動を構築している共通の条件ではないのかということである。この問いそのものが、おそらく避けることが不可能な社会運動の読解という課題に、解釈の次元を提供してくれるものである。欠如を運動特有のものだと考える理論は、そのように考えられた欠如の条件となっていく。したがって、理論のパフォーマティヴな機能に属するものは何なのか、いわば対象そのものに属するものは何なのかということを、裁定することが必要になってくる。

　こうなると理論家は、記述がどこからなされるかということについて、ある種の再帰的な検討をおこなう必要があるようにわたしには思える。なぜなら、もしもあらゆる新しい社会運動は同一化《アイデンティフィケーション》そのものの条件である欠如によってつくられていると主張するのなら、そういった主張をする根拠を言わなければならないからだ。しかしこれは非常にむずかしい。なぜなら、「欠如」は通常の経験的な分析ではどうしても現れることがないものであり、また、現れることができないものがいかに現れの領域を構造化しているかを見極める読解方法を、わたしたちが会得しなければならない事態が発生してくるからだ。さらに言えば、「構造」は見てわかるものではないし、とくに条件を限定したとしても明らかにはならないので、そこでは確信的な位置づけとはちがう何かが起こっているにちがいない。また構造があるという主張は、どのような通常の意味においても、論理的に推論されるもののようには思えない。結局ラクラウとムフが、大きな影響を及ぼした彼らの著書『ヘゲモニーと社会主義の戦略』でおこなったプロセスは、社会運動を、その固有性において分析して、そののちに、そのまえにおこなった経験的研究をもとに社会運動の共通の要素を引き出してくることではなかった。同様に――それよりも強調していうのではないが――ジジェクの手続きも、ある種の現在の政治形成や発話やスローガンや主張が、いかにそういった例証を超える論理の実例となっているかを示すものである。個別的な政治の例は、その政治に先立ち、あるいは――おそらくもっと適切に言えば――その政治領域を超越する条件となっているような構造を反映している。ラクラウとジジェクの両名（および、少なくともシャンタル・ムフの初期の研究）にとっては、理論の機能とは、政治を分節するに当たっての先験的な条件を描いてみせることだと言ってよいだろう。したがってわたしは、こういう目的のために、このようにカントをとくに持ち出すことには疑問を感じているが、だからといって、適切な出発点が後続性《アポステリオリ》にあると主張しているのではない。カント流の二者択一が、ここでの議論の背景になる必要はないと思われる(8)。

わたしが言いたいのは、こういった分析は、経験的なものの所与性から始められるべきだったということではない。なぜなら、どのような経験的な記述も、理論によって枠づけられる領域の内部でなされるものであり、経験的な分析は概して、それ自身の構築性を検討すべき領域とみなして説明的に説明していくことはできないという点については、わたしは彼らと意見を同じくしているからである。この意味でわたしは、まさに検討対象を規定し枠づけるレベルにおいて理論が機能しているということには賛同しており、解釈領域のなかで所与のものとなっていないような対象の所与性——つまり、いわばそれ自身の出現と読解可能性の条件として、理論にとって所与のものとなっていないような対象の所与性——はないと思っている。むしろここでのわたしの課題は、もしもヘゲモニーの分析が経験的な記述からはじまるとか、あるいは超越論的な記述からはじまると結論づけることになれば、この論争の行方は大きく間違った方向へ行くと指摘することである。議論をこの二つの方向のどちらかに持っていくことは、不必要なばかりか、議論を限定的なものにし、そしてもっと重要なことには、二つのオルタナティヴの両方を拒否するような理論の批判的転回を排除する二分法を、ふたたび生産してしまうことになるだろう。むしろわたしたちがしなければならないことは、先験的《アプリオリ》なものをつねに後続的《アポステリオリ》なものと対置するような議論こそ、わたしたちが読み解くべき徴候であるとみなすことであり、概念領域の予めの排除《フォアクロージャー》について何かを示唆しているもの、陳腐な二分法に制限を加えるもの、新しい始まりを用意するものを読み解いていくことである。

　この事柄がふたたび問題になるのは、ジジェクが、《現実界》のカテゴリーに対する拒絶は、当然のことながら経験主義においてもっとも強くなると表明した第二論文においてである。ジジェクによって、そして同じくラクラウによって提唱された事柄——象徴界を非歴史的に説明することと、言説という歴史化された概念を対立させるのは、彼らの位置を正当に扱うものではないということ——はもっともなことだと思うが、この対立を空洞化させる方法が、非歴史的な事柄を歴史的な事柄の内的条件にすることだという彼らの主張には、わたしはじゅうぶんに納得していない。ジジェクが言うには、「《現実界》の非歴史的な切断線と、完全に偶発的な歴史性との対立は、……偽りの対立である。歴史性の空間を支えるのはまさに、象徴化のプロセスの内的な限界としての『非歴史的な』切断線なのだ」（ジジェク、二一七九頁）。おそらく歴史性の「空間」という形象を字義通りに受け取ってはいけないのだろうが、時間性を提示するために選ばれた形象が、時間性を含みつつも、時間性を否定しているということは非常に印象的なことである。さらに言えば、この対立は完全に克服されることがなく、あらゆる種類の歴史化の内なる（不変の）形象として設定されているようだ。したがってこの見解においては、あらゆる歴史性の中心には、その核には、非歴史的なものがあるということになる。

　ジジェクは、わたしがなしたと彼が思っている一連の対立について、あと二つの弁証法的倒置をおこなっている。その二つをここで考えてみることは価値があるだろう。なぜなら、そこでおそらく明らかになるのは、わたしたちの位置のあいだの距離であり、近さであるからだ。最初の例において彼が主張しているのは、普遍という概念は、「アプリオリな理由によって個々の文化がたんに個別であるということはけっしてなく、個別の文化がつねにすでにそれ自身において『それが主張する言語的境界を横断している』からこそ現れるのである」（ジジェク、二八八頁）ということだ。わたしはこの主張に賛同するが、それは次のような意味においてである。どのような個々の文化においても自己同一《セルフ・アイデンティティ》性というのはなく、文化の自律性の名のもとに他の文化とのあいだに垣根をつくっている文化は、たとえそれ以外の場所では起こっていなくても、その境界上では起こっている文化の交錯によって、いくぶん撹乱されているのである。そう、まさにそのとおりで、あらゆる個別的な文化は、境界をこえてべつの文化とつねにすでに交錯しており、この交錯性こそ、個別的な文化という概念には必要不可欠で（またその概念を撹乱するものでも）ある。したがってわたしは、（「あらゆる文化は……」と語って）進んでこの公式を普遍化するが、その普遍性が先験的な理由によって保証されているとは、彼と違って思ってはいない。翻訳とか汚染といった事柄は、文化の自律性というプロジェクトの一部として出現してはいるが、翻訳や汚染はどれも、それらが現実にとっている形態を分析するまえに特定できるものではない。事実わたしが抱いている文化人類学に対する懸念は、もしもそういった主張が先験的なレベルでなされうるなら（しかしいったい誰がそのレベルにアクセスしうるのか、また、そのレベルを記述していると主張する人の権威はどこにあるのか）、その分析は、現在進行中の文化翻訳の実際の読みを、無駄なものにしてしまうだろう。そうなれば、そういった文化翻訳が何なのかを知る必要もなくなってしまう。なぜならわたしたちはすでにそれらを、見せかけのさらに「基盤的レベル」で画定してしまっているからだ。その基盤的レベルを、あらゆる個別的実践の分析をこえて優先させることによって、わたしたちは、あらゆる文化の分析をこえる哲学の（マルクス哲学ではない）優位地点を確立することになる。

わたしが理解するジジェク流の公式化における問題の二点目は、ジジェク流の公式化は、政治課題としての翻訳からその規定力を奪っているということだ。もしも翻訳が、彼の言葉を使えば、「つねにすでに」起こっているなら、翻訳を起こそう――しかも非‐帝国主義的に起こそう――と政治的に促すことは、同語反復になりはしないか。〈つねにすでに〉という領域と、政治の達成領域を対立させるのも、間違っているかもしれず、もしもそれが間違っているなら、この二つの視点をまとめて思考できるということが、さらに必要になってくる。言葉を換えれば、もしも文化の純粋性が、それがどうしても放逐できない汚染によって、あらかじめ損なわれているのなら、この不純性を、文化の不純性という、明確な政治を生みだす政治目的のためにどのように動員できるのか。わたしの考えでは、この論争のなかで形式主義と歴史主義の対立と見えているものは、もしもわたしたちがこういった問いかけを始めれば、もっとよく役だってくれるのではないかということだ。そういった問いかけは、理論の価値を犠牲にすることなく、行動の軌跡をいかに描いていくかという問題に、わたしたちを連れもどしてくれるものである。

またジジェクは、権力の問題に関しても、わたしたち二人は異なっているという。ジジェクの主張では、わたしは、権力によってなされる普遍の公式化は、その条件では表象不可能になっている人々を排除することによって成り立っていると考えているということだ。彼はこの考え方に対抗して、「べつの」普遍は、「普遍そのものを休むことなく基盤づけている動きである」（ジジェク、二八九頁）という考えを持ち出す。その数段落のちに彼は、「権力は、なんらかの権力との距離を通じて、その公的な規範とは衝突する猥褻で否認された規則や実践の上に、自らを再生産するのである」（ジジェク、二九〇頁）とはっきりと述べている。したがってジジェクは、彼が明らかにした弁証法的倒置が、閉ざされた否定的な弁証法となって終わる典型的な例の一つを、ここで示したことになる。猥褻なものに対置されていると思われる権力は、その基盤において、その猥褻さに依存しており、そして結局は、それ自身が猥褻なものとなるのである。彼のこの反論で問題なのは、わたしの理解によれば次のようなことだ。すなわち、彼は表象領域の内部にある表象不可能性の問題には戻らず、したがって彼の応答は、彼自身はこの重要な政治課題にはまったく興味がないという印象を与えていることである。もう一つは、彼が提示する弁証法は、それがどんなに魅力的でも、またおそらくは部分的には真実であろうとも、未来に向かって開かれることのない弁証法を使っているにすぎないということだ。それは、閉じたままの弁証法であって、権力への同一性《アイデンティティ》を拡大させ、その対立物を包含するまでになるが、しかしその同一性を打破して、何か新しいものに変えていくことはない倒置論法である。興味深いことに、彼がのちに、わたしは「〔わたしが〕対抗している権力のゲームに捉えられている」（ジジェク、二九三頁）と主張したとき、そのような権力との共謀性は、わたしにとっては行為性《エイジェンシー》の破壊ではなく、行為性の条件であるとは考えてくれていない。

ジジェクもラクラウも、政治戦略としての再意味づけには限界があると指摘しているが、再意味づけが唯一の政治戦略になりえるわけではないという主張の方が、おそらく正しいのだとわたしは思う。幸運なことにわたしは、これまで再意味づけの唯一性などという主張をしてこなかったはずなのだが（！）、ジジェクはラクラウとわたしの両方を非難して、「再意味づけに限界を設ける現代の《現実界》は《資本》である」（ジジェク、二九七頁）と言う。もちろん彼が、「《資本》」はラクラウやわたしが使っている言説の内部では語りえないものとなっているなどと言わなければ、これは、《現実界》の概念の一種独特な使い方だとは思う。だが彼が、「《資本》」はわたしたち二人の言説の限界を表していると言うのなら、彼は、（「論理的」にだけ言えば）言説を構造化している不在についての、まさにわたしの理論を追認しており、そういった不在は言説との関係において規定されるものであり、わたしたちにあらゆる歴史的な場を与えている非歴史的な「切断線」には、どのような場合においても由来するものではないと述べていることになる。しかし《現実界》を彼がバトラー流に使っていることはさておくとしても、ジジェクは良いところを突いている。それは、市場経済に対する批判は本書には見られないということだ。だがそんなことを言えば、彼自身も、市場経済の批判などしていないのではないか。それは、なぜなのか。

　わたしの考えでは、わたしたち三人の仕事は共通して、もっとラディカルに世界を再構築したいという欲望によって動機づけられており、経済上の平等とか政治的な公民権賦与を、現在よりもはるかにラディカルなかたちで想像してみたいと思っているのである。だが依然としてわたしたちに提起されている問いは、政治領域に関する哲学的論評と、政治的生の新たな想像とのあいだに、いかに翻訳を試みるかということだと思う。このことは、形式主義と歴史主義のあいだ、見せかけの先験性《アプリオリ》と、後続性《アポステリオリ》のあいだの対立を、生産的に動的なものにしていく問いかけであることは確かだ。経済的平等の概念は、それよりももっと一般的な平等思考に基づいたものであり、前者は後者が問題にすることの一部であると答える人もいるだろう。あるいはラディカルに変容する経済関係の未来の概念は、未来性の概念に基づいたものであり、未来性こそ、ここで留意しなければならない事柄の一つであると答える人もいるかもしれない。だがこれらの答えは、提起されている問いに、ほんの一部で答えようとしただけである。なぜなら、平等概念が経済的平等となるときに、平等概念に何が起こるのだろうか。また未来概念が経済的未来となるとき、未来概念に何が起こるのだろうか。わたしたちは経済的なものを、その可能性の条件を先験的レベルで思考しうる一つの個別領域とみなして、その経済的なものに単に「接続して《プラグ・イン》」いけばよいということではない。また経済的なものの領域それ自身も、系譜的に再考される必要があるだろう。経済的なものを、たとえば文化人類学のなかに残っている構造主義の遺産によって文化的なものと分離することは、その両者の領域の分離こそまさに資本の結果なのだと主張する人々に反論するかたちで、再考されなければいけなくなるだろう。

歴史主義に敵対するジジェクの立場についていくのは、わたしにはかならずしも容易ではない。おそらくその理由は、この用語が、わたしの研究分野では特殊な意味をもっていて、彼の立場に関係する意味とは、おそらく同じものではないからだろう。彼は脱構築や歴史主義やカルチュラル・スタディーズを一緒くたにして（リン・チェイニィやロジャー・キンブルといった合衆国の保守的知識人がよくやる手）、それよりも上位に、それらに敵対するかたちで、哲学を価値づけようとふたたび主張する。なぜなら脱構築などの実践は、さまざまな文化形式が作られるときの偶発的な生産条件を明るみにだすプロジェクトに寄与するもので、生産の系譜を探るこの種の探求は、形式それ自体の存在や真理値に関するもっと基盤的な探求の代用でしかなく、むしろそれを消し去るものだと理解しているからだ。わたしはこういった探求のあいだの区別を受け入れてはいないし、この区別がジジェクが記述しようとしている学問の諸潮流にうまく当てはまるとも思っていない。ジジェクは、「超‐自己言及的方法」は「『ものごとは実際いかにしてあるか』という問いを前もって否定する」（ジジェク、三〇八頁）ものであると述べ、この喪失を嘆きつつ、彼自身は、普遍的なものの構造について引き続いて理解することにコミットすると宣言している。

もしものごとはいかにしてあるかの「真実」が何らかのかたちで提示されなければならないのなら――もしも真実がその提示の外側にはけっして出現しないならば――真実を、それを可能にさせる修辞から分離する方法はないと思われる。事実このことは、他の人よりましてジジェク自身の著作のなかで、もっとも際立って表されている。断言とか、慣用表現とか、逸話とか、弁証法的論証の利用を考えてみればよい。こういったものは、その真実値とそれを表現する修辞を分離できるような真実を単に伝えているだけの、装飾的な「おまけ《エクストラ》」などではない。修辞的なものは、それが明らかにしようとする真実を作り出してもおり、ジジェクの言説の換喩的な機能は、それが明らかにされないでいるとき――表象の「透明性」がもっとも劇的に生産されるとき――に、もっとも効果的にはたらいているのである。こう主張するからといって、真実はないとか、真実は修辞的策略のトリックであり、効果であると言っているのではない。むしろ言いたいことは、わたしたちは、真実は何かを言ったり理解したりするとき、根本的に言語に依存しているということであり、語られるもの（無数の方法で表象されるもの）の真実は、その語りから分離することはできないということである。ジジェクは脱構築を、それが表面的には禁止しているように見えているものの次元で定義して、あたかも脱構築が問題化している概念は、その概念の脱構築によって語りえなくなるかのように述べた。ここで彼が見落としているのは、デリダやスピヴァックやアガンベンによってそれぞれ別様に練り上げられた「肯定的脱構築」が、現在流通していることである。ある種の概念が登場するための言説条件というものがあるが、それらが文脈を横断して反復されうることこそ、その肯定的な書き換えができるための条件をなしているものである。したがってこう問いかけることができるだろう。表面的には反 - 人間主義的な理論のなかで、「人間的なもの」はどういう意味をもちえるのか。事実、問いかけることができること――問いかけなければならないこと――は、ポスト - 人間主義のなかで「人間的なもの」はどういう意味をもちえるのかということである。そしてどのような「真実」もそれを出現させる「問いかけ」と分離することができないにもかかわらず、デリダはかならず、真実への問いかけを休みなくつづけていくだろう。このことは、真実がないと言っていることではない。真実がどんなものであれ、それはおそらく削除や沈黙をつうじて――しかしそこに、まさに読まれなければならないものとして――なんらかのかたちで提示されるということである。

同様に、政治化の先験的な条件を説得力のあるものとして提示しようとする試みは、それが果たすはずの役割とはべつの主張をつねにおこなう説得形態に、依存したものとなる。構造は真実として記述され、公にされ、ものごとの実際の姿として発表され、そのはたらきが解説され、映画やジョークや歴史的逸話の読みのなかで展開される。そのような修辞的手段をつかって語られる真実は、その手段そのものによって汚染されることになり、その結果、真実は透明な現実として実際に出現することはなく、言語は、それを運ぶ空の容器ではなくなる。言語はそれが運ぶ真実を作りだすだけではなく、それが運んでいるはずの真実とは違う真実を運んでくるのである。これこそ、言語に関する一つの真実であり、政治において言語が至高のものになれない点である。

註

（1） Aristotle, *Nicomachean Ethics*, trans. Martin Ostwald, Indianapolis, IN : Babbs-Merrill 1962, p.162.

(2) *The Marx-Engels Reader*, ed. Robert Tucker, New York: Norton 1978, pp.9-11.

(3) Judith Butler, "Poststructuralism and Postmarxism," *Diacritics* 23:4 (Winter 1993): 3-11参照。

(4) 以下を参照。Mary Poovey, *A History of the Modern Fact: Problems of Knowledge in the Sciences of Wealth and Society*, Chicago: University of Chicago Press, 1988 ; Sylvia Junko Yanagisako, *Transforming the Past: Tradition and Kinship Among Japanese Americans*, Stanford, CA: Stanford University Press, 1985, pp. 1-26 ; Pierre Clastres, *Society Against the State*, trans. Robert Hurley, New York: Zone Books, 1987.

(5) この問題の端緒を、近親姦タブーについてのレヴィ＝ストロースの議論のなかに見いだせる。それについては、デリダが、*Writing and Difference* (trans. Alan Bass, Chicago : University of Chicago Press, 1978, pp.278-94) の"Structure, Sign, and Play in the Discourse of the Human Sciences"の章（とくにpp.282-84）で取り上げた。レヴィ＝ストロースは近親姦タブーを前‐文化的なものでも、文化的なものでもなく、それは前‐文化的なものを文化的なものに規則的に変形する機制を示すものだと述べた。近親姦タブーが「構造的」なものであるかぎり、それは、たとえ前‐文化的な場所や時にたやすく位置づけられることがなくても、その特質をもつ偶発的な文化機構や社会機構の一部ではなくなる。

(6) Pierre Bourdieu, *The Logic of Practice*, trans. Richard Nice, Stanford, CA: Stanford University Press, 1990.

(7) Charles Taylor, "To Follow a Rule...," in *Bourdieu: A Critical Reader*, ed. Richard Shusterman, London: Basil Blackwell, 1999, pp.29-44参照。

(8) 自由をめぐる批判的検討において、たしかにカント的な分析が重要だとは思うし、それがあからさまに倫理的な論文よりも、カントの『判断力批判』のなかに、有効に明確化されていると思う。このようにカントの自由論について肯定的に見る見方を示してくれたことについて、ドゥルシア・コーネルに感謝する。Drucilla Cornell, "Response to Brenkman," *Critical Inquiry* 25 : 1 (Fall 1999) 参照。

普遍性の構築

エルネスト・ラクラウ3

この対話の驚くべき特徴のひとつは、深刻な意見の不一致がいくつもあったのに――とはいえ、重要な偶然の一致もたくさんみつかった――われわれの立場全体をすっきり分かつ境界線は、結局現れなかったことだ。意見の一致にも不一致にも、一貫した傾向はなく、お互いの同盟関係がなにかしら長持ちすることもなかった。わたしはジジェクと組んでバトラーに対してラカン理論を擁護し、バトラーと組んでジジェクに対して脱構築を擁護し、バトラーとジジェクは互いに組んで私に対してヘーゲルを擁護している。逆説的にも、この同盟関係の行き詰まりこそ、わたしたちの対話のいちばんの成果であると言いたい――考えの違う者どうしが互いに敬意を払って意見を交わすという行為が、現代の知的環境では控えめに言っても絶滅しかかっているからというだけでなく、個々の意見の不一致にもかかわらずある共通した地平や問題系を築くことこそ、統一された「権威ある」教義の言説を打ち建てることよりも、つねに大きな知的達成だからだ。

この第三の、最後の文章は、すでに前の二つの論文で触れた理論的カテゴリーのいくつかを拡大し、その内的次元をもっと理論的に探索することにあてたいと思う。こうしてわたしと他の二人との違いをさらに厳密なものにして、場合によっては彼らの分析をわたしの理論的枠組みに部分的に取りこめるだろう。しかしその前に、第二部で彼らがわたしに向けた新しい批判に、若干答えておきたい。

差異を述べること

ラカンにおける《現実界》の問題については、すでに前の二つの文でわたしの立場ははっきりさせたし、付け加えることはほとんどない。わたしの最初の論文での反論に対して、バトラーは実際には答えずにただ自説を繰り返しているだけなので、議論をこれ以上続ける根拠もないだろう。わたしたちはただ、お互い同意していないということで同意しよう。しかし彼女の第二論文には、もう少し追及したい面が他にある。

1　論理、文法、言説と象徴界

わたしは第二論文で、バトラーが新しく提起した問題のいくつかにすでに答えているが、彼女が自分の章を書いたのはそれを読む前だったことは認めざるをえない。ともかく、バトラーの議論のいくつかの段階に一つ一つ答えてみよう。

［a　論理学］

バトラーはこう書いている。

この点に関するわたしとラクラウの相違点は、社会関係に対する彼の分析のなかの「論理」の位置を、彼がどう規定しているかをみれば明らかだろう。彼は次のように言う。「もちろんここで言っているのは、形式論理学でも一般的な弁証法の論理でもなく、『親族関係の論理』『市場の論理』といった表現が暗に含んでいる考えかたである」（ラクラウ、一〇六頁）。……しかしわたしの印象では、このように論理と文法と言説と象徴界を一緒くたにしてしまうことは、そういったものを土台になされてきた議論と重要な関係をもつ言語哲学の問題のいくつかを無視してしまうことになるのではないかと思う。たとえば、社会実践の論理とその文法を同一視してしまうことは、文法が、ヴィトゲンシュタインが述べているように、純粋な論理分析では明らかにしえない語用的意味を生みだすためにはたらくという理由によってだけでも、問題をはらむものになると思われる。事実、初期ヴィトゲンシュタインから後期ヴィトゲンシュタインへの移行は、言語の論理分析から語用文法の分析に変換したものと一般に理解されている。（バトラー、二二九頁）

ここでのヴィトゲンシュタインへの言及は見当外れだろう。しかもバトラーが引用しているわたしの文を注意深く読みさえすれば、論駁することは難しくない。初期ヴィトゲンシュタインが「論理学」について語ったとき、彼の頭にあったのは、フレーゲやラッセルがおこなったような命題の論理的分析だった——つまり彼の関心は、あらゆる可能な言語の論理的基盤を打ち立てるという、彼自身が後に拒否することになる企てだった。そしてわたしのテクストが作り出そうとしているのは、まさに両者の区別だ。わたしは、一般論理があらゆる可能な言語の基盤を打ち立てるという考えを退け、まったく反対に、論理は文脈に依存する——市場や近親関係その他、そのとき参加している言語ゲームに左右される、と主張している。ヴィトゲンシュタインが『哲学的探求』で主張するように、

われわれは言語の時間‐空間的現象について語るのであり、非時間的‐非空間的な怪しげなものにつ

いて語るのではない。……しかしわれわれが言語の物理的特性を記述するのではなく、ゲームの規則を述べるときには、チェスの駒についてのように語る。(1)

そう、わたしがチェスのプレーの論理というのは、チェスのルールのことである。それは完全にある個別の言語ゲームに内在しており、どんなアプリオリな基盤ももたない。政治学でいえば、あらゆるヘゲモニー編成にはそれ自身の内的な論理があり、それはそのなかでプレーすることを可能にする言語ゲームのまとまり以外のなにものでもない。

［b　文法、論理、言説］

しかし、バトラーが誤読してくれたおかげで、わたしが区別せずに使っているらしい四つのことば（論理、文法、言説、象徴界）を、もっと厳密に区別するきっかけができた。まず「象徴界」は取り除こう。これはわたしではなくラカンの用語であり、わたしが使うときには「文化翻訳」という以上の意味ではない。わたしの理解では、「文法」はある個別の「言語ゲーム」を支配する一連の規則のことである（ヴィトゲンシュタインの例では、チェスのプレーを規定するルール）。逆に「論理」は、この規則のシステムが現実に作用することを可能にするような、存在間の関係のことだと思っている。文法はたんに、ある個別の言語ゲームの規則がどのようなものか述べるだけだが、論理は異なる種類の問題、つまり、それらの規則が可能になるためには存在はどのようでなければならないか、という問いに答える。たとえば「投影」「採り入れ」といった精神分析のカテゴリーが前提としているのは、肉体的生物学的世界のものとは異なる論理による働きである。フランソワ・ジャコブは、理論生物学を論じた本で「生けるものの論理」について語っているが、ここでの「論理」の使いかたが、わたしが言っているのとまったく同じ意味になる。いいかえれば、「文法」はつねに実体的だが、「論理」は存在論的なのだ。では「言説」はどうか。バトラーがよく知っているように——これはまさに彼女が主張してきた点だし、わたしは彼女の主張に全面的に同意する——個別の言語ゲームを統御する規則は、それが実行されていくときに作用する社会行動の、すべてを汲み尽くすわけではない。実行されるとき、規則は曲げられ、変容する。デリダの「反復」、ヴィトゲンシュタインの「規則の適用」といった考え——さらにバトラーの「パロディ的パフォーマンス」も——こうして曲がったり変容したりがあることを前提としている。この可能性がなければ、ヘゲモニー的ずらしは不可能だろう。規則の集合プラスそれを実行し／歪曲し／転覆する行動こそ、われわれのいうところの「言説」であり、また個別の言語ゲームではなくその複数性のあいだの相互作用／分節化——ヴィトゲンシュタインのいう「生の形式」——について言うなら、「言説編成」を語ることになる。当然、文法が要求する種類の内的一貫性と、言説編成の要求するそれとは異なる。規則の体系は、体系的になることを理想としている。この理想の体系はけっして達成されない——ラカンのいう「象徴秩序のなかのよじれ」がつねにある——ことは事実だが、だからといって、体系性という理想が文法において、統制理念として完璧に作用するという事実は変わらない。言説編成においては、この体系性が統制理念としてすら存在しない。言説編成はそのなかに、さまざまの矛盾する方向で規則を転覆しねじ曲げる敵対性と、ヘゲモニー的な再分節化を含まざるをえないからだ。言説編成がもちうる一貫性は、ヘゲモニーの一貫性でしかありえないし、実際ヘゲモニーの論理が完璧に作用するのは、言説編成のレベルにおいてなのである。

［c　フーコー］

バトラーはこう書いている。「文法の概念も、フーコーが展開し、ラクラウとムフが『ヘゲモニーと社会主義の戦略』で練り上げた言説概念と、まったく同じものではない」（バトラー、一三〇頁）。これは事実と違う。ムフとわたしがあの本で展開した「言説」の考えは、フーコーのものとはまったく異なっている。フーコーの基盤には、われわれが否定している言説的なものと非言説的なものとの区別があり、われわれはフーコーのこの点をはっきり批判してきた。しかもわたしはフーコーから狭い範囲の影響しか受けていないし、感じている共感もごく限られたものだ。「『言説』が、論理や文法と同様に、静態的な統一性をもつものと言えるかどうかは定かではない」（バトラー、一三〇頁）というバトラーの意見には、完全に賛成だ——わたしが右の段落でしめした区別から、この件についてのわたしの立場は十分に明瞭であると思う。最後にバトラーは、フーコーは「あらゆる言説形成の背景をなす単一の構造や単一の欠如に頼むこともできない。この意味で、わたしたちが異種混淆性のなかへ追放されたことは、もう取り戻しようもない」（バトラー、一三一頁）と主張している。

これがフーコーの立場を正確に述べているかどうかはさておき、わたしはこの発言は少し修正しない限り認められない。バトラーのラカン解釈については後でまた戻るので、ここでは触れないことにしよう。問題の全ては、この「異種混淆性のなかへの追放」をどのように捉えるかにかかっている。これが、われわれの視点は「超堅固な超越性」をもたず、「永遠の相の下に」法を定めることはないという意味なら、なんの異議もない。しかしバトラーは、違った意味で言っているような気がする。つまり彼女は、ある文化的文脈を越えてとりあえずの妥当性をもつような原理や規則を述べることは不可能であると言っているのではないか。もしそうした意味なら、「追放」云々の発言は誤りだと思う。まず第一に、フーコーもバトラーも——実際のところ、理論家といえる者なら誰でも——個別の文脈にしか適用できないのではない、もっと幅の広いカテゴリーを使わなければ作業できない。『知の考古学』のフーコーが、客体、言表様式、概念、戦略などについて語るとき、彼は明らかに、これらのカテゴリーを用いうる範囲を、ある個別の文化的文脈には限定していない。ここではどうも、話者の発話の場の偶発性および文脈依存性と、その話者が考える自分のカテゴリーの適用範囲（完全に「普遍的」であるといえる範囲）が混同されていると思う。しかし第二に、すでに書いた理由から、発話の妥当性の範囲をきっぱりと文脈化するなどバトラーには自殺行為だろう。その場合、彼女は文脈を特定しなければならないが、そのためには、アプリオリな超越論的妥当性をもつはずのメタ文脈的言説に頼らざるをえないからだ。歴史主義の代案はどのようなものになるのか明らかだろう。発話の場を歴史化する——命題が帰する「普遍性」がどの程度のものかについては口をつぐむ——か、その「普遍性」の程度を定める——これは発話の場を超越しない限りできない——か、どちらかなのだ。わたしの歴史主義は、バトラーの歴史主義より論理的な必然性があると思う。

2 知識人

バトラーはわたしを引用して、偶発的普遍は政治的媒介と表象関係を構造的に必要としていると認めた後で、（ラクラウにおいては）「この最後の事柄は、知識人を媒介の連結子として必要としているだけでなく、知識人の役割を論理的分析に特定化するものである」と付け加えている。さらに、

わたしはこういった運動に対して、知識人がラディカルな距離を取れると思っていない。しかしグラムシのモデルがアンジェラ・デイヴィス自身やその著作に体現され、現在流通していることに敬意を

払ってはいるが、彼の「有機的」知識人の概念に戻れるとも考えていない。とはいえ、この敬意があるからこそ、わたしはそれに味方してはいる。つまりわたしは、知識人の役割は新しい社会運動を知的探求の対象にすることではなく、また、目下問題となっている論理が現実の現象に適合するかどうかを見るために主張それ自体を実際に検証していくことをしないまま、主張するという作業の論理的特徴を新しい社会運動から引きだしてくることでもないと思っている。（バトラー、二二八頁）

この文は、わたしの立場をびっくりするほど誤解しているし、グラムシの「有機的知識人」ということばの意味を、バトラーがじつはわかっていないこともこれでわかる。

グラムシから始めよう。彼にとって「有機的知識人」は、たんなる論理上の概念装置ではなかった。これは、ある集団のヘゲモニーを築き上げるにあたって決定的な要素である表現＝分節化の行為に携わる人のことである――組合指導者、さまざまな種類の技術者、ジャーナリストその他が、グラムシのいう有機的知識人であり、彼は伝統的な「偉大な」知識人と彼らを対置させた。知識人の地位という問題は、第二インターナショナルでさんざん議論されており、とくにオーストリア・マルクス主義では、アドラーが『社会主義と知識人』を著して、カウツキーの群集論と縁を切り、ある程度までグラムシを予見する立場を進めていた。彼らが提出した問題とは、大きくいって次のようなものだ。社会主義は労働者階級から自発的に生じるわけではなく、社会主義知識人の手で彼らに紹介される（マルクスを思い出そう。哲学はプロレタリアートにその物質的武器を見いだし、プロレタリアートは哲学にその精神的武器を見いだす）。最大の理論的な困難は、ほとんどの社会主義知識人がプチブルジョワジー出身であるとき、（労働者）階級の視点をどのように保つか、だった。知識人の問題は実際――ナショナリズムとともに――マルクス主義理論のなかで、階級還元主義が限界に突き当たった最初の例だった。しかしこの状況は、最高にドラマティックだったとはいえない。多くのマルクス主義者は、革命主体の形成は資本主義発展の冷徹な法則の結果であり、したがって知的／イデオロギー的媒介は、無視できないのはたしかだが、どちらかといえば及ぼす効果が限られていると予想したからだ。しかしグラムシにとっては、状況はまったく違っていた。彼にとって、ヘゲモニーに向かう集団意思は政治主導で作り上げられるが、政治の主導権は下部構造の運動法則から必然的に生まれるものではないからである。この意味で、偶発的な政治構築の射程は大きく広げられた。この結果、いっぽうで、ヘゲモニー構築における知的なものの機能は役割を増した。そのいっぽう、この機能を、伝統的に知識人が同一化していた集団や階層に限ることはできなくなった。このように広がった知識人の概念——すでに述べたように、組合指導者、技術者、ジャーナリストなどに加えて、現在ではソーシャル・ワーカー、映像作家、意識向上グループなどが含まれる——をグラムシは「有機的知識人」と呼んだ。

わたしが政治的媒介と表象関係を必要とする偶発的な普遍性について書いたとき、頭にあったのは、こうしてヘゲモニー構築における知識人の役割が広がったという考えだった。もちろん、この知的媒介の役割は論理的分析のことであるといった、ばかげたことは書いていない。そんなナンセンスに少しでも近づいた文が、わたしの著作に一つでもあるかどうか、ジュディスには探してもらいたいものだ。わたしが自分の哲学者としての政治的役割をどのように捉えているかは、またべつの話である。この領域におけるわたしの方法を「概念の論理的分析」と呼ぶ——とすると、わたしはある種の論理実証主義者に変身するわけだ——のもまた間違った表現だろうが、わたしの著作が、偶発的に表現された社会関係が権力関係を正当化しようとして「自然化される」際の、広い意味でのレトリックと言説の装置を扱ってきたことはたしかである。いうまでもなくこの作業は、分析哲学の伝統における概念の単なる論理的分析とはかけ離れているし、その知的かつ政治的な意味はいつでも擁護するつもりでいる。いや、あえてこう訊ねよう。これはまさに、ジュディス・バトラーの知的作業の核となる要素ではないのか。

わたしの方法をめぐってバトラーが提起した問題のうち、触れたいものはまだいくつかあるが、それらについては彼女に誤解があるわけでもないし、きわめて興味深く重要でもあると思う——そして普遍性と個別性の関係に関するわたしのモデルに容易に組みこむことができる——ので、そのモデルを論じるときにあらためてとりあげよう。

続いてジジェクの批判の若干に向かいたい。

1　地平について

ジジェクは次の「事実」に読者の注意を引いている。

> バトラーとラクラウ両方が、古典的「本質主義的」マルクス主義を批判しながら、暗黙のうちにいくつかの前提を受け入れている……。彼らは、資本主義市場経済とリベラル民主主義政体の原理をけっして問い質そうとしない。まったく違った経済‐政治体の可能性をけっして思い描かない。「ポストモダン左翼」はこうした問題を放棄しており、こうして二人もその列に加わる。彼らが提言する変化はすべて、いまここにある経済‐政治体のなかでの変化にすぎないのだ。（ジジェク、二九七頁）

このか、か……革命的な文章に映っている素朴な自己満足に微笑ませてもらっても、許していただけるだろう。バトラーとわたしは「まったく違った経済‐政治体の可能性」を思い描いていないかもしれないが、それを言えばジジェクも同じだ。ジジェクは前の章ですでに、資本主義を転覆したいと言っていた。今度はリベラル民主主義政体とも縁を切りたいそうで、これに代わるのはたしかにまったく違った政体だろうが、ジジェクはそれがどんなものかわざわざ教えてくれたりはしない。こちらは推測するだけだ。資本主義社会とオーウェン氏の平行四辺形以外に、ジジェクは第三の社会経済体制を実際に知っている。彼がかつて暮していた、東欧共産主義官僚制である。彼の頭にあるのはそれなのか？　彼はリベラル民主主義の代わりに一党支配システムを選んで、権力の分立を覆し、出版には検閲を課したいのか？　ジジェクはスロヴェニア自由党の党員で、共産党支配後の最初の選挙では、自由党の大統領候補だった。彼はスロヴェニアの有権者に、彼の狙いは自由民主主義――ジジェク自身が熱心に活動に加わっていた、一九八〇年代の長く辛い自由化運動を経て、苦心の末に築かれた政体――を廃止することだ、と言ったのだろうか。そしてもし彼が考えているのがまったく違ったものなら、それがどんなものか伝える基本的な義務が、知的にも政治的にもあるだろう。ヒトラーとムッソリーニも、自由民主主義政体を廃止し、代わりに「まったく違った」ものを置いた。ジジェクがなにを考えているか説明されて初めて、理論の領域を離れて政治の話を始めることができるというものだ。それまでは、ジジェクがなんの話をしているかさえわからない――そして話が進むにつれ、ジジェク自身もわかっていないのではないかという思いが、ますます強くなってくる。

こうして結論が出つつあるが――この対話を始めたときには、はっきりしていなかったことだが――ジジェクの思考を組織しているのはほんとうの意味での政治的な考察ではなく、政治的‐イデオロギー的領域から具体例を引いた精神分析の言説である。この意味で、ジジェクの言説では「例は一種のアレゴリーとして機能しており、例とそれが例証しようとしている内容はべつのものという前提が、そこにはある」（バトラー、二一二頁）というバトラーのことばに賛成する。このやりかたでジジェクが、政治的‐イデオロギー的領域の構造作用を照らし出す洞察を山のように生み出している――そして精神分析が政治思想に豊かな実りをもたらすことを強力に証明している――ことは間違いないが、これは本来戦略的考察の中心になるはずの政治的視点とはかけ離れている。バトラーは現実の世界について、現実の闘争でぶつかる戦略上の問題について語っているから、彼女とは政治を議論できるが、ジジェクとは同じスタート台に立つことすらできない。彼から得られるものといったら、資本主義を転覆しろとか自由民主主義を捨てろといったなんの意味もない命令である。しかも彼がマルクス主義のカテゴリーを扱うやりかたときたら、それらを半ば形而上学の地平に書きこむというもので、もしそうなったとしたら――ありそうにない話ではあるが――左翼の指針は五十年後戻りしてしまうはずだ。いくつか例をあげよう。

（a）ジジェクはこう書いている。

ラクラウは、資本主義は偶発的な歴史布置の結果として組み合わされた雑多な特質の寄せ集めにすぎず、一貫して底を流れる唯一の《論理》にしたがう均質な《全体性》ではないと論じている。これに答えるために、偶発性を引っくり返して遡及的に必然性へと変えるヘーゲルの論理に訴えてみよう。……資本主義は遡及的に「それ自身の前提を措定し」、その偶発的／外在的な状況を、基本的な概念基質から発生しあらゆるものを包みこむ論理へと書きこみ直す（商品交換行為にともなう「矛盾」等々）。真の弁証法的分析においては、ある全体性が「必然的」であっても、その起源が偶発的であり、またその構成要素が雑種的であることが否定されるわけではない――それらはまさに、弁証法的全体性の出現によって措定され、遡及的に全体化される前提なのである。（ジジェク、二九九頁）

ヘーゲルいわく……。ふむ、裁判で被告が罪を認めていれば、検察は罪を証明しなくてもよい。ジジェクはこう言っている。（i）資本主義経済の全体化がどこまで進むかは、政治、経済、イデオロギーといったさまざまな次元を分節化するヘゲモニー構築によって決まるのではなく、ただ「基本的な概念基質」から導かれる論理的結果がしだいに現れてくる、自己発生的な経済の動きである。（ii）結果として、ヘゲモニーの論理は社会的なものの本質を構成するわけではなく、それ自身に基盤を――遡及的にではあるが――持つ資本主義の枠組のなかで起こる、二次的な動きにすぎない。こうしてマルクス主義と社会主義経済学が過去五、六十年間やろうとしてきたこと――スラッファの労働価値論批判、資本蓄積における労働過程の分析、蓄積における国家の役割の研究、レギュラシオン派など――は、一瞬にして消し去られ――あるいは完全に無視されて――自足した経済空間という一九世紀の神話が回帰してくる。しかもこの唯一の拠り所は、宇宙のすべてに当てはまるはずのヘーゲルのアプリオリな原理なのだ。

（b）ジジェクによれば、資本主義はつねに回帰してくるという意味で、現代社会の《現実界》である。そう、ラカンの《現実界》がどのようなものかは、彼もわたし同様よく知っている。ラカンの《現実界》は、象徴化に抗い、破壊的効果を通じてでなければ姿を見せないものである。しかし制度や実践その他のまとまりとしての資本主義は、それが象徴秩序の一部である限りでしか機能しない。そしてここからジジェクのように、資本主義は、基本的概念基質から流れ出す自己発生的枠組みであると考えるなら、それは概念としては完全に把握できる、穴のない象徴的全体性でなければならない（他の象徴的な領域と同じように、資本主義が歪んだ――とても《現実》的な――効果を他の領域にもたらしうるのは事実だが、だからといってそれが《現実界》それ自体であることにはならない）。しかしジジェクもわかっているように、穴のない象徴的全体性はありえない。この場合、資本主義そのものが《現実界》によって脱臼させられ、偶発的なヘゲモニーの再全体化にさらされる。ゆえに資本主義は、最終決定審級、そのなかでヘゲモニー闘争が起こる枠組みではない。それは――一つの全体性として――それ自身が部分的にヘゲモニーによる安定作用の結果にすぎないからだ。全体性はけっして内部からは発生せず、内部性は本質的に、根絶しえない外部性によって侵食され続けるだろう。つまり偶発性から必然性へというヘーゲルの遡及的逆転は、ヘゲモニーの再全体化の論理を考えるにはまったく不適切な概念装置である（これは、ジジェクが彼のラカン主義とヘーゲル主義を結びつけようとするといつも起こる短絡のいい例だろう）。

ここまでの議論をまとめてみよう。最初わたしは、よりグローバルな左翼の視座が必要であるというジジェクのこだわりに、共感を抱いていた。わたしも彼と同様に、左翼の振り子は、個別問題対応型の政治と完全に防衛的な闘争の方向にあまりにも振れており、よりグローバルな変化の見通しを戦略的に考えることが放棄されていると思っている。しかし議論が進むにつれ、ジジェクの政治性に対するわたしの共感は、大部分蜃気楼の産物であることがわかってきた。おもな亀裂は以下のとおり。

（i）ジジェクは、闘争がどの程度普遍的あるいは全世界的であるかは、その社会構造における位置で決まると考えている。「階級闘争」と考えられる闘争――とくに労働者の闘争――は、資本主義システムの「根本」で起こるがゆえに、自然に「普遍的」な効果を上げる方向に向かう。いっぽうより「文化的」な狙いの闘争——たとえば多文化主義——は、個別主義に陥りやすく、その結果現在の支配システムにあっさりと取りこまれてしまう。わたしの考えでは、この区別はまやかしである。自分こそが普遍主義的な政治効果の場であるという特権保証を自分で振りかざしてきた闘争などない。労働者の要求——賃上げ、労働時間の短縮、職場環境の改善——は、状況が許せば、どんな他の集団の要求もそうだが、簡単にシステムに取りこまれる。その逆に、資本主義がグローバル化した状態では、システムの転位は、直接には資本主義的生産関係に属していない集団の、反システムの運動を基礎として起こる。ジジェクにとっては「階級闘争」と彼のいう「ポストモダニズム」の区別は根源的だが、わたしはこれを崩したいのだ。

(ii) ジジェクは、新型の下部／上部構造モデルのなかで動いている。外部の影響にじゃまされずに、資本主義がそれ自身の論理で進む根源的レベルと、ヘゲモニー分節化が起こる表面的なレベルがあるというのだから。「下部」は枠組みとして機能し、大衆行動によって歴史的に達成できるものに、なんらかのアプリオリな限界を設けている。わたしの考えでは、この枠組み自体が偶発的なヘゲモニー分節化の結果である。ということは、その構成要素は本質的に不安定で、たえず歴史上の偶発的な介入によってずらされているのだ。

(iii) この下部／上部構造のメタファーからくるイメージこそが、ジジェクの考える新たな政治的選択肢の見通しを形作っている。こうして彼はシステムを変革する闘争と、システムのなかの闘争とを区別する。この言いかたで区別を設定しても、とうてい妥当なものとは思えない。根本的な問題はこうだ。システムはどの程度システム的なのか？　このシステム性は——偶発性が必然性へと変化する遡及的逆転におけるように——内発的な発展法則の結果であると考えるなら、選択肢は、そうした法則がその作用を通じてシステムの自己破壊を導く（システムは自動的に崩壊するかどうかという、第二インターナショナルにおける論争を思い出そう）か、それともその法則が外部からシステムを破壊するのか、しかない。もし逆に、システム性がヘゲモニーによって作られるものだとみれば、歴史的変化は個々の要素――それまでのシステムにとって、内的なものもあれば外的なものもあるだろう――間の関係のずらしとして考えることができる。次のような問いはどうだろう。生産過程の高度な社会的統制と両立するような市場経済は、はたして維持できるだろうか。民主的統制がうまくいき、しかし圧倒的な官僚制の規制に堕しないためには、自由民主主義制度の構造をどのように変えていかねばならないのだろうか。グローバルな政治効果を可能にしながら、それをいま社会に存在する文化的社会的多元主義と両立させるには、どのように民主化を捉えればよいのか。これらの問いは、陣地線というグラムシの戦略のなかで考えることができるが、資本主義を転覆し自由民主主義を破壊するというジジェクの直接闘争案には、政治的静観主義と不毛という処方箋しかないように見える。

2 記述／規範の対立

これについてはかなりのところ、わたしはジジェクと同意見だと思う。彼の「究極的で『客観的な』基盤は決断にはない。そのような基盤は、決断の地平からつねにすでに遡及的に作られているからである」（ジジェク、三〇四頁）という主張に一票投ずるだけだ。そして第二論文の最後、みごとな議論でジジェクは「ラカンの《現実界》、それが表す不可能性の切断線は、まず主体を切断するのではなく、《大他者》自体、主体に向かい合いそこに主体が埋めこまれている社会的－象徴的『本質』を切断している」（ジジェク、三三八頁）ことを示して、「究極の保証となってくれる《大他者》は存在せず、主体の決断を存在論的に守ってくれない」と結論づける。すでに言ったようにみごとな議論だし、純粋な記述の可能性そのものに疑問を投げかける新たな理由もしめされている。しかしこの点でだいたいジジェクに賛成しているからこそ、彼が「ヘゲモニー論自体が……、あらゆるイデオロギー編成を説明する中性的な概念装置として機能するなら、記述的なものと規範的なものとのあいだの暗黙の亀裂に依拠している」（ジジェク、三〇四頁）といってわたしを攻撃するのは、少々矛盾していると思う。わたしの理解が正しければ、彼は理論が純粋に記述的であってはならないと論じているのではないだろう。彼の議論は、純粋に記述的な理論は不可能であるというものだ。しかしそうなら、わたしが実際には不可能なことをやっていると言って責めるわけにはいくまい——もちろん、わたしがそれは可能であると主張していれば（していないが）話はべつで、その場合は彼の批判は、わたしの記述に隠れた規範的な足場を暴くというかたちをとっただろう。ここでは、バトラーのわたしへの批判に対して言ったのとほぼ同じ議論をくりかえそう。規範主義の立場は、いずれにせよ事実を構築し記述をなかに含むが、だからといってもっと抽象的な、複数の状況に一般的に適用できるカテゴリーを練り上げられないということはないだろう。記述が実践的‐規範的な根を持っているからといって、そこから生まれたカテゴリーの普遍性が制限されるというのは、不合理な推論というものである。

この点から、『ヘゲモニーと社会主義の戦略』は、タイトルからもわかるように、戦略の考察として構想されたと言っておきたい。あの本は、古典的マルクス主義戦略が第二インターナショナルにおいて見出した障害、資本主義システムがマルクスの予想に反したかたちで発展したという事態の考察から始まっている。「ヘゲモニー」という新たなカテゴリーは、こうした障害への応答であり、変化した歴史的地平において社会主義の主導権を取り戻そうとする試みである。「ラディカル民主主義」も同じように捉えるべきだろう。現代社会の新たな歴史状況において、ヘゲモニー戦略を考え直すという政治的企てを指すことばである。いうまでもなく、一度自分の企てをヘゲモニーとして捉えれば、このカテゴリーをもっと一般的な意味に、さまざまに異なる社会セクターや歴史時期の実践に応用して使うことができるようになる――「生産様式」のようなカテゴリーは、近代資本主義生産の状況でしか生まれてこなかっただろうが、いったんできれば、このことばを資本主義とはまったく異なる社会形態に拡大して使っても、べつに論理的障害はない。まずいのは、ジジェクのように、中性的な一般性のレベルから始めて、そのレベルから政治的選択を論理的に導き出すことである――もちろんこんな演繹は不可能なのだ。同じ理由で、ジジェクが『神経質な主体』で他の理論家――バデュウ、バリバール、フーコー、ランシエール――に対しておこなっている似たような批判も、十分に練られていないと思う。

しかしわたしの仕事に直接向けられそうな、正当な批判はべつにある。古典的マルクス主義から「ヘゲモニー」へ、さらに「ラディカル民主主義」へという道筋において、記述的／規範的企てが問うべき問題は拡大し、それに応じて、規範的論証の領域も続いて拡大した――が、わたしの著作では、この後者の拡大は十分には進んでいない。いいかえれば、新たな状況に目を向ける政治的試みを定式化するにあたって、記述の次元は規範の次元よりもすばやく発展してきたのである。これは正当な批判だと思うし、今後の仕事ではこの二つの次元のあいだに良いバランスを取り戻したいと思っている。しかしこれは、ジジェクがまとめているのとはまったく違う批判である。

3　ヘーゲル再び

言うべきことはすでに第一部で細かく述べたから、ここでは手短にしておこう。「偶発性から必然性への遡及的な逆転」については、なぜこの動きではヘゲモニー論理の働きを捉えるのに不十分か、すでに説明した。「ラクラウが語っている分裂は、ヘーゲルの根本的な企図そのもののなかにすでに見てとれる……ヘーゲルの企てはじつに両義的である」（ジジェク、三〇二頁）というジジェクの主張については、ふむ……。わたしは第一部で、ヘーゲルにおける理性は二重の運動に捉えられていると言ったが、ジジェクはそれと違うことを言っているのだろうか。ヘーゲルの理性は、差異の全世界を自らに降伏させるが、しかしいっぽう差異の世界のほうもそれに対抗して、理性の働きを転覆させるのである。実際ジジェクは《美しき魂》の弁証法をぴたりと選んで引用しているが、これこそわたしが考えていたことの最高の例である。それでも彼と意見がぶつかるのは、彼がこの両義性を、二つの面のいっぽうだけに一本化してしまうからだ。そして、ヘーゲルが彼の企図をはっきりと述べるときには、いつも変わらず支配的なのは汎論理主義の側であるということを、彼は十分考慮していない。(2)『エンチュクロペディー』の『論理学』序章で哲学の使命を彼が定式化しているところ——他にも引用できる例はいくらでもあるが——を思い出してみればよい。(3)

　同じことはバトラーにも言える。彼女は第二部で、「人倫」の領域は国家の観念とは対立しており、完全に偶発的な変化によって支配されたものと考えるべきだ、と論じている。二点言っておきたい。まず彼女は、ヘーゲルのテクストに暴力を加えなければ、「人倫」の領域を国家の領域から切り離すことはできない。両者は必然的な弁証法の絆によって、互いに鎖でつながっている。第二に、ヘーゲルにおいては彼女の言うように「こういった〔人倫のような〕規範は『必然的な』形態をとるものではない。なぜなら、それらは次々とよい頃合いにべつの形態に移り変わるだけではなく、規範の再分節化を必要とするような危機的出会いに、つねに陥るものでもあるからだ」（バトラー、二三二頁）のだとしても、文化の変遷を支配しているのはやはり、「世界史」においてだけ十全に捉えることができる必然性の弁証法である。ジジェクの場合もそうだが、バトラーがヘーゲルのカテゴリーをめぐって演じている言語ゲームに反対はしない。ただこのゲームで、彼女が明らかにヘーゲルを越え、その彼方に行っていることがはっきりしていればいいのだ。

階級の脱構築

さてそろそろ、ヘゲモニー論理と両立可能な普遍と個別の表現を記述してみるころだろう。しかしそうするために、まず「階級」というカテゴリーと、現代の多くの言説実践においてそれがふつうどのように現れてきたかを取り上げたい。「階級」という語でよく演じられる、二種類の言語ゲームに触れたい。

1　まず最初のものは、このカテゴリーは保持して、ただしこれを新たな社会運動に結びつくアイデンティティの増殖と両立できるようにしようとする。そのふつうの実践は、「階級」を、列挙の連鎖における鎖の一つに変えるというものだ。新たなアイデンティティとその特定の要求が論じられるとき、よくお目にかかるのは種類の列挙である。「人種、ジェンダー、エスニシティその他……そして階級」——そして「そして」はたいがい声の調子を変えて強調される。「昔なじみを忘れるな」とでも言うように。これで話し手は満足するものだ。新たなアイデンティティは認めなければならないが、最小限の究極のマルクス主義を捨てたくはないから、両者のあいだに話し合いの場を設置したつもりなのである。彼女がわかっていないのは、この発話が、マルクス主義の階級理論とは根源から対立しているということだ。マルクス主義の「階級」概念は、アイデンティティの無数の鎖のなかに取り込むことはできない。すべてのアイデンティティは、階級という分節化の核のまわりで成立すると考えられているからだ。この分節化の機能が失われ、複数のアイデンティティを含みこむ鎖の一部になってしまったら、「階級」とはなにを意味するのだろうか。財産の違い？　職業区分？　異なる地理的地域に属する集団か？　はっきりさせようがない。「階級」という語は、列挙の鎖の一部になり、他に正確な意味が付け加えられることもなく、その分節化の役目を失ってしまった。ここにあるのは「浮遊するシニフィアン」に近いなにかなのである。

2　階級（今度は労働者階級）に関する第二の戦略は、いわゆる「労働者階級の概念の拡大」を主張することである。著名なアメリカの社会学者が、社会はしだいにプロレタリア化するというマルクスのテーゼは証明された、現代では自営業者は一九世紀より少なく、人口の圧倒的多数は賃金を得て働いているからだ、とわたしに言ったのを思い出す。言わずもがなの質問――「ところで、銀行役員も労働者階級なんですか」――に彼は答えた。「まあ違うね、給料はあるレベルよりも安くないと」。似たような質問を次々するると、彼はいちいち社会学上の記述的性質を付け加えてそれらに答えたが、わたしが最後にした二つの質問にはこれといった答えがなかった。（a）これらの記述的性質の組み合わせが、「現実に存在する」社会的行為者のなかにまとまって存在すると、どうしてわかるのか。（b）もし「労働者階級」の紋切り型にぴったり合った行為者が経験的に見つけられたとして、これだけ基準がたくさんあれば、現代の労働者階級は一九世紀より数が少ないということになるのではないか。おわかりだろうが、「労働者階級の拡大」という概念を意味のあるものにするために複数の基準を定めていけば、その観念自体が覆されるのである。

　すでに述べた二つの言説戦略の際立った性質を、二つ考えてみよう。まずどちらでも、「階級」という概念は直感的内容をまったく失っている。古典的マルクス主義の「階級」概念の信憑性は、それが二つのレベルの対応関係を築き上げたところにあった。資本主義社会の傾向とその結果生まれた社会的行為者の形式的構造的分析のレベルと、そうした行為者の存在が直感的に見てとれるというレベルである。労働者が、農民が、ブルジョワジーがどういう人間か、誰もがわかっていた。そして——少なくともマルクス主義者は——労働者階級が「普遍的階級」になるというのがどういうことかわかっていた。しかし「労働者階級概念拡大」論者が、誰が労働者なのか議論しているということは、直感的なレベルと構造分析との対応はもうないということである。さらに手痛いことに、拡大された労働者階級の概念が正しいとしても——正しくないのだが——そこから「階級政治」について結論を引き出すことはできない。語られているのはヴァーチャルな労働者階級であり、特定できる集団にはまったく対応していないからだ。同じことが最初の戦略にも言える。具体的な行為者のアイデンティティは、いくつもの性質を数え上げていかないと得られないのに、その性質どうしの結びつきはまるで考えられていないのだから、階級政治はどのようなものかなど、もはや知る由もないのである。

右の二つの言説戦略の第二の、そしてもっとも重要な性質がこうしてわかる。古典的マルクス主義の階級理論にどのような欠点があろうと、それが分節化の理論でなくなったことはないとはっきり言える。もっとも素朴なかたちの粗野なマルクス主義においてすら、社会的行為者のさまざまな性質を、内的有効性と分節化のさまざまなレベルと関係づけようとする試みがつねにあった。下部/上部構造の区別、経済/政治/イデオロギーの三幅対などだ。古い仕立ての拘束衣——階級、資本主義等々——に、ますます自律性を増したさまざまな内容を押し込めるのが不可能になると、分節作用を行ってきた存在の正当性は保った上で、もっと複雑で微妙な分節化のメカニズムがすぐに現れてきた。こうして一九六〇、七〇年代のアルチュセール学派は、最終審級の決定、支配的役割、相対的自律性、重層決定などのカテゴリーを新たに導入した。しかしこの流れはここで終わってはいない。古い枠組みの解体の最終段階は、さっき述べたばかりの列挙の戦略にあると思う。これは、昔からの分節化を行う存在になんらかの幻想的な役割をなおも与えつつ、論理の分節化を諦めているのだ（列挙していっても、列挙された存在のあいだに関係が築かれるわけではない。かつては分節する側の存在だったものを列挙のなかに取り込むのは、その意味を奪う手段の一つである。いっぽうジジェクは階級闘争の原理を高らかに唱え、しかしそれがどのような条件で妥当なのかは口を閉ざす）。ある意味でわれわれは、エーリヒ・アウエルバッハ(4)が、キケロの古典言語の構造秩序の崩壊について言っているのと似た状況にある。ローマの秩序が衰退するにつれ、古い制度的区別は、混迷を増す社会現実にヘゲモニーをもたらすことができなくなった。古典ラテン語の豊かな従属構文構造に代わって現れたのは、列挙による並列の語り（そして……そして……そして）であり、これはもはや関係づけようもない無数の現実の断片を、ただ足し算していくのだった(5)。

しかし、この列挙の戦略をたんなる悪として退けるのは間違いだろう。これはただ、現代社会において古い枠組みの意味を腐食させているさまざまな動きを論じようとする、最初の言説的試みと見るべきだ。こうした動きのうちもっとも目につくものを挙げてみよう(6)。まず第一に、この三〜五十年間、先進資本主義社会では、数の上でも構造組織の上でも、労働者階級は衰退している。内的に分裂し、均等化された大衆文化に——とくに若者文化に——加わったことで、フォーディズム時代の大きな特徴だった労働者階級の独立したアイデンティティ——たとえばヨーロッパでは、プロレタリア文化の中心だった巨大産業都市帯に沿って組織されていた——は深くむしばまれている。移民労働者のような、国籍による労働者の分割も加えなくてはならないだろう。失業水準については、とくに言っておかなければならない。これはマルクス主義が頼ってきた「階級」という概念そのものに疑問を突きつけるようになっている。マルクス主義においては、ある程度の水準の失業は、産業予備軍が資本蓄積に必要な利益の標準を再構成するためにはなくてはならないという意味で、資本主義の一機能をはたしていた。しかし失業率がある一定値を越えると、資本主義の機能をはたさなくなり、[7] 失業者のアイデンティティは階級アイデンティティであるかどうかかわからなくなる。これは失業者に限ったことではない。就業者も、自分のアイデンティティを、就業期と失業期の両方を支配する隠れたメカニズムとの関連で考えることが、もはやできなくなる。彼らにとって就業は政治問題であり、自らの規則で動く経済メカニズムだけによって決まるのではない。そして構造的失業から生まれるアイデンティティも、ヘゲモニー的構築と再分節化に開かれるだろう。同じことは、われわれの社会のその他の構造的変化にも言える。消滅した農民は、マルクスの考えとは違って、プロレタリア大衆に組み込まれはせず、農業ビジネスの発展によって人類史上初めて農村人口と都市人口のバランスが変化した。高等教育の爆発によって、学生は――これまた人類史上初めて――社会構造のかなり大きな部分となり、政治においても考慮すべき存在になった。労働市場への女性の組み入れは、ジェンダー関係の重大な変容の核心にあり、その結果の全体像はまだようやくちらりと見えてきたところでしかない。

「階級」分析に関して決定的な問題は次のようなものだ。マルクス主義において階級の統一性は、主体的立場の集合として見られる。この立場は、生産関係における社会的行為者の位置によって核が設定され、組織的に相互に結びついて独立したアイデンティティを作るとされる。こうした概念は、もし以下のような傾向が続けば危険にさらされる。(a) 主体の立場は組織性を失い、社会的行為者のアイデンティティを強化するどころか脱中心化する。(b) アイデンティティを分割する論理が階級の境界を切り裂き、階級的立場とは重ならないアイデンティティを作り出す傾向をもつ。(c) 生産過程における位置は、社会的行為者の全体的アイデンティティを規定するにあたって中心ではなくなる。ポイントはこうだ。こうした傾向は、後期資本主義世界においてさらに強まっているのだろうか、それとも階級アイデンティティを強めるような対立傾向が支配的なのだろうか。この問いに答える必要はないだろう。十全な階級アイデンティティのなごりは、現代にもある――小さな炭鉱や、遅れた農村地域――しかし発展の方向は、大きくいえば逆である。

この傾向が一般的に意識されたことで、ジジェクのいう「ポストモダニズム」思想が信憑性のあるものになっている。しかしポストモダン理論の過ちは、階級アイデンティティの崩壊と古典的な全体化形式の解体に気づいたのはよいが、現実の諸要素が散乱したとそこで主張して、「分節化」というカテゴリーをおろそかにしてしまっていることだ。要するにポストモダンは、古典的な全体化言説の認識論上の過ちを、現代社会で進んでいる存在論的状況とみなしてしまっている。これもわたしとジジェクの違いの一例だろう。二人とも、ばらばらのアイデンティティと要求をただ列挙するだけにはとどまらない分節化の言説が必要だと言っている。しかしジジェクは、ポストモダニズムにある種の倒錯的逸脱を見てとり、分節化と全体化の次元を求めて、「階級闘争」のような伝統的なマルクス主義の概念に――それを覆す客観的な歴史傾向の分析にまったく手を染めずに――回帰する。逆に私は、ポストモダニズムの問題提起を受け入れ、ポストモダン言説が明らかにした個別主義的傾向を尊重しながら、分節化の論理を保とうとしている。これはどのように可能なのか。これこそ、次の、最後の説で取り上げたい問題である。

集合意思と社会的全体性

この作業を続けていくなら、分節化の論理を個別性の領域の外部のどこかに位置づけることがないよう注意しなくてはならない。分節化は、個別性そのものの内的な論理から出てきて作用するのでなければならない。逆に個別性それ自体の出現も、自律的で自己誘発する運動の結果ではなく、分節化の論理によって拓かれる内的な可能性の結果として捉えなければならない。言いかえれば、普遍主義（分節化された全体性の契機）と個別主義は、対立する二つの概念ではなく、ヘゲモニー的な分節化する全体性を形作る——またちょっとチェスの喩えに戻ると、二つの違った手（「普遍化」と「個別化」）として捉えなければならない。全体性という枠組みのなかでヘゲモニー実践が作用すると考える余地はない。枠組み自体がヘゲモニー実践を通じて作り上げられているのである。そしてこうした実践こそ、分節化の論理の場なのだ。しかし分節化の論理とはなんだろうか。これを説明するためにまず単純な図式を出し、それからもっと複雑な第二段階に移ることにしよう。

I　出発点として、『ヘゲモニーと社会主義の戦略』の冒頭で、わたしとムフがローザ・ルクセンブルグの影響の下に論じた、集合意思の形成を例にとろう。その基本的性質は、

（a）極端な抑圧状況——たとえば帝政ロシアのツァーリズム——では、労働者は賃上げを要求してストライキを始める。要求は個別的でも、この抑圧的政体下では、これは反システムの活動とみなされるようになるだろう。つまりこの要求の意味は最初から、それ自身の個別性ともっと普遍的な次元に引き裂かれている。

（b）べつなセクターのさまざまな要求に向けた闘争——教育機関における規律を緩めることを求める学生、言論の自由を求めるリベラル政治家など——を鼓舞するのは、この潜在的にはより普遍的な次元である。これらの要求はそれぞれ個別的で、互いに関係していない。それらが関係づけられるのは、どれも反システム性を持つという意味で、等価性の鎖を作り上げているからである。抑圧的な政体を社会のほかの部分から切り離す戦線があることが、等価性を通じて要求が普遍化されるための条件である（マルクスのことばでは、社会全体の目標が生じるには、ある社会セクターが一般的な「罪」とならなくては

ならない）。

（c）しかし等価性の鎖が延びていくにつれ、鎖全体を表象する一般等価物がますます必要になる。とはいえ表象の手段は、実際に存在している個別なものしかない。そこでそのうちの一つが鎖全体を表象する役目を引き受けなければならない。これこそ厳密な意味でヘゲモニーの動きである。一つの個別性の肉体が、普遍を表象する機能を引き受けるのだ。

この関係性は、次のような図で表現できる。

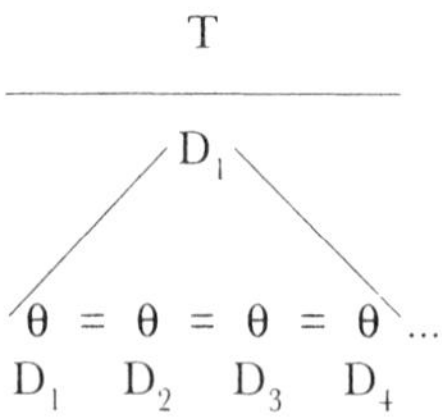

Tは（この場合）ツァーリズムを表す。横線は、抑圧的な政体を社会の他の部分から切り離す戦線である。D_1〜D_4の円は個別の要求であり、要求の個別性を表象する下の半円と、その反システム的意味を表象する上の半円とに分かれている。このため等価関係が可能になるのである。最後に等価な円の上のD_1は、一般等価物を表す（これは等価性の鎖の一部だが、その上にも立つ）。

　この図式に、もう一つの可能性も付け加えるべきだろう。抑圧的政体自身がヘゲモニー作用に加わり、対抗的な要求を（グラムシの用語を使えば）変異的に吸収しようとすることがある。こうしてその政体は、自分と社会の他の部分を切り離す戦線を、不安定なものにすることができる。そうするには、個別の要求と、その他の全ての要求との等価関係の絆を打ち壊せばよい。等価性の論理は、個々の要求の個別性を超越するような意味をそれぞれに担わせて、要求を普遍化するが、変異作用は、潜在的な等価性を中和して、個々の要求を個別化する。この第二の、等価性の論理の正反対の論理は、差異の論理と呼べるだろう（結局これがジジェクの心配している可能性である。新しい運動の要求はあまりにも特定的なので、変容したシステムに取りこまれてしまい、さらに普遍的で解放的な意味を担うことをやめてしまうかもしれない）。

なぜわれわれにとって普遍性が、空虚なシニフィアンの普遍性であるのか、ここまでの考察から明らかだろう。唯一可能な普遍性は、等価性の鎖を通して作り上げられるものだからだ。この鎖が延びれば伸びるほど、一般等価物はどんな個別の意味にも結びつかなくなってくる。しかしこの普遍性は、形式的でも抽象的でもない。一般等価物が空虚へと向かう性質を持つためには、個別性のあいだの等価性の鎖がたえず延びていくことが条件になるからだ。結果として、空虚は具体性を全体としている。一般等価物が、鎖の上に（鎖を表象するものとして）あると同時にそのなかにあるために、また鎖に含まれる等価性もあれば含まれない等価性もあるために、等価性の論理を通して手にいれられる普遍性は、つねに個別性に汚染された普遍性なのである。厳密にいえば、ほんとうに空虚なシニフィアンは存在せず、ただそこに向かう傾向を持つだけなのである。

このような考察から、ヘゲモニーの作用を三つ特定できる。等価性の論理。それに付随して、ある個別のものが普遍性を表象する機能を引き受けること。そして等価性の鎖の連環を切り離す差異の論理である。この三つの作用をわたしは、分節化の論理と言ってきた。次には――割けるページがそのためにしか残っていないのだが――このモデルをさらに複雑にする他の次元について触れないといけない。

II　前の二つの論文では、抑圧的権力を社会の他の部分から区別するはっきりとした境界線の存在が前提とされていた——適応変異の戦略が、この戦線をぼかしたり不安定にしたりするかもしれないことは、すでにほのめかしてあったが。とはいえ境界線のない、揺るぎない等価性の鎖が存在しないことは明らかだ。しかしこうした境界線の揺らぎがさらに一般に広がったら、なにが起こるのか。そしてそれはどのような状況で起こるのか。適応変異の作用は、等価性の鎖を壊すことによる個別化の論理にあることは、すでに言った。しかしこれはまだ真実の半分でしかない。もう一つの半分とは、個別化された要素はたんに純粋に個別であるのではなく、異なる等価性の集合（支配的権力のアイデンティティを形作るもの）に入るということである。だから厳密にいえば、普遍性の契機はけっして完全に不在ではない。バトラーはこれをみごとに表現している。

「普遍的な」ものがその空虚な地位を失い、民族を限定したコミュニティや市民組織（イスラエル）を表したり、あるいは特定の親族組織（核家族の異性愛家族）と同一視されたり、また特定の人種アイデンティティと同一視されるようになるときには、政治化のプロセスが起こるのは、排除された個別の名のもとにではなく、べつの種類の普遍の名のもとにである。（バトラー、一二一四頁）

まったくその通り。純粋な個別性の政治は存在しない。もっとも個別主義的な要求すら、なにかそれを超越するものとしておこなわれなければならない。しかし普遍性の契機は、さまざまな言説においてさまざまなかたちで構築されるのだから、さまざまな普遍性の概念のあいだで闘争がおこなわれるか、あるいは等価性の論理をそれらの概念に拡大して、より大きな概念が作られるか、どちらかだろう——個別性の残余は、つねに根絶されずに存在することを忘れてはならないが（もし絶対に空虚なシニフィアンがあったら、「普遍性」は最終的な真の姿をとり、ヘゲモニーは、政治的意味を作り出す手段としては終わるだろう。「完全な空虚さ」と「完全な十全性」は事実上同じものである）。等価性の鎖はつねに妨害され、意味と同一性を等価性の鎖を通じて作り出す他のヘゲモニー的介入によって中断される。たとえば「女性」ということばは、フェミニズム言説と道徳的多数派の言説では違った等価性の鎖の一部をなす。複数の戦略が同じ言説空間で作用する結果、争点となるシニフィアンに結びつく意味は、本質的に固定できない。空虚なシニフィアンが、揺るぎない等価性の鎖を一つにまとめる一般等価物のことだとして、互いに中断しあう複数の言説からくる非固定性の結果空虚になるシニフィアンを、浮遊するシニフィアンと呼ぼう。実際にはどちらのプロセスも互いを重層決定しあっているが、分析上の区別をしておくことが重要である。つまりわたしに見える限りでは、社会的政治的言説における普遍と個別との相互侵食について、バトラーとわたしは大体合意している。

最後に、現代政治における左翼の課題について、わたしなりに短く触れて結論としたい。政治的戦線を創り出さない政治はありえないが、しかしそうした戦線を創り出すのは、安定した存在（マルクス主義言説における「階級」のような）に頼れず、政治行動を通じて解放されるべき当の社会存在をまず作り上げねばならない場合、非常に難しい。しかしこれこそがわれわれの時代の政治的難関だろう。その輪郭は、一切の政治から逃れたいという、われわれに取り憑いて離れない誘惑のなかでもとりわけあからさまなものに直面すると、いっそうはっきりしてくる。争いなき社会の名の下に、社会の分裂と敵対性とは縁を切ること――第三の道、ラディカル中道（無敵のトニー・ブレアが言うところでは、経済政策に右翼も左翼もなく、良い政策があるだけだ）のように。防御に徹する政治に逃げ込んで、現代のヘゲモニー勢力バランスを変えるための戦略的志向などは忘れること。政治闘争をまったく捨て去り、すでに空虚な形而上的命題と化して、現実に世の中で起こっていることとはほとんど関係を持たない、古いマルクス主義の原理を唱え続けること……。

この数十年増殖してきている個別主義のなかから、それに対立するのではない、拡大した普遍的言説を創り出せないなら、左翼に未来はないだろう。個別の要求と問題に特化する型の政治を組織する言説にも、すでに普遍性の次元が作用しているが、これは潜在的でまだ十分に展開されていない普遍性であり、広大なセクターの想像力をかきたてる記号のまとまりとして自己主張することはできない。目の前の課題は、この普遍性の種を拡大し、この三十年間世界政治のヘゲモニーの地平となっている新自由主義の世論に対抗できるような、十全な社会的想像力を手にすることだ。これは困難な課題だが、少なくとも正しく系統立てて定式化できる課題である。そうすればすでに、重要な戦いに一つ勝ったということなのだ。

註

（1） Ludwig Wittgenstein, *Philosophical Investigations*, Oxford : Basil Blackwell 1983, 108, p.47.

（2） バトラーは、わたしが「汎論理主義」をどのように理解しているかよくわからないと言っている。たんにヘーゲル研究でふつう使われているのと同じ意味――すなわち、前提なき哲学のプロジェクト――で使っていると言っておこう。

（3） *The Logic of Hegel*, trans. from *The Encyclopedia of the Philosophical Sciences* by William Wallace, Oxford : Clarendon Press 1892, 'Introduction', pp.3-29.

(4) Erich Auerbach, *Mimesis: The Representation of Reality in Western Literature*, Princeton, N.J.: Princeton University Press 1968, 3および4章。

(5) なぜこれほどの知的ゆがみという代償を払っても、労働者階級の中心性というテーゼを守らなければならないと感じられるのか、自分自身に問うてみてもよいだろう。理由はおもに情緒的なもので、労働者階級こそ解放の主体であるという考えが左翼の政治的想像力のなかにいかに深く根を張っているかを発見するのに、プロの精神科医はいるまい。

(6) これらの変化のみごとな記述はEric Hobsbawm, *Age of Extremes: The Short History of the Twentieth Century*, 1914-1991, London: Abacus 1996, ch.10.

(7) この議論を一九六〇年代に進めたのはアルゼンチンの社会学者ホセ・ナンである。

場を保つ

スラヴォイ・ジジェク3

バトラー——《現実界》の不満

おそらくわれわれの論争の究極の的は、(ラカンの)《現実界》の地位だろう——というわけで、問題の核と思われることを繰り返そう。バトラーの批判は、(実体化された、原‐超越(論)的で、前‐歴史的で、前‐社会的な)「象徴秩序」つまり《大他者》と、偶発的な社会的‐象徴的闘争の領域である「社会」との対立をもとにしている。ラクラウとわたしを批判する彼女の論は、この構図に還元できるはずだ。われわれは、なんらかの歴史的に偶発的な構成物を(それが《欠如》そのものであっても)、原‐超越(論)的、前‐社会的、形式的なアプリオリへと実体化している、というのが批判の基本である。たとえば「ひとの社会的現実を開始させ、それを否定的に規定する欠如について」書くわたしは、「社会的現実を超越する構造を措いた。そしてその構造の前提にあるのは、異性愛家族をあらゆる人間の社会的絆を規定するものとみなす、虚構的で理念的な親族関係に基づく社会である」(バトラー、一九一頁)とされる。このディレンマがこのようにまとめられるなら、いうまでもなく、

意見の食い違いがかならず起こってくると思われる。そこには理念的な大文字の大《他者》が存在し

ていると断言したいのか、それとも、（そのどのような社会的公式よりも基盤的であるゆえに）理念的な、しかし小文字の小他者があるとみなしたいのか。あるいはそれとも、性的差異につきものの理念性は、現実に再生産されているジェンダー規範――それ自身の理念性が、前‐社会的で表現不可能な性的差異には必要不可欠だと言いつくろうジェンダー規範――によって構築されているのではないかと疑っていくのか。（バトラー、一九五頁）

しかしこの路線の批判は、（ラカンの）《現実界》が、前‐歴史的にアプリオリな象徴規範にひそかに還元されているときにだけうまくいくことは、次のような公式から明らかだろう。「見せかけの空虚さのなかにこの起源の前‐社会的な性的差異があるという形式的特質は、ある種の理念化された必然的な二分法を打ちたてる物象化をつうじて、まさに作り上げられていくのである」（バトラー、一九六頁）。もし性的差異が理念的かつ規定的規範にまでなるとすれば――あらゆる具体的な性生活の形式が「論題化しえない規範的条件によってすでに制限されている」（バトラー、一九九頁）とすれば、この結論はもちろん避けられない。「だから超越論的なものと主張される性的差異は、理解可能な文化のなかでどんな種類の性的配置が将来容認され、どんな配置が容認されないのかを前もって処方しようとする理論に対して身を守ろうとする者には、過酷に敵対することになる」（バトラー、二〇〇頁）。バトラーは当然、ラカンの「女は存在しない」は、まさに「現実の」性関係はつねに頓挫しているという意味であることを知っている。しかし彼女はこの失敗を、偶発的で歴史的な性生活の現実が、象徴規範を十全に現実化するのに失敗するということだと解釈する。この結果、ラカン主義者は「理念的なジェンダーの二分法にきっちり当てはまらない性的身体が登場したときでさえ、性的差異そのものには超越論的な地位がある」と主張していることになる。こうしてわたしは「インターセクシュアリティを説明するときには、理念はべつにちゃんと存在しているが、問題の身体――偶発的で歴史的に形成された身体――は、この理念に適応しておらず、目下の理念との本質的な関係は不適応性なのだと述べることになるだろう」（バトラー、一九七頁、強調引用者）。

ラカンが「女は存在しない」と言うときの狙いに近づくためには、右の引用の「……ときでさえ」を「であるがゆえに」に変えてみないといけない、と言いたい。「理念的なジェンダーの二分法にきっちり当てはまらない性的身体が登場するがゆえに、性的差異そのものには超越論的な地位がある」と。つまり《現実》的／不可能な性的差異は、現実の手がけっして届かない内在する象徴規範として働くどころか、そんな規範は存在しないという意味に他ならない。性的差異は、そのあらゆる「形式化」を崩してしまう「不可能性の岩」である。バトラーが「競合する複数の普遍」と言うのと同じ意味で、競合する複数の性的差異の象徴化／構造化を語ることができるだろう。性的差異が「形式的」であると言えるとしても、それは奇妙な形式である――それを捉えようとするあらゆる普遍的形式を切り崩すという結果をもたらす形式なのだから。普遍的なものと個別的なもの、超越論的なものと偶発的／病理的なものの対立にこだわるとすれば、性的差異とは、普遍性そのものよりも普遍的な個別のもの、というパラドックスであるというべきだろう――偶発的な差異、どうしてかつねに脱線し、規範的な理念性そのもののバランスをおかしくする「病理的」（カントのいう意味で）圏域の、目に見えない残余なのである。性的差異は規範であるどころか、もっとも根源的な意味で病理的である。男女の位置は対称であるという象徴的フィクションが消し去ろうとして消し去れない、偶発的な染みなのだ。性的差異という《現実界》は、さまざまな性の編成をあらかじめ束縛するどころか、その偶発的な増殖を作動させるトラウマの原因なのである。[1]

こうした《現実界》の観念にたって、ラカンは《大他者》を一種の前 - 歴史的な超越論的アプリオリとして実体化している、というバトラーの批判に答えることができる。ラカンが「《大他者》は存在しない」と強調するとき、彼が言っているのはまさに、歴史的偶発性を免れたアプリオリな形式的構造的図式は存在しないということである——あるのは偶発的ではかない、一貫しない配置にすぎない（しかも「父の名」は、父の象徴権威に執着するどころか、紛い物、その構造的な非一貫性を隠している見せかけである）。いいかえれば、《現実界》が《象徴界》に内在しているという主張は、「《大他者》は存在しない」という主張とまったく同じものである。ラカンの《現実界》は、象徴界のあらゆる観念性を汚染し、それを偶発的で一貫しないものにするトラウマ的な「喉の奥に引っかかった骨」なのだ。このため《現実界》は、歴史性に対立するどころか、その「非歴史的」足場であり、歴史性それ自体のアプリオリである（この点ではわたしはラクラウとまったく同意見）。こうして、《現実界》と「大他者」は前‐歴史的アプリオリであるというバトラーの説明と、ラカンの著作におけるその現実の機能では、全体のトポロジーがどのように変化しているかわかるだろう。バトラーの批判的スケッチでは、観念的「大他者」は、けっして十全には現実化されず、歴史の偶発性によってその完全な押しつけは阻まれるが、規範としてしつこく残り続ける。いっぽうラカンの構想は、むしろトラウマ的な「個別の絶対」、象徴化に抗うなんらかの核と、それを象徴化／規範化しようとしてはたせない（バトラーのうまいことばを借りれば）「競合する複数の普遍」との緊張をめぐっている。[2]

　象徴的なアプリオリ《形式》と歴史／社会性とのあいだの亀裂は、ラカンがまったくあずかり知らぬものだ——つまりラカンが作用させている「二分法」は、アプリオリな形式／規範と、その不完全な歴史的実現の二分法ではない。ラカンにおいても、バトラーにおけるのと同様、偶発的で部分的で一貫しない象徴実践の外にはなにもなく、その究極の一貫性を保証してくれる「大他者」もない。しかしラカンは歴史性を、バトラーや歴史主義者たちとは対照的なやりかたで基礎づける。象徴的図式を覆う「社会」というたんなる経験的過剰（この点でラクラウのバトラー批判は正しい。「象徴」と社会／歴史を対立させる彼女の考えは、存在論的には説明されえない現実の実定的豊かさについて、直接経験主義的に語っている）にではなく、象徴過程それ自体のなかの抵抗する核に、歴史性が置かれるのだ。《現実界》は前‐歴史的でもなければ社会の効果でもない――肝心なのは、《社会》それ自体が、なんらかのトラウマ的《現実》の排除によって本質を構成されていることである。「《社会》の外部」にあるのは、なにか実定的なアプリオリの象徴形式／規範ではなく、たんに否定的な基盤を置く身ぶりにすぎない[3]。

この結果、わたしが一貫していないと言って批判するバトラーは、彼女自身の還元的なラカン読解に絡めとられている。彼女は古典的二項対立（超越論的形式対偶発的内容、観念対質料）の網をラカンにかぶせ、相手が当然のように抵抗してこの図式にはまらないときには、相手の理論が一貫していないと読みとるのである（たとえばいったいどこでわたしは「〔《現実界》は〕物質的で理念的だと代わる代わるに……述べている」（バトラー、二〇五頁）のか？）。同じ流れでバトラーはしばしば、二つの項が相互依存した緊張関係にあるという当然の事実を持ち出して、それらが概念として区別されることに反論しようとする。たとえばわたしは「社会規範と幻想をべつべつに分析して、公準化することは不可能だろう。なぜなら規範の手口《モデュス・オペランディ》こそが幻想なのであり、幻想の文法は規範の語彙を理解しなければ、おそらく読みとることができないものであるからだ」（バトラー、二一〇頁）という彼女の主張は認めるが、それでもこの二つのレベルの形式的区別は保たれるべきだと言いたい。社会規範（一連の象徴的規則）は幻想によって支えられており、幻想の助けを通してしか作用しないが、支えの幻想はにもかかわらず否認され、公共領域から排除されなければならない。ハンナ・アレントの「悪の凡庸さ」の考えは、このレベルで問題があると思う。アレントの主張を乱暴にラカン風に翻訳すると、理想的なナチの実行者主体（アイヒマンのような）は、純粋なシニフィアンの主体であり、いかなる獣的な感情も欠いた、官僚制の名無しの実行者である——彼は命じられたこと、期待されたことをただの業務として、いっさい感情を交えずに遂行する。わたしの反論は、この理想的ナチ主体は、特異な幻想など備給しない純粋なシニフィアンの主体として機能するどころか、猥褻な幻想のシナリオのなかで表現された獣的な感情にもとづいていた、というものだ。しかしこのシナリオは、彼の私的な自己経験の一部として、直接主体的に引き受けられることはなかった——それらは「客観的な」ナチ国家のイデオロギー装置とその機能に外在化され、物質化されていたのである。(4)

おそらくわたしとバトラーを分かつこの理論的‐政治的距離を記すのにいちばんよい方法は、われわれの議論において、彼女のもっとも強力で政治的に切迫した主張と思われるものについて考えることだろう。ゲイの結婚の法的承認の要求についての議論である。こうした承認がもたらす利益（ゲイ・カップルは「ストレートな」夫婦が得る特権をすべて手に入れる。結婚制度に組み入れられ、「ストレートな」カップルと同等のものとして認められる、など）を承知した上で、彼女が注目するのは、この要求を支持したときの落とし穴である。法的に結婚したゲイは、いかにも結婚らしい結婚に含まれない全ての人（片親、一対一関係を持たない主体）との連帯を壊してしまう（ラクラウの用語でいえば、等価性の鎖から自分を排除してしまう）。しかも彼らは、私生活を規制する国家装置の権利を強化させてしまう。逆説的な結果は、地位が法的に保障された人々と、陰に隠れた生活を送る人々との、亀裂が拡大するということである。バトラーの代案は、法的な結婚形式を権利（相続、親権その他）の条件とするのではなく、こうした権利を結婚という形式から分断し、それらを独立したものにすることである。

まず大きな指摘をしよう。最近のフランス政治哲学（ランシエール、バリバール、バデュウ）における政治的普遍性の観念の展開を見ると、グローバル秩序の圏域の外で、亡霊のような生を生きるはめになっている人々、「人口」という不定形な塊に沈み、背景に隠れ、人の口の端に上ることもなく、自分の居場所すらない人々の影のごとき存在は、バトラーとは少し違って見えてくる。この影のごとき存在こそ、まさに政治的普遍性の場だと言ってはいけないだろうか。政治において普遍性が主張されるのは、こうして適当な場を持たない、「関節の外れた」行為者が、グローバル秩序のなかに居場所のある全ての人々に対して、直接の普遍性を体現するものとして現れるときではないだろうか。そして「主体」は定義上「実体」ではない存在を指すのだから、この身ぶりは同時に主体化の身ぶりでもある。主体は位置を外れた存在、《全体》のなかで自分の場所を失った存在なのだ。

もちろんわたしはバトラーの政治目標を支持するが、なにより見てとれるのは、彼女が国家権力をフーコー的に理解し、それを支配と規制、包摂と排除の担い手として見ていることである。つまり権力への抵抗は当然、公的な権力の網から排除、あるいは半ば排除されて、社会空間に居場所を持たず、自分の象徴的アイデンティティを主張できず、影のような亡霊の半‐存在となっている人々の、周縁的な領域に置かれる。この結果バトラーは他のどこより、市民社会のなかで国家の規制メカニズムに対して起こるこれら周縁的な行為者の抵抗に、解放闘争を位置づけることになる。それではこの枠組みのどこが問題なのか。バトラーが考慮していないのは、国家権力自体が内部から分裂し、それ自身の猥褻で亡霊のような裏面の上になりたっていることである。公的な国家装置は、つねにその影の分身、公的に否認された儀式、書かれざる規則や制度や実践などの網の目によって補完されている。亡霊のような半‐存在として生きている、一連の公的には「目に見えない」行為者のなかには、完全に白人至上主義的な地下組織（モンタナの原理主義キリスト教サバイバリスト、ネオ・ナチ、クー・クルックス・クランの生き残りその他）がいることを忘れてはならない。だから、ヘゲモニーを握る象徴的政体によって排除され、亡霊的半‐存在として生きる周縁の人々だけが問題なのではない。問題なのは、政治体自身が生き延びるために、亡霊的で否認された、公共領域から排除されたありとあらゆるメカニズムに頼らざるをえないということだ。国家と市民社会との対立すら、現代ではきわめて曖昧である。道徳的多数派がしばしば、自由主義国家の「革新的」規制的な介入に抵抗する地域の市民社会として現れる（そして事実上そのように組織される）ことはまちがいない。

バトラーはヘーゲルの「具体的普遍」という考えの持つ潜在的な転覆性に気づいてはいるが、彼女は基本的にフーコーの権力概念を受け入れているので、この考えが権力概念に対して持つ影響を十分に発展させることも、ヘゲモニー権力の言説そのもののなかの「公的な」普遍性とその亡霊のごとき裏面、猥褻な補完性との分裂をはっきりと位置づけることもできていないのではないか、と言いたくなる。そこで、バトラーは批判的にわたしについて次のように言う。

性的差異は、シニフィアンの連鎖のなかでは特別の位置を占めることになり、この連鎖を起動させているると同時に、この連鎖の一つの鎖でもあるシニフィアンとなる。この二つの意味のあいだの揺れをどのように考えればよいのか。もしも超越論的なものが土台をなしていて、歴史的と呼ばれるものを支える条件を発動させているなら、この二つの意味ははたしていつもべつべつのものなのか。（バトラー、一九四頁）

——答えると、わたしはこのパラドックスを十分に引き受けている。これは弁証法の基本をなす構造的パラドックスであり、「二つの意味のあいだの揺れをどのように考えればよいのか」をしめす概念は、はるか昔にヘーゲルが提唱し、マルクスも使っている。ヘーゲルが『大論理学』の同一性の節で導入している「対立的決定」の概念である。弁証法過程においては、普遍的類は自分自身の種の一つである「対立する決定において」それ自身に出会う（だからこそヘーゲルにおいて、どの類も最終的に二つの種を持つ。それ自身と《種》それ自体である）。マルクスはこの概念に二度言及している。最初は『経済学哲学草稿』序文で、生産、分配、交換、消費という分節化された全体性における生産の二重の構造的役割を強調している（生産は、この全体性を構造化する原理、すべてを含みこむ普遍的要素であると同時に、その個別の要素の一つでもある）。次に『資本論』では彼は、《資本》の多様な種類のなかで、なによりも金融資本において《資本》という普遍的類が「それ自身に出会う」と論じている。金融資本において、個々の資本と対立する一般としての《資本》が直接体現されるのだ。ヘーゲルがこの概念でやっていることは、ラカンの敵対性関係の考えとまったく同型だと思う。どちらの場合も決定的な特質は、外的差異（類それ自体を構成する）が、内的な差異（類に属する種のあいだの差異）と一致することである。同じことを指摘しているのは、マルクスのよく知られた例——これも『経済学哲学草稿』序文——である。

あらゆる社会形式において、他のものを支配する一つの特定の種類の生産があり、他のものはそれとの関係に影響されて地位が決まる。それは光源となって、他のすべての色を浸し、それらの個別性を修正する。そのなかで物質化するすべての存在の特定の重力を規定する、個別のエーテルなのである。[5]

その内容によって普遍性が部分的に重層決定される。普遍と個別のこの短絡こそ、ヘーゲルの「具体的普遍」のいちばんの特質であり、「競合する複数の普遍」という中心概念においてこの「具体的普遍」の遺産を受け継いでいるように思えるバトラーに、わたしは完全に賛同する。個別の立場それぞれが、自らを表現するために、それ自身の様式の普遍性を(暗黙のうちにせよ大っぴらにせよ)主張するという点にこだわるバトラーは、わたしが何度も繰り返してきた論点を発展させている。

宗教の例をあげよう。《宗教》という類が、無数の種(「原始的」アニミズム、多神教、一神教、これがさらにユダヤ教、キリスト教、イスラム教に分かれる……)に分かれていると言うだけでは十分でない。肝心なのはむしろ、これら個々の種がそれぞれ、宗教とは「そもそも」なんなのかという普遍的観念を、そして他の宗教(がどのようにそれと異なるか)について、自らの見解を持っていることである。キリスト教はユダヤ教やイスラム教とただ違うのではない。その地平のなかでは、それを他の二つの「聖書の宗教」から隔てている差異は、その二つの宗教からは受け入れられないかたちで現れる。いいかえれば、キリスト教徒とムスリムが論争するとき、彼らはたんに意見が違うのではない——彼らはどのように意見が違っているかについて、なにが二つの宗教の差異であるかについて、すでに意見が違うのである(そしてわたしが繰り返し論じてきたように、少々の変更を加えれば、左翼と右翼の政治的差異についても同じことが言える。彼らはたんに意見が違うのではない——左翼と右翼という政治的対立は、左翼から見るのと右翼から見るのでは違って見える)。これこそヘーゲルの「具体的普遍」である。それぞれの個別性のなかにそれ自身の普遍性、それ自身の《全体》と部分の考えかたがあるのだから、これら個別の立場の媒介となるような「中立的」普遍性は存在しない。こうしてヘーゲルの「弁証法的発展」は、普遍性のなかのある個別の内容の展開ではなく、ある個別性からもう一つの個別性へ進行するうちに、両方を含みこむ普遍性そのものもまた変化するという過程である。「具体的普遍」とは、まさにこの普遍性それ自身の「内的生活」、それを包みこもうとする普遍性そのものがそれに捉えられ、変容にさらされる進行過程のことを指すのである。

ラクラウ――階級、ヘゲモニー、汚染された普遍性

ここからラクラウに進もう。思うに彼の批判的意見はすべて、結局は彼の隠れたカント主義、ヘーゲルの「具体的普遍」の遺産の拒否にもとづいている。ラクラウの反論を最初に予想しておこう。カントの統制理念には、あらかじめ与えられ定められた実定的内容があるが、ヘゲモニーへの開かれた闘争にそんな内容はない……。カントの統制理念は最終的には、《理性》の十全な実現という純粋に形式的な観念を指しているという事実はべつとしても、ラクラウのおもな「カント的」次元とは、彼が政治参加の不可能な《目標》への熱意と、そのごく控えめな実現可能な内容とのあいだに、乗り越えられない亀裂があると認めているところではないか、と言いたい。ラクラウは自分で、東欧における社会主義の崩壊を例にあげている。これは多くの当事者にとって、崇高な熱狂のひと時、全世界への万能薬の約束、自由と社会的連帯を実現するできごととして経験されたが、結果ははるかに控えめなもの――資本主義民主主義のあらゆる袋小路、そしてあえて言わせてもらうがナショナリズムの興隆だった。こうした亀裂を政治参加の究極の地平として受け入れてしまったら、政治参加の選択肢は残されているだろうか。われわれの努力は最終的には必ず失敗するということに目をつぶる――愚直さに後退して、熱狂に捉えられるままになる――か、シニカルな距離を(6)おいて、結果はがっかりするものだと十分わかった上でゲームに加わるのか、どちらかしかないのだろうか。ラクラウのカント主義は、彼が解放と権力の関係を論じるときにもっとも純粋なか

たちで姿を現す。権力が解放のプロジェクトに内在しているなら、完全な解放にともなって権力は消滅するという考えとは矛盾しないか、という批判に答えて彼はこう論ずる。

解放が権力に汚染されているという経験上の不完全さを、しぶしぶ許容しなければならないものと考えるよりも、ここにある理想像は、完全に調和した人間の本質を表す普遍性よりいっそう高次なものだと論じたい。完全に調和のとれた透明な社会は、自己決定という意味でまったくの自由な社会だろうが、この自由の十全な実現は、自由の死と同じことだからだ。そこではあらゆる論争の可能性が、あらかじめ消し去られてしまうのである。社会の分裂、敵対性、その必然的な帰結——権力——こそ、個別性を消し去ることない自由の真の条件なのである。(ラクラウ、二七七頁)

ラクラウの論理はこうだ。政治参加の究極の目標、完全な解放はけっして達成されない。解放は永遠に権力に汚染されつづけるだろう。しかしこの汚染は、われわれの社会の現実が不完全だから十全な解放はありえないという事実のせいではない——理念と不完全な現実との亀裂だけが問題ではないのだ。解放された社会の完全な実現そのものが、自由の死を、自由な主体的介入に開かれていない、閉じた透明な社会空間の確立を意味する——人間の自由の限界は、同時にその積極的な条件でもあるのだ……。さてわたしが思うに、こうした論理はほとんど口移しに、人間の認識実践の必然的限界についての『実践理性批判』のカントの議論を再生産している。究極の知を持つ神は、われわれを自由で責任ある行為者とするために、その認識能力を制限している。人間が現象領域に直接触れることができたとしたら、もはや自由ではなく、盲目の自動人形になってしまうからだ。人間の不完全性はこうしてカントにとって、自由の積極的条件である。[7] ここでこっそり起こっていることとは、「やらなきゃいけないんだから、できる！」という論理をカントが引っくり返し、「やっちゃいけないんだから、できない！」というパラドックスにしていることである。完全な解放は達成できない、それは自由の終わりを意味するから、達成してはいけないのだ！ラクラウは彼自身のヘゲモニー論の歴史的地位を説明していないというわたしの批判に対する彼の答えにも、同じ行き止まりがある。基本的には、絶対的な歴史性と文脈依存性を主張するバトラーへの批判については、ラクラウに賛同する。バトラーは、文脈依存性と歴史性の条件を問うことを避けている――もしその問いをはっきりと口にしていたら、

答えは二つ考えられるはずだが、彼女はおそらくどちらも嫌がるだろう。一つの答えは、歴史性それ自体が偶発的な歴史構築物である――したがって歴史的でなく、当然完全に超越論的に決定されている社会がある……と主張することだろうし、もう一つの方法は、歴史性それ自体の存在論をたてることだが、そうすると超越論的 - 構造的次元を彼女の分析にあらためて組み入れざるをえない。（ラクラウ、二四七頁）

これと同じ批判が、ラクラウ自身にもできるのではないかと言いたくなる――ヘゲモニー論それ自身の地位を説明していないというわたしの批判（これは現代という特定の偶発的歴史的な布置についての理論であって、マルクスの時代には「階級本質主義」が妥当だったが、現代では完全な偶発性を認めなければならないということなのか、それともこれは歴史性に対する超越論的アプリオリを記述する理論なのか）に対する答えはこうだ。

ヘゲモニー的な政治形式が一般に広がっているのは現代社会においてのみなのだが、このおかげでわれわれは、過去を審問し、今日ようやく完全に目に見えるものになった動きの未発達な形式を過去に見いだすことができる。そうした動きがなかった場合には、なぜ事態がいまと違っていたか理解することもできる。（ラクラウ、二六八頁）

この解決で問題なのは、わたしが第一部で批判的に取り上げた、擬似ヘーゲル的な進化の視点を暗黙のうちに認めているところだ。社会‐政治的な生とその構造はつねにすでにヘゲモニー闘争の結果だが、にもかかわらず現代において、この特定の歴史的布置においてのみ――偶発性がグローバル化した「ポストモダン」世界においてのみ――政治過程のこの偶発的‐ヘゲモニー的性質は、ようやく「それ自身に到来／回帰」し、「本質主義」のお荷物から解放される……。いいかえれば真の問題とは、現代社会におけるこの「ヘゲモニー的政治形式の一般への広がり」の正確な地位とはなにか、である。これはそれ自体偶発的なできごと、ヘゲモニー闘争の結果なのか、それともそれ自体はヘゲモニー的政治形式に決定されていないなにか底流する歴史の論理の結果なのか。この「ヘゲモニー的政治形式の一般化」はそれ自身、ある社会‐経済過程に依存している、というのがわたしの答えである。「本質主義」政治が葬られ、新たに多様な政治主体が氾濫する状況を作り出したのは、「脱領域」の力学を備えた現代のグローバル資本主義なのだ。というわけで、わたしの立場をはっきりさせておこう。経済（資本の論理）は、ヘゲモニー闘争になんらかの「制限」を設ける一種の「本質主義の錨」である。それは、「一般化されたヘゲモニー」が反映する背景そのものを作り出しているのだ。(8)

この線に沿って、「階級闘争」とアイデンティティの政治との関係を考えてみたくなる。ラクラウはここで二つの議論をしている。まず「階級の敵対性は、資本主義の生産関係に内在しているのではなく、その関係と、その外部にある労働者のアイデンティティとのあいだで起こる」（ラクラウ、二七〇頁）。たんに経済的カテゴリーの具体化ではない個人としての労働者が、文化的その他の理由で、自分の状況を「不正」と感じて抵抗するときにのみ、敵対性は生じる。しかも労働者が抵抗するときでさえ、彼らの要求は内在的には反資本主義的ではなく、資本主義システムのなかで満足させられるような部分的改革を目標としている。となると「階級闘争はアイデンティティの政治の一種であり、ただしいまわれわれが暮らす世界ではますます重要さが薄れている種類である」（ラクラウ、二七一頁）――労働者の位置は、反システム闘争においてべつにアプリオリな特権にならないのだ。(9)

まず第一に、わたしはラクラウの反客観主義的姿勢に賛同するし、それどころか、彼が「客観的な」生産関係と「主体的な」闘争と抵抗とを対立させるときには、客観主義にいくらか寄りすぎではないかとさえ思う。そこにいる個人の抵抗を当然含んだり含まなかったりする「客観的な」生産関係など存在しない。闘争と抵抗の不在――関係のどちらの側も、抵抗なしでその関係を受け入れているという事実――は、すでに闘争のいっぽうの側の勝利をしめしている。ときおり「客観的な」公式が出てくるとはいえ、個人を経済カテゴリー（生産関係における項）の具体化とみなしてそこに還元するのは、マルクスにとって単純な事実ではなく、「物象化」、つまり資本主義に内在するイデオロギー的「神秘化」の一局面、の結果であることを忘れてはならない。階級闘争は「アイデンティティの政治の一種であり、ただしいまわれわれが暮らす世界ではますます重要さが薄れている」というラクラウの第二の論点については、すでに述べた「対立的決定」、鎖の一部がその地平自体を支えるというパラドックスをもって対抗すべきだろう。階級の敵対性はたしかに、いくつもの社会的敵対性の一つとして現れるが、しかしそれは同時に他を支配する、その関係が他に影響しそれらの地位を決定する、特殊な敵対性でもある。わたしの例はここでも、新たな政治的主体の氾濫そのものである。この増殖は、「階級闘争」を二次的な役割に引き下ろしているようにみえるが、じつは現代のグローバル資本主義、いわゆる「ポスト産業」社会の進展という文脈における「階級闘争」の結果なのである。もっと広くいえば、わたしとラクラウとの争点は、ヘゲモニー闘争に入ってくる要素がすべて原理的には平等であるとは、わたしが認めないことだ。いくつもの闘争（経済、政治、フェミニスト、エコロジー、民族……）のなかに、鎖の一部であるのに、ひそかにその地平そのものを重層決定するものがいつも一つある。[10] 個別性による普遍性のこの汚染は、ヘゲモニー闘争より「強い」（つまりその個別の内容が、問題の普遍性のヘゲモニーを握る）。それは、多様な個別の内容がヘゲモニーを求めて闘う地平そのものをあらかじめ構造化しているのである。ここではバトラーに同意しよう。問題は、どの個別の内容が普遍性の空虚な場のヘゲモニーを握るかだけではない――問題は、同時にそれにもまして、この空虚な場それ自体がそもそも出現するために、どのようなひそかな特権化と包摂／排除が起きなければならなかったか、である。

リアリストになろう、不可能を要求しよう！

とうとう資本主義という大問題にやってきた。ポストモダン政治を唱える者は、資本主義を「街で唯一のゲーム」として受け入れ、既存の自由資本主義体制を打ち破ろうとする試みをいっさい断念しているというわたしの主張に、ラクラウはこう答えている。

このような主張が厄介なのは、じつはなにも言っていないに等しいからだ。……〔ジジェクは〕プロレタリアート独裁を強要しようとしていると思っていいのだろうか。それとも彼は、生産手段を社会主義化し市場メカニズムを破壊したいのか。こうした目的をはたすための彼の政治的戦略はどのようなものか。……とりあえずこれらの質問に対する答えに取り組んでくれなければ、彼の反資本主義は中身のないお喋りにすぎない。（ラクラウ、二七四頁）

まず、この文がなにを意味しているかを強調しておこう。この文の意味は結果的には、現在、グローバル資本主義に代わりうるものは想像すらできないということだ——左翼に残された唯一の選択肢は、「国家規制と民主的な経済管理を導入し、グローバル化の最悪の結果を避ける」（ラクラウ、二七五頁）こと、つまりことの流れに身を委ね、避けようのないものの効果が壊滅的にならないよう抑えることだけに活動を限るという、緩和療法なのである。実際その通りだとしても、声高に賞賛されるポストモダンな「新たな政治的主体の増殖」、あらゆる「本質主義的」固着の死、完全な偶発性の肯定は、ある沈黙の断念と受容を背景として起こっているという事実に、少なくとも目をとめるべきだと思う。われわれの社会の根源的な関係にグローバルな変化が起こるのは諦め（いまさら誰が真剣に資本主義、国家、民主政治を疑うだろうか）、結果として、自由民主資本主義の枠組みは変わらず続くことを受け入れて、これは疑う余地のない背景であり、多様な新たな主体がどれほど激しく増殖しても変わらない、と考えるのである。要するに、わたしの反資本主義についてラクラウが言っていることは、彼のいう「経済の民主的管理」と、もっと大きくいえば「ラディカル民主主義」の全プロジェクトにもあてはまる。グローバル資本主義という枠組みのなかで、衝撃を緩和する方策であるか、あるいはなんの意味もないか、どちらかなのだ。

リベラル民主主義は偉大な成果をあげてきた、となんの皮肉も交えずに言えることはよく承知している。おそらく人類史において、現在の先進西洋諸国ほど、多くの人がかなりの自由と物質的に高い生活水準を享受した時代はなかっただろう。しかし「新世界秩序」なる、ごく控えめな緩和療法しか認めない情け容赦のない動きを受け入れたくはない。わたしはいまも、古典的マルクス主義の流れに立って、現代資本主義はまさにその勝利において、月並みな産業資本主義よりも危険な爆発を起こしうる新たな「矛盾」を育んでいると思う。いくつもの「非合理性」がすぐに頭に浮かぶだろう。ここ数十年の息もつかせぬ生産性向上の結果、失業率は上昇し、長期的視点では、社会を発展させるには労働力の二〇パーセントだけが再生産すればよく、残りの八〇パーセントは純粋に経済的な視点からはただの余剰になってしまっている。脱植民地化の結果、多文化ナショナリストは自分自身の生まれた国ですらもう一つの植民地のように扱っている。グローバル化と「グローバル・ヴィレッジ」の結果、人口の全領域がゲットー化した。称えられる「労働者階級の消滅」の結果、数百万人の肉体労働者が、われわれ西洋人の繊細な目の届かない、第三世界の長時間労働工場に出現した……。資本主義システムはこうして、その内的限界と自己破壊に近づいている。人口の大部分にとって、ヴァーチャルな「摩擦なき資本主義」(ビル・ゲイツ)の夢は、数百万人の運命が超‐再帰的な先物取引で決まるという悪夢の世界に変わっている。

資本主義のグローバル化――世界システムとしての資本主義の出現――は最初から、それと真っ向から対立するものを含んでいた。民族集団は、このグローバル化に組み込まれた者と排除された者とに分裂したのである。現代では、この分裂はいっそう根源的になっている。いっぽうでいわゆる「象徴階級」、銀行家や経営者にとどまらず、研究者、ジャーナリスト、法律家など――がいて、彼らの労働の領域はヴァーチャルな象徴宇宙である。いっぽうでこの種の領域のいずれからも排除された人々(永久失業者、ホームレス、弱い立場の民族的宗教的マイノリティ、その他）がいる。両者のあいだに悪名高い「中産階級」がいて、生産とイデオロギーの伝統様式に感情的にしがみつき（たとえば職を失いそうな熟練労働者）、巨大ビジネスや大学と排除された人々の両方を、「非国民」とか「根なしの」逸脱者であると言って攻撃する。社会的敵対性はつねにそうだが、現代の階級敵対性も、この三種の行為者のあいだで、戦略的に連帯の相手を変えながら複雑な相互作用として機能している。「政治的に正しい」象徴階級が、「原理主義的」中産階級に対して排除された側を護る、など。分裂は、伝統的な階級の違いよりもいっそう根源的になっている——それはほとんど存在論的な規模になり、それぞれの集団がそれぞれの「世界観」を、つまり現実との関係様式を持っている、と言いたくなってくる。「象徴階級」は個人主義的で、エコロジーに敏感であると同時に「ポストモダン」で、現実そのものが偶発的象徴的に組成されていると知っている。「中産階級」は、伝統的な安定した倫理と「現実生活」への信念にすがり、象徴階級は「現実を見失っている」と言う。排除された人々は、快楽主義的ニヒリズムと、ラディカルな（宗教的ないし民族的な）原理主義のあいだを揺れ動く……。

ここにあるのは、またも《象徴界》《想像界》《現実界》というラカンの三段階ではないだろうか。排除されている人々は、社会統合に抵抗する核という意味で《現実》であり、「中産階級」は、社会は調和の取れた《全体》であるはずだが道徳的頽廃によって病んでいるという幻想にしがみつくという意味で《想像的》ではないだろうか。この思いつきのポイントは、グローバル化はそれ自身の足場を掘り崩すということである。この地平では、形式的民主主義の原理そのものが軋轢を起こしていることが見えてくる。「象徴階級」はもはや、「民主的に」多数派の抵抗を包みこむことはできないからだ。[11] この危機から逃れるために、この階級はなにに頼ることになるのだろう。なにも禁じられてなどいない。グローバル化に適応できない者を、もっと従順にする遺伝子操作ですら……。

それでは、現在支配的な多数意見にどう答えればよいのか。この意見によれば、イデオロギーの時代――社会主義か自由主義かという巨大な思想プロジェクトの時代――は終わり、われわれがいまいるのはポスト・イデオロギーの時代、経済的エコロジー的その他の必要を中立的に考えて行われる、合理的な交渉と意思決定の時代である。この世論はさまざまな姿をとる。それを受け入れ、なんらかの「喪の労働」を行って巨大イデオロギー構想を清算することは断固拒否する、新保守主義者や社会主義者（それぞれ全世界的イデオロギー構想を再生させようとする）もいれば、イデオロギーの時代からポスト・イデオロギー時代への移行は、痛ましくはあっても抗いようのない人類の成熟の過程の一部であるという新自由主義的意見もある。若者が思春期の熱に浮かされた大計画を諦めて、現実的妥協という大人の日常生活に入っていくことを覚えるように、集合主体は、全世界的なユートピアを夢見るイデオロギー構想が萎えていくのを受け入れ、ポスト・ユートピア現実主義の時代に入っていくのだ……。

この新自由主義の紋切り型についてまず言えるのは、巨大なイデオロギー構想を非現実的ユートピアとして分類するために、市場経済の必然性を中立的なものとして持ち出すこと自体、近代の巨大なユートピア構想の一環とみなすべきであるということだ。フレドリック・ジェイムソンが指摘したように、ユートピアの特徴は、人間性が本質的に善であるといった素朴な考えへの信仰ではなく、むしろなんらかの全世界的メカニズムが全社会に適用されれば、希求されている進歩と幸福の均衡が自動的にもたらされるだろう、という信念にある。まさにこの意味で、市場とは、正しく適用されれば最善の社会状態をもたらすはずのメカニズムの名なのではないか。ここでも、現代社会におけるユートピアへの求心力が失われたと嘆く人々――左翼自身――への最初の答えは、この求心力はいまも元気に生きている――草の根民主主義への回帰を唱える右翼「原理主義」ポピュリズムにばかりか、なによりも市場経済論者自身のなかに生きている、というものだろう。(12) 第二の答えは、ユートピアとイデオロギーとを区別するところからくる。イデオロギーは、現実化するチャンスが実際にはない社会変革を求めるユートピアの構想ではない。あらゆるグローバルな社会変革の構想は「ユートピア」、つまり実現不可能な夢にして／あるいは「全体主義的」可能性の在り処である、と言って「現実主義的に」貶める反ユートピア的姿勢こそ、なによりもイデオロギーである。現在、支配的なイデオロギー的「閉止」の形式とはまさに、「現実的」で「成熟した」とされる姿勢に立って、根源的な社会変化を想像することを阻む心のなかの障壁のかたちをとる。

『精神分析の倫理』のセミネールにおいてラカンは(13)、「悪党」と「道化」という二つの知的姿勢を対比させている。右翼知識人は悪党で、既存の秩序はただそれが存在しているがゆえに優れていると考える体制順応者であり、破滅にいたるに決まっている「ユートピア」計画を奉ずる左翼を馬鹿にする。いっぽう左翼知識人は道化であり、既存秩序の虚偽を人前で暴くが、自分のことばのパフォーマティヴな有効性は宙ぶらりんにしておく宮廷道化師である。社会主義の崩壊直後の数年間、悪党とは、あらゆる形式の社会連帯を反生産的感傷として乱暴に退ける新保守主義の市場経済論者であり、道化とは、既存の秩序を「転覆する」はずの戯れの手続きによって、実際には秩序を補完していた脱構築派の文化批評家だった。

しかし現在では、悪党‐道化の二人組と、右翼／左翼という政治的対立の関係においてしだいに、右翼の悪党、左翼の道化というおなじみの役割分担が崩れてきている。「第三の道」論者は、結局現代の悪党であり、シニカルな諦念を、つまりグローバル資本主義の基本機能をどこか現実に変えようとする試みはすべて必然的に敗れ去る、と説いているのではないか。そして保守主義者は道化なのではないか――パスカルを近代最初のモデルとするこうした保守は、支配的イデオロギーの隠しカードを大っぴらに見せて、作用するためには抑圧されなければ――より魅力的にならなければ――ならない潜んだメカニズムを明るみに出しているのではないだろうか。左翼の悪党ぶりを目の当たりにしている現在、以前にもまして、グローバルなべつな可能性を開くユートピアの場を保つこと、借りものの時間を生き、その内容が満たされるのを待つことが重要なのである。

社会民主主義福祉国家の想像力と、「実際に存在している社会主義」の想像力がどちらも疲弊しきった現在、左翼は新たな想像力（新たに動員されたグローバルな構想）を必要としている、という点についてはラクラウに賛成する。しかし今日、福祉国家と社会主義的想像力は時代遅れであるというのは紋切り型である。真のディレンマは、支配的な自由民主主義の想像界をどう扱うか――左翼がそれにどう関係するか――である。ラクラウとムフの「ラディカル民主主義」は、この自由民主主義的想像力をたんに「ラディカルに」したものにあまりにも近く、その地平のなかにとどまっていると言いたい。もちろんラクラウは、重要なのは民主主義の想像界を「空虚なシニフィアン」として扱い、グローバル資本主義「新世界秩序」論者と、その内容をめぐってヘゲモニー闘争を繰り広げることだ、とたぶん言うだろう。しかしここではバトラーが正しく、もう一つの道が開かれていると思う。「支配的な規範用語の内部攪乱のためには、その規範を占有することが必要であると考えているわけではないということだ。その用語を拒否すること、それが衰退するにまかせておくこと、それから力を奪いとることが必要なときもある」（バトラー、二三八頁）。つまり左翼には現在も選択肢がある。支配的な自由民主主義の地平（民主主義、人権、自由……）を受け入れて、そのなかでヘゲモニー闘争に加わるか、それとも、そこで使われることば自体を拒否し、あらゆるラディカルな変化のもくろみは全体主義への道につながっていると判決を下す現在のリベラルな脅迫をたんに退けるという、対抗的な姿勢に立つというリスクを冒すか、である。六八年のモットー、リアリストになろう、不可能を要求しよう！、こそわたしの固い信念であり、政治的‐存在論的前提である。リベラル民主主義の地平にとどまって、変化と再意味づけを唱える者こそ、その努力が、結局人類の顔に資本主義を貼りつける美容手術以上のなにかになると信じている以上、真のユートピア信仰者なのである。

第二論文でバトラーは、ヘーゲルの弁証法過程を特徴づける逆転をすばらしくみごとに使っている。増大した「矛盾」においては、あらゆる決定がすぐに正反対のものになってしまうため、意味を生み出す差異の構造そのものが崩壊するが、この「狂気のダンス」は、新たな普遍的決定が突然現れることによって解決されるのである。最高の例は、『精神現象学』における、「自己疎外する《精神》の世界」からフランス革命のテロルへの移行だろう。「イタリアのアリア、フランスのアリア、悲劇のアリア、喜劇のアリア、ありとあらゆる種類のアリアをかきあつめ、ごちゃまぜにし、深音のバスで地獄に下ったかと思うと、喉を締め上げて、裏声で空の高みを突き破る……逆上したかと思うと落ち着き、高圧的になってみたりからかってみたり」（ディドロ『ラモーの甥』）する革命前の「音楽家の狂気」[14]は、いきなりラディカルに正反対のものに、容赦ない厳格さをもって目的に突き進む、革命的姿勢になる。そしてわたしが言いたいのはもちろん、現代の「狂気のダンス」、多様で移動するアイデンティティの爆発的氾濫もまた、新たなテロルによる解決を待っているということだ。唯一「現実的」な見通しは、不可能を選ぶことで新たな政治的普遍性を基礎づけること、まったき例外の場を引き受け、タブーもアプリオリな規範（「人権」、「民主主義」）もなく、テロルを、権力の容赦ない行使を、犠牲の精神を「意味づけなおす」のを妨害するものを尊重すること……もしこのラディカルな選択を、涙もろいリベラルが「ファシズムへの道」だと非難するなら、言わせておけ！

註

（1）いうまでもなくここではジョアン・コプチェクの先駆的な「理性の安楽死」を引いている。Joan Copjec, *Read My Desire*, Cambridge, MA : MIT Press 1995. このエッセイ、ラカンの性的差異の哲学的基盤と帰結について書かれた決定的な論考が、無数のフェミニストによるラカン攻撃においてなにも触れられず無視されているのは、一つの徴候だろう。

（2）ここでもラカンの《現実界》を理解する鍵は、ラクラウが模範的に展開してくれている内的差異と外的差異の重なりあいであることがわかる。「現実」は象徴秩序によって枠をはめられた外的な領域であり、いっぽう《現実界》は、《象徴界》に内在し、その実現を内側から阻む障害物、である。バトラーのおなじみの《現実界》批判（《象徴界》と《現実界》の分割線こそが、なににもまして象徴的な身ぶりである）は、《象徴界》を内在的に一貫しない脆いものにしている重なりあいを考慮に入れていない。

（3）しかも第一、第二論文で強調した通り、ラカンは「性的差異という空虚な形式がヘゲモニーの戦場として現れるために、どの特定の内容が排除されねばならないのか」という問いに、正確に答えている。この「特定の内容」こそラカンのいう不可能な「モノ自体」であり、『第一一セミネール』ではさらに特定して「ラメラ」と呼ばれるものである。これは不死のものであるリビドーそれ自体、「ある生物が有性生殖のサイクルにしたがっているという事実によって、その生物からなくなってしまう……不死の生、押さえ込むことのできない生」である。Jacques Lacan, *Four Fundamental Concepts of Psycho-Analysis*, New York : Norton 1977, p.198.［ラカン『精神分析の四基本概念』小出・新宮・鈴木・小川訳、岩波書店、二〇〇〇年、二六三〜四頁］

（4）バトラーがこの概念の区別を拒否することの代償として、精神分析の鍵となるいくつもの洞察を単純化してしまっている。たとえば彼女は「個体化には無意識——すなわち残余——を生みだす予めの排除が必要だということは当然だが、無意識は前‐社会的なものではなくて、語り得ない社会性を保持する方策であることも、また確かなことだ」と主張するが、これではトラウマ的《現実界》を生み出す予め の排除と、なんらかの内容を無意識に追いやる単純な抑圧との区別がぼやけてしまう。予め排除されるものは無意識のなかに残らない。無意識は主体の言説によって検閲された部分であり、「他者の場」を主張して主体の言語の流れを妨害するシニフィアンの鎖だが、予め排除された《現実界》は、無意識そのもののなかの疎内する核である。

(5) Karl Marx, *Grundrisse*, Harmondsworth: Penguuin 1972, p.107.

(6) 歴史的経験では、正反対の亀裂がしばしば見つかると付け加えておくべきだろう。ある行為体が、ある個別の問題を解決することだけを目的として控えめな方策をうち出すが、この方策が全社会構造を解体させる引き金となるという場合である(ゴルバチョフのペレストロイカはもともと、共産主義をもっと能率のよいものにすることだけが目的だった)。

(7) 『実践理性批判』でカントは、現象領域、モノそれ自体に直接触れることができたらなにが起こるか、という問題に答えようとした。

道徳的志操はまず傾向性と戦わなければならず、その戦いで何度か敗れた後にそれでも次第に心の道徳的強さが獲得されるはずだが、つぎにはその戦いにかわって、神と永遠性とが恐るべき威厳をもって絶えずわれわれの眼前にたちあらわれたことだろう。……合法則的な行為のほとんどすべては恐れから生じ、ごくわずかは希望から生じることとなり、義務からしてなされる行為は一つもないということになろう。人格の価値や世界の価値すらも本来行為の道徳的価値にのみ依存するはずだが最高の知恵の目からすれば、そうした行為の道徳的価値などもまた、およそ存在しようがない。それゆえ人間のふるまいは、人間の本性がいまのままであったとすれば、たんなる機械じかけになってしまうことだろうし、そこでは人形芝居におけるようにすべてはよく身振りをさせられるだろうが、しかしそれでも、その人物にはいかなる生命も見当たらないことだろう。(Immanuel Kant, *Critique of Practical Reason*, New York : Macmillan 1956, pp. 152-3)〔『カント全集7 実践理性批判』坂部恵、伊古田理訳、岩波書店、二〇〇〇年、三三四〜五頁〕

だからカントにとって、現象領域に直接触れると、超越論的自由の核を形作る「自発性」は奪われてしまうのである。そうなると人間は生のない自動機械に、あるいは——現代の言いかたでは——「思考する機械」になってしまう。

(8) 誤解は避けておこう。イデオロギー闘争の自律性の論理には十分気づいている。リチャード・ドーキンスによれば、自然界における「神の功利的機能」は、遺伝子の再生産である。つまり遺伝子(DNA)が生物の再生産の手段なのではなく、その逆に、生物が遺伝子の自己繁殖の手段なのである。同じようにイデオロギーについても問える。「国家のイデオロギー装置」の「功利的機能」とはなにか? 唯物論者の答えはこうだ。観念、情緒その他の網の目としてのイデオロギーの再生産でもなく、このイデオロギーが正当化する社会状況の再生産でもなく、この国家イデオロギー装置そのものの再生産である。「同じ」イデオロギーでも、さまざまに異なる社会様式に適用されうる。国家イデオロギー装置として「生き延びる」ために、その観念などの内容を変えることができるのだ。わたしが主張しているのは、現代の資本主義こそ、伝統的宗教から個人快楽主義にいたるまで、ありとあらゆるイデオロギーの論理を「再意味づけし」、その枠組みにあわせて仕立て直すことができる一種のグローバル機械である、ということだ。禅仏教の導師ですら、悟りとともにやってくる内面の平和のおかげで、市場でもっとうまくやることができる、と強調したがる……。

(9) 結局わたしがアイデンティティの政治でもっとも批判したいのは、その「個別主義」そのものではなくむしろ、自分の個別の発話の立場こそが、自分のことばの権威を正当化し保証さえするという、この種の運動家がどこでも行う主張である。ゲイだけが同性愛について語れるし、ドラッグ中毒者だけがドラッグ経験について、女性だけがフェミニズムについて語れる……。ここではドゥルーズに倣うべきだろう。「自分自身が特権的な経験をしたというのは、悪い反動的な議論です」(*Negotiations*, New York : Columbia University Press 1995, p.11)。こうした自分の直接の経験に訴える「権威づけ」は、共感たっぷりに庇護者面をするリベラルの言説に対して、被害者が自分の主体性を主張できるようになるという、限定された革新的役割を演じることはできるが、最終的には解放のポリティクスの基盤を崩してしまう。

(10) 映画からもう一度例をあげよう。『パリ、夜は眠らない』――一種のパロディ・ショーとして、白人上流階級女性の服装をしてその儀式を笑いつつまねる貧しい黒人アメリカ人たちを描いている――は、人種についての映画でもジェンダー・アイデンティティについての映画でもなく、階級についての映画である。この映画で重要なのは、ここで転倒されている三つの分割（階級、人種、ジェンダー）のなかで階級分割が、もっとも「自然でない」（つまりもっとも「人工的」、偶発的、社会的に条件づけられていて、ジェンダーや人種のようなとりあえず「生物学的な」基盤とは対照をなしている）ものであるにもかかわらず、もっとも乗り越えるのが難しい。彼らが階級の障壁を乗り越える唯一の手段は、パロディのパフォーマンスのさなかですら、ジェンダーと人種のアイデンティティを転倒することなのだ……（この考えはチューリヒ大学のエリザベス・ブロンフェンから示唆された）。

(11) わたしが考えるものに近い資本主義批判のモデルは、『共産主義宣言』の二一世紀のための書き直しというべきMichael Hart and Antonio Negri, *Empire* (Cambridge, MA: Harvard University Press 2000) である。ハートとネグリは、グローバル化を両義的な「脱領域化」として描く。勝ち誇ったグローバル資本主義は、社会生活のあらゆる孔を、もっとも内密な領域まで侵食し、もはや家父長制その他のヒエラルキーを固定する支配形式には頼らず、流動的で多様なアイデンティティを生み出す前代未聞の力学をもたらす。しかし、こうしてあらゆる実質的な社会的紐帯が解体することで、瓶から魔物が跳び出してくる。資本主義システムがもはや完全には囲い込めない、遠心的な潜在力が噴出してくるのだ。資本主義システムはまさにそのグローバルな勝利のゆえに、現代ではかつて以上に脆弱なものになっている――マルクスの古い公式はいまも正しい。資本主義は自分自身の墓掘り人を生み出すのである。

(12) マイクロソフトの独占を訴えたアメリカ政府のパラドックスが、ここに見てとれる。この訴訟は、国家規制と市場とが、単純に対立などしておらず、相互依存していることを雄弁にしめしてはいないだろうか。市場メカニズムが放っておかれると、マイクロソフトの完全な独占が生じ、完成による自己破壊にいたる――国家の直接介入

（しばしば巨大すぎる企業を潰すよう命じる）を通してのみ、競争は保たれる。
（13）Jacques Lacan, *The Ethics of Psychoanalysis*, London : Routledge 1992, pp. 182-3.
（14）G.W. F. Hegel, *Phenomenology of Spirit*, Oxford: Oxford University Press 1977, p. 317.〔ヘーゲル『精神現象学』長谷川宏訳、作品社、一九九八年、三五六頁〕

訳者あとがき

本書は Judith Butler, Ernesto Laclau and Slavoj Žižek, *Contingency, Hegemony, Universality : Contemporary Dialogues on the Left*（Verso 2000）の全訳である。冒頭で各人が投げかけた問いを受けて、第一論文が書かれ、そこでの互いの批判に応えて第二論文が、最後にそれまでの議論を踏まえたまとめとして第三論文が書かれるという本書の構成は、まさに「対話」の名にふさわしい。

著者三人について多くを語る必要はないだろう。バトラーは『ジェンダー・トラブル』（一九九〇年）で、ラクラウはシャンタル・ムフとの共著『ヘゲモニーと社会主義の戦略』（一九八五年、邦題『ポスト・マルクス主義と政治』）で、そしてジジェクはいちいち書名をあげるのも不要なほどの多くの翻訳によって、すでに日本語でも広く読者を獲得している。ドイツ哲学とフェミニズム理論、マルクス主義、ラカン派精神分析と、それぞれ出発点となる知的背景は異なるものの、バトラーの「パフォーマティヴィティ」、ラクラウの「ヘゲモニー」、ジジェクの「現実界」といったキー概念は、どれも他の多くの思想家・批評家に流用され、バトラー風の言い方をすれば、再流通の過程に投げ込まれ、ずらされて、議論を呼びつづけている。現代の対抗政治の可能性と課題を問う書物として、まさに英語圏においては望みうる最高のキャストで構成された論集である。

バトラーとジジェクといえば、理論的には犬猿の仲というのがおそらく一般的な印象であり、この二人が共著を出すこと自体、ニュースといえる。ラカン派の「ファルス」や「《父》の名」といった概念が男性中心主義的だという批判は、フランスのエクリチュール・フェミニンの業績以来、フェミニストによってしばしばなされてきた。バトラーも『問題なのは身体だ』(一九九三年)で、理念としては性的差異とは無関係なはずの「象徴界」や「現実界」が、依然として男性中心的で異性愛中心的なレトリックで語られていることを批判し、ジジェクも負けずと『否定的なもののもとへの滞留』(一九九五年)などで応答して、バトラーは「形式」の形式たるところを理解していないと攻撃し、またバトラーも『権力の心的生』(一九九七年)などでジジェクのイデオロギー分析に宿る精神の理念化に危惧の念を呈し、そうしてジジェクはふたたび『神経質な主体』(一九九九年)で再応答を試みるという、精神分析の地位をめぐって双方一歩も譲らぬバトルを繰り広げてきた経緯がある。

これに対してラクラウは、バトラーともジジェクとも友好的な関係を続けてきたように見える。本書の序文にもあるように、彼は一九八五年からジジェクとの共同研究を始めており、その成果は論集『政治的アイデンティティの形成』(一九九四年)に集められている。もともとラクラウのヘゲモニー論は精神分析とは無関係である。しかしヘゲモニーの空間は「特定の何かによって占められない」ことを強調する彼の議論は、ラカンの「主体の欠如」や「空虚なシニフィアン」と相同性を帯びているというジジェクの指摘を、ラクラウはそのまま受け入れている。いっぽうでバトラーとは、一九九七年に『ダイアクリティックス』誌で「平等の用法」と題する往復書簡を発表し(初出は九五年)、脱構築とヘゲモニー論を接続しようと試みている。

この対話集の理論的契機として挙げられているラクラウとムフの著書『ヘゲモニーと社会主義の戦略』は、古典的マルクス主義の階級理論からポストマルクス主義の言説分析にシフトしたものだが、そこで論じられていることは、「アイデンティティの政治」の再解釈の理論的基盤の一つにもなってきた。バトラーはといえば、素朴なアイデンティティ絶対視からは距離をとりつつも、やはり異性愛主義にくみしない自分の生を意識して思索を続けている。そしてジジェクが信奉するラカン派精神分析は、何よりもまず主体形成における言語と非言語の関係を問題にする。

というわけで本書の関心は、複数の共同戦線の絡み合いである。ラカン擁護ひいては普遍的理論の擁護（ジジェクとラクラウ）に対してバトラーはどうふるまうのか。アイデンティティの政治（ラクラウとバトラー）に対してジジェクは何を対置するのか。そしてこの二つの問題系はどのような関係にあるのか。実際にはこれに、ヘーゲルを汎論理主義者という一般的イメージに抗して読む可能性にイエスか（バトラーとジジェク）、ノーか（ラクラウ）という軸が加わって、三つ巴の議論が展開される。全体としては、ジジェクがいつものスタイルで自分の世界を展開するのに対して、バトラーが執拗にからみ、そして理論的に折衷的なラクラウがときにバトラーに、ときにジジェクに味方しながら交通整理をやっているという印象だろうか。こうしてしだいに、三人それぞれのもっとも譲れない部分——バトラーであれば、排除と再分節化の動的関係への、ラクラウでは全体主義に抗する普遍的分析への、そしてジジェクでは階級闘争の理念性へのこだわり——が浮かび上がる。

本書の翻訳は、序文とバトラーの執筆部分を竹村が、ラクラウとジジェクの部分を村山が担当してまず訳出し、そののち互いにファイルを交換して、とくに三人が相互参照をおこなっている部分を検討するという手順をとった。そのさいにとくに問題になったのは、バトラーの用語法が他の二人から微妙にずれる部分である。たとえばジジェクは英語のtranscendentalを、カントのラカン的読解にそって、個別性から超越した姿勢、しかしけっしていかなる個別もその場を占めえない姿勢を指すのに用いている。日本の現代思想の文脈ではこれを「超越論的」と訳すのがふつうだが、それに対するバトラーの批判は、ラカンの「ファルス」の概念がいかに理念として超越論的であっても、やはり男性器という個別のもつ具体性を失っていないではないかというものである。つまりジジェクの議論は、ファルスに対して、超越論的ならぬ超越的地位、具体的なものがそのまま他に優越するという特別な地位を与えているというのである。結局ジジェクとラクラウの個所では「超越論的」という訳語を当てたが、バトラーはいわばこの概念を意図的に誤読しており、違った意味で使っているので、彼女の論文ではたいていの場合、「超越（論）的」と訳した。というより彼女は、「普遍」の主張は具体的な個別性からけっして逃れられず、したがって概念はどれほど純粋に普遍であろうとしても具体性に汚染されざるをえないという、自らのヘーゲル論での主張を実践してみせているのである。「普遍」はどこまで、あるいはどの次元で普遍であるかという、本書の最大の問題を、バトラーは持論を傍証するかたちで、レトリックのレベルで焙り出しており、それに対してジジェクは、あくまで普遍の形式としての超越論性を主張する。

本書は三部からなっており、後の章では前の章での議論を踏まえているが、議論の展開はかならずしも直接的、逐次的ではない。ジジェクも言うように、三人それぞれにとって他の二人の批判がいわば「他者」の侵入のような役目をはたしており、たんに自説を直線的なかたちで展開するのを妨害しているからだ。この対話性こそが本書の要であり、ということは彼らの理論にある程度なじんでいる方は、第二部から読み始めて、いきなり熾烈な相互批判のただなかに踏み込むのもよいかもしれない。

したがってむろん本書は、大方の予想を裏切ることなく、三者の予定調和的な結末をみることはない。しかしこの対話のプロセスは、いたずらに理論の極地・極北を闘わせるものではなく、新自由主義に取り込まれない新しい対抗政治は可能なのかという問い、いや、新しい対抗政治をぜひとも理論的に作りあげようと願う意志に貫かれたものである。本書の原副題「左翼に関する現在の対話」は、それをいみじくもあらわしている。そして三人の肉声が聞こえるような各論文は、理論（理念ではない）がまさに実践であり、行動であり、政治的コミットメントであることを、わたしたちに明瞭に、スリリングに、示してみせている。

本書の序文で、著者三人が編集者に、「本書執筆の軌道にのせておいてくれた」ことに感謝している。わたしたち訳者もまた、編集を担当してくださった青土社の宮田仁さんに、つねにわたしたちをこの仕事に振り向かせてくださったことに、そして何よりも、綿密な編集と的確な指摘で訳文の校正と共同作業をスムーズに進行させてくださったことに、心からの感謝を申し上げます。

二〇〇二年　早春

訳者

解説

山本圭（政治学）

1　はじめに――Universe or Universality?

二〇一六年、ドナルド・トランプが大方の予想を裏切るかたちで大統領選に勝利したことで、共和党の選挙キャンペーンを率いた部署である「プロジェクト・アラモ」、およびこの部署から依頼を受けた英国のデータ分析会社「ケンブリッジ・アナリティカ」の存在に注目が集まった。

ケンブリッジ・アナリティカの役割は、およそ次のようなものであったと言われている。すなわち、二億三千万人ものアメリカ人の個人情報（インターネットの閲覧履歴、購入記録、所得記録、投票記録など）をもとにデータベースを作成し、彼らの投票行動を分析し、説得できそうな有権者や潜在的な支持者を割り出していく。そして、これらをもとに、個別訪問先や電子メールの配信先、ダイレクトメールやテレビ・コマーシャルのコンテンツについての提案が行われるのだ。こうした手法は、英国のBrexitのさいにも大きな役割を果たしたというが、ビッグデータの活用は保守陣営にかぎったことではなく、たとえば英労働党のコービン陣営もデータを用いた選挙運動には熱心であるという。

特筆すべきは、フェイスブックをはじめとしたSNSの活用である。ユーザーは利用履歴や関心にもとづいて細分化されており、企業や政党は、効果を最大化できるよう微調整された広告を、狙い撃ちのように配信することができるというわけだ。ユーザーが受け取るメッセージが個別化されたことで犠牲になったのは、アレントが「共通世界」と呼んだ私たちのリアリティである。「個別化されたメッセージしか受け取れなければ、公開討論が共有できなくなってしまい、何百万という烏合の衆にすぎなくなる。[1]」この政治的帰結は思いのほか深刻である。本邦でも、与党支持者と批判者ではそれぞれまったく異なった現実を生きていて、討論はおろかお互いに理解することも難しい状況にあることを持ち出すまでもないだろう。

テクノロジーが、政治の光景を一変させつつある。私たちはいまや、それと知ることなく呼びかけられ、主体化し、ゲームに参加することを強いられている。偶発性は必然性に置き換わり、ヘゲモニー空間は収縮し、普遍性はいまやアルゴリズムとビッグデータが体現しているというわけだ――序でに言えば、データから析出された鍵となるターゲット・グループは「ユニバース」と呼ばれる！

こうしたポスト・デモクラシー的な状況にあって、本書『偶発性・ヘゲモニー・普遍性 *Contingency, Hegemony, Universality*』は、政治的思考を立て直すための、いささかとっ散らかった戦略書にほかならない。本書は、「ユニバース」からの呼びかけが頓挫し、主体化が必ずどこかで失敗する、そのような計算間違いの瞬間に対抗政治の希望をつなげようとする。ラディカルな変革にむけた二十年も前の対抗戦略など、いまさら世迷事のように聞こえるだろうか？　ここでは、ジジェクの流儀に倣い、クリストファー・ノーランの「インターステラー」の有名なシーンを思い出しておこう。幼少期のマーフは最初、部屋で生じるポルターガイストを幽霊のしわざと訴えつつも、そのメッセージの一部を確かに解読していた。しかし、幽霊の正体と奇妙な現象の真の意味に気づくのはもっと後のこと、すなわち彼女が研究者となり、ふたたび部屋に戻ったときなのである。ここでの教訓はこうである。つまり、メッセージ（呼びかけ）の真の秘密に到達するには、いったんそれを受け取りそこね、機が熟すのを待つ必要があるということだ。同様に、私たちがある書物の真の重要性を理解するのは、旧版ではなく、その〈新装版〉においてだとしたらどうだろうか？　だから、私たちもまた、本書のアナクロニズムに身を投じてみよう。

2　本書について

ジュディス・バトラー、エルネスト・ラクラウ、スラヴォイ・ジジェクといえば、当時の現代思想を代表する錚々たる面子であり、ある意味で、彼らをポスト構造主義の最後の世代と言ってもいいかもしれない。パフォーマティヴィティ、ヘゲモニー、現実界といった概念は、分野を横断して広く応用されたし、いまも到るところでそれらを目にするにちがいない。デリダなきあと、現代思想が次の一手を模索しつつ、しかしいずれも決定打となるような潮流を生み出せていないという、どこか焦燥感すら漂うなか、本書の緊張感をともなったやりとりは、時代の雰囲気を切り取った貴重なドキュメントといえるだろう。

まっさきに目を引くのは、やはりその実験的かつアグレッシヴな構成である。共同署名が添えられた短い「序文」、そして各論者の箇条書きにも近い「問題提起」につづき、バトラー、ラクラウ、ジジェクの順に、応酬は三ラウンドみっちりと続く。しかしこうした構成が、その後あまり一般化することはなかったように、この試みにはじっさいには難しいところもある。議論は、そのつど交通整理の入る鼎談のようにはスムーズに流れず、話題は目まぐるしく変わり、一箇の論点を追いかけようとすれば、複数の論考をいったりきたりすることになるだろう。そのため、頭から順番に読んでいくという一般的な読書ではなく、論点ごとに「縦に読む」という少し特殊な読書のほうが、本書にかんしては向いているかもしれない。

ここで少し余計なことを言っておけば、本書の対話が進むにつれ、明らかに三人の関係が悪くなっているようにも見える。三人の共通敵のひとつにはハーバーマス的な手続き主義が想定されているというが、本書はまるで、理性的な対話が失敗し、必ずしもコンセンサスを形成しないということを、パフォーマティヴに示しているかのようだ。「なんの話をしているのかさえわからない」というぶしつけな揶揄も、「涙もろいリベラルには言わせておけ！」という悪びれた啖呵も、本書の魅力を構成する要素だろう。

さて、本書では議論が進むにつれ、各論者の違いが浮き彫りになっていく。しかしそれらの内容について何かをいうのは思いのほか難しく、全方位的な要約を拒絶するようなところがある。そこでこの解説では、政治理論の観点から、いくつかの論点を拾いつつ、本書の意義を探っていくことにしたい。

3　ヘゲモニーと現実界

まずは共通点を確認しておこう。三人の共通の背景には、一九八五年に刊行された『ヘゲモニーと社会主義の戦略 *Hegemony and Socialist Strategy*』（邦訳では『民主主義の革命』）がある。

実際『ヘゲモニーと社会主義の戦略』はこの対話集の背景をなすもので、その理由は、この本がアントニオ・グラムシのヘゲモニー概念に新しい方向づけをおこなったためだけではなく、マルクス主義のなかのポスト構造主義的転回を示すものだったからだ。つまり、反‐全体主義的なラディカルな民主主義のプロジェクトを公式化するにあたって、必須の事柄である言語の問題を取り上げたものであるからだ。（本書七頁）

ラクラウとムフの共著『ヘゲモニー』は、マルクス主義の限界をポスト構造主義の理論立てを援用することで克服し、ラディカル・デモクラシーの展望を示した書として知られるが、バトラーはすでに *Bodies That Matter* においてこれに言及し、他方でジジェクは、刊行当初からその政治的かつ哲学的な意義を見抜き、これをかなり高く評価してきたという経緯がある。彼らは『ヘゲモニー』が提起した議論を前提に、つまり政治領域をヘゲモニーによって捉える見方を共通の土台としながら、来たるべき対抗政治を描こうとするのだ。

そこで決定的だったのは、やはり「敵対性」という概念を中心においたことだろう。これは本書の核となるいくつかのアイデア、すなわち「アイデンティティの失敗や否定性やギャップや不完全性を理解するため」（本書八頁）に、きわめて重要な概念である。そしてジジェクはこの理論的カテゴリーをラカンの「現実界」とあざやかに結び付けたが、それ以降というもの、ラクラウもまた、そうしたラカニアン・レフト路線を積極的に支持してきた。

問題はここから始まる。「おそらくわれわれの論争の究極の的は（ラカンの）《現実界》の地位だろう」（本書四〇六頁）とあるように、もっとも大きな争点のひとつは、ラカン派精神分析と政治理論の関係をめぐるものである。対立のフロンティアはバトラーとその他の二人のあいだに引かれている。すなわち、バトラーを引用すれば、「ラクラウのなかに見られるラカン的命題――つまり《現実界》を、すべての主体形成の限界点とみなす考え方――は、彼がおこなっている社会や政治の分析と両立しえるかどうかについては、疑問に思う。」（本書四七頁）

どういうことか。バトラーの問いは、主体構築にかんするラカン派の見方（たとえば欠如の主体や斜線を引かれた主体）が、ヘゲモニー戦略と最終的に折り合いをつけることができるのか、というものだ。たとえば、かりに主体形成が、現実界によってア・プリオリな仕方で限界づけられているとすると、ヘゲモニー論が前提にしていたはずの政治闘争のための偶発的な空間は、一定の枠組みのなかに制限されてしまうだろう。あるいはバトラーからすれば、「性的差異」を擬似‐超越論的に捉えてしまうと、いかなるジェンダー・トラブルも、セクシャリティをめぐるヘゲモニー闘争も不可能になってしまう。「もしもこの位置づけを受け入れるなら、理念的なジェンダー二分法にきっちり当てはまらない性的身体が登場したときでさえ、性的差異そのものには超越論的な地位があると主張することになるだろう。」（本書一九七頁）

この批判に応答するのがラクラウとジジェクの役回りである。ラクラウによれば、バトラーはラカンの現実界を実定的なものとして捉えてしまっている。しかし現実界とは、偶発性の領域をア・プリオリに制限する外部というよりも、純粋に否定的なもの、象徴化に抵抗するトラウマ的な核、「喉の奥に引っかかった小骨」（ジジェク）である。さらに、現実界は歴史性や偶発性に対立するものではありえず、むしろそうした象徴的な領域を可能にしている足場そのものでもある、ラクラウは現実界の政治理論的な意義をこう擁護する。とはいえ、このような応答にもちろんのことバトラーは納得せず（本書二〇五―二〇六頁を参照）、以下くり返し《ダカーポ・センツェ・フィーネ》といった具合なので、ここでそれを反復するのはやめておこう。

　本書の議論を踏み越えて少し補足しておきたい。本書では「現実界」の位置付けが焦点となっているが、ラカン派精神分析と政治理論の関係は、そのあとも深められてきた。たとえば、ラクラウはポピュリズム研究に従事するなかで、現実界よりも対象aのほうに明らかに関心を移しているし、その弟子筋のヤニス・スタヴラカキスは、ラカンの「享楽」や「性別化の式」からも政治理論的なインプリケーションを引き出している[2]。さらに「現代ラカン派」と呼ばれる昨今の潮流においては、レイシズムの問題をはじめ、現代社会に介入するような政治的言説が存在感を増しており、今後もこうした政治理論と精神分析のあいだの実りある交渉は続いていくと思われる[3]。

4　普遍性の地位をめぐって

　もう一つの大きな争点として、「普遍性」の地位をめぐる問題がある。本書では、個別主義的なアイデンティティ・ポリティクスや差異の政治がさかんに唱えられるなか、普遍性の次元を再起動するという逆張り的な身振りこそが、対抗政治を立ち上げるための不可避の道程であると提示されている。

　ふたたび、バトラーからはじめよう。まず押さえておくべきことは、本書の前後の時期に、普遍性についてのバトラーの評価に重大な変化があったということだ。一九九九年に出版された『ジェンダー・トラブル』の第二版に付された序文には、以下のように書かれていた。

（…）わたしは、どのようにしたら普遍性を明言することが予弁的でパフォーマティヴなものとなるかを理解するようになり、まだ存在しない現実を呼び起こし、まだ遭遇していない文化的地平が収斂する可能性を提示した。その結果、わたしは、普遍性に関する第二の見解を持つようになったのだが、その見解では、普遍性とは文化翻訳という未来志向の作業と定義される。(4)

バトラーはもともと普遍性について、それをもっぱら排他的なものと否定的に捉えていたが（これが普遍性に関する第一の見解）、そうした考えをあらため、これを非‐実体的で未決のカテゴリーとして捉えるようになったという。この「普遍性に関する第二の見解」をさらに展開したものが、本書で言われるところの「競合する複数の普遍」である。『ジェンダー・トラブル』以降、こうした普遍性の再構築および文化翻訳の問題が、人々の民主的な連帯をつくるうえで、第一級の政治的課題として認識されるようになる。

じつは、バトラーの新しい普遍概念は、ラクラウの「個別に汚染された普遍」という考え方とかなり近いものである。バトラー自身も「社会が達成できる唯一の普遍とはヘゲモニーの普遍性——個別性に汚染された普遍性である」という言葉に「心から賛同する」（本書二二〇頁）としており、二人のあいだに基本的な前提は共有されている。

この点では、対立のフロンティアはジジェクとのあいだに引かれている。ジジェクももちろん、ラディカルな政治のために普遍性が必然的であることには同意している。しかし問題は、普遍性がどのような舞台で上演されているのか、言い換えれば、「この空虚な場それ自体がそもそも出現するために、どのようなひそかな特権化と包摂／排除が起きなければならなかったか」（本書四一一頁）ということなのだ。

（…）政治的普遍性の観念の展開を見ると、グローバル秩序の圏域の外で、亡霊のような生を生きるはめになっている人々、「人口」という不定形な塊に沈み、背景に隠れ、人の口の端に上ることもなく、自分の居場所すらない人々の影のごとき存在は、バトラーとは少し違って見えてくる。この影のごとき存在こそ、まさに政治的普遍性の場だと言ってはいけないのだろうか。政治において普遍性が主張されるのは、こうして適当な場を持たない、「関節の外れた」行為者が、グローバル秩序のなかに居場所のある人々に対して、直接の普遍性を体現するものとして現れるときではないだろうか。（本書四一二頁）

このようなジジェクの見方からすると、ラクラウ的な空虚なシニフィアンの普遍性にしても、バトラーの競合する複数の普遍にしても、グローバル資本主義に代わる普遍性を立ち上げるには明らかに不十分である。おそらくこれこそ、ジジェクが最終的にポピュリズムを批判し、階級闘争を支持する理由である。本書におけるラクラウの論立ては、最終的に『ポピュリズムの理性』（二〇〇五）における人民を構築するためのヘゲモニー戦略へと結実するのだが、ジジェクはポピュリズムがつまるところ反動的なものでしかなく、真に解放的な政治に到ることはないとし、これを批判する。そうしてジジェクは、ポピュリズム的普遍性に対し、グローバル秩序のなかに居場所を持たないものの普遍性、すなわち「定数外の」普遍性を対置し、後者こそを真に根源的な政治であるとするのだ。(5) そして、この点についてはバトラーも、〈人民〉が抱える両義性（人民は反−民主主義的でもありうる）のために、ポピュリズム戦略にはやや慎重な姿勢をみせていることも付け加えておこう。

とはいえ、ラクラウの側にも言い分はある。彼は、具体的な戦略をそっちのけに、どちらがより〝ラディカル〟であるかを競うだけのジジェクとは政治の話はできないと言ってのける。

バトラーは現実の世界について、現実の闘争でぶつかる戦略上の問題について語っているから、彼女とは政治を議論できるが、ジジェクとは同じスタート台に立つことすらできない。彼から得られるものといったら、資本主義を転覆しろとか自由民主主義を捨てろといったなんの意味もない命令である。(本書三八三頁)

ラクラウとバトラーにとっては、ラディカル・デモクラシーこそが唯一現実的な見通しである。しかし、ジジェクにとってそれは、グローバル資本主義と自由民主主義を糊塗するものでしかありえず、したがってそれをいち早く見限ることこそが、いっそう現実主義的な選択肢となる。この既視感を禁じえない左翼的な悪循環に本書の対話も囚われているが、私たちとしてはこれをいかに断ち切ることができるかが、差し迫った課題として残されているのだろう。

5 おわりに

ところで、本書の副題は「新しい対抗政治への対話」とされているが、原著のサブタイトルは〝Contemporary Dialogues on the Left〟である。日本語版の副題から〝the Left〟が抹消されていることを、どう考えたらいいだろう。訳書の刊行当時、政治的な党派性を明示することがあまり歓迎されず、なんとなく抑圧されてしまったということだろうか?　そうかもしれない。

しかし、およそ二十年越しで本書を受け取る私たちにとって、ここで抹消された「レフト」こそが喫緊の問題である。確かに、このかんのコンセンサス政治によって、左‐右の対立は骨抜きにされ、ポスト・イデオロギーということが、まことしやかに言われてきた。本邦でも、レフトはいつのまにかリベラルへと置換され、その結果「保守/リベラル」という対抗軸がかなりのところ一般化したのは周知のとおりである。

だが、新自由主義と緊縮政治が人々の生活を破壊し、極右ポピュリストの言説が台頭するなかで、新しい対抗政治にむけて「左派」という名辞を復権させようとする機運は高まっている。シャンタル・ムフが述べているように「対立がもつ政治的な性格を取り戻し、左派の意味をもう一度示すことが必要なのだ。」[6]とはいえ、「レフト」の復権が、単にリベラルな諸理念を再肯定するものでいいはずがない。確かに、リベラルが訴えてきた反差別や反レイシズムが掛け値なしに正しいとしても、それらは自由民主主義の原則に訴えるかたちで主張されてきたことも事実なのだ。だからこそ、そのような「正しさ」とは根本的に別のものとして、左派の未来/未来の左派をあらためて問題にするときである。

本書『偶発性・ヘゲモニー・普遍性』のタイトルがローティの『偶然性・アイロニー・連帯 *Contingency, Irony, Solidarity*』を捩っているのは、このような観点から理解すべきだろう。リベラルでアイロニカルな自由民主主義への没入から距離をとる、そのようなものとして左派のプロジェクトを立て直し、新しい政治的イマジナリーを提示することが、あるいはせめて、そのようなスペースを開いておくことが、依然として必要なのである。そして厄介なことに、民主主義についての私たちの困難は、この課題を二十年前よりもはるかに危急的《アクチュアル》なものにしているのだ。

註

(1) ジェイミー・バートレット『操られる民主主義——デジタル・テクノロジーはいかにして社会を破壊するか』秋山勝訳、草思社、二〇一八年、九四頁。ケンブリッジ・アナリティカについては第三章を参照。

(2) ヤニス・スタヴラカキス『ラカニアン・レフト——ラカン派精神分析と政治理論』、山本圭・松本卓也訳、岩波書店、二〇一七年。

（3）現代ラカン派の政治言説については、松本卓也『享楽社会論——現代ラカン派の展開』人文書院、二〇一八年、とりわけ第三部を参照。
（4）ジュディス・バトラー「『ジェンダー・トラブル』序文」高橋愛訳、『現代思想』（二八巻一四号）、二〇〇〇年、七四頁。
（5）スラヴォイ・ジジェク『大義を忘れるな——革命・テロ・反資本主義』中山徹・鈴木英明訳、青土社、二〇一〇年、四二八頁。
（6）シャンタル・ムフ『左派ポピュリズムのために』山本圭・塩田潤訳、明石書店、二〇一九年、一一二頁。

邦訳文献（原注にある単行本より）

アーレント、H『暴力について』山田正行訳、みすずライブラリーほか。

アウエルバッハ、E『ミメーシス』篠田一士／川村二郎訳、ちくま学芸文庫ほか。

アリストテレス『ニコマコス倫理学』高田三郎訳、岩波文庫ほか。

アルチュセール、L（ほか）『資本論を読む』今村仁司訳、ちくま学芸文庫ほか。

ウィトゲンシュタイン、L『哲学的探究』黒崎宏訳、産業図書。

ヴォルフ、C『クリスタ・Tの追想』藤本淳雄訳、河出書房新社。

ウォルフスタイン、M／ライツ、N『映画の心理学』加藤秀俊／加藤隆江訳、みすず書房。

カント、I『カント全集7　実践理性批判』坂部恵／伊古田理訳、岩波書店ほか。

クラストル、P『国家に抗する社会』渡辺公三訳、風の薔薇。

グラムシ、A『グラムシ獄中ノート』V・ジェルラターナ編、獄中ノート翻訳会訳、大月書店ほか。

シオン、M『映画にとって音とはなにか』川竹英克／G・ピノン訳、勁草書房。

ジジェク、S『イデオロギーの崇高な対象』鈴木晶訳、河出書房新社。

――『幻想の感染』松浦俊輔訳、青土社。

――『為すところを知らざればなり』鈴木一策訳、みすず書房。

――『汝の症候を楽しめ』鈴木晶訳、筑摩書房。

――『否定的なもののもとへの滞留』酒井隆史／田崎英明訳、太田出版。

スピヴァク、G・C『サバルタンは語ることができるか』上村忠男訳、みすず書房。

デリダ、J『エクリチュールと差異』若桑毅／梶谷温子ほか訳、法政大学出版局。

――『声と現象』高橋允昭訳、理想社。

バトラー、J『ジェンダー・トラブル』竹村和子訳、青土社。

バリバール、E『ルイ・アルチュセール』福井和美編訳、藤原書店。

――／ウォーラーステイン、I『人種・国民・階級』若森章孝ほか訳、大村書店。

ハルバースタム、Y／レヴィンサール、J（編著）『幸せを呼ぶ奇跡のお話』加藤洋子訳、集英社。

フーコー、M『知の考古学』中村雄二郎訳、河出書房新社。

ブルデュ、P『実践感覚』今村仁司／港道隆訳、みすず書房。

ヘーゲル、G・W・F『ヘーゲル全集』岩波書店。

――『エンチュクロペディー』樫山欽四郎ほか訳、河出書房新社ほか。

――『小論理学』松村一人訳、岩波書店ほか。

――『精神現象学』長谷川宏訳、作品社ほか。

――『大論理学』寺沢恒信訳、以文社ほか。

――『法の哲学』高峯一愚訳、論創社ほか。

ホブズボーム、E『20世紀の歴史』河合秀和訳、三省堂。

マルクス、K『経済学批判要綱（草案）』高木幸二郎監訳、大月書店。

――「ヘーゲル法哲学批判」花田圭介訳『マルクス・エンゲルス全集1』大月書店ほか。

――『ルイ・ボナパルトのブリュメール一八日』植村邦彦訳、太田出版ほか。

ラカン、J『精神分析の四基本概念』J＝A・ミレール編、小出浩之ほか訳、岩波書店。

――『フロイト理論と精神分析技法における自我』J＝A・ミレール編、小出浩之ほか訳、岩波書店。

ラクラウ、E／ムフ、C『ポスト・マルクス主義と政治』山崎カヲル／石沢武訳、大村書店。

レヴィ＝ストロース、C『構造人類学』荒川幾男訳、みすず書房。

ローティ、R『アメリカ未完のプロジェクト』小澤照彦訳、晃洋書房。

CONTINGENCY, HEGEMONY, UNIVERSALITY:
Contemporary Dialogues on the Left
by Judith Butler, Ernesto Laclau and Slavoj Žižek
© Judith Butler, Ernesto Laclau, Slavoj Žižek 2000

Japanese translation published by arrangement with Verso,
The Imprint of New Left Books Ltd.
through The English Agency (Japan) Ltd.

偶発性・ヘゲモニー・普遍性
新しい対抗政治への対話
新装版

2019年7月23日　第1刷印刷
2019年7月30日　第1刷発行
ISBN978-4-7917-7188-2

著者——ジュディス・バトラー、エルネスト・ラクラウ、
スラヴォイ・ジジェク
訳者——竹村和子、村山敏勝
発行者——清水一人
発行所——青土社
東京都千代田区神田神保町1—29　市瀬ビル　〒101-0051
（電話）03-3291-9831［編集］　03-3294-7829［営業］
（振替）00190-7-192955
印刷・製本——（株）ディグ

装幀——今垣知沙子
Printed in Japan